HENDRIK NEUBAUER I KUNIBERT WACHTEN (HRSG.)

städtebau

DAS 20. JAHRHUNDERT

architektur

© 2010 Tandem Verlag GmbH

h.f.ullmann ist ein Imprint der Tandem Verlag GmbH

Herausgeber: Hendrik Neubauer, Kunibert Wachten

Autoren: Tobias Aufmkolk, Christine Kämmerer, Ralf Niemczyk,

Hendrik Neubauer, Kunibert Wachten, Johannes Wendland

Art Director: Hendrik Neubauer

Projektleitung: Dania D'Eramo, Frederik Kugler

Redaktion: Christine Kämmerer, Michael Kloos

Bildredaktion: Monika Bergmann, Dr. Monika Nadrowska

Lektorat: Dr. Doris Hansmann, Ursula Fethke, Sandra Leitte

Korrektorat: Christian Rolfs, Petra Ahke

Layout und Satz: Jürgen Latzke

Kartografie: Jürgen Latzke für neubauerkommunikation

Lithografie: Lup AG

Gesamtherstellung: h.f.ullmann publishing, Potsdam

Printed in China

ISBN 978-3-8331-5299-3

10 9 8 7 6 5 4 3 2 1

X IX VIII VII VI V IV III II I

Um sich über Neuerscheinungen von h.f.ullmann zu informieren, fordern Sie bitte unseren Newsletter unter

www.ullmann-publishing.com an.

h.f.ullmann, Birkenstraße 10, 14469 Potsdam, Deutschland

newsletter@ullmann-publishing.com

AMSTERDAM
BUENOS AIRES CHICAGO
BERLIN BARCELONA BRÜSSEL DUBAI

städtebau
DAS 20. JAHRHUNDERT
architektur

HONGKONG LAS VEGAS LONDON
MEXICO CITY
MOSKAU NEW YORK PARIS
SHANGHAI
LOS ANGELES WIEN

h.f.ullmann

INHALT

1850–1900
WEGBEREITER UND VORREITER DER MODERNE

1900–1909
DIE ARCHITEKTUR DER JAHRHUNDERTWENDE

1910–1919
DER AUFTRITT DER MODERNE

1920–1929
DURCHBRUCH DER MODERNE

1930–1939
ARCHITEKTUR UND HERRSCHAFT

1940–1949
DIE BLOCKIERTE MODERNE

1950–1959
WIEDERAUFERSTEHUNG DER MODERNE

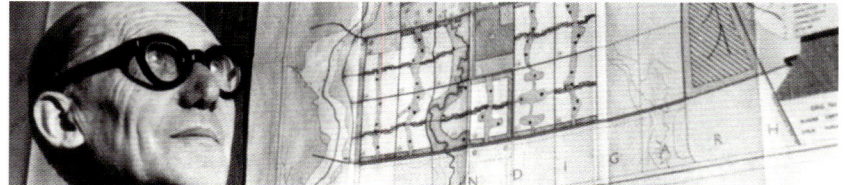

1960–1969
DIE SCHREIENDE MODERNE

1970–1979
DIE VERTAGTE MODERNE

1980–1989
PLURALITÄT UND NEUER EKLEKTIZISMUS

1990–1999
EXPLOSION IM BAUEN

TOUR D'HORIZON

AUS DER VOGELPERSPEKTIVE
GANZ NAH DRAN

Dieses Buch lädt die Leser ein zu einer architektonischen und städtebaulichen Tour d´Horizon durch die Metropolen des 20. Jahrhunderts. In die chronologische Unterteilung nach Dekaden sind die **Bausteine** eingehängt, die das Jahrhundert thematisch in **Routen, Stile, Architekten, Bauten, Städtebau** und **Parks und Gärten** gliedern. Jahrzehnt für Jahrzehnt liefern diese Bausteine Daten, Fakten, Geschichten, Anekdoten und nicht zuletzt Fotografien und Bilder, die das Thema aus den unterschiedlichen Perspektiven beleuchten.

Städte sind wie Magneten für die Menschen im 20. Jahrhundert. Dieser Lebensraum ist immer wieder durch Meisterwerke der Architektur belebt worden. Zu den ersten Fragen gehört oft, welche Menschen diese Werke erschaffen haben. **Architekten** gibt in Form von Kurzporträts pointierte Antworten zu den großen Baumeistern und Planern.

Herausragende Werke versammeln sich unter **Bauten**. Generell wurden nur Bauten ausgewählt, die heute noch von Bedeutung sind. Wrights wie auch Le Corbusiers städteplanerische Visionen hingegen kommen unter anderen in den Beiträgen zum **Städtebau** zum Zuge, denn gerade sie kreisen um die für das 20. Jahrhundert zentrale Frage: Wie reagiert der städtische Raum auf seine evidenten Wachstumsprobleme? Um 1900 lebten 10 Prozent der Menschheit in Städten, ungefähr hundert Jahre später waren es bereits 50 Prozent. Um diesem urbanen Verdichtungsprozess ansatzweise Einhalt zu gebieten, entwickelte sich

Ende des 19. Jahrhunderts beispielsweise die Gartenstadtbewegung. Diesen und weitere Reformansätze, die »Licht, Luft, Sonne« in die Städte bringen wollten, verfolgt **Parks und Gärten** durch das Jahrhundert.

Ob Städtebau oder Architektur, beide Disziplinen sind auch immer ein Stück Raumkunst. Diesen Aspekt veranschaulichen Überblicksartikel unter dem Stichwort **Stile** für jedes Jahrzehnt, wie sich auch alle anderen Artikel diesem Ordnungsprinzip unterordnen. Bauten und städtebauliche Veränderungen mögen in einem komplexen Zusammenspiel von Ideen, Konzepten, technischen Innovationen, wirtschaftlicher Prosperität und kulturellen Eigenheiten entstehen, sie sträuben sich damit von ihrer Natur aus gegen eine eindeutige Datierung und Einordnung in Dekaden. Idealerweise benennen wir aber immer die Vorreiter und Meisterwerke und nehmen immer das Datum der Fertigstellung als Zuordnungskriterium. Um Le Corbusier noch einmal als Beispiel zu bemühen: Die Planung für seine Villa Savoye begann bereits 1928, fertiggestellt wurde sie erst drei Jahre später. Damit erscheint das Werk bei uns erst in den 1930er Jahren, auch wenn es stilgeschichtlich in der Regel den 1920er Jahren zugeschlagen wird.

Um sich der Raumkunst des 20. Jahrhunderts zu nähern, sollte man nicht nur die Traktate von Le Corbusier lesen, man sollte Bauwerke wie Le Corbusiers Villen auch besuchen und begehen, ja selbst erleben. Man wird auch Adolf Loos mit noch mehr Vergnügen lesen, wenn man seine Projekte in Augenschein genommen hat. Von daher laden wir die Leser zu **20 Routen** ein. Von Brüssel

als Stadt des Jugendstils bis hin zu der Millenniumsmetropole London – Jahrzehnt für Jahrzehnt haben wir jeweils zwei Städte ausgewählt, die in dieser Dekade entscheidende bauliche Veränderungen vorzuweisen haben oder in denen bestimmte Entwicklungen ihren Anfang genommen haben. Diese Stadtrundgänge sind alle eigens für diesen Band zusammengestellt, sie sind Bau für Bau auf den Plänen mit entsprechenden Nummern dokumentiert und so weit der Platz im Buch es zuließ mit entsprechenden Fotos illustriert. Diese Streifzüge führen die roten Fäden, die der Band auslegt, an Ort und Stelle zusammen. Sei es als lebendiges Leseerlebnis oder Anregung, eine dieser Routen selbst in Angriff zu nehmen.

Die Großstadt wurde zur Weltstadt, wurde zur Mega-City. Viele beklagen das Chaos der wuchernden Städte. Im Verlauf des 20. Jahrhunderts ist es Architekten und Planern immer wieder gelungen hervorragende Bauten und städtische Strukturen aus dem urbanen Chaos herauszuschälen. Sie alle haben bleibende Zeichen im Stadtbild hinterlassen. Dokumentiert wird diese Bildhaftigkeit der Architektur im 20. Jahrhundert durch die Fotografie, die seit Ende des 19. Jahrhunderts Ikonen des Bauens in die Welt hinausträgt. So ist dieser Bildband mit **400 Fotografien** auch eine visuelle Tour d´Horizon. Er zoomt sich ganz nah an die Meisterwerke der Architektur, steigt aber gleichzeitig auf in die Vogelperspektive, um im Gegenzug städtebauliche Entwicklungen zu rekonstruieren. 50 Illustrationen, sei es als Plan, Modell oder Skizze, reichern diesen Spaziergang durch das 20. Jahrhundert mit weiteren Eindrücken an.

1900 – 1999
DAS JAHRHUNDERT DER MODERNE

Kann etwas, das vor über hundert Jahren begann, überhaupt noch »modern« genannt werden? Während alle anderen Epochenbegriffe wie Antike, Gotik oder Renaissance retrospektiv entwickelt wurden, ist die Moderne der erste Stil, der seinen Namen schon zur Zeit seiner Entstehung erhielt. Auf der Suche nach der künstlerischen und architektonischen Form, die der Ära der Industrie entsprechen sollte, erfand sich die Moderne selbst als einen Stil, der eben nicht klassisch und althergebracht war, sondern neuzeitlich und dem aktuellen Stand in Technik, Wissenschaft, Politik und Gesellschaft angepasst. Die Moderne ist mehr als ein rein formaler Stil, sie ist Ausdruck einer Geisteshaltung, die sich in Kunst, Literatur, Musik und eben auch in Architektur und Städtebau niederschlägt. Bevor die Moderne gebaut wurde, entstand sie in den Köpfen. Mit der Aufklärung im 17. Jahrhundert setzte ein Bruch mit überkommenen Traditionen ein - vorerst vor allem politisch durch den Wandel von der feudalen zur bürgerlichen Gesellschaft. In der Soziologie und Philosophie hielten Begriffe wie Rationalität, Demokratie und Individualität Einzug. Die Wucht der Industrialisierung schleuderte die Moderne im 19. Jahrhundert in alle Lebensbereiche. Maschinen ersetzten Handarbeit und veränderten Lebens- und Arbeitsbedingungen.

Ausgehend von den liberalen Ideen der Französischen Revolution lösten sich Architekten wie Boullée und Ledoux schon im 18. Jahrhundert erstmals von historischen Typologien und experimentierten mit stereometrischen Formen. Noch blieben die Traditionalisten in der Überzahl, Historismus und Eklektizismus prägten die Städte. Erst die Entwicklung neuer Materialien und Konstruktionen, allen voran der Stahlskelettbau, eröffnete – gepaart mit den Reformen auf politischer, gesellschaftlicher und kultureller Ebene – neue gestalterische Wege in Architektur und Städtebau.

Die Siedlung Hellerau bei Dresden entstand ab 1909 als Umsetzung der Gartenstadtidee von Ebenezer Howard, dessen Prinzipien als Meilenstein des modernen Städtebaus betrachtet werden können. In Hellerau sollten Leben und Arbeiten, Kultur und Bildung eine Einheit bilden. Exemplarisch ist die Bildungsanstalt für Rhythmische Gymnastik, ein Gebäude, das der Architekt Heinrich Tessenow in enger Zusammenarbeit mit dem Musik- und Tanzpädagogen Emile Jacques-Dalcroze entwarf, der dort Ausdruckstanz lehrte – eine für die damalige Zeit völlig neue Bewegungsform. Anfangs war es eine kleine Gruppe von Lebensreformern, die die Gartenstadt bewohnte, nach und nach entwickelte sie sich zum Treffpunkt einer internationalen Kulturelite, die sich an neuen Ausdrucksmöglichkeiten erprobte. Schriftsteller wie George Bernard Shaw und Franz Kafka, Maler wie Emil Nolde und Oskar Kokoschka und Architekten wie Henry van de Velde und Hermann Muthesius gaben sich hier die Klinke in die Hand.

Mit der Etablierung des Bauhauses in Weimar wurde die Moderne quasi zum Studienfach. Auf vollkommen neue Weise wurden dort Architekten, Künstler und Designer ausgebildet. Interdisziplinarität und Ganzheitlichkeit waren auch am Bauhaus das Credo. Die progressiven Ideen der Bauhausmeister und ihrer Schüler stießen nicht überall auf offene Ohren. Ihre liberale Haltung führte zum Konflikt mit den rechtskonservativen Parteien in Weimar, der 1924 den Umzug ins sozialdemokratisch geprägte Dessau erzwang. Dort erlebte das Bauhaus seine Blütezeit, wurde aber bald darauf noch einmal von den politischen Verhältnissen eingeholt. Als die NSDAP 1931 die Gemeindewahlen in Dessau gewann, mussten die als »links« und »internationalistisch« verschrienen Pioniere der Moderne ein weiteres Mal ihren Standort wechseln, diesmal nach Berlin, wo sie 1933 endgültig zur Selbstauflösung gezwungen wurden. In Deutschland besann man sich lieber auf Tradition und Patriotismus als die Reformen der vergangenen Jahrzehnte weiterzuführen. Aber die Moderne hatte ihren Siegeszug in Europa und Nordamerika längst angetreten. Die Formen und Konstruktionen, die einst revolutionär gewesen waren, hatten sich im Bauwesen durchgesetzt und gehörten zum Stadtbild. So konnte, als nach dem Zweiten Weltkrieg alle Zeichen auf Neuanfang standen, die Moderne erneut zum Höhenflug ansetzen, der nun alle Kontinente erreichte.

FORMEN

DER SETZKASTEN DER MODERNE

Moderne, das bedeutet für viele: weiß verputzte Betonkisten. Funktional vielleicht, aber schön? Doch auf Kubus und Quader ohne Schmuck und Farbe lässt sich die Moderne nicht reduzieren. Zwar definierte Walter Gropius 1913 den neuen Architekturstil für das 20. Jahrhundert als »eine genau definierte Form […], klare Kontraste, ein schlüssiger Aufbau der einzelnen Teile […], eine Einheit von Form und Farbe«, die »der Vitalität und den ökonomischen Bedingungen der Gesellschaft entsprächen«. Gropius lässt hier Detailfragen offen und steht in keinem Widerspruch zur Formenvielfalt der modernen Architektur, wie ein Blick auf ihre unterschiedlichen Stilströmungen und internationalen Ausprägungen zeigt.

Die frühesten Zeichen der Moderne setzte der Jugendstil, der mit der historistischen Baukunst seiner Zeit abrechnete und neue Formen zu entwickeln suchte. Dabei machte er sich zunutze, dass Glas und Gusseisen auf bisher unbekannte

Weise als Baumaterial eingesetzt werden konnten. In Brüssel, der Hauptstadt des Art Nouveau, experimentierte Victor Horta mit Zwischendecken und Erkern aus buntem Glas, entwarf eherne Geländer in verschlungenen Ornamenten. Sein katalanischer Kollege Antoni Gaudí schuf in Barcelona Fassaden und Dachaufbauten, die sich in organische Formen auflösen und wieder auftürmen. Die konstruktiven Gesetze des Lastens und Stützens scheinen außer Kraft gesetzt.

So viele Impulse der Jugendstil der Architektur der Moderne auch gab, seine Ornamentik wurde bald zum Kritikpunkt. Im bekanntesten Appell gegen verschwenderischen Schmuck, dem 1908 veröffentlichten Aufsatz »Ornament und Verbrechen« vergleicht Adolf Loos den Einsatz von Ornamenten in der Architektur mit sozialer und moralischer Degeneration: »Evolution der kultur ist gleichbedeutend mit dem entfernen des ornamentes aus dem gebrauchsgegenstande.« Dieser Satz ist häufig missverstanden worden. Loos forderte nicht, dass jeglicher Schmuck verbannt werde, sondern lediglich, dass gute handwerkliche Arbeit und funktionelle Gestaltung Vorrang vor dem Einsatz rein dekorativer Ornamente habe.

Wer nach einer Grundformel der Moderne sucht, stößt unweigerlich auf das Gesetz, das 1896 Louis Henry Sullivan in Chicago formulierte: »Es ist das Gesetz aller organischen und anorganischen, aller physischen und metaphysischen, aller menschlichen und übermenschlichen Dinge […], dass das Leben in seinem Ausdruck erkennbar ist, dass die Form immer der Funktion folgt.« Und so suchten die Architekten der Moderne stets nach

einer Möglichkeit, Form und Funktion in Einklang zu bringen, ohne der Monotonie zu verfallen. Anregungen fanden sie in der zeitgenössischen bildenden Kunst. In Prag bildete sich ein architektonischer Kubismus aus, dessen Formensprache deutliche Anklänge an die Malerei von Picasso oder

Malewitsch zeigt. Zerlegte und gestapelte Kuben, prismatisch gebrochene Fensterflächen, extreme Vor- und Rücksprünge in den Fassaden zeichnen die Eisenbetonbauten von Josef Gočár, Emil Králiček und Josef Plecnik aus. Die Architekten der sogenannten Amsterdamer Schule bedienten sich ebenfalls der Elemente der modernen Malerei, setzten die dynamische Gliederung expressionistischer Kunstwerke im großen Maßstab um. Aus Backstein wurden abstrakte Reliefs zur spannungsvollen Gestaltung der Fassaden erzeugt, die sich teils aus traditionellen Typologien, teils aus der Funktion des Gebäudes ableiten. Als Parade-

▲ HAUS DIAMANT, PRAG. EMIL KRÁLIČEK (1912/13)

◄ HOTEL VAN EETVELDE, BRÜSSEL. VICTOR HORTA (1895–1898)

beispiel der expressionistischen Architektur in Deutschland gilt Bruno Tauts Glashaus auf der Werkbundausstellung in Köln 1914 mit der großen Kuppel aus Buntglas und Metall, in deren Innerem den Besucher ein faszinierendes Schauspiel aus Licht und Farbe empfängt.

Auch dort, wo finanzielle und räumliche Beschränkungen keine Experimente zuließen, im sozialen Wohnungsbau der 1920er Jahre, wollten Architekten wie Taut nicht auf Farbe verzichten. In der Hufeisensiedlung in Berlin-Britz zeigte er, wie durch unterschiedliche Putze und Farbanstriche mit einfachen Mitteln ein lebendiges Fassadenbild erzeugt werden kann, das gänzlich ohne plastischen Bauschmuck auskommt. Bei ihren Beiträgen zur Werkbundsiedlung in Stuttgart-Weißenhof, dem Vorzeigeprojekt des modernen Wohnbaus, griffen Taut, Mart Stam und selbst der radikale moderne Le Corbusier zur Farbpalette.

Ist die »weiße Moderne« also ein Mythos? So einfach ist das nicht. Weiß ist die vorherrschende Farbe der modernen Architektur. Das beweist Tel Aviv mit seiner großen Zahl von Gebäuden im Bauhausstil eindrücklich. Aber »weiß« steht in der Moderne auch für Sachlichkeit und Reduktion: keine prachtvollen Deckengemälde oder aufwändigen Friese, sondern eine dem Zweck des Gebäudes angepasste reduzierte Farb- und Formgestaltung. Und »weiß« steht für Licht und Sauberkeit, zwei wesentliche Forderungen an die moderne Architektur, um den gesundheitlichen Beeinträchtigungen des Großstadtlebens entgegenzuwirken. Umgesetzt wurden sie vor allem durch den Einsatz von großen Fensterflächen, die Sonne in die zuvor

dunklen Stadthäuser brachte. Und die Betonkiste? Auch sie ist nur ein Aspekt von vielen. Der Kubus als größtmögliche Reduktion der dreidimensionalen Form wird geteilt, vervielfacht, neu zusammengesetzt, so dass vielfältige Raumstrukturen entstehen. Daneben existiert die organische Form – geschwungene oder gewölbte Flächen, ungleichmäßige Grundrisse, die sich an ihre Umgebung anpassen oder sie konterkarieren. Die Bauten von Frank Lloyd Wright und Alvar Aalto verdeutlichen das Streben nach einer harmonischen Einbindung der Architektur in die Landschaft.

Andere Architekten hingegen trieben die Reduktion noch weiter. Der Stahlskelettbau ermöglicht den Verzicht auf Stützmauerwerk, so dass die Konstruktion vollkommen sichtbar bleibt, während die Fassade als nichttragendes Element einfach eingehängt wird. Walter Gropius führte dieses Prinzip der *Curtain Wall* mit dem Glasvorhang vor dem Werkstattgebäude des Dessauer Bauhauses zur Vollendung. Aber nicht überall wurde so radikal reduziert wie am Bauhaus. So schufen die Rationalisten in Italien ihren eigenen Stil aus der Abstraktion des antiken Formenvokabulars, während außerhalb Europas regionale Typologien und Bauweisen mit den neuen Materialien und Konstruktionen kombiniert wurden - man betrachte die Verbindung von westlicher und japanischer Architektur im Werk Kenzo Tanges oder die von der Maya-Kunst inspirierten Bauten in Mexico-City.

▲ GETTY CENTER, LOS ANGELES. RICHARD MEIER (1984–1997)

FUNKTIONALITÄT

DER ZWECK
UND DIE MITTEL

Die Formel für »gutes Bauen« lässt sich bei Le Corbusier auf fünf Aspekte reduzieren: Stützen, Dachgarten, freier Grundriss, Fensterbänder und freie Fassade. Diese »Fünf Punkte zu einer neuen Architektur« hielt der Schweizer 1926 erstmals schriftlich fest. Ablesbar sind sie aber schon bei einem seiner frühesten Projekte, dem Modulsystem »Maison Dom-Ino«, einem Stahlbetonskelett aus sechs Stützen, zwei Bodenplatten, einer Treppe, alles industriell vorgefertigt. Die Stützen sind ein wenig nach innen versetzt, um eine variable Fassadengestaltung zu ermöglichen, gleichzeitig bleiben die horizontalen Flächen frei für den flexiblen Einbau von Zwischenwänden. Die einzelnen Module können übereinander und nebeneinander gesetzt und so zum Grundelement für kleine und große Häuser, sogar für ganze Siedlungen werden. Entwickelt hatte Le Corbusier das Dom-Ino-Prinzip 1914, als aufgrund der massiven Kriegszerstörungen in Flandern Ideen für einen schnellen Wiederaufbau gesucht wurden. In dieser Zeit spitzte sich zu, was seit dem Beginn der Industrialisierung eines der wesentlichen Probleme der Stadtplanung geworden war: Wohnraummangel, der nur durch rationelles Bauen behoben werden konnte. Die Architektur der Moderne bot dazu die Möglichkeit. Bauelemente aus Beton und Stahl konnten industriell schnell und billig vorgefertigt werden, die neuen Verkehrsmittel beförderten sie an ihren Einsatzort, wo sie mitunter sogar durch ungeschultes Personal montiert werden konnten. Das Bau-

gewerbe wandelte sich vom Handwerk zur Fließbandproduktion. Normen und Standards wurden eingeführt, um die Prozesse zu vereinfachen. Im Hintergrund stand aber immer auch die Angst der Kritiker, dass die Schaffung von Mustern und Typen einhergehen würde mit dem Verlust der künstlerischen Individualität, die doch die Moderne ausmachte.

Die Rationalisierung setzte allerdings nicht erst im Produktionsprozess an. Schon beim Ent-

wurf orientierten sich die Architekten an genau berechneten Bemessungen, die optimale Funktionalität gewährleisten sollten. So legte Le Corbusier bei seinem Doppelhaus in der Weißenhofsiedlung 1927 die Breite des Flurs auf schmale 70 cm fest und integrierte Klappbetten und Einbauschränke nach dem Vorbild von Zügen und Kreuzfahrtschiffen, die für ihn ein Muster an effektiver Raumnutzung darstellten. Den Höhepunkt des funktionalen Wohnbaus generierte Le Corbusier mit seinen *Unités d'habitation*, die er selbst als Wohnmaschinen bezeichnete. Die riesigen, modular aufgebauten Appartementhäuser, die erstmalig 1947 in Marseille realisiert wurden, erfüllen alle »fünf Punkte«. Auf den 18 Etagen des aufgeständerten Stahlskelettbaus brachte Le Corbusier über dreihundert Wohnungen sowie Gemeinschaftseinrichtungen wie Geschäfte, Kindergarten und Wäscherei unter. Durch standardisierte Serienproduktion aller Bauelemente boten die Wohneinheiten höchste wirtschaftliche Effizienz und konnten zugleich an nahezu jedem Ort der Erde erbaut werden.

Le Corbusier versprach damit die ultimative Lösung zur Bekämpfung der Wohnungsnot, ignorierte jedoch, dass Rationalität und Effizienz nur schwer vereinbar waren mit dem menschlichen Bedürfnis nach einem individuell gestalteten Zuhause.

Im Städtebau war Funktionalität die Antwort auf die sozialen und hygienischen Missstände infolge von Industrialisierung und Bevölkerungsexplosion. Tony Garnier legte schon 1902 einen ersten Entwurf für eine Industriestadt, in der die Funktionsbereiche Wohnen, Arbeiten und Kultur voneinander getrennt lagen – der Fabrikbereich in

Flussnähe mit guter Verkehrsanbindung, die Wohnviertel in sonniger Hanglage. Andere Stadtplaner wie Ludwig Hilberseimer und Antonio Sant'Elia konzipierten schon vor dem Zweiten Weltkrieg Städte ausgehend von einem komplexen Verkehrssystem aus separaten Fußgängerwegen, Aufzügen, Autostraßen und Bahngleisen – der motorisierte Verkehr als Leitbild sollte auch in den 1960er Jahren noch einmal die Planer der »Autogerechten Stadt« beschäftigen.

Das Manifest des funktionalen Städtebaus verabschiedeten 1933 die Teilnehmer des Congrès International d'Architecture Moderne unter Federführung von Le Corbusier mit der »Charta von Athen« als Reaktion auf das unkontrollierte Stadtwachstum und die mangelhaften innerstädtischen Lebensbedingungen. Gefordert wurde die strikte Trennung von Wohnen, Arbeit, Verkehr und Erholung in Einzelbereiche, die in einem »harmonischen Zusammenhang« zueinander stehen. »Die Stadt, nunmehr begriffen als funktionale Einheit, wird sich nun in all ihren Teilen harmonisch entwickeln. Die freie Verfügung über Räume und Verbindungslinien sichert ihre gleichmäßige Entfaltung.« Für mehr als fünfzig Jahre prägten die 95 Leitsätze der Charta wesentlich den modernen Städtebau, bis die Nachteile der Funktionstrennung ein Umdenken einleiteten. In den 1980er Jahren kehren die Planer mit ihrer Kritik an der Suburbanisierung und der zunehmenden Bedeutung des Umweltschutzes zurück zur »Stadt der kurzen Wege« mit durchmischter Nutzung.

◀ UNITÉ D'HABITATION, MARSEILLE. LE CORBUSIER (1947–1952)
(BEIDE ABBILDUNGEN)

DAS VERSPRECHEN

SCHÖNER WOHNEN

»Die Erde eine gute Wohnung« forderte Bruno Taut 1920 im Untertitel seines utopischen Entwurfszyklus »Die Auflösung der Städte«. Er reagierte damit auf die hygienischen und sozialen Probleme, mit denen die Großstädte seiner Zeit zu kämpfen hatten. Bereits Mitte des 19. Jahrhunderts hatte das Fortschreiten der Industrialisierung einen Wandel der Städte mit sich gebracht. Fabriken und Eisenbahnverkehr führten zu erhöhter Luftverschmutzung in den Wohnvierteln, denen es aufgrund immer dichterer Bebauung ohnehin an Luft und Licht mangelte. Der Bevölkerungszuwachs animierte Bodenspekulanten zur wirtschaftlichen Ausnutzung jedes freien Quadratmeters. In den Hinterhofwohnungen und Mietskasernen waren oft viele Menschen auf engstem Raum zusammengepfercht, es fehlte an sanitären Einrichtungen. Krankheiten wie die Tuberkulose breiteten sich rasend schnell aus und der allgemeine Gesundheitszustand war bedenklich. Alarmiert begannen die Städtebauer des ausgehenden 19. Jahrhunderts sich dieser Probleme anzunehmen. Ebenezer Howard entwickelte die Gartenstadt, die die Vorteile von Stadt und Land miteinander verknüpfen sollte. Die einzelnen Funktionsbereiche liegen ringförmig umeinander und werden durch breite Grünstreifen voneinander getrennt. Jede Stadt sollte nicht mehr als 35.000 Einwohner aufnehmen und von genossen-

schaftlich bewirtschaftetem Agrarland umgeben sein. So kombinierte Howard die gesundheitlichen Qualitäten des Landlebens mit dem städtischen Angebot an Kultur- und Bildungseinrichtungen. Sein zugleich raumplanerisches wie auch sozialreformerisches Konzept fand schnell Nachahmer in ganz Europa.

Bodenreform und Baugenossenschaften wurden zu den bestimmenden Faktoren des Wohnungsbaus in der ersten Hälfte des 20. Jahrhunderts. Statt der repräsentativen Villen der herrschenden Schicht waren nun die Mietwohnungen der unteren Klassen vorrangige Bauaufgabe. »Der Arbeiter hat ein Recht auf Schönheit« forderte Hubert Gessner. Er vollendete 1933 in Wien den Karl-Seitz-Hof und versuchte, das Prinzip der aufgelockerten Bebauung aus der Gartenstadt in einen Block mit Kleinstwohnungen zu integrieren. In Deutschland nimmt etwa zeitgleich Ernst May den Entwurf des »Neuen Frankfurt« in Angriff, ein großangelegtes Wohnungsbauprogramm, bei dem durch Serienfabrikation und Normierung aller Bauteile schnell und kostengünstig funktionaler Wohnraum geschaffen werden konnte, der allen sozialen und hygienischen Standards gerecht wurde, aber dennoch für jedermann erschwinglich blieb.

Der soziale Wohnungsbau trug zwar entscheidend zur Verbesserung der innerstädtischen Lebensumstände bei. Viele der dort angewandten Standards waren jedoch bald überholt, so dass die einstmals reformerischen Wohnkonzepte ihren Idealen und den heutigen Ansprüchen an Größe und Ausstattung nicht mehr gerecht werden. Nachhaltiger waren hingegen die Grünflächen-

planungen, die seit 1900 in immer mehr Großstädte Einzug erhielten. Angelehnt an Camillo Sittes Motto »Sanitäres Grün statt Dekorativem Grün« wurden öffentliche Volksparks und Grüngürtel angelegt, die sowohl als »grüne Lungen« für die verschmutzte Stadtluft dienten, zugleich aber auch die Möglichkeit zu Sport und Erholung geben sollten. Damit übten die Stadtoberen auch einen Einfluss auf die Freizeitgestaltung und Gesundheitsfürsorge ihrer Einwohner aus. Konrad Adenauer, der als Oberbürgermeister von Köln ab 1919 die Grüngürtelplanungen von Fritz Schumacher begleitete, hatte große Erwartungen: »Es muß auf dem Gebiete der Grünflächen unbedingt etwas ganz Großes und Durchgreifendes in Köln geschehen. Ich war

von jeher fest davon überzeugt, daß jede Loslösung des Menschen von der Natur zur Degeneration führt und daß, wenn erst mehrere Generationen von der Natur losgelöst sein würden, wir eine körperliche und auch geistige und ethische Degeneration schlimmster Art erleben müssten.« Mit der Anlage von Grünflächen war somit immer auch ein volkserzieherischer Gedanke verbunden. Durch Architektur, Städtebau und Grünflächenplanung die Gesellschaft, ihre Gesundheit und Moral, zu heilen, das war das Versprechen der Moderne.

▲ UNITÉ D'HABITATION, MARSEILLE. LE CORBUSIER (1947–1952)

◀ REUMANNHOF, WIEN. HUBERT GESSNER (1924-1926)

VERSUCHSFELDER

THEORIE UND PRAXIS

Der Ingenieur Edouard Hannon wollte eine »Villa« in Brüssel ganz nach seinen eigenen Vorstellungen. Aufstrebende Bürger gaben Ende des 19. Jahrhunderts bei Architekten wie Victor Horta Stadthäuser im Jugendstil in Auftrag, Hannon hatte mit großem Interesse diese Bauten studiert und Details fotografiert. Ausführen ließ er sein Haus von Jules Brunfaut, der auf das Kopieren von Stilen spezialisiert war. Oft waren die neuen Bauherren nicht so eigensinnig und eklektizistisch gestimmt wie Hannon, von daher hatten die Architekten mehr Spielraum für neue Bautechniken wie den Stahlskelettbau und die Vorhangfassade genauso wie für neue

Formen. Ob in Brüssel, Paris oder auch in Chicago: Immer wieder entstanden Privathäuser als Gesamtkunstwerke. Das Stadthaus oder die Villa war das erste Versuchsfeld für die Architekten der Moderne.

Bauherren, das wird bei der Betrachtung von Architektur und Städtebau oft vergessen, wollen mitgenommen werden, wenn es gilt neue Formen und Konzepte zu verwirklichen. So legte Guiseppe Terragni zunächst 1928 einen neoklassizistischen Entwurf für das Parteihaus der faschistischen Partei in Como vor. Bis hin zur seiner Verwirklichung 1936 entwickelte er den Entwurf hin zu einem Gebäude, das bis heute zu den Meisterwerken der Moderne zählt. Mussolini schwankte bei der Vergabe von Bauaufträgen zwischen den Traditionalisten und den Modernisten.

Auch Theorie und Publizistik zählt im weitesten Sinne zu den Versuchsfeldern. Die Architekten der Moderne bestellten ihr Terrain durch eine verstärkte Öffentlichkeitsarbeit und verstanden es seit dem Jugendstil, dass es darauf ankommt ihre Visionen in eigenen Publikationen und selbst kuratierten Ausstellungen zu verbreiten. Die Schau »Citta Nuova« versinnbildlichte 1914 die Vision des Futurismus. In der »Messagio« des begleitenden Kataloges, der Einleitung, erklärten Antonio Sant´Elia und Mario Chiattone der neoklassizistischen Bauweise den Kampf und forderten, »das neu zu bauende Haus nach einem gesunden Plan zu entwerfen, dazu jegliche Quelle der Wissenschaft und Technik zu sammeln und alle Bedürfnisse unserer Sitte und unseres Geistes auf das Vornehmste zu befriedigen.« Auch das Bauhaus

PALÁCIO DO PLANALTO, BRASILIA. OSCAR NIEMEYER (1958–1960)

PALAIS STOCLET, BRÜSSEL. JOSEPH HOFFMANN (1905–1911).

wollte den Historismus endgültig überwinden, nur hier forderte 1918 das Manifest aus der Feder von Walter Gropius in Werkbund-Manier: »Das Endziel aller bildnerischen Tätigkeit ist der Bau! Ihn zu schmücken war einst die vornehmste Aufgabe der bildenden Künste, sie waren unablösliche Bestandteile der großen Baukunst. Heute stehen sie in selbstgenügsamer Eigenheit, aus der sie erst wieder erlöst werden können durch bewußtes Mit- und Ineinanderwirken aller Werkleute untereinander. Architekten, Maler und Bildhauer müssen die vielgliedrige Gestalt des Baues in seiner Gesamtheit und in seinen Teilen wieder kennen und begreifen lernen, dann werden sich von selbst ihre Werke wieder mit architektonischem Geiste füllen, den sie in der Salonkunst verloren.«

Hier wie dort trafen die avancierten Visionen auf erbitterten Widerstand. Eine verlässliche Lobby fand die Architektur in der Arbeiterbewegung und deren zunehmend erfolgreichen Parteien in Europa, die nun als Vertreter der Exekutive auch Bauaufträge zu vergeben hatten. Auf einem Stadtrundgang durch das heutige Wien lässt sich heute noch das »Rote Wien« entdecken und kaum einen Besucher lassen die Superblocks wie der

Karl-Marx-Hof unbeeindruckt. Auch die Siedlungsanlagen der Weimarer Republik oder den Niederlanden gelten nach wie vor als vorbildlich. Im Zeitalter des Totalitarismus gewinnt die staatstragende Monumentalarchitektur im neoklassizistischen Stil wieder an Boden, fortan findet die Moderne in Europa eher Schlupflöcher als Versuchsfelder. In Lateinamerika hingegen und insbesondere in Brasilien beginnt sich unter der Regie von Oscar Niemeyer und Luis Costa eine eigene Moderne zu formen.

Nach dem Krieg kehren mit den Siegermächten die Architekten der Moderne als der moralische Sieger zurück. Wiederaufbau Europas heißt der Auftrag, die Pläne ganz im Sinne der Charta von Athen haben sie in der Schublade. In den nächsten zwei Jahrzehnten geben sie den Ton an.

ZEIT UND RAUM

SCHNELLER HÖHER WEITER

Besonders in den Großstädten konzentrierten sich die Reize, die die neue Zeit mit sich brachte: Hochhäuser, Fahrzeuge, Maschinen, elektrische Lichter, bunte Reklametafeln. Alles geriet in Bewegung, selbst die Bilder. *Going to the movies* – der Kinobesuch wurde zur beliebten urbanen Attraktion. Im Vorführraum agierten Licht und Mechanik, auf der Leinwand wurde das moderne Leben abgebildet. Bilder aus anderen Regionen der Erde zirkulierten viel schneller als bisher und nahmen Einfluss auf die Sicht der eigenen Welt. Es veränderte sich aber nicht nur das Bild der Stadt, sondern vor allem auch ihre Bewohner und deren Wahrnehmung ihrer Umwelt.

»Wir empfinden einen anderen Rhythmus in unserer Zeit als in einer der vergangenen. So ist es auch eine rhythmische Auffassung, wenn wir sagen, dass unsere Zeit schneller dahineilt als die unserer Väter. (...) Wenn wir im überschnellen Gefährt durch die Straßen unserer Großstadt jagen, können wir nicht mehr die Einzelheiten der Gebäude gewahren. Ebenso wenig können vom Schnellzug aus Städtebilder, die im schnellen Vorbeifahren streifen, anders wirken als durch ihre Silhouette.« Was Peter Behrens 1914 beschrieb, ist charakteristisch für die Wahrnehmung der veränderten Umwelt zu Beginn des 20. Jahrhunderts. Kein

Wunder, dass sich ein neues Krankheitsbild manifestierte. Die Neurasthenie oder Steigerung des Nervenlebens, wie der Soziologe Georg Simmel es nannte, plagte die urbanen Menschen, die der Geschwindigkeit ihrer Umgebung nicht mehr folgen konnten. Nicht nur Produktionsprozesse und Verkehrsmittel wurden immer schneller, auch Moden wandelten sich in zunehmendem Tempo. Was heute noch auf der Höhe der Zeit war, konnte morgen schon veraltet sein.

Die Maschine wurde zum Sinnbild der modernen Zeiten. Sei es das Automobil, das den Verkehr revolutioniert hatte, oder das Fließband, das aus körperlicher Arbeit einen mechanischen Prozess machte, Fortschrittsgläubige wie Henry van de Velde waren begeistert von den Möglichkeiten, die die technischen Erfindungen boten: »Ich liebe die Maschinen, sie sind wie Geschöpfe einer höheren Stufe. Die Intelligenz hat sie von allen Leiden und Freuden, die dem menschlichen Körper in seiner Tätigkeit und seiner Erschöpfung anhaften, entäußert!« Gerade die von van de Velde gerühmte Monotonie und Gefühllosigkeit der Maschinenwelt stieß aber auch auf Kritik. Fritz Lang kreierte 1927 in seiner Großstadtdystopie »Metropolis« eine vollkommen von Maschinen bestimmte Welt, in der eklatante Klassenunterschiede herrschen. Das beeindruckende Szenenbild stellte der Wolkenkratzerstadt mit ihren Aufzügen und Schnellstraßen die düstere Unterwelt der Maschinenarbeiter entgegen. Charlie Chaplins »Modern Times« hingegen zeigte 1936 satirisch, wie sich der Mensch im Labyrinth der Maschinen und Fließbän-

der verliert und zu einem kleinen Rad im gewaltigen Produktionsprozess wird.

Technische Erfindungen, neue Baustoffe und verbesserte Konstruktionen stellten Architekten und Stadtplaner vor neue Herausforderungen. Eine nie dagewesene Dynamik bestimmte die Entwurfsprozesse. Statt für die Ewigkeit baute man nun für die Gegenwart. Am deutlichsten machte dies die Forderung der futuristischen Architekten, die jeder Generation eine neue Stadt entsprechend ihrer gewandelten Bedürfnisse bauen wollten. Sie beriefen sich auf den italienischen Schriftsteller Filippo Tommaso Marinetti, der 1909 in Paris sein futuristisches Manifest veröffentlichte, in dem er Maschinen, Geschwindigkeit und Zerstörung verherrlichte und zum Krieg als »einziger Hygiene der

Welt« aufrief. Traditionelle Bauten wie Museen und Bibliotheken sollten in seiner Vision Straßen für den modernen Verkehr weichen.

Es ging aber alles nicht nur schneller, im Stadtbild wurde gleichzeitig vieles höher. Die Moderne ersetzte den massiven, kompakten Steinbau durch leichte Konstruktionen aus Stahl und Glas. Dort wo Fläche knapp war, in den Zentren der Großstädte, schossen Wolkenkratzer in die Höhe. Statt Kirchtürmen prägten nun Bürohochhäuser die Silhouette der Städte. Daran zeichnet sich auch ab, dass nicht mehr die Kirche die bestimmende Instanz des modernen Lebens war, sondern Kapitalismus und Konsum. In New York verbildlichte sich der Konkurrenzkampf in der Marktwirtschaft in dem Wetteifer, mit dem reiche Bauherren immer höhere Gebäude errichten ließen. Die Erfindung des Personenaufzugs hatte die Möglichkeiten des Stahlbetons alltagstauglich werden lassen: unbeschwert konnten in wenigen Sekunden viele Höhenmeter zurückgelegt werden. Das Manhattan Life Insurance Building durchbrach schon 1893 die 100-Meter-Marke. Als der einstige Rekordhalter 1931 abgerissen wurde, hatten seine Nachbarn wie das Chrysler Building und das Empire State Building schon die dreifache Höhe erreicht.

Am Ende des 20. Jahrhunderts wurde der Höhenwettstreit in den Megacities in Asien fortgeführt. Ist der Blick vom Dach eines dieser Gebäude schon beeindruckend, so ermöglichen Flugzeuge und Satelliten noch ganz andere Perspektiven. Die Stadt wird nun als Ganzes erfassbar, verschwimmt zu einem undefinierbaren Gebilde, bis der Internetbenutzer der Jahrtausendwende jeden Punkt der Erde zu sich heranzoomen und städtebauliche Experimente wie die Palmeninseln von Dubai betrachten kann, deren Grundrissgestaltung ganz auf die Wahrnehmung aus der Luft abzielt.

◤ METROPOLIS. STANDFOTO. FRITZ LANG (1927)

◂ MODERN TIMES. STANDFOTO. CHARLES CHAPLIN (1936)

DAS NETZWERK

INTERNATIONAL
GLOBAL

Die Suche nach dem Stil der neuen Zeit setzte in Nordamerika wie in Europa um 1900 ein. Weg mit dem Luxusplunder überlebter Architekten dachte das Bürgertum und suchte nach ästhetischen Zeichen, um seine gesellschaftliche Macht zu demonstrieren. Der Jugendstil war bereits eine europäische Kunst, deren Netzwerk sich von Paris über Brüssel und Berlin bis hin nach Prag, Wien und Budapest spannte. In Galerien und Salons trafen sich Künstler, Architekten und nicht zuletzt die neuen Auftraggeber: Fabrikanten, Kaufleute, Unternehmer, Ingenieure.

Die Moderne mäanderte. Das geschah im Gravitationsfeld der Wirtschaft, die Architekten folgten immer auch dem Ruf der Ökonomie. So standen die Weltausstellungen auf dem Pflichtprogramm der Architekten. Frank Lloyd Wright machte in Chicago 1893 zum ersten Mal Bekanntschaft mit der traditionellen Baukultur Japans, auch Adolf Loos zeigte sich beeindruckt. Man traf sich zu

solchen Gelegenheiten und tauschte sich aus. 1907 reiste Wright, dessen Arbeiten 1910 auch in Europa publiziert wurden, zum ersten Mal nach Japan und erhielt wenig später seinen ersten Bauauftrag in Tokio, 1923 wurde das Imperial Hotel in Tokio von ihm fertiggestellt. Allerdings sollte es bis in die 1950er Jahre dauern, bis ein japanischer Architekt wie Kenzo Tange sich zur westlichen Moderne bekannte und international reüssierte.

Architekten wie Wright oder Henry van de Velde hatten nicht nur Bauleistungen im Gepäck, sie bestimmten auch die Ausstattung der Innenräume bis hin zu den Gemälden an den Wänden. Dieser umfassende Anspruch spiegelte sich auch in der Arbeit des Deutschen Werkbundes wider, in dem sich 1907 abermals Künstler, Architekten, Kunsthandwerker, Industrielle, Kaufleute und Schriftsteller vereinigten, um die Qualität ihrer Arbeit zu heben. Dabei war man keineswegs nur national ausgerichtet wie Hermann Muthesius 1914 formulierte: »Denn mit der Internationalisierung unseres Lebens wird sich auch eine gewisse Gleichmäßigkeit der architektonischen Formen über den ganzen Erdball einfinden.« In den 1920er Jahren schien es dann fast als würde sich in Verlängerung des Werkbundes das Epizentrum der Moderne kurzzeitig in die deutsche Provinz verlagern. Vom Bauhaus in Weimar und später dann in Dessau wirkte die Moderne in konzentrischen Kreisen, ob nun bis nach Chicago, Moskau, Tel Aviv oder Schanghai. Bereits zu dieser Zeit war es üblich, dass Bauausstellungen und Ausschreibungen unter internationaler Beteiligung stattfanden. Und spätestens seit der Ausstellung »International

Style« im Museum of Modern Art, New York, im Jahr 1932 betrat die Moderne die weltweite Bühne.

Für die deutschen Nationalsozialisten verkörperte das Bauhaus das Feindbild schlechthin. Die Hochschule wurde 1933 geschlossen und im Gefolge von Mies van der Rohe oder Walter Gropius suchten auch die Schüler fortan in Übersee ihr Auskommen. Im selben Jahr verabschiedeten 100 Teilnehmer aus 20 Nationen beim Congrès International d'Architecture Moderne (CIAM) die Charta von Athen, die fortan mit der städtischen Funktionstrennung in Wohnen, Arbeit, Freizeit und Verkehr die städtebauliche Diskussion dominierte. Architekten und Planer wie Le Corbusier, Gerrit Rietveld oder Hannes Meyer hatten damit das ideologische Rüstzeug für die nächsten drei Jahrzehnte geschaffen.

Die Bauhaus-Väter etablierten sich spätestens nach Kriegsende in Nordamerika und diktierten von dort aus den Bauwirtschaftsfunktionalismus des europäischen Wiederaufbaus. Neben Walter Gropius waren aber auch Le Corbusier und Alvar Aalto maßgeblich an der Internationalen Bauausstellung in Berlin 1957 beteiligt. Gleichzeitig haben sich zu dieser Zeit bereits eigenständige von der Moderne beeinflusste Architekturszenen wie in Brasilien oder Australien entwickelt. Heutige Stadtrundgänge durch Brasilia und Sydney belegen das eindrucksvoll, man denke nur an das Wahrzeichen an der Sydney Bay, die Oper von Jörn Utzon.

»Unsere Arbeit umfasst 150 Städte in 50 Ländern.« Wenn Norman Foster Anfang des 21. Jahrhunderts mit diesem Slogan für die Arbeit seines Büros wirbt, dann bringt er damit auch die

weltweite Hegemoniestellung der westlichen Baukultur zum Ausdruck. Wenn Ende des 20. Jahrhunderts Bauaufträge von Renommee zu vergeben waren, egal ob in Hongkong oder London, dann wurden persönliche Stile gekauft, sei es Foster, Gehry, Hadid, Herzog de Meuron oder Coop Himmelb(l)au. Die Moderne hat sich zu diesem Zeitpunkt in international schillernde Architektur-Marken differenziert. Darüber hinaus ist der Bauwirtschaftsfunktionalismus der Moderne mittlerweile Standard in den Architektur-Peripherien der Welt – Kisten und Kästen von Islamabad bis Johannesburg. Dieser »Architektur-Imperialismus« stößt nicht überall auf Gegenliebe: »Die Moderne nahm ihren Ausgang in Europa, und auf ihrem Siegeszug rund um den Globus wurde sie zu einem Siegeszug der Barbarei«, stellt der pakistanische Künstler und Kritiker Rasheed Araeen in seinem Documenta-Beitrag 2007 fest und resümiert: »Wenn wir davon ausgehen, dass die Moderne in einem System der Herrschaft und Ausbeutung gefangen ist, sollten wir sie nicht als eurozentristisch verurteilen, sondern alles daran setzen, sie aus dem Würgegriff des Westens zu befreien.« Lässt man den Blick weltweit schweifen, dann ist auch Anfang des 21. Jahrhunderts nur zu konstatieren: Bei ambitionierten Bauprojekten entscheidet nach wie vor der Glamour-Faktor, ansonsten regiert die Sparökonomie.

◀ PALM JUMEIRAH, DUBAI. KÜNSTLICHE INSEL (2001)

GRENZEN DER MODERNE

DIE MODERNE
ÜBERHOLT SICH SELBST

Mit großen Erwartungen war die Moderne ins 20. Jahrhundert gestartet. Sie wollte mit Altem aufräumen und die Grundlage einer besseren Zukunft sein. Doch schon bald wurden die Visionäre und Utopisten zurück auf den Boden der Tatsachen geholt.

Hatten die ersten Experimente mit Stahl und Beton noch an formale und konstruktive Gestaltungsmöglichkeiten ohne Grenzen denken lassen, so zeigten sich bald erste Schwierigkeiten. Erich Mendelsohns Einsteinturm in Potsdam, eigentlich als Stahlbetonbau geplant, konnte 1922 nur als Mogelpackung vollendet werden. Probleme mit der Materialbeschaffenheit und der Verschalung der organisch-unregelmäßigen Form ließen den

Baumeister bei großen Teilen der Raumskulptur auf altbewährtes Mauerwerk zurückgreifen. Ein glatter Putz erzeugte den gewünschten einheitlichen Effekt. Bei anderen Bauten wurden die Mängel erst nach Fertigstellung offenbar. Die berühmte Glasvorhangfassade am Bauhaus ließ das Sonnenlicht in die Werkstattateliers dringen – im Sommer konnte es aber schnell zu hell und zu heiß werden, so dass der optimal beleuchtete Arbeitsplatz zum Schwitzkasten wurde. Großflächige Sonnenblenden schufen Abhilfe, zerstörten jedoch zugleich den ursprünglichen Eindruck von Transparenz und Leichtigkeit der durchgehenden Glasfront.

Mit solchen Problemen haben die Architekten von heute dank verbesserter Material- und Klimatechnik nur noch selten zu kämpfen. Aber wenn »Weniger ist mehr« einer der Leitsprüche der Moderne ist, gibt es dann nicht eine Grenze der Moderne an sich? Die Moderne ist mittlerweile nicht mehr neu, hat ihren Platz im Stadtbild gefunden und hat dennoch die traditionelle Architektur nicht verdrängt. Nicht nur, dass historische Monumente weiterhin die Markenzeichen der meisten Städte sind. Auch wird in vielen Phasen des 20. Jahrhunderts eine Abkehr von der Moderne zugunsten der Wiederherstellung historischer Formen und Grundrisse spürbar. Josef Paul Kleihues, der in den 1970er Jahren die »Kritische Rekonstruktion« Berlins forderte, fasst zusammen: »Das Neue ist nicht so neu, wie es sich gerne gibt. Es ist heute kaum mehr möglich, etwas Neues zu

EINSTEINTURM, POTSDAM. ERICH MENDELSOHN (1919–1924)

erfinden. Man kann eigentlich nur etwas machen, was der Sache nach schon existiert, und es in einer neuen Qualität darstellen. Sehen Sie, mit dem Quadrat gehen der Architekt, der Mathematiker oder Geometriker seit den Pythagoräern um. Das Quadrat ist deshalb nicht langweilig oder überzählig geworden. Insofern bauen wir immer mit dem, was schon existiert. Die Frage ist nur, inwieweit man sich auf historische Bilder einläßt.«

Die Rückbesinnung auf historische Formen ist weniger auf ein Versagen der modernen Architektursprache zurückzuführen. Die Reduktion, so sehr sie sich bis heute gegen Kritiker erwehren muss, hat die Überhand über den dekorativen Pomp früherer Zeiten gewonnen. Was schwerer wiegt, ist das Scheitern der modernen Ideale auf sozialer Ebene. Gestartet vor hundert Jahren mit dem Bestreben nach einer gleichberechtigten, gesunden Gesellschaft, muss heute resümiert werden, dass architektonische und städtebauliche Visionen allein nicht ausreichen, um soziale Probleme zu beheben. Sozialistische Ansätze, die den Hintergrund der meisten urbanistischen Modelle der ersten Hälfte des 20. Jahrhunderts bilden – von Howards Gartenstadt über Tauts Stadtkrone bis zu Wrights Broadacre City –, scheiterten an den realen Bedingungen des Kapitalismus. 1951 startete in St. Louis eines der ambitioniertesten Wohnungsbauprojekte der Nachkriegszeit. Die Siedlung Pruitt-Igoe stellte 2000 Sozialwohnungen, in denen 1954 nach Aufhebung der Rassentrennungsgesetze Schwarze und Weiße nebeneinander leben sollten. Der integrative Ansatz scheiterte, die Gebäude fielen nach und nach dem Vandalismus zum

Opfer, bis Pruitt-Igoe letztlich nicht als mustergültiges Siedlungskonzept, sondern durch die Bilder der 1972 gesprengten Baublöcke Schlagzeilen machte.

Gehen wir davon aus, dass die Moderne Ausdruck einer bestimmten Geisteshaltung ist und angetrieben wird durch den dynamischen Wandel ihrer Umwelt, so erklärt sich von selbst, dass ihre einmal verfassten Regeln keinen ewigen Bestand haben können. Sie müssen immer wieder neu – denn das ist das Schlüsselwort der Moderne – entsprechend der jeweils aktuellen Bedürfnisse modifiziert werden. Mit der Globalisierung stößt die Moderne an die nächste Grenze, die es zu überwinden gilt, wie der japanische Architekt Kisho Kurokawa erkannt hat: »Die Moderne in Europa und Amerika, die wir heute genießen, basiert auf Kants Denken: Wissenschaft, Logik, Technik und der Mensch als Mittelpunkt beherrschen unser

Weltbild. Aber in der Zukunft wird es andere Werte geben. Unsere Städte sind modernisiert, aber sind wir glücklich damit? Ich denke anders. Wir brauchen zwar auch zukünftig Metropolen, aber auch große Städte sind nur Gruppen von kleinen Städten. Städte werden in Zukunft immer stärker verschiedene Kulturen inkorporieren und dezentral werden.« Die Moderne muss sich ständig wandeln, um sich selbst gerecht zu bleiben. Im Wettlauf mit den Veränderungen in Kultur, Politik und Gesellschaft hat sie im 20. Jahrhundert nicht immer die Oberhand behalten. Oder um es mit Hannes Böhringer zu sagen: »Die Moderne als Zeitalter ist vielleicht nur die Epoche, die zu Momenten der Moderne neigt.«

▲ PRUITT-IGOE, ST. LOUIS. MINORU YAMASAKI (1950).
DIE WOHNSIEDLUNG WURDE 1972 GESPRENGT.

KRITISCHE STIMMEN

MAKEL
DER MODERNE

Alexander Mitscherlich beschrieb 1965 in einem Essay »die Unwirtlichkeit der Städte« für ein Fachpublikum. Jacques Tati formulierte seine Kritik populärer und zeigte 1971 in seinem Film »Trafic«, wie sich Autobahnen in die Stadt fressen und das Umland verwüsten – die einzige Autobahnabfahrt im Film führt ins Nirgendwo. Beide Kritiker der Moderne stellen auf ihre Art die Fragen: Ist die Moderne nicht mehr »aufzuhalten«? Wohin führt der ungetrübte Fortschrittsglaube?

Für den Film »Mon Oncle« ließ Tati 1958 vom Kulissenarchitekten Jacques Lagrange die Kulisse einer Villa im funktionalen Stil bauen, die in ihrer absurden Überzeichnung das zeitgenössische Publikum geradezu auf das Thema »Wohnmaschine« stieß. Der Filmemacher wusste wovon er sprach, denn er wohnte zeitweise in einem Atelier, dass Le Corbusier in Ville d' Array entworfen hatte. »Bei jedem Gewitter musste man die Handwerker rufen und die Möbel, den Teppich... austauschen«. Tati formuliert die Kritik an der Moderne aus dem Leben heraus, die Film-Villa Arpel bringt die Macken der modernen Architektur auf den Punkt – das Design steht oft über dem Funktionswert und Bequemlichkeit sowie Bedienkomfort schienen ein Synonym für schlechten Geschmack und Kleinbürgerlichkeit.

Vor allem die moderne private Wohnhausarchitektur hat es den Bewohnern nie leicht gemacht. Le Corbusiers Villa Savoye (1931) war

eigentlich nie bewohnt, auch das Farnsworth House von Mies van der Rohe (1946-1951) ist eher eine begehbare Skulptur denn eine Behausung für Menschen. Dieser Meinung war auch die Auftraggeberin Dr. Edith Farnsworth. Sie überzog den Architekten mit einer Klage und öffentlichen Vorwürfen, dennoch es half alles nichts. Die Klage wurde abgewiesen und heute zählt dieser Bau zu den Inkunabeln der modernen Architektur. Es mag lakonisch klingen, aber herausragende ästhetische Objekte entstehen nicht immer im stillen Einverständnis zwischen Bauherren und Architekten.

Dies liegt aber auch an dem Wesen der Klassischen Moderne, denn es sind die Idealtypen wie die »Weiße Stadt« nicht die Weiterentwicklungen der Moderne, die fortdauernd im Mittelpunkt der Kritik stehen. Diese Architektur war von Anfang an intellektuell und elitär, sie setzte aber auf den Vorbildcharakter ihrer Werke und einen Erziehungseffekt, der sich mit der Zeit einstellen würde. Sie wählte die vornehme Sprache der Nadelstreifen in Glas und Stahl, kulminierte in abgeschlossenen kristallinen Gebilden und lehnte jeden Pakt mit konkretem Ausdruck und sprechender Gestaltung ab. Es entstand eine abstrakte Universalsprache. Als Internationaler Stil eroberte die Moderne die Welt und hinterließ Geschäftshäuser und Kulturbauten, Bungalows und Hotels in einem neutralen uniformen Stil, der auch in seiner abgespeckten Version der Trabantenstadt nicht die Herzen der Massen eroberte. Die Kritiker der Moderne verstummten zu keiner Zeit. Bereits 1945 tauchte der

fes wiederauflebt. Auch wenn die Postmoderne diese Anlage wiederholt für sich reklamiert hat, hier ging es um die authentische Rekonstruktion eines von der Moderne längst verabschiedeten Lebensgefühls bei voller Garantie des zeitgenössischen Komforts.

Genau diesen Ansatz nimmt der New Urbanism der 1980er Jahre auf, um dem unkontrollierten, gestaltlosen Wachsens der Vorstädte und der Verödung der Innenstädte zu begegnen. Um die von dem Analytiker Mitscherlich konstatierte »Unwirtlichkeit« zu vertreiben setzen die Planer auf Verdichtung bei geringer Höhe, sprich keine Hochbauten, vielfältige statt homogener Hausformen und Fassaden, Durchmischung der Nutzungen und Sozialstrukturen verbunden durch abwechslungsreiche Straßen- und Platzräume. Oberster Gestaltungsgrundsatz ist jedoch die Anlehnung an das historische Bild der jeweiligen Stadt und ihrer typischen Architektur. Der New Urbanism will eine neue Stadt, die alle aktuellen Forderungen an Verkehr, Gewerbe- und Wohnstandards erfüllt. Um die Bewohner zu erreichen und ihnen eine Heimat in der zunehmenden Anonymisierung und Globalisierung zu geben, setzen die Kritiker der funktionsgetrennten Stadtplanung auf das historisch Vertraute. Nicht zuletzt galt es Baustile für das Leben zurückzuerobern, die in Disneyland, Shopping Malls oder Outlet-Centern zu Kulissen des Konsums und reinem Kitsch degeneriert sind.

Begriff »post modern« in einem Aufsatz des Harvard-Professors Joseph Hudnut auf, wohl als Rüffel an seinem Kollegen Walter Gropius gedacht, einem der Pioniere der Moderne. Späterhin fand er in der angloamerikanischen Architektur-Kritik Verwendung auch für »Anti-Moderne«, also für Abtrünnige von der reinen Lehre. Erst Charles Jencks löst den Begriff vom Negativen und reklamiert ihn 1975 für eine Architektur, die sowohl das Elitäre als auch das Gewöhnliche miteinander versöhnt. Die Postmoderne zerschellt genau an diesem Anspruch, diesen grundlegenden Widerspruch auflösen zu wollen. Es entstehen mit historischen Zitaten durchbrochene, konstruktiv aber weiterhin moderne Bauwerke und Ensembles, die die Entfremdung der Menschen in den Städten eher verstärken. Die Postmoderne vermag nichts wirklich Neues, nichts Authentisches zu schaffen, sondern verbleibt ironisch gebrochen im Dazwischen.

Der große Erfolg des Feriendorfes Port Grimaud, 1969 von François Spoerry in Südfrankreich erbaut, beruht gerade darauf, dass die Atmosphäre eines traditionell mediterranen Fischerdor-

▲ UNITÉ D'HABITATION, MARSEILLE. LE CORBUSIER (1947–1952)

◀ MON ONCLE. STANDFOTO. JACQUES TATI (1958)

KONJUNKTUREN

DIE MODERNE WIEDER MODERN

Die Moderne ist wieder modern. Dies war der Tenor, wenn in den 1990er Jahren von Rem Kohlhaas, der Speerspitze der wiederauferstandenen Moderne, die Rede war. Er hing den gleichen moralischen Ansprüchen wie die Klassische Moderne an, er setzte wie diese auf das absolute Gebot der Planung. Er entwickelte Theorien über die Stadtentwicklung und die Struktur der modernen Stadt. Der überlieferte Satz, als er im Hubschrauber über Lagos in Nigeria fliegt, »Im Chaos sah ich eine verborgene Ordnung«, spiegelt seinen systemtheoretischen Ansatz wider. Das Individuum als Ameise, das war gleichzeitig auch postmodern gedacht. Die unbeherrschbar scheinenden Megalopolen von heute werden gleichzeitig als Bauplätze von morgen in den globalen Diskurs mit eingeschlossen. Da sich in Europa immer mehr der Rekurs auf die Europäische Stadt durchsetzte und in Nordamerika die Sparökonomie Architektur immer mehr verhinderte, entwickelten sich die nächsten Aufgaben ausgelöst durch die wirtschaftliche Konjunktur in Asien, insbesondere in China. Fortan schwärmten Koolhaas und seine Kollegen vom »Go East«, und die Auftraggeber kauften Know-how und Renommee nicht nur für die Olympischen Spiele in Peking 2008. Doch wie sehen die baulichen Lösungen für die asiatischen Städte von morgen aus? Obwohl Koolhaas um die sicherheitstechnischen, ökologischen und sozialen Probleme der Hochhausarchitektur wusste, setzte er weiterhin auf Wolkenkratzer – in Form von verwegenen Him-

melsstädten, die, so konnte es einem scheinen, aus den Skizzenbüchern von Archigram in das letzte Jahrzehnt des Jahrhunderts transformiert worden sind.

Die Moderne wuchs schon immer an ihren baulichen Aufgaben, die das wirtschaftliche Wachstum stellte. Ob nun in den ökonomisch aufstrebenden Staaten in Asien Ende des 20. Jahrhunderts oder nach 1900 in den Industriestaaten in Europa und Nordamerika, die Aufgaben für Architekten und Planer, scheinen die immergleichen: Bergwerke, Fabriken, Geschäftsbauten, Krankenhäuser, Bahnhöfe für den Nah- wie Fernverkehr, Straßennetze, Brücken, Kraftwerke. Hier gilt als Regel, je weiter die Bauaufgabe vom Stadtkern entfernt liegt und je weniger Menschen diesen Bau nutzen oder wahrnehmen, desto mehr lassen sich die Bauherren von ökonomischen Kriterien leiten. Sollen die Bauten hingegen Zeichen setzen und damit Macht und Reichtum demonstrieren, desto aufwändiger werden sie gestaltet: Politische Bauten, Büro- und Fernsehtürme, Kulturgebäude, Hotel- und Freizeitanlagen, Sportstätten und nicht zuletzt neue Verkehrsbauten wie Flughäfen. Von Anfang zählt auch die Villa für gesellschaftliche Eliten zu den Bauaufgaben – genauso wie der Siedlungsbau für die Massen, denn vor allem die Wohnungsnot der Arbeiter war in ganz Europa um 1900 groß.

In den letzten hundert Jahren erlebte die Moderne ihre Auf und Abs. Die erste Hochkonjunktur geriet 1929 ins Stottern, als die Große Depression die Welt erschütterte. Große Bauprojekte wurden meist als erstes zurückgestellt. Die Klassische

Moderne berief sich auf die Philosophie der Aufklärung, sie stand einem sich in den 1920er Jahren international verbreitenden Humanismus nahe und blühte in der Demokratisierung von Nationalstaaten auf. Jedoch kaum dass sich die Moderne in Architektur und Städtebau zu etablieren beginnt, wird sie im weiteren Verlauf der Krise als Teil eines politischen Systems auf das Schärfste bekämpft: von Nationalkonservativen, Faschisten, Nationalsozialisten, jeweils abhängig davon von welchem Land aus man auf diesen Prozess schaut. Die Moderne scheiterte vorerst an der Lebenswelt der Zwischenkriegszeit. Während des Zweiten Weltkriegs wich sie aus, in den friedlichen Teil der Welt, der nicht immer mit demokratisch gleichzusetzen war.

Nach Ende des Zweiten Weltkriegs standen die Vertreter der Moderne dann als die moralischen

Sieger dar. Die Moderne erlebte wieder eine Hochzeit, nicht zuletzt unter der Prämisse der Sparökonomie. Der Bauwirtschaftsfunktionalismus bediente sich neuester Bautechnik, setzte auf vorgefertigte Teile und verzichtete weitgehend auf schmückendes Beiwerk. Die Nachkriegsmoderne lässt von Ausnahmen abgesehen aber auch jegliche Originalität vermissen, das System der Moderne wurde auf die Bedürfnisse der damaligen Gesellschaft zugeschnitten – und letztendlich profanisiert. Im Städtebau setzte sich endgültig die Funktionstrennung durch. Die Zahl der Bausünden überwog bei weitem die Anzahl architektonischer Großtaten, und die Innenstädte verödeten und Zwischenstädte entstanden, ohne eine wirkliche Anbindung an den Stadtkern zu haben. Die Frage ist, ob damit das System der Moderne desavouiert wurde oder ihr politisch wie wirtschaftlich nur die falschen Aufgaben gestellt wurden.

Nur warum reflektierte sich die Moderne im Moment der Krise nicht selbst? Vielleicht, weil sie in ihren Grundfesten nicht gefordert wurde. Die Postmoderne jedenfalls baute nur Kulissen für trendbewusste Bohemiens und erlebte einen ebenso steilen Aufstieg wie Fall. Das grundlegende Problem der Moderne war bis dato, dass sie sich nie auf die eigentliche Lebenswelt des 20. Jahrhunderts eingelassen hat. Sie hat die offen geäußerten Ängste und die versteckte Entfremdung der Subjekte insofern nie ernst genommen, als dass die Protagonisten der Moderne immer noch davon ausgingen, dass mit der idealtypischen Verwirklichung ihrer Ziele und Bauten, sich die Lage und damit auch das Bewusstsein großer Teile der Bevölkerung

grundlegend ändere. Von solch »heilsbringerischer« Ignoranz seiner eigenen Profession enttäuscht und an den aufklärerischen Charakter der Moderne erinnernd formulierte Peter Eisenman bereits 1976: »Die Moderne hat noch nicht in der Architektur Einzug gehalten.« In diese Zeit gehört als Reaktion »von unten« der Spruch, der als Graffiti populär wurde: »Schade, daß Beton nicht brennt.«

Am Anfang des 21. Jahrhundert stellt sich der Moderne die Frage, wie man in einer globalisierten Welt überhaupt noch bauen kann. Die Welt wird immer enger, die Innovationszyklen immer kürzer. Der Blick auf die Geschichte zeigt jedoch, dass die Architekten und Planer um 1900 bereits dieses »Schneller, höher, weiter« als einschneidende Veränderung wenn nicht gar als Bedrohung empfunden haben. Die Gründerväter der Moderne standen vor der Herausforderung, die Architektur von Dekor und Zierrat zu befreien und einen Baustil zu kreieren, der bürgerliche Wertmaßstäbe in die Welt hinaus transportieren sollte. Die Moderne hat diese Aufgaben gelöst. Heute stehen die Architekten und Planer vor anderen Herausforderungen: Wie lässt sich der globale Stil der Moderne mit regionalen Feinheiten verbinden? Integriert Hightech-Architektur Materialien der Region? Und ist es nicht von

vornherein sparökonomischer, ökologische und soziale Faktoren in die Planung von Bauten miteinzubeziehen?

Die Architekten der heutigen Moderne, die sich mit ihren international agierenden Büros zu Weltmarken entwickelt haben, geben sehr unterschiedliche Antworten. Rem Koolhaas feierte in seiner Kurzdiagnose »Globalisierung« (1993) »Städte ohne Eigenschaften« und sang ein Loblieb auf das Fremdsein, von dem er sich für die Architektur »eine Konstellation der Experimentierfreude und Erfindung« verspricht. Renzo Piano hingegen baute von 1993 bis 1998 auf Neukaledonien ein Kulturzentrum, das die lokale Tradition des Holzrundhauses aufnimmt und zu Megastrukturen weiterentwickelt. Kritiker sprachen von einer »kongenialen Verschmelzung archaisch-pazifischer und abendländischer Baukultur.« Es bleibt also dabei. Die Moderne ist eher eine Denkhaltung denn konsistenter Stil. Die Moderne wächst mit ihren neuen Aufgaben. Und die Arbeiten ihrer Protagonisten können sehr unterschiedlich bis widersprüchlich ausfallen.

▲ CENTRE KANAK, NOUMÉA. RENZO PIANO (1991-1998)

◄ CCTV, PEKING. REM KOOLHAAS (2008)

1850–1900
WEGBEREITER UND VORREITER DER MODERNE

TEXT | CHRISTINE KÄMMERER

INDUSTRIEZEITALTER

ALTE STILE
NEUE AUFGABEN

»In 80 Tagen um die Welt«: Kalkutta, Schanghai, New York, Dublin. Hätte man Jules Verne zu Beginn des 19. Jahrhunderts für seinen Reisebericht noch belächelt, so war er bei seiner Veröffentlichung 1873 längst nicht mehr utopisch. Die weltweite Ausbreitung der Eisenbahn und die Dampfschifffahrt machten es möglich. Selbst ohne zu reisen konnte man nun dank der Erfindung des Telefons weite Strecken überwinden. Die Fülle an Entdeckungen und Erfindungen ließ die Welt zusammenrücken, während das Jahrhundert der Revolutionen die Neudefinition vieler Staaten forderte, die auch architektonisch und städtebaulich Ausdruck fand.

Für die großen staatlichen Repräsentationsbauten wurde weiterhin auf historische Stilmittel zurückgegriffen. So wählte Robert Mills, der Architekt des Washington Monument, das 1884 als Denkmal für George Washington, den ersten Präsidenten des Landes und einen der Väter der Unabhängigkeit, in der amerikanischen Hauptstadt errichtet wurde, einen altägyptischen Obelisken als zentrales Machtsymbol. Auch an Opern, Theatern, Schulen und Rathäusern blieben die traditionellen Typologien ablesbar.

CAPITOL. HENRY LATROBE (1865). WASHINGTON MONUMENT. ROBERT MILLS (1884). LINCOLN MEMORIAL. HENRY BACON (1922). (V.L.N.R)

GALLERIA VITTORIO EMANUELE II, MAILAND. GIUSEPPE MENGONI (1861–1877).

STILE

Schwieriger war die Suche nach einer angemessenen Formensprache für die neuen großstädtischen Bauaufgaben wie Warenhaus, Bahnhof, Fabrikgebäude oder Mietskaserne, für die es keine historischen Vorbilder gab. Ein neuer Stil sollte für diese Architektur im Zeichen des Fortschritts gefunden werden, für die »Kathedralen« des Verkehrs, des Konsums und der Wissenschaft. Materialien und Techniken wie Eisenbeton und großflächige Verglasung eröffneten neue gestalte-

rische Wege. Bei der Galleria Vittorio Emanuele II. in Mailand (1877), wegweisendes Beispiel für eine überdachte Ladenpassage, die bei jedem Wetter das Flanieren entlang edler Geschäfte und Bars möglich macht, treffen moderne Bautechnik und klassische Motive aufeinander. Die tonnenförmigen Glasdächer zwischen den historistischen Gebäuden enden in einer großen Kuppel, die das zentrale Oktogon mit aufwändigem Bodenmosaik überwölbt. In der Bahnhofsarchitektur ermöglich-

ten Eisenkonstruktionen die Schaffung riesiger Hallen, in der Regel noch verkleidet mit historisierenden Steinfassaden wie an der Front des Anhalter Bahnhofs (1880) in Berlin. Unverfälscht kamen die neuen Materialien anfangs nur bei reinen Zweckbauten wie Fabriken und Lagerhallen zum Einsatz.

Symbolisieren Warenhaus und Bahnhof die positiven Seiten der industriellen Revolution, so darf nicht vergessen werden, dass Technisierung und Verstädterung auch eine Reihe wirtschaftlicher und sozialer Probleme mit sich brachten. Durch das extreme Bevölkerungswachstum in den Städten wurde Wohnraum immer knapper. Die Lösung: Mietskasernen, in denen viele Arbeiter und Angestellte unter bestmöglicher Ausnutzung der Grundstücksfläche untergebracht werden konnten. Häufig wurden sie als Gewerbehöfe direkt mit Produktions- und Lagerräumen verbunden, sodass Wohnen und Arbeiten unter einem Dach stattfand. Eng, dunkel und schmutzig lebte man besonders in den Hinterhäusern wie in Meyers Hof in Berlin, der 1874 von einem Textilfabrikanten errichtet wurde. Die Beseitigung der hygienischen und sozialen Missstände in den engen Großstädten sollte zu einer der größten Aufgaben der Stadtplaner zu Beginn des 20. Jahrhunderts werden, als nach der Euphorie über die neuen technischen Errungenschaften auch die Schattenseiten deutlich wurden.

▲ UNION STOCK YARDS, VIEHHÖFE IN CHICAGO. (1865)

◀ MEYERS HOF. MIETSKASERNE MIT FÜNF HÖFEN IN BERLIN. (1871–1873)

LOUIS HENRY SULLIVAN

»Immer folgt die Form der Funktion – und das ist das Gesetz.« Kaum ein Satz hat die Architekten und Designer des 20. Jahrhunderts stärker beeinflusst als Louis Henry Sullivans Postulat von 1896.

Die Vorstellung, dass alle Formen des Lebens Ausdruck von Funktionen sind, übertrug der Amerikaner Sullivan (1856–1924) auch auf die Architektur. Nach dem Studium am MIT in Cambridge und der École des Beaux-Arts in Paris sowie ersten Erfahrungen im Büro des bedeutenden Chicagoer Architekten William Le Baron Jenney wurde Sullivan in den 1880er Jahren Partner von Dankmar Adler, mit dem er einige der prägenden Hochhausbauten Chicagos realisieren konnte. In der pulsierenden Großstadt bot sich ein breites Arbeitsspektrum: neue Bauaufgaben wie Warenhäuser, Banken und Bürogebäude als Skelettbauten aus Stahl und Glas. 1888 stieß ein junger Architekt dazu und wurde bald, wie er später sagen wird, zum »Bleistift« in der Hand seines »lieben Meisters«: Frank Lloyd Wright. In der siebenjährigen Zusammenarbeit übernahm er viele Ideen Sullivans, entwickelte sie aber weiter zu seiner eigenen architektonischen Sprache. »Form folgt Funktion – das ist oft missverstanden worden«, so Wright. »Form und Funktion sollten eins sein, verbunden in einer spirituellen Einheit.«

AUGUSTE PERRET

Nach mehreren Industriebauten entwarf Auguste Perret 1922/23 mit Notre-Dame in Le Raincy die erste Sichtbetonkirche – Auftakt für eine Reihe von Sakralbauten, die das moderne Material Beton mit traditionellen Motiven des Kirchenbaus kombinierten und Perret den Titel »Meister des Eisenbetonbaus« einbrachten.

Während in der Neuen Welt Eisen und Beton schon ihren Platz in der Baukunst gefunden hatten, war das alte Europa noch tief verwurzelt im Historismus. An den renommierten Akademien wie der Pariser École des Beaux-Arts lernten junge Architekten den Kanon der Elemente und Konstruktionsprinzipien vergangener Epochen. Erst dem französischen Architekturhistoriker Eugène Emmanuel Viollet-le-Duc (1814–1879) gelang es mit seinen programmatischen Schriften, die festgefahrenen Strukturen zu lockern. Das neue Material Eisen stand für ihn in keinem Widerspruch zu der Ästhetik der Architektur. Er ging in seiner Fortschrittsgläubigkeit sogar noch einen Schritt weiter, indem er Maschinen, Schiffen und Lokomotiven einen eigenen Charakter, einen ganz eigenen Stil zusprach, den er in der zeitgenössischen Architektur vermisste. Im 20. Jahrhundert wiederholte ein anderer diesen Vergleich: Le Corbusier, der dem antiken Parthenon einen modernen Sportwagen gegenüberstellte.

Viollet-le-Ducs Schriften leiteten ein Umdenken ein, das auch die École des Beaux-Arts nicht unberührt ließ. Auguste Perret (1874–1954), der ab 1891 dort studierte, nutzte schon 1899 beim Bau des Kasinos von Saint-Malo Stahlbeton und entdeckte dessen konstruktive, aber auch ästhetische Qualitäten. Die standardisierten, vorfabrizierten Bauteile setzte er ein, um einen harmonischen Rhythmus zu schaffen, die Konstruktion selbst wurde zum Ornament.

INNOVATIONEN

STREBEN NACH OBEN

Vielleicht würden unsere Städte heute anders aussehen, hätte Elisha Otis 1853 nicht eine geniale Idee gehabt. Um die Lastenaufzüge seiner Firma sicherer zu machen, entwickelte der amerikanische Mechanikermeister eine Fangvorrichtung, die im Falle eines gerissenen Seiles die Kabine halten konnte. Dieser bahnbrechenden Erfindung folgte der erste sichere Personenlift – fünf Geschosse in weniger als einer Minute. Dem Streben der Archi-

tekten in den Himmel waren keine Grenzen mehr gesetzt, denn nachdem in den vergangenen Jahrzehnten die bautechnischen Voraussetzungen für Hochhäuser entwickelt worden waren, wurden sie durch den Aufzug nun auch alltagstauglich. In Europa und Amerika hatte man seit dem Ende des 18. Jahrhunderts die Möglichkeiten der Skelettkonstruktionen ausgebaut, und nun wetteiferten New York und Chicago um die höchsten Wolkenkratzer. Die eisernen Gerüste überspannten große, flexibel nutzbare Flächen. Für die frei in den Rahmen einzuhängenden Fassaden boten sich neue Gestaltungsmöglichkeiten mit Mauerwerk, Glas und vor-

gefertigten Gusseisenelementen, die von vielen Architekten und Bauherren jedoch nur zögerlich angenommen wurden. Moderne Eisenrahmen wurden vorerst hinter historistischen Fassaden versteckt. Die Chicagoer Architekten Daniel H. Burnham und John W. Root, die 1886–1888 The Rookery, ein Bürogebäude im Herzen der Stadt, entwarfen, kombinierten an der Backsteinfassade romanische mit maurisch-byzantinischen Elemen-

▲ ROOKERY BUILDING, CHICAGO. DANIEL BURNHAM, JOHN ROOT SR. (1885–1888)

▷ CARSON PIRIE SCOTT-WARENHAUS, CHICAGO. LOUIS SULLIVAN (1899–1904)

ten. Rustizierte Kanten und Granitsäulen stehen im Wechsel mit leichten Glaseinbauten. Erst im großen, hellen Lichthof offenbart sich die eigentliche Originalität des Entwurfs. Er ist von einer Metallskelettkonstruktion eingefasst und von einem Glasdach bedeckt. Das Gusseisen der Säulen und Geländer konnte seine eigenen ästhetischen Qualitäten entfalten, bis es 1905–1907 unter Marmorverkleidungen verschwand, die Frank Lloyd Wright im Rahmen einer Neugestaltung der Halle einbauen ließ.

Der Eklektizismus der frühen Hochhäuser war Louis Henry Sullivan ein Dorn im Auge. Masse und Proportion bestimmten das Erscheinungsbild, wie beim Warenhaus Schlesinger & Mayer (heute Carson Pirie Scott & Co.), das er 1899–1904 baute. Die historische Fassadengliederung weicht einer der modernen Nutzung entsprechenden Aufteilung, bei der ein Sockelgeschoss Ladenlokale beherbergt; darüber erheben sich über mehrere Etagen Büroräume, an deren rasterförmiger Fassade die Skelettkonstruktion ablesbar ist. Im Kontrast dazu steht die aufwändige Ornamentik des Erdgeschosses. Wer hier einen Widerspruch zu Sullivans berühmter Formel »form follows function« sieht, irrt sich. Denn Sullivan riet zwar, »eine Zeitlang das Ornament beiseitezulassen und uns ganz und gar auf die Errichtung von in ihrer Nüchternheit schöngeformten und anmutigen Bauwerken zu konzentrieren«. Dann aber werde man erkennen, dass Ornamente geistiger Luxus seien und keine Notwendigkeit. Und dieser Luxus war bei Sullivan individuell und organisch aus der Funktion des Gebäudes zu entwickeln.

STILISTISCHES DILEMMA EKLEKTIZISMUS

»In welchem Style sollen wir bauen?«, fragte der deutsche Architekt Heinrich Hübsch 1828. Die Antwort ließ auf sich warten. Theater in Formen der Renaissance, neobarocke Kirchen, Rathäuser mit gotischen Versatzstücken – für jede Bauaufgabe fand sich ein historischer Stil, den es zu kopieren galt. Daneben blühte der Eklektizismus, die Vermischung verschiedener Vorbilder, von den Kritikern als »Stilverwilderung« beschimpft.

In Brüssel entstand ab 1866 der imposante Justizpalast unter der Regie von Joseph Poelaert, eines der größten Gebäude seiner Zeit, das sich in exponierter Lage über die Stadt erhebt. Eine 142 m hohe Kuppel dominiert den gewaltigen Komplex aus Höfen, Gerichtssälen und weiteren Räumen. Der belgische König Leopold II. ließ es an finanziellen Mitteln nicht mangeln, um seine Macht auch in der Hauptstadt repräsentativ in Szene zu setzen. Und so sparte Architekt Poelaert nicht an Stilen und Zitaten, um seinem Auftraggeber gerecht zu werden. Wuchtige Treppen, gewaltige

Säulen, Tempelfronten und teuerste Materialien stellte er in dem eklektizistischen Ensemble zusammen, das nicht nur auf Hitlers Baumeister Albert Speer nachhaltigen Eindruck machte.

Entschiedener in seiner Stilfindung war Horace Jones, der als Stadtbaumeister von London 1884 den Entwurf für die Tower Bridge vorlegte, die den stetig wachsenden Verkehr zwischen der City und dem Stadtteil Southwark bewältigen sollte. Um die Schiffspassagen zwischen den Hafenanlagen nicht zu behindern, musste der untere Brückensteg klappbar sein – ein ausgeklügeltes hydraulisches System machte es möglich, die Fahrbahnen in nur 90 Sekunden anzuheben. Flankiert wird die Konstruktion aus Stahl von zwei Brückenköpfen mit neogotischer Verkleidung. Moderne Ingenieurs-leistung kombiniert mit historischen Architekturformen – ein stilistisches Dilemma, das zu Beginn des 20. Jahrhunderts erbitterte Diskussionen auslöste.

◄ TOWER BRIDGE, LONDON. SIR HORACE JONES, SIR WOLFE BARRY (1886–1894)

▼ JUSTIZPALAST, BRÜSSEL. JOSEPH POELAERT (1866–1888)

DIE VILLA
EXPERIMENTIERFELD
DER MODERNE

Zwischen Bürowolkenkratzern und Bahnhöfen mag sich manch ein Großstädter nach der ländlichen Idylle gesehnt haben. Wer es sich leisten konnte, zog sich auf seinen Landsitz zurück, der noch geprägt war von den repräsentativen Stilen der Vergangenheit. Breite Treppen, Säulen, hohe Dächer mit verspielten Giebeln im viktorianischen Stil. Es überrascht kaum, dass sich der Bruch mit dieser Formensprache in der Nähe von Chicago vollzog, der Stadt, aus der die wichtigen Impulse für den Umgang mit den neuen Bauaufgaben und Materialien kamen. Hier bewies ein Architekt, dass noble Eleganz im Villenbau auch ohne historistischen Prunk möglich war: Frank Lloyd Wright (1867–1959). Zunächst zeichnete er im Büro der Stahlskelettbau-Pioniere Adler & Sullivan mehrere Jahre lang für alle Wohnbauten verantwortlich. Dann wurde er, seit seiner Kindheit im Landleben

verwurzelt, zum Lieblingsarchitekten vieler Chicagoer Geschäftsleute, die ihm den finanziellen und gestalterischen Spielraum ließen, seine spezifisch amerikanische Ausprägung des Arts-and-Crafts-Stils zu entwickeln.

»Ein gutes Bauwerk ist nicht jenes, das die Landschaft verletzt«, glaubte Wright, »sondern jenes, das die Landschaft schöner macht, als sie vor Errichtung des Bauwerks war.« Aus dieser Vorstellung entwickelte er seine *prairie houses*, die sich organisch in ihre Umgebung einfügen sollten. Bereits an dem Haus, das er 1893/94 für William H. Winslow in River Forest entwarf, sind die Prinzipien dieser Landhäuser ablesbar. »Ich hatte die Vorstellung, dass die horizontalen Flächen der Häuser zum Erdboden gehören.« Und so erheben sich die breit gelagerten Bauten über einem Betonsockel, den Wright »Wasserspiegel« nannte, und werden von flach geneigten Dächern mit weiten Überständen abgeschlossen. Charakteristisch sind

die bis zur Traufe hochgezogenen Fensterbänder. Im Winslow House begann Wright seinen »offenen Grundriss« zu entwickeln, eine fließende Raumfolge um einen großen zentralen Kamin.

Auch mit der Wahl der Materialien versuchte Wright, eine enge Verbindung zur Natur zu schaffen. Zwar nutzte er auch die moderne Technik des Stahl- und Betonbaus, kombinierte sie aber mit den traditionellen Baustoffen Stein, Ziegel und Holz, die weder gestrichen noch verputzt wurden. Die Naturbelassenheit wahrt die optischen und haptischen Qualitäten und bildet spannende Kontraste zwischen der warmen Färbung von Holz und Backstein und der kühlen Sachlichkeit des Betons. Auf den ersten Blick kubisch und streng gegliedert, bemerkt man beim genaueren Hinschauen feine Schmuckelemente: bunte Bleiglasfenster und

▼ HEURTLEY HOUSE, OAK PARK/ILLINOIS.
FRANK LLOYD WRIGHT (1902)

Ornamente in Holz oder Metallblech. Ein *prairie house* war ohne die von Wright entworfene Inneneinrichtung nicht komplett. Wie im Esszimmer seines eigenen Hauses in Oak Park waren alle Elemente von der Wandvertäfelung über die Möbel bis zu den Blumenvasen perfekt aufeinander abgestimmt, sollten ländliche Behaglichkeit mit den Ansprüchen des modernen Lebens kombinieren.

Von der anfangs noch axialen, regelmäßigen Kubatur des Hauses wandte sich Wright bald mehr und mehr einer expressiv-plastischen Gestaltung zu, bei der sich, wie im 1902 entstandenen Haus für Arthur Heurtley in Oak Park, die verschiedenen Raumvolumen ineinanderzuschieben scheinen. Seinen Höhepunkt erreicht Wrights Villenbau 30 Jahre später mit Fallingwater, dem berühmten Haus über einem Wasserfall.

WINSLOW HOUSE, RIVER FOREST/ILLINOIS.
FRANK LLOYD WRIGHT (1893/94)

F.L.WRIGHT HOME AND STUDIO. OAK PARK/ILLINOIS
FRANK LLOYD WRIGHT (1889)

DIE MODERNE STADT

ANSPRÜCHE
MODELLE
WIRKLICHKEIT

Fabrik, Eisenbahn und Slum – das sind, glaubt man dem amerikanischen Stadtbauhistoriker Lewis Mumford, die Hauptelemente der Industriestadt des 19. Jahrhunderts. Dichte Bebauung, die Vermischung von Wohnvierteln und Fabriken, mangelnde Wasserversorgung, noch dazu unmenschliche Arbeitsbedingungen hatten den Traum platzen lassen, der viele vom Land in die expandierenden Städte zog. Nun waren Politiker,

Stadtplaner und Unternehmer auf der Suche nach Auswegen. In England, das schon früh die Auswirkungen der Industrialisierung zu spüren bekam, entstanden auch die ersten Gegenbewegungen wie das »Arts and Crafts Movement« und die Gartenstadtgesellschaft, deren gemeinsamer Nenner die Wiederherstellung der Werte des vorindustriellen, ländlichen Lebens war.

Zurück zu den »good old days of hand labour« wünschte sich auch Seifenfabrikant William Hesketh Lever, als er 1888 im englischen Merseyside Port Sunlight gründete, eine Siedlung für die Arbeiter seines Werkes, die nach seinem erfolg-

reichsten Produkt benannt ist, der Sunlight Soap. Sauberkeit und Sonnenlicht waren die Schlüsselwörter, die bei der Überwindung der Missstände helfen sollten. Die 800 Fachwerkhäuser wurden von verschiedenen Architekten entworfen, die flämische Motive einfließen ließen. Kein Haus gleicht dem anderen, alle sind in die grüne Umgebung eingebunden. Niedrige Mieten, Schulen und Freizeiteinrichtungen sollten die Lebensqualität der Angestellten steigern, wodurch sich Lever zugleich auch eine erhöhte Arbeitseffizienz erhoffte. Denn so hoch der Anspruch des »King of Sunlight« an soziale und christliche Werte, an das

Verständnis des Werkes als große Familie auch war, aus rein philanthropischen Motiven handelte er nicht. Dennoch: Port Sunlight war ein vorbildliches Modell für viele Arbeitersiedlungen des 20. Jahrhunderts und ist bis heute ein beliebter Wohnort.

Die Möglichkeit, bei null anzufangen und eine gänzlich neue Stadt zu entwerfen, hatten die meisten Stadtplaner jedoch nicht. Vielmehr mussten sie mit den bestehenden Strukturen den neuen Ansprüchen gerecht werden – und gingen dabei häufig nicht zimperlich vor. Als radikalster Erneuerer gilt der französische Stadtplaner Georges Eugène Haussmann (1809–1891), der Paris unter Napoleon III. zu einer modernen Metropole ausbaute. Der »artiste-démolisseur«, wie sich Haussmann selbst bezeichnete, gliederte die Stadt

durch monumentale Sichtachsen, für die große Teile der mittelalterlichen Bebauung abgerissen wurden. Mit dem Ausbau der großen Boulevards und Avenuen, an denen sich repräsentative Bauten aufreihen, begegnete Haussmann den Anforderungen an den neuzeitlichen Straßen- und Schienenverkehr. Gleichzeitig ließ er die Kanalisierung erweitern, vermehrte die Straßenbeleuchtung und schuf weitläufige Parkanlagen als grüne Lunge der Stadt. Wenngleich seine tiefgreifenden Maßnahmen vor allem eine infrastrukturelle Verbesserung zur Folge hatten, haftete der »Haussmannisierung« immer auch der Vorwurf an, sie diene vorrangig der Niederschlagung von Volksaufständen, da der militärische Vorteil der neuen Straßenführung unübersehbar war. Schärfer noch mag die Kritik Walter Benjamins klingen, der

6933. P. Z. - PARIS. AVENUE DES CHAMPS ÉLYSÉES

Haussmann beschuldigte, den Parisern ihre Stadt entfremdet zu haben. »Der unmenschliche Charakter der Großstadt beginnt, ihnen bewusst zu werden«, schreibt er in seinem Passagenwerk über die Bewohner der »Hauptstadt des XIX. Jahrhunderts«.

Schnurgerade Straßen sind auch ein Charakteristikum von Eixample, dem Stadtteil, den der Katalane Ildefons Cerdà 1855 als Erweiterung Barcelonas plante. Im Gegensatz zu Haussmann diente Cerdà aber keinem monarchischen System, sondern war inspiriert von Sozialutopisten wie

Charles Fourier und Robert Owen und ließ demokratische Vorstellungen in seine Pläne einfließen. Vom historischen Stadtkern bis ins Hinterland erstreckt sich sein schachbrettförmiges Straßennetz, das einen gleichmäßigen Verkehrsfluss, aber auch die Durchdringung der Stadt mit Licht und Luft gewährleisten sollte. Die eigentümlich abgeschrägten Blockkanten lassen lichte Straßenkreuzungen entstehen. Von jedem Punkt der Stadt aus sollte zudem der nächstgelegene Park nach höchstens 1500 Metern erreicht sein. Wie die Ideale der Reformer scheiterten aber auch Cerdàs

Visionen an der Realität der kapitalistischen Industriegesellschaft. Bodenspekulation und wirtschaftliche Forderungen führten zu wesentlich dichterer und höherer Bebauung als vorgesehen.

STÄDTEBAU

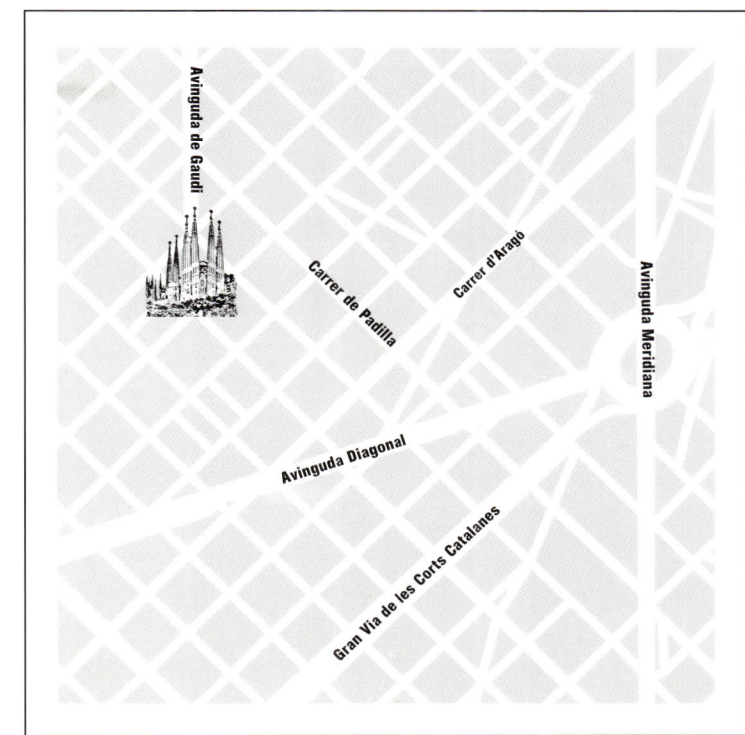

Avinguda de Gaudí

Carrer de Padilla

Carrer d'Aragó

Avinguda Meridiana

Avinguda Diagonal

Gran Via de les Corts Catalanes

◁ AVENUE DES CHAMPS-ÉLYSÉES, PARIS. SICHTACHSE VOM
ARC DE TRIOMPHE NACH SÜDOSTEN. (UM 1890)

▷ STADTTEIL EIXAMPLE, BARCELONA. (KARTE VON 2009).
CERDAS SCHACHBRETTFÖRMIGES STRASSENNETZ HEUTE.

▽ SAGRADA FAMILIA. BARCELONA. ANTONI GAUDÍ (1882–1926)

METROPOLEN

MOSKAU
POPULATION UM 1850
380.000
POPULATION UM 1900
1.200.000

Das lange 19. Jahrhundert war die Zeit der großen Revolutionen – industriell, politisch und kulturell. Nationen entwickelten ein neues Selbstbewusstsein, das sie in ihren Metropolen auch baulich umsetzten.

In Russland begann 1856 mit dem Pariser Frieden eine neue Ära. Zar Alexander II. beendete den Krimkrieg und führte weitreichende Reformen wie die Aufhebung der Leibeigenschaft durch. Aufbruchstimmung bestimmte auch das kulturelle Leben: Man besuchte das Bolschoi-Theater, lauschte den Kompositionen Tschaikowskis, Dostojewskis Erzählungen und Tschechows Dramen zeichneten späterhin realistische Bilder der sich verändernden russischen Gesellschaft.

Um 1850 war der Wiederaufbau Moskaus, das beim Angriff der Truppen Napoleons zu großen Teilen zerstört worden war, fast abgeschlossen. Das neu geschaffene Straßen- und Eisenbahnnetz verband die Stadt mit allen Teilen des Landes. Am Komsomolskaja-Platz entstanden zwischen 1844 und 1864 drei Bahnhöfe. Der 1849 fertiggestellte Große Palast vervollständigte das Ensemble der Kreml-Bauten. Mit der Verbindung von altrussischen Architekturmotiven und klassizistischen Formen schuf sein Baumeister Konstantin Thon ein Symbol für das neue Zarenreich, das bei aller Traditionsliebe offen für internationale Strömungen war. Bauernbefreiung und Industrialisierung zeigten aber auch bald ihre Schattenseiten. Die Bevölkerung wuchs von 350.000 im Jahr 1850 bis zum Ende des Jahrhunderts auf über eine Million an. Als Reaktion auf die schlechten Lebens- und Arbeitsbedingungen wurde 1898 die Sozialdemokratische Arbeiterpartei Russlands gegründet. Der erste Schritt auf dem Weg in das sozialistische System, das nicht nur das politische Leben der nächsten 100 Jahre bestimmte, sondern auch einen eigenen künstlerischen und architektonischen Stil hervorbrachte.

Mit den Folgen der industriellen Revolution musste sich auch Berlin auseinandersetzen, das durch das extreme Bevölkerungswachstum seine Belastungsgrenzen erreichte. Eine umfassende städtebauliche Neugliederung sollte Abhilfe schaffen. Der Hobrecht-Plan, 1862 im Auftrag König Wilhelms I. von Stadtbaurat James Hobrecht erstellt, regelte die Bebauung Berlins und der umliegenden Gemeinden durch die Festsetzung von Fluchtlinien und ein komplexes Verkehrssystem. Zwei ringförmige Gürtelstraßen wurden um Berlin und Charlottenburg gelegt, durchschnitten von Diagonal- und Ausfallstraßen. In den dazwischenliegenden Baublöcken sollten verschiedene Bevölkerungsschichten einträchtig nebeneinander leben – das Bürgertum in den zur Straße liegenden Häusern, Arbeiter und Handwerker in den Räumen um die Innenhöfe. Hobrechts idealistische Planung verhinderte nicht, dass die Bebauung in der Innenstadt sich weiter verdichtete und die hygienischen Mängel zunahmen, obwohl er gemeinsam mit dem Mediziner Rudolf Virchow ein System zur Kanalisation und Wasserversorgung der Großstadt entwickelt hatte. Auch die großen repräsentativen Bauten, die die Hauptstadt des Deutschen Kaiserreichs krönten, wie der 1894 vollendete Reichstag, konnten nicht darüber hinwegtäuschen, dass Berlin um 1900 vor allem das steinerne Berlin der Mietskasernen war.

BERLIN
POPULATION UM 1850
430.000
POPULATION UM 1900
1.900.000

PARIS
POPULATION UM 1850
1.053.200
POPULATION UM 1875
2.714.000

In Paris brach unterdessen nach den Wirren der Revolutionen die Belle Époque an. Ab 1855 hatte Georges Eugène Haussmann das mittelalterliche Gassengewirr durch breite verkehrsgerechte Alleen ersetzt, an denen prachtvolle Bauten die Macht des französischen Staates repräsentierten. Auf den Boulevards und in den Parks flanierten die bürgerlichen Großstädter, während sich rund um den Montmartre die künstlerische und intellektuelle Boheme in Salons und Galerien traf. Reisende aus aller Welt kamen, um das Flair der Kulturhauptstadt Europas zu erleben. Gleich fünf Mal war Paris zwischen 1855 und 1900 Gastgeber der Weltausstellung, häufiger als jede andere Stadt. Dort wurde bewiesen, dass Frankreich auch in technischer Hinsicht eine führende Rolle einnahm. Besonders in der Ingenieurbaukunst gelangen dank der Möglichkeiten der Stahlbetonkonstruktion herausragende Meisterwerke. Neben Markthallen, Passa-

gen und Kaufhäusern gehören auch die sieben bis zur Jahrhundertwende entstandenen Pariser Bahnhöfe zu den neuen großstädtischen Bauaufgaben. Sie sind Zeichen der zunehmenden Bedeutung des Eisenbahnverkehrs, der nicht nur einen entscheidenden Wirtschaftsfaktor darstellte, sondern auch das Reisen, die neue Lieblingsbeschäftigung des Bildungsbürgers, erleichterte.

STADTBAU

In New York kamen Reisende eher mit dem Schiff an. Ab 1886 empfing sie die Freiheitsstatue, eingeweiht am 110. Jahrestag der Unabhängigkeitserklärung. Sie versinnbildlicht den amerikanischen Traum, den vor allem europäische Einwanderer zu verwirklichen suchten. Immer mehr Italiener, Iren und Deutsche strömten in die Stadt, ein Bevölkerungszuwachs, den die Insel Manhattan kaum verkraften konnte. Mit der Brooklyn Bridge wurden 1883 auch andere Stadtteile an den Kern angebunden. Der deutschstämmige Ingenieur John August Roebling konstruierte die zur Zeit ihrer Entstehung längste Hängebrücke der Welt mit Stahlseilen und neogotischer Sandsteinverkleidung. Bereits 1859 war der Central Park angelegt worden, ein weitläufiger Landschaftspark mit vielen Freizeit-, Sport- und Erholungsmöglichkeiten, der vorbildlich für die Volksparks des 20. Jahrhunderts werden

sollte. An dieser »grünen Lunge« der Stadt zu wohnen, konnten sich jedoch nur die wenigsten leisten. Jenseits des Wohlstands entstanden Elendsviertel, in denen kriminelle Straßengangs das Regiment übernahmen – ein Kontrast zwischen erfüllten Hoffnungen und geplatzten Träumen, der sich an vielen Orten in der Stadt ablesen lässt. Die einen schufteten in den Sweatshops von SoHo, die anderen scheffelten Geld in den Bürotürmen an der Wall Street. Die baulichen Manifestationen von Erfolgsstreben und Konkurrenzkampf sind es auch, die das Stadtbild New Yorks um die Jahrhundertwende prägen: Wolkenkratzer aus Stahl und Beton. Mit dem Manhattan Life Insurance Company Building wurde 1894 erstmals die 100-Meter-Marke überschritten. Das Zeitalter der architektonischen Superlative hatte begonnen.

NEW YORK
POPULATION UM 1850
700.000
POPULATION UM 1900
3.400.000

WELTAUSSTELLUNGEN

TECHNIK
ZEITGEIST
LEISTUNGSSCHAU

Weltausstellungen – ursprünglich konzipiert als Leistungsschau der großen technischen Erfindungen sind sie seit Mitte des 19. Jahrhunderts nicht nur Spiegel der aktuellen Tendenzen in Wissenschaft und Industrie, sondern auch Abbild von Zeitgeist und Lebensgefühl. Den gastgebenden Städten brachte die Ausrichtung der Expo neben temporärem Medieninteresse und Touristenströmen häufig auch städtebauliche Veränderungen mit Langzeitwirkung. Spektakuläre Ausstellungsbauten dienten der Selbstdarstellung der vertretenen Nationen und brachten ihren Architekten großes Prestige ein. Dabei waren sie in der Regel nicht für eine dauerhafte Nutzung vorgesehen. Auch das prominenteste aller Expo-Wahrzeichen, der Pariser Eiffelturm, 1887–1889 von Gustave Eiffel erbaut, sollte nach der Ausstellung 1900 eigentlich abgerissen werden. Allen Kritikern zum Trotz steht er heute noch. Paris ohne ihn – undenkbar!

◄ "LES FÊTES DE NUIT A L'EXPOSITION". WELTAUSSTELLUNG 1900, PARIS. NACH ZEITGENÖSSISCHEM AQUARELL.

LONDON 1851

Die Geschichte der Weltausstellungen begann am
1. Mai 1851, als der Crystal Palace im Londoner
Hyde Park seine Tore öffnete. Das von Garten-
bauarchitekt Joseph Paxton errichtete Ausstellungsgebäude war zugleich das hervorragendste
Exponat der *Great Exhibition*. Aus vorgefertigten
Gusseisenelementen und Glasplatten konstruiert,
schnell montiert und flexibel erweiterbar, läutete es
die Epoche des industrialisierten Bauens ein. Der
Palast aus Glas und Eisen vereinigte alle Länder-
ausstellungen noch unter einem Dach, während
sich späterhin die Präsentation in Länderpavillons
durchsetzte.

PHILADELPHIA 1876

Zum hundertsten Jahrestag der amerikanischen
Unabhängigkeitserklärung traf sich die Welt in
Philadelphia. Zehn Jahre vor der Fertigstellung der
Freiheitsstatue in New York konnte ihre Fackel als
Symbol der Demokratie bewundert werden. Archi-
tektonisch wagte man keine großen Neuerungen.
Große Hallen aus Stahl und Glas, häufig mit histo-
ristischem Schmuck, standen neben kleineren
Holzpavillons. Schreibmaschinen, dampfbetriebene
Webstühle und Alexander Graham Bells Telefon
lockten zehn Millionen Besucher in den land-
schaftsgärtnerisch gestalteten Fairmount Park.

BARCELONA 1929

Die 20. Weltausstellung stand 1929 im Zeichen des Verkehrs. Barcelona hatte einen neuen Flughafen und einen modernen Bahnhof bekommen. Zum Ausstellungsgelände fuhren Busse und Straßenbahnen. Über Rolltreppen erreichten die Besucher eine Zahnradbahn, die zum höchsten Punkt des Areals, dem Passeig Central, führte. Weniger funktional, dafür umso spektakulärer ist die »magische Fontäne« Font de Montjuïc, die Carles Buïgas in der Nähe der Plaça d'Espanya errichtete. 134 Motoren, 3620 Wasserdüsen und 4000 Lichter erzeugen ein Schauspiel aus Licht, Farbe, Musik und Wasser. Die Ausstellungsbauten spiegelten die ambivalenten Strömungen der 1920er Jahre wieder. Der Palau Nacional, konzipiert als spanisches Nationalmonument, ist noch fest verhaftet im Eklektizismus der Jahrhundertwende, während Ludwig Mies van der Rohes Deutscher Pavillon mit seiner filigranen, verglasten Stahlkonstruktion neue Maßstäbe für die moderne Raumgestaltung setzte.

BRÜSSEL 1958

»Die Nationen haben sich verabredet, in Brüssel ein lächelndes Gesicht zu zeigen, die Atombombe zu verstecken und so zu tun, als würden sie das Wort ›Rüstung‹ überhaupt noch nie gehört haben.« Der Kommentar in der Zeitschrift *magnum* bringt auf den Punkt, was die Expo '58 auszeichnete: ungebrochene Euphorie über den technischen Fortschritt statt kritischer Reflexion seines destruktiven Gebrauchs. Als Wahrzeichen der Ausstellung – und bald auch der Stadt – wird das Atomium zum Symbol für die friedliche Nutzung der Atomkraft. André Waterkeyn entwarf das Gebäude in Form eines 165-milliardenfach vergrößerten Eisenkristalls. Andere Architekten gingen mit neuen Konstruktionsmöglichkeiten in Stahl und Glas an die Grenzen der Statik und schufen schwebende, transparente Raumskulpturen wie beim Philips-Pavillon, dessen freitragende Dachkonstruktion Le Corbusier entworfen hatte.

NEW YORK 1964

»Welcome to the Space Age!« Die Amerikaner präsentierten sich bei der Leistungsschau 1964 in New York als klarer Sieger des Wettlaufs ins All. Die Unisphere, ein riesiger Stahlglobus, symbolisierte das Motto der Ausstellung: »Man's Achievement on a Shrinking Globe in an Expanding Universe«. Kultur und Technik aus den USA prägten das Bild: animierte Shows von Walt Disney, Pop-Art-Design in den architektonisch eher konventionellen Pavillons. Die Stadt des 21. Jahrhunderts imaginierte das von General Motors gesponserte »Futurama«: Leben in der Antarktis, in der Tiefsee und auf dem Mond waren in dieser Science-Fiction-Vision denkbar. Megastädte mit riesigen Betonautobahnen, für die auch die Rodung der Regenwälder in Kauf genommen wurde, prägten das Zukunftsszenario für eine Gesellschaft, die keine Grenzen mehr kannte.

OSAKA 1970

»Fortschritt und Harmonie für die Menschheit« sollte die erste Weltausstellung in Asien bringen. Technologische Entwicklungen wurden nicht mehr nur gefeiert, sondern auch kritisch hinterfragt. Umweltzerstörung, unwirtliche Städte und Technisierung des Alltags hatten ein Umdenken bewirkt, nun wollte man wissenschaftliche Erkenntnisse friedenssstiftend nutzen. So ernst das Anliegen auch war, die Gestaltung der Bauten auf dem von Kenzo Tange konzipierten Ausstellungsgelände erinnert eher an eine bunte Kirmes. Geodätische Kuppeln, parabelförmige Luftbögen und Pagoden aus Stahl und Beton in allen Regenbogenfarben ernteten nicht nur Lob. Im Inneren der Pavillons faszinierten Elektronik und Multimedia. Das Computerzeitalter trat in seine entscheidende Phase.

HANNOVER 2000

Am Beginn des dritten Jahrtausends haben sich Umweltschutz und Nachhaltigkeit als Leitbilder der Weltausstellungen über die reine Leistungsschau hinweggesetzt. »Mensch, Natur und Technik – eine neue Welt entsteht«, hieß es in Hannover – und die Expo wollte mit den Fehlern der Vorgänger aufräumen. Albert Speer jr. entwarf den Masterplan für das Gelände, das als Themenpark mit Erlebnislandschaften gestaltet wurde. Zum ersten Mal in der Expo-Geschichte waren nicht nur Aussteller aus aller Welt zu Gast, die Expo ging ihrerseits in alle Welt. In 123 Ländern wurden fast 500 zukunftsweisende, nachhaltig wirkende Projekte verwirklicht. Eine positive Seite der Globalisierung. Erstmals wurde auch die Nachnutzung der Ausstellungsarchitektur zum zentralen Thema. So dienen viele Pavillons heute an anderer Stelle einem neuen Zweck. Der Schweizer Pavillon von Peter Zumthor wurde gar in seine Einzelteile zerlegt und als Bauholz verkauft.

1900–1909
DIE ARCHITEKTUR DER JAHRHUNDERTWENDE

TEXT | HENDRIK NEUBAUER

BRÜSSEL
JUGENDSTIL
EUROPÄISCHE KUNST

Wer wie Toulouse-Lautrec um 1900 nach Brüssel fuhr, wollte dem heimischen Mief entfliehen, vor allem aber eine der Ausstellungen, Konzerte oder Konferenzen in den Künstlerklubs und -salons besuchen. Art nouveau lautete das Versprechen der Stadt. Die Vereinigung La Libre Esthétique übernahm so etwas wie die Schirmherrschaft über die gesamte europäische Jugendstilbewegung. Der Salon La Toison d'Or hingegen versammelte sowohl Maler, Bildhauer und Architekten als auch das wohlhabende Bürgertum. Die belgische Hauptstadt war seinerzeit nicht nur Zentrum eines Kolonialreiches von mittelprächtiger Größe, sondern auch einer der führenden europäischen Industriestandorte. Industriekapitäne, Ingenieure und Wissenschaftler verlangten nach einer eigenen Kultur und finanzierten die Art nouveau. Daraus wurde der Stil, von dem Kritiker Gustave Geoffrey 1894 schrieb: »Hier handelt es sich nicht um belgische Kunst, sondern um den Beginn europäischer Kunst in Belgien.«

Wer sich heute auf die architektonischen Spuren des belgischen Art nouveau begibt, muss in die Vorstädte, nach Saint-Gilles oder Ixelles fahren. Hier ließen sich die begüterten Bürger ihre Häuser im Stil der neuen Zeit bauen. Große Grundstücke für freistehende Villen waren Mangelware, also baute man in Reihe und setzte sich durch Materialien und Stil ab. Wir beginnen mit dem **Hotel Tassel (1, s. Abb.)** in der Rue Emile Paul Janson 6 in Ixelles aus dem Jahr 1893. Das Haus für den Universitätsdozenten Emile Tassel war der erste reine Jugendstilbau Victor Hortas, der Art-

nouveau-Baumeister Brüssels legte damit den Grundstein für seine Karriere. Auffallend sind die schwungvollen Linien der symmetrisch aufgebauten Fassade aus dunklen und ockergelben Steinen, ein bauchiger Erker wölbt sich aus der Fassade. Buntglas schmückt die Fensterreihe über dem Eingangsbereich und verzierte Brüstungen aus Eisen bewehren den Erker und den Balkon. Ornamente, Glas, Eisen, und das alles »wie aus einem Guss«, deuten das hier angewandte neue Gestaltungsprinzip nur an. Horta formte das Gebäude von innen nach außen. Leider ist die prächtige und einfallsreiche Innengestaltung nur in Ausnahmefällen zu besichtigen.

Es ist eine gute Idee, die Art-nouveau-Route mit dem Fahrrad abzufahren, so kann man unterwegs mehrere der ungefähr 500 Jugendstilbauten im Stadtgebiet entdecken. Wir kurven einmal um den Block über die Avenue Louise in die Rue Defacqz 48 zum **Maison Ciamberlani**

(2, s. Abb.). Wie Horta begeisterte sich der Architekt Paul Hankar für die Schriften Viollet-le-Ducs, war aber gleichermaßen von der englischen Arts-and-Crafts-Bewegung beeinflusst. In diesem Haus vereinigte Hankar 1897 die bildenden mit den angewandten Künsten zu einer unverkennbaren Handschrift. Keine Etagenfront gleicht der anderen, Sgraffiti, sogenannte Kratzmalereien, schmücken seine Fassaden. Jugendstil und manch einer assoziiert ein bisschen Barock – typisch für Hankar.

Wieder auf das Fahrrad und die Rue Defacqz in Richtung Chaussée de Charleroi hinunter, dann links bis zur Avenue de la Jonction, in die wir rechts einbiegen. Jules Brunfaut entwarf das **Hotel Hannon (3, s. Abb.)** 1902 für den Ingenieur, Kunstliebhaber und Fotografen Edouard Hannon. Der Bauherr wollte den neuen Baustil, aber er wollte diesen nach seinem eigenen Gusto. So fotografierte er Details von Hortas Bauten, die ihm besonders gut gefielen und legte diese Brunfaut vor, einem Architekten alter Schule, der sich zwar auf das Kopieren, aber vor allem das Variieren historischer Stile verstand. Das Projekt gelang und strahlt Jugendstil aus, vor allem die Buntglasfenster wissen das Publikum immer wieder zu begeistern.

Wir fahren die Chaussée de Charleroi ein Stück zurück und dann rechts in die Rue Américaine, um zu dem Original zu gelangen: das **Musée Horta (4, s. Abb. nächste Seite)** aus dem Jahr 1898. Victor Hortas Überzeugung vom neuen Bauen spiegelt sich in dem von ihm selbst geplanten eigenen Atelier- und Wohnhaus wider. Es strahlt eine kompositorische Schönheit aus, die von innen kommt. Über dem Treppenhaus spendet eine als transparente Dolde in Glas und Eisen gestaltete

4

Buntglaskuppel Licht von oben und beleuchtet den Aufgang, der die halbe Breite des Hauses einnimmt. Die in Ocker gehaltenen Wände sind von goldfarbenen Linien durchzogen, die entfernt an abstrakte Blumenbündel erinnern. Marmorne Stufen führen von Etage zu Etage, die eisernen Handläufe winden sich wie verschlungene Triebe eines Baumes die Treppe empor. Flügel- und Schiebetüren ermöglichen eine raffinierte Gliederung der Räume. So ist ein kleiner Vorraum beispielsweise durch eine Doppeltür mit lichtdurchlässigem Opalglas vom Treppenhaus getrennt. Die weiß glasierten Ziegel, die das Esszimmer auskleiden, waren ursprünglich für die rückwärtige Hausfront gedacht. Sie harmonieren perfekt mit den warmen Tönen der aus amerikanischer Esche gefertigten Möbel. Im Bürotrakt geht es dagegen schlichter zu, auch die Fassade gibt sich leichter. Die Rundung des Balkons im Zwischengeschoss formt gleichsam ein Vordach über dem Eingang. Einen beschwingten Abschluss bildet das flügelförmige Geländer des zweiten Balkons im obersten Geschoss über einem Erker mit zwei Bogenfenstern. Perfekter kann man Jugendstil eigentlich nur im **Hotel Solvay (5, s. Abb.)** (1895–1900) antreffen, einer Stadtvilla für den Fabrikanten Solvay. Allerdings zeigt die Fassade in der Avenue Louise 224 nur einen Abglanz des so prächtigen, mittlerweile aber streng privaten Innenlebens.

Wie sehr sich Horta in seiner Gestaltung von der Konstruktion seiner Objekte leiten ließ, kann man am **Hotel van Eetvelde (6, s. Abb.)** (1895–1898) in der Avenue Palmerston 2 ablesen. Das ist zwar ein weiter Ritt auf dem Drahtesel, aber das Privathaus im Auftrag eines Staatssekretärs lohnt den Aufwand. Es handelt sich um einen Skelettbau mit vorgehängter Fassade. Verschlungene

Linien machen den dezenten Bauschmuck aus, der die großen Fenster umschließt. In der Eingangshalle, die hin und wieder zu besichtigen ist, tut sich ein Glashimmel auf, der auf einem achteckigen Eisengerüst ruht. Der Werkstoff Eisen biegt sich in schlanken Linien, zeichnet eine sehnige Ornamentik und stützt ebenso effektiv wie eindrucksvoll die Lichtquelle für den Raum. Das ist der Horta, der für den Brüsseler Jugendstil steht.

Ein anderer Belgier ertrug diesen Stil nicht mehr. Henry van de Velde verließ 1901 die Stadt mit der festen Überzeugung, dass die Zeit des Ornaments aus »Ranken, Blüten und Weibern« vorbei sei. Van de Veldes abstrakte Linie reüssierte vor allem in Deutschland.

5

6

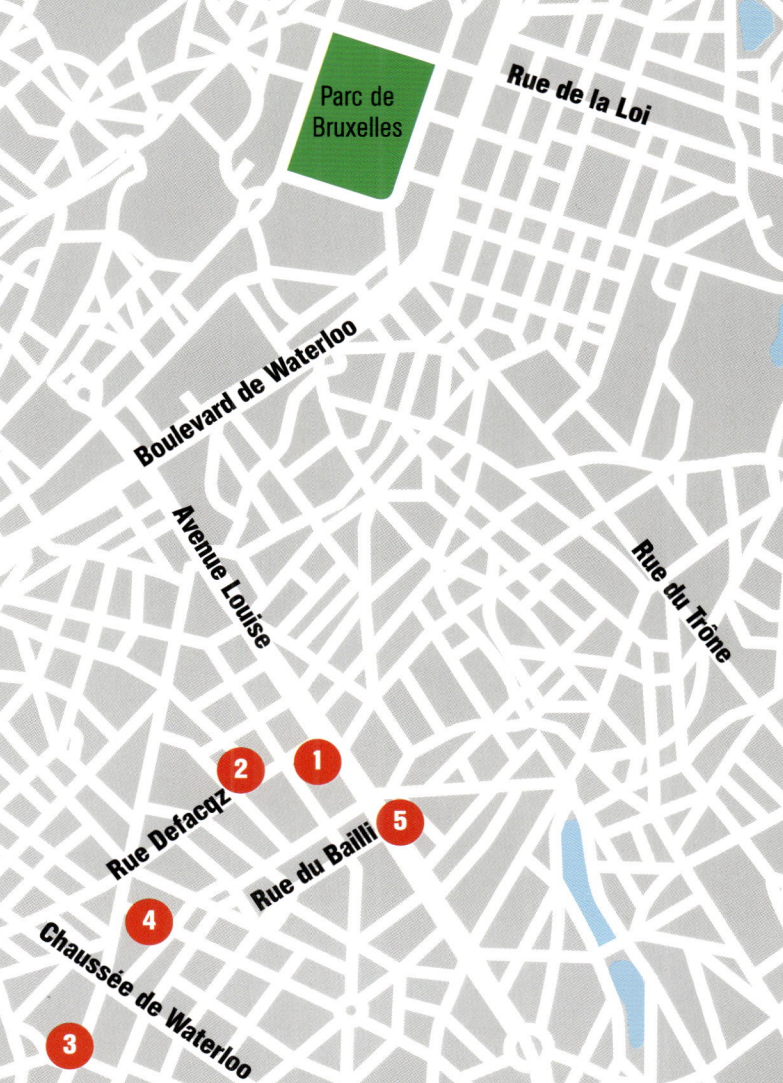

DIE WENDE

1900. Der erste Zeppelin kreuzte am Himmel. Am Boden lärmten politische Führer wie der deutsche Kaiser Wilhelm II. in ihrem nationalen Wahn. Der Jugendstil stand in voller Blüte und wollte Maschinen, Kunst und Leben vereinigen. Auf der Weltausstellung kam das Neue jedoch nicht so recht zum Zuge. Paris übertraf alle bisherigen Messen an Aufwand und Pracht. Allerdings gingen die Innovationen, die die Leistungsschauen von Industrie und Kultur bisher immer ausgezeichnet hatten, in einer bizarren Festarchitektur unter. Arbeiten der Wiener Werkstätten glänzten, daneben präsentierte sich die Rolltreppe erstmals der Weltöffentlichkeit, und auch die Metro war bereits in Betrieb. Als künstlerische Sensation entpuppten sich die eisernen Aufbauten und Einfassungen der Metro-Eingänge. Hector Guimard hatte sich gegen den vorherrschenden Geschmack gestemmt und diese fantastischen Gebilde geschaffen – eine Metamorphose aus Natur, Ornament und alltäglichem Nutzen. Art nouveau, der französische Jugendstil, war in der Folge zeitweise auch unter Style métro bekannt.

Eisen war das Baumaterial der Zukunft, dafür stand bereits der Pariser Eiffelturm von 1889.

◄ METROSTATION CHAUSSÉE-D'ANTIN, PARIS.
HECTOR GUIMARD (1898–1900)

Der Jugendstil setzte den Baustoff wesentlich kunstvoller ein, dehnte und verschlankte die Konstruktionen und Formen. Die Stütze übernahm gleichzeitig dekorative Aufgaben. Inspiration für seine Arbeit hatte Guimard bei seinen Zusammentreffen mit Victor Horta in Brüssel erhalten, der ihm bei Gelegenheit verriet: »Ich nehme mir keine Blumen zum Modell, sondern ihre Stängel.« Dieser Stängelstil ist bis heute in den Inneneinrichtungen Hortas wie in seinem Wohn- und Atelierhaus aus dem Jahr 1898 zu besichtigen. Brüssel war zu dieser Zeit das Epizentrum des Jugendstils.

Guimard wie Horta leiteten ihre Gestaltungsprinzipien aus der Natur ab, ihre Linienführung lehnte sich an die Prinzipien des Wachstums an: »Die Natur«, sagte Guimard, wenn er seine Werke mit hallender Stimme und ungeheuren Armbewegungen erklärte, »die Natur ist die größte Baumeisterin und macht doch nichts Paralleles und Symmetrisches.« Diesen Grundsatz hätte Antoni Gaudí, der Baumeister Barcelonas, zu jeder Zeit seines Schaffens unterschrieben. 1882 begannen die Arbeiten an seinem unvollendeten Lebenswerk, der Kirche Sagrada Família, in der Zeit von 1904 bis 1910 entstanden vor allem Wohnhäuser für begüterte Bürgerfamilien. Formal waren diese Bauten Brandherde im Stadtbild. Die Fassade der Casa Batlló erinnerte die Passanten an einen Riesensaurier und das organisch durchkomponierte Äußere der Casa Milà hieß im Volksmund nur »La Pedrera«, der Steinbruch. Gaudís Modernismo, die katalanische Variante des Jugendstils, verformte

Fassaden plastisch, ließ Dachaufbauten wuchern und ging mit Grundrissen denkbar frei um. Dieser Stil trieb das Organische in der Architektur geradezu auf die Spitze. Bis heute sind diese Bauten Solitäre im Stadtbild Barcelonas geblieben.

Der Blick von Barcelona nach Glasgow zeigt jedoch, dass der Jugendstil zwischen üppigem Dekor und sachlicher Kühle, zwischen expressiven formalen Experimenten und grauen Kuben schwankte. Mit der Glasgow School of Art (1847–1909) schuf der Designer und Architekt Charles Rennie Mackintosh in der schottischen Industriestadt ein Meisterwerk des auch Modern Style genannten Baustils. Die Senkrechte bestimmt den

schlichten, in sich geschlossenen Baukörper, Dekor wird nur noch kleinteilig und sparsam eingesetzt und beseelt gerade so zurückhaltend dargeboten die Großform. Gaudí wie Mackintosh galten beide als Protagonisten des Jugendstils. Gemeinsam war ihnen aber nur, dass sie auf den vorhergegangenen Stilwirrwarr reagierten. Und wenn Gaudí das Organische in der Architektur des 20. Jahrhunderts als Stilgröße etablierte, dann war es Mackintosh, der die Katharsis der modernen Architektur in Sachen Ebenmaß und Sachlichkeit einläutete.

Zu der sachlichen Fraktion des deutschen Jugendstils zählten Henry van de Velde und Peter Behrens. Beide kamen von der Malerei und beide

schufen mit ihren Bauten und deren Umfeld bis ins Detail komponierte Gesamtkunstwerke. Sie kamen viel herum, arbeiteten aber nie zur gleichen Zeit am selben Ort. Van de Velde, der eine »abstrakte Linie« verfocht, wurde um 1900 nach Hagen gerufen, ein Ort, den bis dahin niemand als Kulturzentrum bezeichnet hätte. Die dort von ihm errichtete Villa für den Fabrikanten Karl Ernst Osthaus wirkt in ihrer Gesamtanlage britisch streng. Auch Peter Behrens arbeitete in der Diaspora, der Künstler-

▲ CASA MILÁ, BARCELONA. ANTONI GAUDÍ (1905–1910)

◀ THE GLASGOW SCHOOL OF ART, GLASGOW.
CHARLES RENNIE MACKINTOSH (1897–1899, 1907–1909)

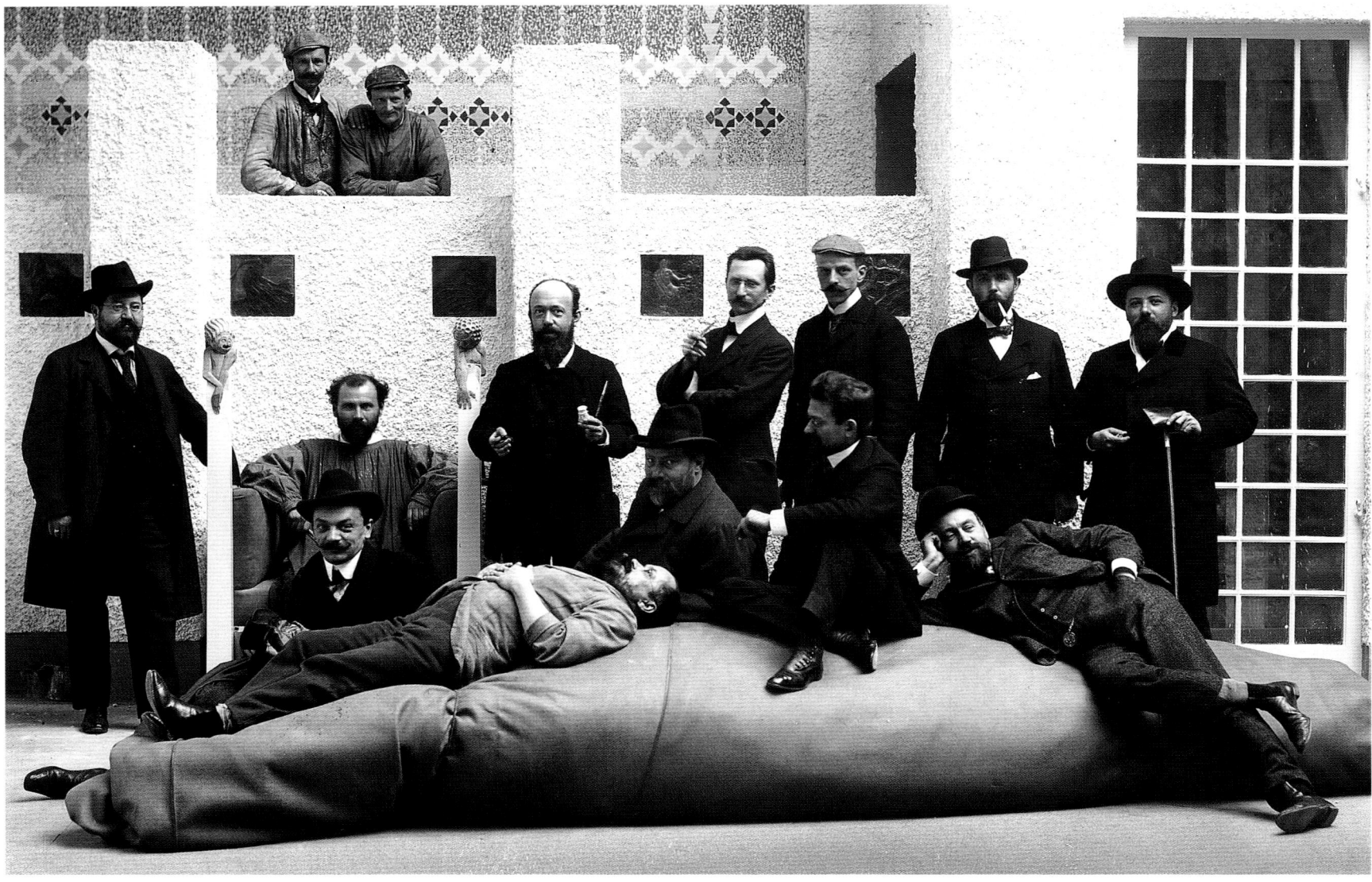

kolonie Mathildenhöhe im hessischen Darmstadt. Die Fassade seines Künstlerhauses mit der ihr eigenen vertikalen Ornamentik sticht aus dem ansonsten von Joseph Maria Olbrich gebauten Ensemble heraus. Olbrich, ein Schüler Otto Wagners, trug den geschmeidigen wie monumentalen Wiener Sezessionsstil in die deutsche Provinz.

Derweilen drückte das Original, Otto Wagner, der österreichischen Hauptstadt weiterhin seinen planerischen und architektonischen Stempel auf. Sein Radius reichte von der Planung der Stadtbahn bis hin zur Postsparkasse, deren Kassenhalle (1904–1906) mit ihrer Glasdachkonstruktion nach wie vor als Klassiker des frühen Funktionalismus gilt. Als Baukünstler verwendete Wagner neu-

zeitliche Methoden und führte unkonventionelle Materialien wie Aluminium ein. Er blieb jedoch dem Dekor des Sezessionsstils treu. Diese Kunstauffassung trugen auch andere seiner Schüler wie Josef Hoffmann in die Welt. Dieser baute von 1905 bis 1911 in Brüssel dem Multimillionär Adolphe Stoclet ein modernes Märchenpalais von fantastischem Material- und Formenreichtum.

So viel Erfolg rief auch Kritiker auf den Plan, nur selten jedoch wurden die Vorwürfe so brillant und ätzend zugleich formuliert wie von dem Wiener Architekten Adolf Loos. Der bemängelte vor allem den totalitären Anspruch des Jugendstils: »für das kleinste schächtelchen gab es einen bestimmten platz, der gerade dafür gemacht war.

Bequem war die wohnung, aber den kopf strengte sie gar sehr an. Der architekt überwachte daher in den ersten wochen das wohnen, damit sich kein fehler einschleiche.« Loos' Aufsatz »Ornament und Verbrechen« von 1908 zählt nicht nur zu den meistzitierten Kunstpamphleten des 20. Jahrhunderts, sondern auch zu den folgenreichsten: Schmuckformen galten fortan schlichtweg als nicht modern.

Einig war sich die deutschsprachige Avantgarde eigentlich nur in dem, was man überwinden wollte. Und so geschah es im Oktober 1907 in München: Zwölf Künstler und Architekten – darunter Behrens, Hoffmann, Wilhelm Kreis, Olbrich, van de Velde, Richard Riemerschmid, Paul Schultze-Naumburg und Fritz Schumacher – einte das

Unbehagen am »unwürdigen Stiltreiben« des Historismus, der einfach nicht kleinzukriegen war. Man wollte das Niveau des öffentlichen Geschmacks endlich heben und dem Kunstgewerbe zu adäquater Qualität verhelfen. Gemeinsam mit Fabrikanten, Verlegern und den Werkstätten der Sezessionen von Dresden bis Wien gründeten sie den Deutschen Werkbund. Einen gemeinsamen Stil gab es längst nicht mehr.

Aber war der Jugendstil nicht von Anfang an eher eine gemeinsame Haltung denn Stilkodex? Diese Geisteshaltung formuliert Frank Lloyd Wright,

der europäischen Reform locker verbunden, im Jahr 1908: »Ich verlange von einem Bauwerk dasselbe, was ich von einem Menschen fordere, nämlich dass es ehrlich und innerlich wahrhaftig sei.« Er meinte eine Architektur, die für den Menschen da ist und nicht für die Repräsentation, schon gar nicht für die Kunst. Das ist das eigentliche Lehrstück der Vormoderne, an dem sich die Protagonisten der Moderne in den folgenden Jahrzehnten des 20. Jahrhunderts abarbeiteten.

ART NOUVEAU
MODERNISMO
MODERN STYLE
JUGENDSTIL

◄ GRUPPENAUFNAHME DER WIENER SECESSIONSKÜNSTLER: ANTON STARK, GUSTAV KLIMT (IM SESSEL), KOLOMAN MOSER (VOR KLIMT MIT HUT), ADOLF BÖHM, MAXIMILIAN LENZ (LIEGEND), ERNST STÖHR (MIT HUT), WILHELM LIST, EMIL ORLIK (SITZEND), MAXIMILIAN KURZWEIL (MIT KAPPE), LEOPOLD STOLBA, CARL MOLL (LIEGEND) UND RUDOLF BACHER. (V.L.N.R.) (1902)

▼ PALAIS STOCLET, BRÜSSEL. JOSEF HOFFMANN (1905–1911)

HENRY VAN DE VELDE

»Auf unserer Kindheit lastete die lähmende Überfülle von Dingen, von denen auch nicht ein einziges uns fröhlich stimmen konnte ... die düstere Langeweile der Häuser, in denen wir aufwuchsen ...« Henry van de Velde entfloh in seiner künstlerischen Ausbildung dem großbürgerlichen Muff. In den 1890er Jahren hörte er aus England von William Morris und seinen auf die Erneuerung der handwerklich-künstlerischen Formgebung gerichteten Pioniertaten. Mächtig angeregt stemmte auch er sich der Zeit entgegen: Die Kunst musste »angewandt« werden auf das Leben.

Henry van de Velde fand um 1900 zu seiner ganz eigenen Linie des Jugendstils und erlebte einen kreativen Höhenflug, der mit dem Ausbruch des Ersten Weltkriegs abrupt endete. Zuvor studierte er in Antwerpen und Paris Malerei, bis er sich in Brüssel den dortigen Künstlervereinigungen anschloss. Sein erstes architektonisches Werk schuf er autodidaktisch mit seiner eigenen Villa Bloemenwerf (1895) in Uccle, einem Vorort von Brüssel. Für Samuel Bing stattete er 1897 dessen Pariser Galerie Salon de l'Art Nouveau aus. Schnell erlangte er internationale Anerkennung. Im Auftrag von Karl Ernst Osthaus übernahm er 1900 die Innenarchitektur des Museum Folkwang in Hagen, 1901 ereilte ihn der Ruf von Großherzog Wilhelm Ernst nach Weimar. Hier errichtete er die Kunstgewerbeschule (1904–1911), die er bis 1914 leitete. Bis zu seinem Ableben übernahm er von Zeit zu Zeit Berater- und Lehrtätigkeiten und lebte abwechselnd in Belgien, den Niederlanden und der Schweiz.

»Van de Velde? Ist das nicht der Mann, der früher so ... Kringel gemacht hat?« So oder ähnlich fragten wohl Werkschüler der Weimarer Zeit ihre Lehrer. Die Errungenschaften des Jugendstils und der Ruhm des Revolutionärs van de Velde schienen schnell zu verblassen. Auf lange Sicht hatte der Belgier jedoch seinen Platz in der Kunstgeschichte als Erneuerer sicher. Er schlug eine Schneise in die erstickende Formenwelt des Historismus, er schwor auf die »abstrakte Linie« und reduzierte die naturalistischen »Kringel« der anderen wie kein zweiter. Die zurückgenommene Außenansicht und die skelettartig konstruierten Stühle seiner Villa Bloemenwerf schwelgten nicht in der ornamentalen Pracht eines Victor Horta, sondern übten sich eher in vornehmer Zurückhaltung. Sein Œuvre steht für das Bauen und Gestalten bis in das letzte Einrichtungsdetail hinein, das war für ihn eine einzige und zusammengehörige Aufgabe. Henry van de Velde vollführte einen Quantensprung, so enorm groß, dass die Strecke von ihm bis zum Bauhaus-Stil nicht mehr weit erscheint.

MOBILIAR. VILLA ESCHE, CHEMNITZ. HENRY VAN DE VELDE
(1902/03, 1911)

ATELIER. KUNSTGEWERBESCHULE, WEIMAR.
HENRY VAN DE VELDE (1904–1911)

HOHENHOF

TEAMARBEIT MODERNE

Ein deutscher Millionenerbe aus Westfalen reiste im Mai 1900 nach Brüssel, um Henry van de Velde zu besuchen. Karl Ernst Osthaus war auf der Suche nach Inspiration und fand diese im Jugendstil van de Veldes. Dessen Wohnhaus Bloemenwerf strahlte eine ungewöhnliche Zurückhaltung aus, der Besucher zeigte sich beeindruckt.

»Hagen war damals eine Provinzstadt, in deren alten Kern die zahlreichen Industriebetriebe sich gleichsam hineingefressen hatten; ein hässlicher Anblick. Nicht weniger hässlich wirkten die pompösen Villen der Industriellen aus der Gründerzeit, die in kleinen Gärten gelegen waren, in denen man gerade noch atmen konnte. Der Rasen war jämmerlich, die Gebüsche kränklich, und alles lag unter einer dicken Schicht von Kohlenstaub.« So beschrieb Henry van de Velde seine ersten Eindrücke, als er auf Geheiß von Osthaus in Hagen eintraf. Zu diesem Zeitpunkt waren die Bauarbeiten für das von Osthaus geplante Museum, nach einem klassizistischen Entwurf Carl Gérards, bereits gestoppt. Fortan bestimmte van de Velde die Innenarchitektur und das Konzept des Folkwang-Museums. Die naturgeschichtliche Sammlung wurde ins Souterrain verbannt, in die Haupträume zogen dagegen die Werke der Impressionisten und Neoimpressionisten ein. Im Juli 1902 wurde mitten in der Industriestadt das weltweit erste Museum für Moderne Kunst eröffnet. Karl Ernst Osthaus war von der Idee »Kunst für alle« beseelt. Elitär blieb es

dagegen hoch über dem Lärm, Nebel und Rauch der Industriestadt, dort plante er, eine Künstlerkolonie zu gründen. 1908 wurde der Hohenhof, das Wohnhaus des Hagener Mäzens, eingeweiht. Henry van de Velde führte abermals die Regie bei diesem Gesamtkunstwerk, das auf einer Sockelfassade aus Bruchstein über dem Tal thronte. Der Bauherr zeigte sich 1920 noch immer ergriffen von dem Werk: »Der Hohenhof zeigt das Bestreben, den Kubus als solchen zu greifen, besonders in der

Abrundung der Obergeschoßecken an der Ostfassade, in der Ausbauchung des Badeerkers sowie in der Hochstelzung des Daches [...].« Da der Verfasser sich entschloss, auf seine bisherige Einrichtung zu verzichten, konnte der Hohenhof bis herunter auf das Petschaft auf dem Schreibtisch einheitlich durchgebildet werden. Van de Velde schuf Raumkompositionen, in denen die Materialien, Formen und Kunstwerke »organisch« verschmolzen. Die Villa ist heute ein Museum, einige der Räume sind im Original erhalten, andere hingegen rekonstruiert. Nach Süden hin öffnet sich der Baukörper zu einem typischen Architektengarten hin, den Henry van de Velde als dekorativen Raum »zum Atmen« gestaltete. Vier leicht versetzte Achsen gliedern das Grün, die Südachse, ausgehend vom Arbeitszimmer, endet heute mit Osthaus' Grabmal, die Ostachse wird durch einen Balkon aus Bruchstein abgeschlossen, der ursprünglich einen freien Blick auf das Tal bot.

Der große Bebauungsplan für das Areal blieb jedoch genauso Vision wie der große Folkwang-Plan, in der Kunstgeschichte unter dem Begriff »Hagener Impuls« bekannt. Dieser bezog ganz Hagen mit ein – Kunst als Motor für die Entwicklung einer Stadt. Karl Ernst Osthaus starb 1921 mit gerade einmal 46 Jahren. Dabei plante er noch kurz nach dem Ende des Ersten Weltkriegs zusammen mit dem Architekten Bruno Taut den Bau einer sogenannten Stadtkrone, eines Kulturkomplexes mit neuem Folkwang-Museum und einer Folkwang-Schule in unmittelbarer Nachbarschaft zu seinem Wohnhaus. Die Namen Osthaus und van de Velde sind untrennbar sowohl mit dem Jugendstil als auch mit dem Deutschen Werkbund verbunden. Der Hohenhof ist eines der großen Zeugnisse für das Zusammenwirken von Mäzen und Künstler um 1900 mitten in Europa. Was aus der Enklave Hagen hätte werden können, lassen die Modelle Tauts vermuten.

◀ EMPFANGSHALLE. HOHENHOF. HENRY VAN DE VELDE (1907/08)

▼ BLICK AUF DIE SÜDFASSADE UND DEN TIEFERGELEGTEN BRUNNENGARTEN. HOHENHOF.

STILWANDERUNG

ÜBER DEN ZUFALL

Donnerschlag, woran erinnert uns diese Jugend-stilfassade? Wir stehen vor dem Teatro Faenza in der Calle 22 in der Altstadt Bogotás und lauschen den Ausführungen des Reiseführers. In der republikanischen Phase Kolumbiens, die ihren Höhepunkt in den 1920er Jahren hatte, gab es eine verstärkte Bautätigkeit, stilgeschichtlich hat der Eclecticismo neogotische Bauten genauso wie Art-nouveau-Gebäude hervorgebracht. Die Namen der Architekten Arturo Tapias und Jorge Muñoz helfen

nicht weiter, die Erinnerung will sich nicht einstellen. Man wollte sich damals von den Spaniern lösen und orientierte sich kulturell sowohl an Großbritannien als auch Frankreich. Da taucht auf einmal die Frage auf, ob nach der Unabhängigkeit die Bodenschätze wie Gold und Kohle nicht einen Ansturm der Europäer auf Kolumbien ausgelöst hätten? Von Ansturm könne man nicht sprechen, aber der Bergbau hätte schon früher ausländische Spezialisten, vor allem britische und deutsche Bergbauingenieure, ins Land gelockt, lautet die Antwort. Bergbau ist also das Stichwort! Das Bild

der Maschinenhalle der Zeche Zollern II in Dortmund-Bövinghausen taucht vor unserem geistigen Auge auf. Der Berliner Architekt Bruno Möhring verpasste der Schachtanlage bereits 1902 ein Hauptportal, dem dieses Portal hier in Bogotá täuschend ähnlich sieht.

△ TEATRO FAENZA, BOGOTÁ. ARTURO TAPIAS, JORGE MUÑOZ (1924)

◁ MASCHINENHALLE DER ZECHE ZOLLERN II/IV, DORTMUND. BRUNO MÖHRING (1902)

MATHILDENHÖHE

GIPFELSTÜRMER OLBRICH

»Die senkrechte Masse des Hochzeitsturmes, verbunden mit den horizontal gelagerten Baukörpern des Ausstellungshauses, bilden die monumentale Einheit, die wie ein Wahrzeichen aus dem Stadtbilde aufwächst. Aus der Ferne wie in der Nähe gesehen, erfülle dieses eine Denkmalpflicht: Stumme, doch ewige Kunde zu geben von der Begeisterung einer Bürgerschaft zu einer Zeit frohester, glücklichster Lebensfeier.« Joseph Maria Olbrich, der künstlerische Spiritus Rector und Baumeister der Künstlerkolonie Mathildenhöhe, versprach nicht zu viel, als er am 7. März 1906 im *Darmstädter Tagblatt* die Realisierung seines Hochzeitsgeschenkes an Großherzog Ernst Ludwig von Hessen ankündigte. Der Hochzeitsturm, die Schwurhand des Jugendstils, ist bis heute das Wahrzeichen Darmstadts. Der Aristokrat, Mäzen der Kolonie, hatte Olbrich 1899 von Wien nach Darmstadt gerufen. In Wien hatte Olbrich das Ausstellungsgebäude der Sezession, diesen Solitär mit der leuchtenden goldenen Kuppel, an der Ringstraße errichtet. Nun bot sich ihm die Möglichkeit, mit der geplanten Künstlerkolonie eine ganze Ausstellungslandschaft als Stadtkrone zu gestalten. Von seinem »Tempel der Kunst« über die mit Terrassen und Pergolen gestalteten »hängenden Gärten« bis hin zum magistralen Turm erscheinen die von ihm realisierten Bauten auf der Mathildenhöhe als Ensemble antiker Weltwunderarchitektur.

Das Weltwunder, das sich an dieser Stelle 1901 erstmals dem Bürgertum präsentierte, war die Synthese aus Kunst und Leben. Revolutionär war allein die Form der Präsentation. Peter Behrens, Joseph Maria Olbrich und Hans Christiansen realisierten in ihrem Sinn komplett durchgestaltete Künstlerhäuser. Die elitäre Musterschau, die aber auch Verkaufsausstellung war, entpuppte sich als finanzielles Desaster. Die zweite Ausstellung 1904 setzte verstärkt auf Kunstgewerbe: praktische Möbel, guter Hausrat und dekorative Kunstgegenstände sollten dem Publikum »schöner Wohnen« näherbringen. Olbrich errichtete zu diesem Zweck idealtypische, bescheidenere Musterhäuser, und überhaupt zollte man dem Portemonnaie der Besucher Tribut. Mit Erfolg, man schrieb schwarze Zahlen.

1908 wurde der Hochzeitsturm eingeweiht, Olbrich verstarb kurz darauf. Doch die Sturm-und-Drang-Zeit des Jugendstils war da bereits vorüber,

und so haftet dem Bauwerk das Ambivalente von Übergangsphänomenen an. Optisch dominiert noch das Ornament der Turmspitze den Baukörper, doch die Gesamtstruktur des Klinkerbaus deutet den Abschied vom Formenüberschwang des Jugendstils an.

KÜNSTLERKOLONIE MATHILDENHÖHE, DARMSTADT.
JOSEPH M. OLBRICH U.A. (1899–1908)

HOCHZEITSTURM. MATHILDENHÖHE, DARMSTADT.
JOSEPH M. OLBRICH (1906–1908)

REFORMIDEEN

DAS GRÜN
DIE STADT

Eigentlich gab es nur zwei Möglichkeiten: entweder dem Moloch Großstadt zu entfliehen oder diese Struktur städtebaulich zu verändern. Agglomerationen wie London erstickten um 1900 mit Millionen von Einwohnern fast im Lärm, Müll und Rauch. Von daher stellte sich die von der Arbeiterbewegung stets propagierte soziale Frage auch immer vonseiten der Wohnverhältnisse in den Industriemetropolen.

Bleiben wir bei London. Hier entwickelte Ebenezer Howard das sozialreformerische Modell des »Peaceful Path to Real Reform«. Seine Gartenstadt unterschied sich in einem ganz entscheidenden Punkt von Werkssiedlungen wie Port Sunlight bei Liverpool. Sein Vorschlag beruhte auf einer genossenschaftlichen Organisation neuer Städte, die jeweils auf 35.000 Einwohner begrenzt bleiben sollten. Breit angelegte Straßen verliefen rund um den Stadtkern mit kompletter Infrastruktur, das Zentrum bildete

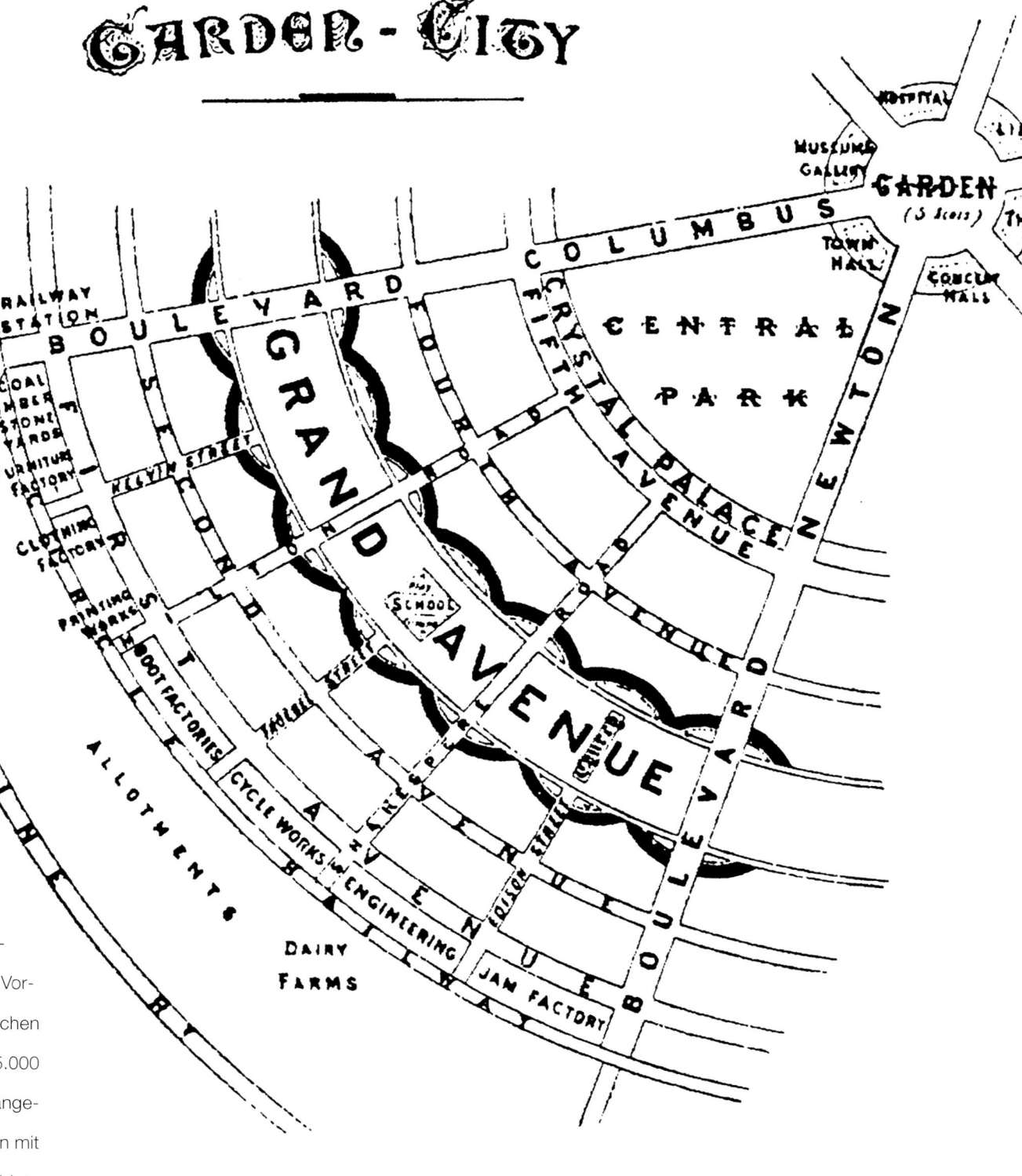

GARDEN CITIES OF TO-MORROW. EBENEZER HOWARD (1899)

selbstverständlich ein Park, Siedlungshäuser reihten sich entlang der Grüngürtel. Jede der Gartenkleinstädte war von Landwirtschaft umgeben und funktionierte als autarke Zelle, die sich radial um Ballungsräume wie London verteilen sollten. Howards Buch *Garden Cities of To-Morrow* führte 1899 zur Gründung der englischen Gartenstadtgesellschaft, einer der Keimzellen des modernen Städtebaus. Mit vereinten Kräften erregte man genügend Aufmerksamkeit und sammelte ausreichende finanzielle Mittel, um 1903 die erste Gartenstadt nach Howard'schen Vorstellungen bauen zu können.

Rund 60 Kilometer nördlich von London entstand die Gartenstadt Letchworth. Howards städtebauliches und gesellschaftliches Reformkonzept wurde leicht modifiziert realisiert, rigoros setzte man dagegen das Regelwerk um. Es gab Vorschriften für die Bepflanzung und Einfriedung der Gärten. Tierhaltung unterlag der Kontrolle.

Lärmquellen wie Fabriksirenen waren verboten, genauso Kirchenglocken. Während sich diese drastische Form der Sozialhygiene auf lange Sicht nicht durchsetzte, gab es in der Folge viele Gartenstädte in Europa, die städtebauliche Anleihen bei diesem Vorbild machten. Die zweite große Gartenstadt in England, Welwyn bei London, war dann »nur noch« Vorort, allerdings mit exzellenter Wohnqualität im Grünen und bester Anbindung an die City. Hervorzuheben bleibt auch das genossenschaftliche Modell, das sich vom Kalkül des aufgeklärten Unternehmertums und dessen paternalistisch geführten Werkssiedlungen emanzipierte.

Kommen wir zu der zweiten Möglichkeit, der Veränderung der Großstadt selbst. Amsterdam zum Beispiel verordnete sich 1901 ein eigenes Wohnungsgesetz, das die Schaffung von sozialem Wohnraum einführte und reglementierte. Die Stadt hatte sich bis Ende des 19. Jahrhunderts nicht über die Singelgracht ausgedehnt und drohte aus

allen Nähten zu platzen. Dann aber kam Bewegung in das Stadtbild, Grachten wurden zugeschüttet, um breiten Straßen Platz zu machen, große graue Bankgebäude, Büros und Geschäfte wuchsen auf einmal in der Altstadt empor. Der Architekt Hendrik P. Berlage schockte die Bürger Amsterdams zunächst mit dem unkonventionellen Bau der Börse. Dieses schlichte Bauwerk sollte den prosperierenden Handel und Wandel der Stadt in Zukunft repräsentieren? Dann sprengte er im Auftrag der Stadt mit seinem demokratisch-puritanischen Plan für die Stadterweiterung Amsterdam Süd (1902–1917) den bisherigen Rahmen des Wohnungsbaus. Berlage entwarf einen Stadtteil mit langen Blocks und großen begrünten Innenhöfen. Architekten wie Michel de Klerk und Piet Kramer setzten in der Zeit von 1920 bis 1940 Berlages Pläne um und korrigierten mit ihrem freien, dekorativen Expressionismus die streng kollektivistische Grundkonzeption. Ihre Auftraggeber waren Wohnungsgenossenschaften, die hygienische Standards einführten und für die individuelle Gestaltung und Massenwohnungsbau keine unversöhnlichen Gegensätze waren: »Nichts ist schön genug für den Arbeiter, der so lange ohne Schönheit leben musste.« Das Ergebnis war ein Vorzeigeviertel des sozialen Wohnungsbaus im Stil der Amsterdamer Schule.

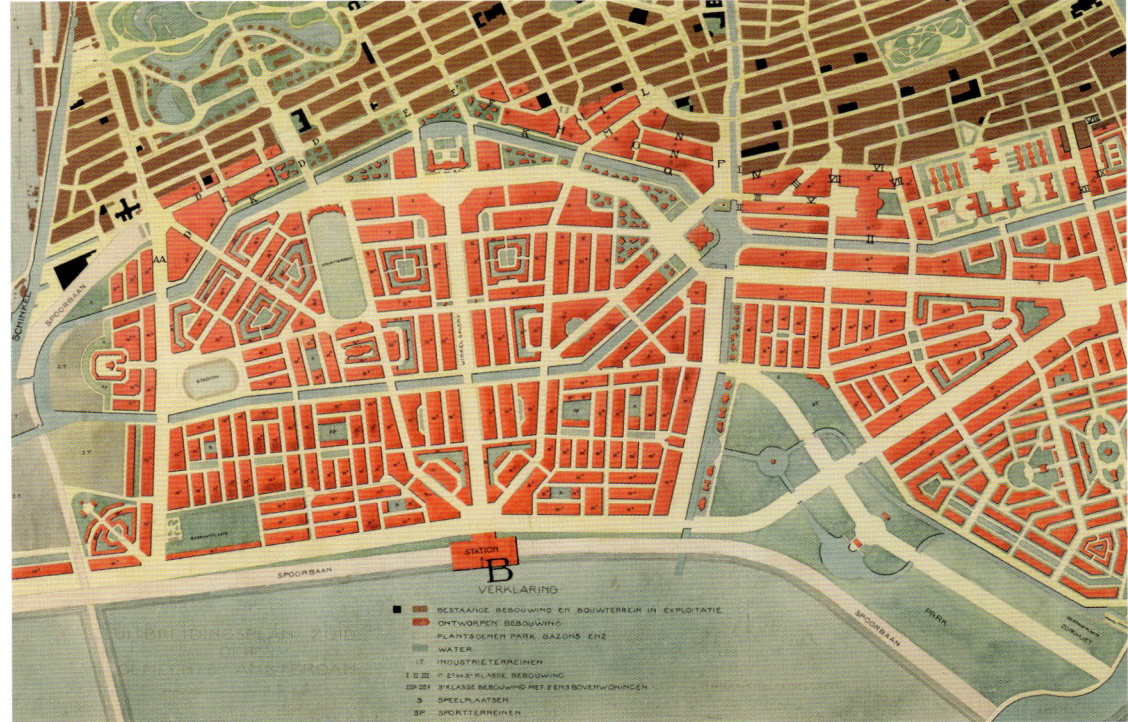

◀ PLAN ZUID. SÜDLICHE STADTERWEITERUNG AMSTERDAM.
HENDRIK P. BERLAGE (O.J.)

Von eigentümlicher Sozialromantik getragen, erlebte in Deutschland die Gartenstadt Hellerau wenige fruchtbare Jahre bis zum Ersten Weltkrieg. Der Dresdener Möbelfabrikant Karl Camillo Schmidt verlagerte seine Produktionsstätten 1909 aus der Stadt heraus und gründete bei dieser Gelegenheit gleich eine Gartenstadt GmbH, die nach Plänen von Richard Riemerschmid entstand.

Hier sammelten sich Vertreter des Deutschen Werkbundes, Literaten, Verleger, Lebensreformer, um die Entfremdungen des Kaiserreichs zu überwinden. So entstanden neben der Wohnsiedlung mit Reihenhäusern und Villen die bis heute prosperierenden Hellerauer Werkstätten und das Festspielhaus als kulturelles Zentrum. Das Theater zog ab 1912 eine aufbrechende europäische Künstler-

▽ GARTENSTADT FALKENBERG, BERLIN. BRUNO TAUT (1912)

generation nach Hellerau. Kaum einer der heute großen Namen, gleich welcher Kunstgattung, fehlte. Darüber vergisst man fast zu erwähnen, dass vor 1914 bis zu 2.000 Menschen hier wohnten, darunter mögen auch besser verdienende Arbeiter gewesen sein. Denn Hellerau wurde berühmt als Treffpunkt des intellektuellen Europas, Keimzelle der rhythmischen Gymnastik, Experimentierfeld des modernen Theaters, insgesamt war es von einem durch und durch bürgerlichen Milieu geprägt. Sozialreformerisches Wohnen in Deutschland wurde eher in Projekten wie der Berliner Siedlung Falkenberg geprobt.

▲ FESTSPIELHAUS. GARTENSTADT HELLERAU, DRESDEN. HEINRICH TESSENOW (1910–1912)

◄ DIE LEHREN DES MUSIKPÄDAGOGEN ÉMILE JAQUES-DALCROZE

REFORMGÄRTEN

DIE KÜNSTLER DAS GRÜN

Wenn Koloman Moser, Josef Hoffmann, Otto Wagner, Gustav Klimt und Joseph Maria Olbrich zusammenkamen, klammerten die Mitbegründer der Wiener Secession in ihren Diskussionen kaum einen Gestaltungsbereich aus. Bei dem Versuch des Jugendstils, Kunst und Leben miteinander zu versöhnen, kam zwangsläufig die Natur ins Spiel. Einerseits diente sie als Quelle der Inspiration für das Florale in der Ornamentik und Formgestaltung, auf der anderen Seite zähmte der Künstler die

Natur, um das Innen und Außen seines Bauwerks zu spiegeln. Der Garten gehörte zum Gesamtkunstwerk des Jugendstils, er war Teil der Reform.

Doch welche Konventionen der Gartenarchitektur galt es zu reformieren? Der *hortus conclusus*, der Kloster- und Rückzugsgarten, prägte bereits die mittelalterliche Praxis nach dem Verlust des *Viridariums*, dem antiken Lustgarten. In der Folge taten sich vielfältige Gegensätze auf: Nutz- gegen Prachtgarten, geschlossener gegen offenen Garten, Barock- gegen Landschaftsgarten, religiöser gegen weltlichen Garten, bürgerlicher gegen aristokratischen Prestigegarten.

1901 eröffnete die erste Ausstellung der Künstlerkolonie Mathildenhöhe in Darmstadt, Olbrich wirkte seit zwei Jahren federführend an der Gestaltung der gesamten Anlage mit. Die Merkmale des »Reformgartens« kamen hier einem größeren Publikum zur Anschauung: Geometrisch geordnete Flächen, Kieswege, in Form geschnittene Hecken und Grünpflanzen schufen einen durchkomponierten Raum. Dies funktionierte im Ganzen wie in den Einzelteilen. So wirkten auch die meist kleinen Künstlerhausgärten durch raffinierte Raumbildungen großzügig und wie eine Verlängerung des Wohnambientes nach außen. Garteneinfriedungen, aus Pflanzen gestaltete Gartenzäune,

PARKS UND GÄRTEN

Tore und Fenstergitter waren ebenso Teil des Gesamtkunstwerks Garten wie die sorgfältig ausgewählte Bepflanzung.

Olbrich blieb dem Thema treu, entwickelte es weiter und präsentierte anlässlich der Gartenbauausstellung in der Darmstädter Orangerie 1905 seine »Farbengärten«. Jeder der Gärten war als Oktogon gestaltet und monochrom in Rot, Gelb und Blau bepflanzt. Augenzeugen zeigten sich von dem »märchenhaften Zauber« angetan. Olbrich selbst hielt einen Vortrag vor der 18. Hauptversammlung der Deutschen Gartenkünstler: »Das Licht, das farbige Wunder, wird uns durch seinen Zauber die Einheit und Ruhe bringen, wonach eine Volkssehnsucht verlangt. Und mit dem

Lichte, mit den Farben zieht das Märchen wieder in unseren Garten, in unser Heim.«

Es war kein Zufall, dass um diese Zeit am anderen Ende Europas, Katalonien, ein Parkprojekt seinen Anfang nahm. 1900 erwarb Eusebi Güell am Mont Pelat in Barcelona ein Areal, um dort auf 15 Hektar eine Gartenstadt nach englischem Vorbild zu errichten. Der Fabrikant verwarf den Plan und ließ Antoni Gaudí ab 1906 einen Park gestalten. 1920 übergab der Künstler der Öffentlichkeit eine Anlage, die gemeinhin dem Jugendstil zugerechnet wird. Mit dem Park Güell entstand eine Art Märchenpark, durch den sich in weiten Schwüngen ein Meisterwerk Gaudís schlängelt – eine Mauerbank im Stil mittelalterlicher Rasen- und

Blumenbänke, dekoriert mit bunten Keramikscherben und -splittern. Nicht weniger fantastisch wirken die Promenade, der »Saal der hundert Säulen« und die Eingangsbauten. Gaudí als Begründer des katalanischen Modernismo um 1900 schuf damit ein Raumexperiment, das in der Gartenarchitektur des 20. Jahrhunderts seinesgleichen sucht.

▲ PARC GÜELL, BARCELONA. ANTONI GAUDÍ (1900–1914)

◄ BLAUER GARTEN. GELBER GARTEN. ROTER GARTEN. MATHILDENHÖHE, DARMSTADT. JOSEPH M. OLBRICH (1905)

◄◄ GARTEN WOHNHAUS FRITZ WÄRNDORFER, WIEN. (V.L.N.R.): JOSEPH MARIA OLBRICH, EIN UNBEKANNTER, KOLOMAN MOSER UND GUSTAV KLIMT

WIEN
STÄDTEBAU UM 1900

1850 gemeindete Wien die Vorstädte ein, 1857 wurden die Befestigungsanlagen geschliffen, der Ringstraßenboulevard geriet zu einem prestigeträchtigen – wenn auch umstrittenen – städtebaulichen Kraftakt, bei dem die besten Architekten zum Zuge kamen: Ludwig Förster, Eduard van der Null oder auch August Sicard von Sicardsburg. 1885 war die Prachtmeile der Residenzstadt fertig, 1890 wurden die Bezirke 10 bis 19 eingemeindet. Der große Otto Wagner trat auf den Plan und präsentierte seine hoch rationellen Visionen wie den Generalregulierungsplan.

Der Aspernplatz sollte nach den Vorgaben Wagners als Sternplatz angelegt und somit zu einer unverzichtbaren Drehscheibe im stetig wachsenden Verkehrsstrom einer expandierenden Metropole werden. Es dominierte das Streben nach einer optimalen Verkehrsführung – über die natürlichen Grenzen der Flussläufe hinweg in den um die Vorstädte erweiterten Stadtraum hinein. Eine Bebauung des Ufergeländes sah Wagner nicht vor, stattdessen lenkt er in dem 1893 vorgelegten Schaubild die Aufmerksamkeit auf eine geschlossene, monumental wirkende Blockbebauung. Das Bild verschafft einen ersten Eindruck von Otto Wagners »offenem System für eine unbegrenzte Großstadt«. Es fehlt jedoch die Stadtbahn, noch fahren Pferdefuhrwerke durch die Szenerie.

Die Pläne für den Aspernplatz wurden nicht umgesetzt, 1905 bereits erschien der heutige Julius-Raab-Platz als nüchterne Verkehrsfläche.

◄ UMBAUPLAN ASPERNPLATZ, WIEN. OTTO WAGNER (1893)

WIEN

DIE ÄRA NACH DER RINGSTRASSE
GROSSE STADT
GROSSSTADT

Wien drehte sich kurz vor der Jahrhundertwende im Kreis, stadtplanerisch jedenfalls. Vom Ring als Repräsentationsraum waren weder Impulse noch Lösungen für die Stadt als Ganzes zu erwarten. Wie wäre der Übergang von der großen Stadt hin zur Großstadt zu schaffen? Wohin mit den ständig zuziehenden Industriearbeitern. Der Großraum Wien zählte bereits um die zwei Millionen Ein-

wohner, wie sollte das Stadtgebiet neu durchformt und weitere Flächen neu erschlossen werden?

Im Jahr 1893 gewann Otto Wagner den Wettbewerb zum »General-Regulierungsplan«. Sein Lösungsansatz für die planerischen Probleme bezog sich konsequent auf den Faktor Verkehr. Zwischen 1894 und 1901 entstanden unter seiner Leitung 40 Kilometer Stadtbahnstrecke und 36 Haltestellen, mehrere Wehr- und Stauanlagen und die Regulierung der Flüsse schufen Platz für Gleise und Straßen. Den öffentlichen Zugang zur »unbegrenzten Großstadt« schuf Wagner mit Haltestellen wie denen am **Karlsplatz (1, s. Abb.)**, wo wir auch unseren Stadtrundgang beginnen. Von weitem grüßen schon edler Marmor und erlesenes Dekor, aber auch das Eisenskelett dieses Baues

wird durch die Signalfarbe der Stadtbahn optisch herausgearbeitet, ein Apfelgrün. Wagners Architektur stellt hier reinsten Jugendstil aus und betont zugleich den konstruktiven Kern aus Beton und Eisen und damit die Nähe zur Ingenieursbaukunst. Die beiden Pavillons sind heute nicht mehr an das Schienennetz angebunden, dafür befindet sich im westlichen Bau nunmehr eine Otto-Wagner-Retrospektive, deren Besuch verdeutlicht, dass der Architekt mit den Zweckbauten für die Stadtbahn den entscheidenden Schritt hin zur Moderne tat. Und wir halten fest, sein prunkreicher Stil zeichnet sich durch monumentale Axialität, klare Funktionalität und typologische Einfachheit aus.

Genauso wollte Otto Wagner auch die Wienzeile zwischen dem Karlsplatz und Schönbrunn zu einem Prachtboulevard umgestalten. Jüngst war im Rahmen seiner eigenen Planungen das Wienflussgebiet reguliert worden und hatte Platz für Neues und Repräsentatives geschaffen. Letztendlich realisierte er 1898/99 nur drei **Zinshäuser (2, s. Abb.)** an der Linken Wienzeile im Jugendstil. Das Majolikahaus bei Nummer 40 besticht durch seine Fassade aus zinnglasierten Keramikplatten. Die mit Blumenmotiven verzierten Majoliken sind nicht nur besonders dekorativ, sondern auch pflegeleicht, abwaschbar und leicht sauber zu halten. Getreu Wagners Credo: »Unpraktisches kann nicht schön sein.« Das Nachbarhaus mit der Nummer 38 ist auch heute noch weiß verputzt und mit goldenen Ornamenten von Koloman Moser versehen. Der sich daran anschließende Bau in der Köstlergasse 1 und 3 dagegen ist fast

erstaunlich schlicht. Jeder Bau ist für sich wohldurchkomponiert, und das Gesamtbild entfaltet die von diesem Architekten zu erwartende Monumentalität mit Wucht.

Die »Wientallinie« der Stadtbahn liegt fast vor der Tür, heute nennt sie sich U-Bahn-Linie 4. Der Wagner-Bau an der Kettenbrückengasse nimmt uns auf. Wir fahren die Strecke, die 1899 noch als Dampfbahn angelegt und dann 1925 elektrifiziert wurde. Der Wagner-Bau an der Pilgramgasse entlässt uns an der nächsten Station in den Bezirk Margareten. In den Arbeiterbezirken wie diesem rumorte es damals schon lange, man denke an den Ziegelarbeiterstreik 1895 im benachbarten Bezirk Favoriten. Hier wie dort mangelte es an Wohnraum, in der Regel teilten sich vier Personen ein Zimmer und eine Küche. Der Protest institutionalisierte sich in der Folge, und 1910 zog die Parteizentrale der Sozialdemokraten und der Vorwärtsverlag in einen Repräsentationsbau der Wiener

Arbeiterbewegung in der Rechten Wienzeile 97. **Das Vorwärtshaus (3, s. Abb.)** entwickelt in seiner Silhouette aus Treppengiebel, Uhr und Statuen eine besondere Zeichenhaftigkeit – fast fühlt man sich an die Wagnersche Wucht erinnert. Das ist kein Wunder, ein Wagner-Schüler der ersten Stunde gestaltete diesen Bau: Hubert Gessner. Dieser war bereits in die Stadtbahn- und Wohnbauprojekte seines Lehrers involviert gewesen. Er übertrug die Maximen seines Vorbilds auf seine eigenen Arbeiten, vor allem forderte er neben aller Funktionalität »Schönheit« für seine Gebäude ein, die immer auch – wen überrascht das – einen monumentalen Zug tragen.

Fast um die Ecke, am Margaretengürtel, entstanden nach 1923 die Gemeindebauten des »Roten Wien«. Kakanien war Geschichte und die Hauptstadt der Ersten Republik hatte ein schwerwiegendes Problem: Schaffung von Wohnraum. Am Gürtel war noch freies Gelände, hier nahm nun die »Ringstraße des Proletariats« Form an, und hier baute auch Gessner, der zum Baumeister der Sozialdemokraten aufstieg. **Der Reumannhof (4, s. Abb. vorherige Seite)** ist der erste der sogenannten Superblocks. Eine Stadt in der Stadt mit 478 recht kleinen Wohnungen, Ateliers, Geschäften, Werkstätten, Zentralwäscherei, Kindergarten und Restauration. Die 1926 eingeweihte Anlage präsentiert zum Gürtel hin eine 180 Meter lange, symmetrisch aufgebaute Fassade. Mit dem dominant überhöhten Mittelteil setzte Gessner dem Ganzen noch eine Krone auf. Von Kollegen wie Josef Frank wurde er oft für seine »Palastarchitektur mit Ehrenhof« gescholten. Der Hof schirmt sich durch vorgezogene Laubengänge mit Pavillons in der Art von Wächterhäuschen gegen den Gürtel ab, in der Wasseranlage sahen damalige Spötter einen Spiegel, in dem sich das »Arbeiterschloss« spiegeln sollte. Zugegebenermaßen lehnt sich das Gebäude an feudale bis bürgerliche Bautraditionen an, und was der heutige Betrachter als Schönheit wahrnehmen mag, erschien manchem Zeitgenossen als Anbiederung an den eigentlichen »Klassenfeind«.

Mit der U 4 geht es vom Margaretengürtel weiter nach Hietzing. Josef Frank als eifriger Kritiker der »Volkswohnungspaläste« leitete den Bau der **Werkbundsiedlung (5, s. Abb.)** und schuf dort 1931/32 ein Unikum, ja geradezu eine Antithese zur Weißenhofsiedlung. Im Gegensatz zur konsequenten Sachlichkeit des Neuen Bauens in Deutschland war die wienerische Version auf Verbesserung des Wohnkomforts auf minimalem Raum sowie auf die Befreiung des Wohnbaus von fehlgeschlagenen Prinzipien innerhalb der Moderne ausgerichtet. Zudem herrschte typologische Vielfalt. Diese schlägt uns gerade in der Veitingergasse entgegen. Josef Hoffmann baute auf den Grundstücken der Hausnummern 79 bis 85 breitgelagerte, axial betonte und spiegelgleich angeordnete Reihenhäuser, ohne eine gewisse Eleganz aufzugeben, die auch von dem Meister zu erwarten war. André Lurcats dreigeschossiger Wohnblock schließt sich direkt daran an, er überragt als höchste Verbauung die gesamte Siedlung. Die runden, vorgebauten Treppenhäuser wecken fast den Eindruck eines Ozeandampfers, verstärkt durch die Reling der Dachterrassen. Das Ensemble der 70 Bauten überzeugt in den so unterschiedlichen, undogmatischen Ausformungen des Internationalen Stils. Das Ergebnis ist erfrischend, bleibt aber exklusiv. Verfehlt wurde das Ziel, mit einem Minimum an Bauaufwand und Kosten optimalen Wohnwert zu erzielen, erschwinglich waren diese Häuser nur für das Bürgertum.

Es war jedoch die Zeit der »Roten« in Wien, und diese hatten sich zur Aufgabe gesetzt, den kommunalen Wohnungsbau voranzutreiben. Wie schon am Reumannhof gesehen, geschah das in einem Stil, der sich stark an den Monumentalismus

Otto Wagners anlehnte. Wir steigen wieder in die U 4 Richtung Endhaltestelle Heiligenstadt. Wagner ist es mit der Stadtbahn gelungen, Wien in eine Art Gesamtkunstwerk zu verwandeln. Man steigt aus und trifft immer wieder auf im Jugendstil gestaltete Pavillons. So auch am Bahnhof Heiligenstadt, wo gleich gegenüber der **Karl-Marx-Hof (6, s. Abb.)** liegt. Und auch das ist kein Zufall, denn die Planer nutzten das von Wagner angelegte, ins Umland ausgreifende Verkehrssystem, um ihre Superblocks in die Infrastruktur der Großstadt einzubinden. Mit dem Karl-Marx-Hof, 1927 bis 1931 von dem Wagner-Schüler Karl Ehn gestaltet, stießen sie sogar ins bürgerliche Döbling vor. 1.500 Wohnungen mit Platz für 5.000 Neubürger, auch hier als Stadt in der Stadt angelegt mit eigener Infrastruktur. So manch Alteingesessener empfand den Bau als »rote Festung«.

Es dauerte nicht lange, dann geriet der Karl-Marx-Hof tatsächlich unter Beschuss. Im Februar 1934 rührte sich die Linke gegen den faschistischen Ständestaat. In den Höfen hatten sich die Kämpfer des sozialdemokratischen Schutzbundes verschanzt. Fünf Tage dauerte es, bis ihr Widerstand gebrochen war – durch schweren Beschuss von der Hohen Warte aus, auf deren Anhöhe Bundesheer und Heimwehr auf der Lauer lagen. 1934 bedeutete das das Ende des Roten Wiens und zugleich auch das Ende einer einmaligen Entwicklung im Städtebau.

Der Karl-Marx-Hof ist gut erhalten und wird heute mit dem touristischen Slogan »Ein Kilometer Art déco« beworben. Das hört sich gut an, trifft es aber nicht so ganz, denn wenn man genauer hinschaut, wird daraus schnell »Ein Kilometer Wagner und Schüler«.

1910–1919
DER AUFTRITT DER MODERNE

TEXT | OLAF MEXTORF

7

PRAG
STADT DES KUBISMUS
GANZ EIGEN

Prag gleicht einem Kaleidoskop, vielgestaltig und bunt – von Smetanas Hymne auf die Moldau bis zu Mozarts *Don Giovanni*, von der streitbaren Caféhauskultur bis zur bekannten Karlsbrücke, von Max Brod bis zum berühmtesten Sohn der Stadt, Franz Kafka. Wie mag es zu seinen Lebzeiten in Prag zugegangen sein? Kafka kannte die Barock- und Rokokobauten der Altstadt, erlebte den Abriss des jüdischen Ghettos unweit seines Geburtshauses, er sah, wie der Jugendstil im ersten Jahrzehnt des 20. Jahrhunderts erblühte und bald darauf erste scharfkantig-prismatische Bauten die kubistische Formensprache in Architektur transponierten.

Unweit von Kafkas Geburtshaus, das nach einem Brand 1897 verändert wiederaufgebaut wurde, starten wir unseren Rundgang am **Haus zur Schwarzen Muttergottes (1, s. Abb.)**, benannt nach der schwarzen Marienfigur an der Fassade. Heute befindet sich hier das Museum des tschechischen Kubismus. Das 1911/12 von Josef Gočár an der Zeltnergasse erbaute Gebäude diente ursprünglich als Kauf- und Caféhaus, im ersten Obergeschoss residierte das komplett kubistisch eingerichtete Grand Café Orient, das bis zu seiner Schließung Mitte der 1920er Jahre ein Treffpunkt der tschechischen Avantgarde war. Der im Zentrum der Stadt an exponierter Stelle errichtete Bau unterlag strengen gestalterischen Auflagen. Gočár musste seinen ersten, sehr schlichten Entwurf auf Geheiß des Magistrats überarbeiten, wobei unter anderem der Eingang umgestaltet, die Fensterflächen prismenartig gebrochen und die Geländer

kubistisch überformt wurden. Konstruktiv ist der Bau ein für damalige Zeiten hochmoderner Eisenbetonskelettbau, der eine flexible Grundrissgestaltung zuließ.

Gočár war Mitglied der 1911 in Prag gegründeten Gruppe bildender Künstler, die Charakteristika der kubistischen Malerei auf Architektur

und angewandte Kunst übertrug. Die erstrebte Wirkung beschreibt Josef Chochol, ebenfalls Mitglied der Gruppe, als »ein Gefühl für mathematische Präzision, gezackte Strenge und kraftvolle Stärke«.

Auf dem Weg zum **Haus Diamant (2, s. Abb.)** spazieren wir durch die Altstadt zur

Spálená, Ecke Magdalény Rettigové. Hier errichtete Emil Králíček 1912/13 einen Bau, der durch seinen charakteristischen Stil mit vielfach gebrochenen Gebäudekanten gekennzeichnet ist. Die typischen kristallinen Formen begriff er als den Ausdruck innerer Raumenergien.

In Zusammenarbeit mit Matěj Blecha entwarf Králíček auch die viel bewunderte **kubistische Laterne (3)** (1912/13) auf dem Jungmann-

Platz in der Prager Neustadt, deren an- und abschwellende Plastizität eine beeindruckende skulpturale Wirkung entfaltet.

Anschließend streifen wir den Wenzelsplatz, tschechisch Václavské nám, beherrscht vom mächtigen, von 1885 bis 1890 errichteten Nationalmuseum und erreichen den Platz der Republik, wo mit dem **Gemeindehaus (4)** (1905–1911) ein faszinierendes Beispiel des tschechischen Sezessi-

onsstils – einer Jugendstilvariante – zu bestaunen ist. Berühmte tschechische Künstler wie Alfons Mucha haben an diesem Kulturbau mitgewirkt, der im Großen und Ganzen der Neorenaissance verpflichtet bleibt, nur das Dekor bekennt sich zum Jugendstil. Verglichen mit der ausladenden Pracht des Gemeindehauses wirkt die nur wenige Meter entfernt liegende **Legiobank (5, s. Abb. vorherige Seite)** (1921–1923) wie ein Baukasten. Josef Gočár türmte Zylinder, Würfel und Bögen zu einem der bekanntesten Beispiele des Rondokubismus auf, der nach Ausrufung der Tschechoslowakischen Republik 1918 den Titel »Nationalstil« für sich reklamierte. Auch im Inneren besteht das alles beherrschende Dekor aus wuchtigen Formen – eine Art barocke Variante der Konstruktion von Otto Wagner in der Wiener Postsparkasse, auch Bruno Tauts Glaspavillon scheint hier durch.

Unsere Route führt weiter in den Stadtteil Královské Vinohrady, zur 1928 bis 1932 errichteten **Herz-Jesu-Kirche (6, s. Abb.)** am Georg-von-Podiebrad-Platz. Hier schuf Josef Plečnik einen für die tschechische Architektur der Zwischenkriegszeit einmaligen Bau. Plečnik, in Tschechien vor allem wegen seiner Mitarbeit am Umbau der Prager Burg bekannt, wählte eine tempelhaft anmutende Grundform, die er farblich und bauplastisch fantasievoll variiert. Die weiß gefassten Attikageschosse oberhalb der Fassadeauskragungen erzeugen eine visuelle Spannung, die durch den ungewöhnlichen, breitgelagerten Turm und die reliefartige Wandstruktur nochmals gesteigert wird. Die Umdeutung des zentralen Rundfensters in eine großdimensionierte Turmuhr unterstreicht die Extravaganz des Baus.

Wir bleiben in den Vororten und erreichen den südlich der Altstadt gelegenen Stadtteil Vyšeh-

rad. Josef Chochol baute hier einige der eindrucksvollsten Beispiele kubistischer Architektur in Prag,
darunter das fünfgeschossige **Apartmenthaus
Hodek (7)** (1913/14). Die extreme Ecksituation mit
den spitzen Balkonen und die prismatisch gebrochenen Fassadenflächen vermitteln einen in sich
geschlossenen, spannungsvollen Gesamteindruck,
der die inneren Raumenergien nach außen sichtbar macht. In ihrer Wirkung ähnlich eindrucksvoll
ist die freistehende **Villa Kovarovic (8, s. Abb.)** in
der Libusina. Hier oblag Chochol nicht nur die Planung der wuchtigen Architektur, er gestaltete auch
den Außen- und Gartenbereich mit Freitreppen,
Terrasse und Garteneinfriedung. Aus den formal
einheitlich aufgefassten Einzelteilen formte er ein
kraftvolles Gesamtkunstwerk.

Unser Architekturrundgang endet jenseits
der Moldau in Střešovice bei der von Adolf Loos
in den Jahren 1928 bis 1930 geplanten und
erbauten **Villa Müller (9, s. Abb.)**, die zu den
Hauptwerken der modernen Architektur in Europa
gehört. Egal, von wo man auf den Bau blickt, er
macht einen festungsartigen, abweisenden Eindruck, der nur durch den hellen Verputz etwas
gemildert wird. Keinerlei plastisches Ornament
versinnbildlicht räumliche Dynamik, einzig die
unregelmäßig verteilten Fenster unterschiedlicher
Größe lassen die komplexe Innenraumgestaltung
erahnen. Die mit ausgesucht edlen Materialien
ausgestatteten Räume und die verspringenden
Geschossebenen ergeben ein komplexes Raum-
gebilde, das in spannungsvollem Kontrast zum
Außenbau die einzigartige Gesamtwirkung der
Villa Müller ausmacht. Seit dem Jahr 2000 ist der
aufwändig restaurierte Bau als Museum für die
Öffentlichkeit zugänglich und beherbergt das Adolf-
Loos-Studienzentrum.

VORHUT DER MODERNE

FUTURISMUS
KUBISMUS
EXPRESSIONISMUS

Der Kanonendonner des Jahrzehnts wurde von Paukenschlägen in der Kunst begleitet. Mit den Futuristen und ihren Manifesten bekam der Begriff »Avantgarde« einen schrillen Klang. Sie begeisterten sich für den technischen Fortschritt, feierten die Beschleunigung aller Lebensbereiche und waren von einer aggressiven Grundstimmung getragen, die sich nicht scheute, Krieg als »Hygiene der Welt« zu preisen. Als »Vorhut«, so die Bedeutung des aus der französischen Militärsprache kommenden Begriffs »Avantgarde«, nahmen sie selbst einen Krieg in Kauf, der als quasi reinigendes Element einen radikalen Neuanfang ermöglichen sollte.

Nur Hohn und Verachtung hingegen hatten die Dadaisten für den Krieg übrig, als sie sich 1916 in Zürich zusammenschlossen, um ihren Protest gegen den mörderischen Wahnsinn des Ersten Weltkriegs zu formulieren. Sie stellten Kunst, Kultur und das eigene Künstlertum in einer Epoche infrage, deren Kultur einen solch unbeschreiblich grausamen Krieg zugelassen hatte. Zerstörung hier, Widerstand dort.

Von Gegensätzen war bereits die Vorkriegszeit geprägt. Bekenntnisse und Manifeste schossen aus dem Boden. Während Wassily Kandinsky *Über das Geistige in der Kunst* reflektierte, über die

Form und fand zur geometrischen Abstraktion, die er – wie auch Kandinsky theosophisch beeinflusst – an eine als göttlich imaginierte, universelle Harmonie zurückgebunden begriff.

Keine Eindeutigkeiten, Konflikte allenthalben. Weder Werkbund noch Bauhaus, weder russische Avantgarde noch de Stijl treten als homogene Bewegung in Erscheinung. Selbst der Expressionismus oszilliert zwischen Michel de Klerks malerischer Plastizität und der Monumentalität eines Hans Poelzig.

Und der mächtige Werkbund? Der zerbricht fast an der Frage, ob durch Herausbildung von Geschmacksmustern in der Architektur und im Kunsthandwerk die ästhetische Qualität von Industrieprodukten gesteigert werde, wie von Hermann Muthesius angenommen, oder ob die Einführung von Einheitsformen den Verlust der künstlerischen Freiheit bedeute, so der Standpunkt von Henry van de Velde und Walter Gropius.

War das erste Bauhausmanifest noch durchglüht von expressionistischem Pathos, wurde wenig später die Funktion, der die Form zu folgen habe, unantastbares Ideal – Funktion und Rationalität, Klarheit und Sachlichkeit. Beseelt von einer Materialgerechtigkeit in Eisen, Beton und Glas bauten die Architekten endlich die sachlich-schnörkellosen Konstruktionen, die Gropius mit den Faguswerken vorführte. Auf der Kölner *Werkbundausstellung* war mit dem konstruktiv überaus kühnen Glaspavillon Bruno Tauts ein utopischer Expressionismus zu bewundern – von Funktionsgerechtigkeit überzeugt und an der zeitgemäßen

▲ FAGUS-WERKE, ALFELD (DEUTSCHLAND). WALTER GROPIUS, ADOLF MEYER (1911–1914)

◄ WOHN- UND GESCHÄFTSHAUS GOLDMANN & SALATSCH, WIEN. ADOLF LOOS (1909–1911)

Repräsentation seelischer Zustände durch abstrakte Malerei, schockierten die Expressionisten mit ihrer glühenden Farbigkeit als Ausdruck radikaler Subjektivität. Die Kubisten suchten nach der malerischen Umsetzung eines konkreten Raumerlebens und fragten nach dem Wesen der Wirklichkeit, gleichzeitig erforschte Piet Mondrian den analytischen Kubismus, reduzierte konsequent die

industriellen Produktion orientiert die einen, selbsternannte Schöpfer einer besseren Zukunft die anderen. Immer wieder wurden gewaltige politische Ansprüche gestellt. Die Verheerungen des Ersten Weltkriegs noch deutlich vor Augen, forderte Wladimir Tatlin im nachrevolutionären Russland »Die Kunst ins Leben!« Eine Forderung, die Kasimir Malewitsch nur kurze Zeit vorher vehement abgelehnt hatte, sah er die Kunst doch als unabhängig von politischen, gesellschaftlichen und sonstigen

Zwecken. Derartige Widersprüche durchzogen das Jahrzehnt und erzeugten eine atmosphärische Dichte. Und genau hier, im Spannungsfeld zwischen Reform und Revolution entwickelten sich die vielstimmige Kunst und Architektur der Moderne. Bei allen Differenzen waren der radikale Bruch mit der Tradition, der unbedingte Wille zur Authentizität und zur Konstruktion eines tragfähigen Lebensbezugs deren gemeinsame Merkmale.

STADT. ÖL AUF LEINWAND. 1915.
ALEXANDRA ALEXANDROWNA EXTER.

DEUTSCHE WERKBUNDAUSSTELLUNG 1914. FARBLITHOGRAPHIE
(PLAKAT). 1914. FRITZ HELLMUTH EHMCKE.

CHILE KONTORHAUS, HAMBURG. FRITZ HÖGER (1922–1924)

HERMANN MUTHESIUS

Hermann Muthesius muss ein Workaholic gewesen sein: Als verbeamteter Architekt entwirft er über hundert Bauten, zumeist von englischen Vorbildern inspirierte Landhäuser mit ausgeklügelten Grundrissen. Darüber hinaus verfasst er rund 500 Publikationen, die unter anderem die englische Arts-and-Crafts-Bewegung, die Ideen der englischen Gartenstadtbewegung und Stilfragen einer neuen Architektur thematisieren. Ab 1909 ist er maßgeblich an der Erbauung der Gartenstadt Hellerau beteiligt.

Bereits während seines Architekturstudiums arbeitete Muthesius im Büro von Paul Wallot, dem Erbauer des Reichstags in Berlin, bevor er nach Beendigung seiner Ausbildung 1887 für über drei Jahre als Architekt in Tokio tätig war. Nach seiner Rückkehr entschied sich der 30-Jährige für eine Beamtenlaufbahn, war kurzzeitig als Regierungsbaumeister tätig, bevor er von 1896 bis 1903 als Technischer und Kulturattaché nach London an die deutsche Botschaft ging.

Hermann Muthesius empfand die Formenvielfalt des Historismus als erhebliches Defizit, welches der Entwicklung eines neuen, zeitgemäßen Stils im Weg stand. Bereits 1902 forderte er daher von Kunstgewerbe und Architektur eine rigorose »Sachlichkeit« bei der Suche nach neuen Gestaltungsgrundlagen. Erst dann werde sich ein »wahrhaft moderner Stil« entwickeln, nicht »modisch-individuell«, wie der von ihm kritisierte Jugendstil, sondern von epochaler Bedeutung.

Grundlage dieser Forderung war seine intensive Auseinandersetzung mit den fortschrittlichen Gedanken der englischen Arts-and-Crafts-Bewegung und der Kunstgewerbeerziehung, deren Bestreben nach Einfachheit und Materialgerechtigkeit nach Muthesius' Auffassung die Basis eines neuen Stils bilden könnten. Für Muthesius wurden technischer Fortschritt und industrielle Produkti-

onsweise Garanten für die angestrebte Sachlichkeit. Entsprechend sei es Aufgabe der gestaltenden Künstler, in Zusammenarbeit mit der Industrie eine zeitgemäße Formensprache zu entwickeln.

Und tatsächlich spielten – über Muthesius vermittelt – Einflüsse aus England eine wesentliche Rolle in der Diskussion in Deutschland, vor allem bei den Vorstellungen des 1907 gegründeten Deutschen Werkbunds, zu dessen Vorstandsmitgliedern Muthesius ab 1908 gehörte. Als zweiter

Vorsitzender beeinflusste er von 1910 bis 1916 maßgeblich die programmatische Ausrichtung des Werkbunds bis zur ersten *Werkbundausstellung* in Köln, was bisweilen zu schweren Konflikten führte. Bis zu seiner Pensionierung 1926 war er als Geheimrat im Preußischen Handelsministerium verantwortlich für die Reform der Kunstgewerbeschulen.

ADOLF LOOS

Damit, dass sein 1910 errichtetes Haus am Michaelerplatz in Wien einen Skandal auslösen würde, hat Adolf Loos nicht gerechnet. Selbst Kaiser Franz Josef I. – nicht eben Freund übertriebenen Prunks – kann die direkt gegenüber der Hofburg gelegene Fassade nicht ertragen. Die Wiener reagieren mit dem Spottnamen »Haus ohne Augenbrauen« und Loos mit einer schweren Magenneurose. In einer Pressenotiz wird der Bau sogar mit einem Kornspeicher verglichen, woraufhin die Stadt Wien einen Baustopp verhängt, der erst aufgehoben wird, als sich der Architekt bereit erklärt, bronzene Blumenkästen an den Fenstern anbringen zu lassen.

Drei Jahre, von 1893 bis 1896, verbrachte der 1870 im tschechischen Brünn geborene Loos in den USA. Es war eine prägende Zeit, in der ihm klar wurde, dass sich neue Formen des Bauens nur aus einer Rückbindung an die modernen Lebensumstände und die neue gesellschaftliche Realität entwickeln konnten, wenn sie Wirksamkeit entfalten wollten.

Zurück aus Übersee versuchte Loos sein Glück in Wien, wo er sich bald mit der Wiener Sezession, aber auch mit den Wiener Werkstätten überwarf, denen er eine oberflächliche Ästhetisierung des Lebens und einen Hang zur Imitation vorhielt. Der Architektenschaft riet er, sich auf das Funktionale zu konzentrieren. Er selbst machte es vor und verzichtete am Michaelerplatz auf jede die reine Bauform verunklärende Zutat, als wolle er alles Überflüssige abschütteln: keine Gesimse, Rahmungen oder Ornamente. Stattdessen betonte er die Materialwirkung des Cipolino-Marmors der Sockelgeschosse ebenso wie die des strengen weißen Verputzes der Wohngeschosse.

In unmittelbarer Nachbarschaft der Prachtbauten der k.u.k. Monarchie musste das Loos-Haus mit seiner ungewohnt zurückgenommenen Formensprache geradezu obszön wirken. Die extreme Reduktion galt in der zuletzt vom Jugendstil großzügig verwöhnten Stadt Wien als Angriff auf den guten Geschmack, den zu kritisieren sich Loos zur Aufgabe gemacht hatte. Seine Ablehnung des »barbarischen« Ornaments hatte – seiner Streitschrift »Ornament und Verbrechen« von 1908 folgend – die Befreiung der Form und der Proportion, des Maßes und der Klarheit zum Ziel.

In diesem Sinn entstand am Michaelerplatz ein klar definierter Bau von fast klassischer Strenge, und es ist kein Zufall, dass sich Loos ausdrücklich auf Schinkel berief – schon der große Klassizist hatte eine harmonisch-strenge Architektur mittels Reduktion angestrebt.

BAUSTOFF GLAS

BRUNO TAUTS PIONIERBAU

Der Besuch des Ausstellungspavillons der Deutschen Glasindustrie muss ein faszinierendes Erlebnis gewesen sein und gehörte 1914 zu den Attraktionen der ersten Werkbundausstellung in Köln.

Bruno Taut hatte einen Bau von fast sakraler Wirkung entworfen, dessen auffälligstes Merkmal die hoch aufragende kristalline Kuppel war. Diese Metall-Glas-Konstruktion erhob sich über einer polygonalen Betonplatte, die von 14 Stützen getragen wurde. Das bauplastische Gesamtgebilde ruhte auf einem mächtigen Unterbau aus Beton, zugänglich über eine breite Außentreppe.

Über eine zweite Treppe, die wie die meisten Erdgeschosswände aus Glasbausteinen bestand, erreichte der Besucher den mit Vitrinen bestückten Ausstellungsraum im Kuppelbereich, der sich bei einem Durchmesser von 10,5 Metern als vielfarbig erstrahlender Farbraum darstellte. Durch die geschliffenen Glasrhomben der mehrschichtigen Außenhaut fiel unterschiedlich gebrochenes Tageslicht, das von tiefem Dunkelblau bis zu strahlendem Weißgelb im Scheitelpunkt der Kuppel changierte und eine regelrecht entmaterialisierende Wirkung gehabt haben muss.

Mit diesem Bau gelang es Taut eindrucksvoll, den zukünftig so wichtigen Baustoff Glas in Szene zu setzen, wobei er einerseits auf die vielfältigen konstruktiven Möglichkeiten des transparenten Materials verwies und andererseits auch dessen poetische Qualitäten sichtbar machte, was durch die Anbringung einer Reihe von Sinnsprüchen des fantastischen Erzählers Paul Scheerbart am Außenbau unterstrichen wurde.

GLASHAUS FÜR DIE WERKBUNDAUSSTELLUNG, KÖLN.
BRUNO TAUT (1914)

KONSTRUKTIONSZEICHNUNGEN GLASHAUS, KÖLN.
BRUNO TAUT (1914)

Glashaus
⚘ Köln ⚘

Ausstellung der Glasindustrie
auf der Werkbund-Ausstellung
Köln 1914.

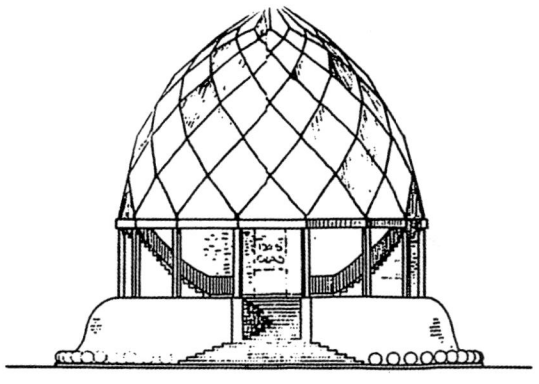

Haupt-Ansicht.

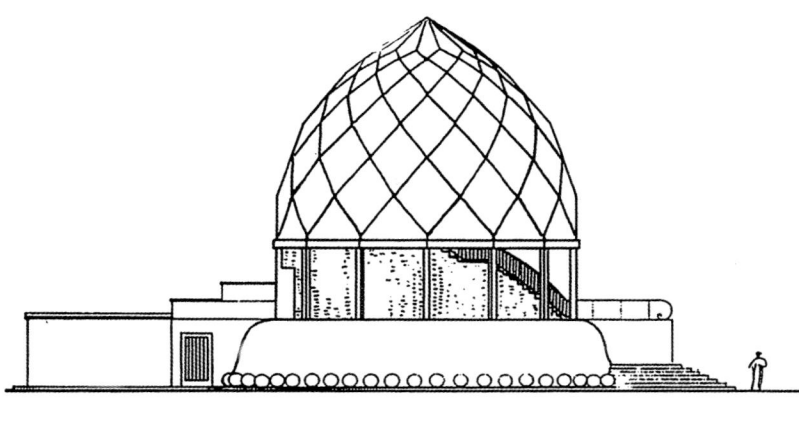

Seiten-Ansicht.

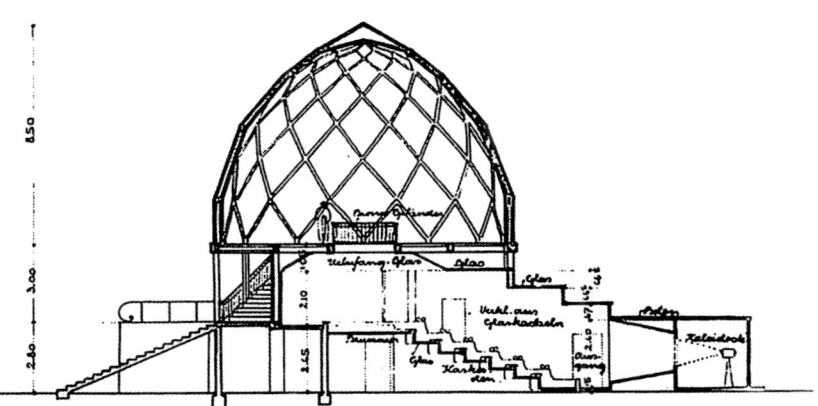

Längen-Schnitt

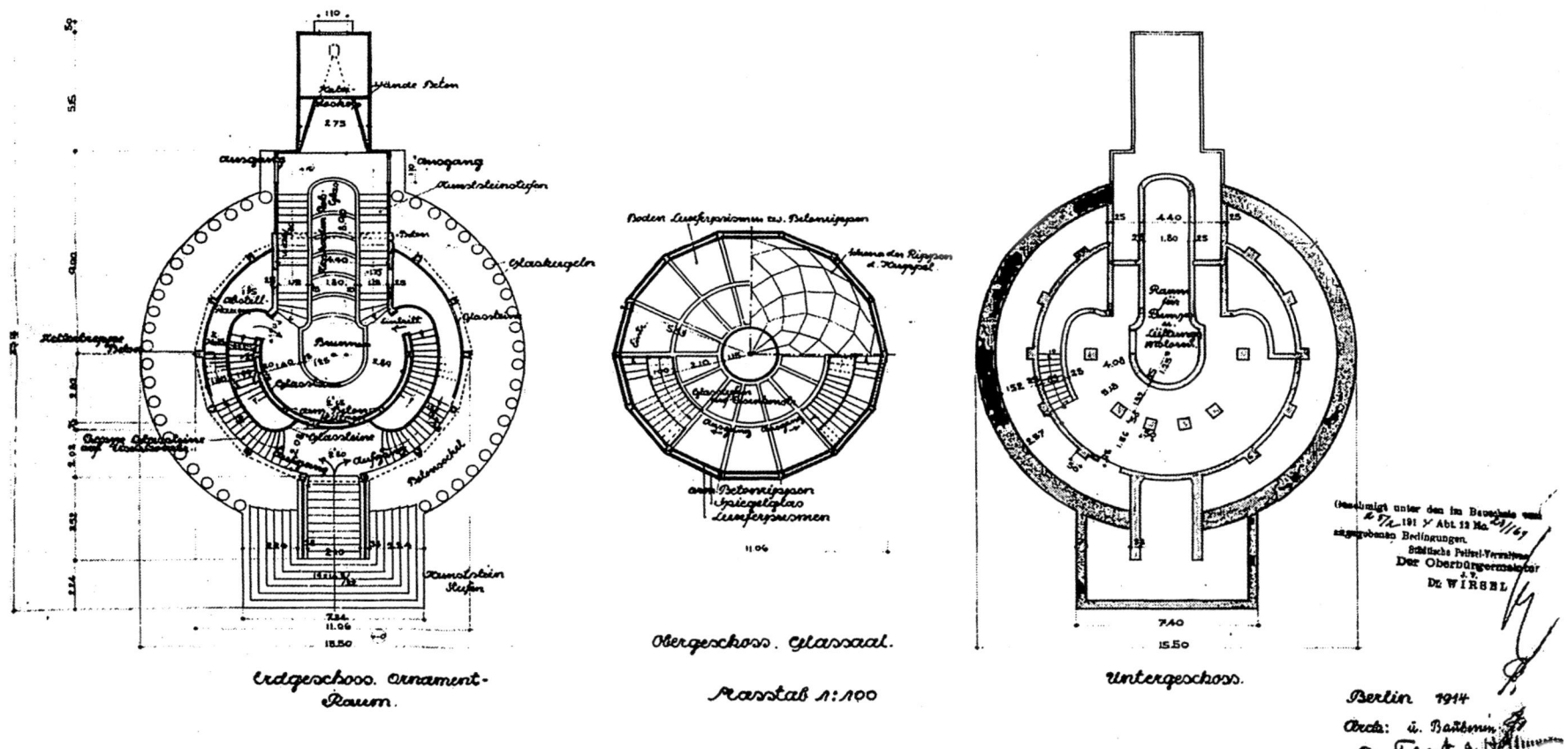

Erdgeschoss. Ornament-Raum.

Obergeschoss. Glassaal.

Masstab 1:100

Untergeschoss.

Berlin 1914
Arch: u. Bauleitung
B. Taut a.

CITÉ INDUSTRIELLE

GARNIER UND LYON
EIN PLANER
UND SEINE STADT

Zu Beginn des 20. Jahrhunderts spitzten sich die Probleme städtischen Wachstums dramatisch zu. Stadtplaner und Architekten sahen sich mit einem schwierigen Erbe des 19. Jahrhunderts konfrontiert und reagierten mit umfangreichen Planungsanstrengungen. Überbauung, Bevölkerungszuwachs und Nachverdichtung der historischen Zentren hatten in vielen Städten zu unhaltbaren Zuständen geführt. Umfassende und mitunter durchgreifende Sanierungen, die bis zu Abriss und Neubau ganzer Viertel führten, sollten die Wohnsituation der städtischen Bevölkerung verbessern.

Doch damit allein war es nicht getan. Seit dem beginnenden 20. Jahrhundert zeichnete sich auch im Städtebau ein radikaler Bruch mit der Tradition ab, durch den die Moderne charakterisiert ist. Folgerichtig dachten die Planer über gänzlich neue Stadtstrukturen nach, im Kontrast zum historischen Städtebau. Wie ließ sich die Expansion der Städte in Folge der Industrialisierung planvoll gestalten? Welche Gestaltungsgrundlagen waren zeitgemäß? Allenthalben wurde nach Lösungsansätzen für die anstehenden Aufgaben des gesellschaftlichen Wandels gesucht, wurden wichtige Gesetzesgrundlagen geschaffen und städtebauliche Probleme und Planungsideen öffentlich erörtert. Eine wichtige Plattform dieser Diskussion waren die internationalen Städtebauausstellungen. Die erste fand 1903 in Dresden statt, weitere 1910 in Berlin, 1913 in Genf und 1914 in Lyon.

In Lyon war Édouard Herriot, Mitglied der radikal-sozialistischen Partei, von 1905 bis 1957 – unterbrochen nur durch die deutsche Besatzungszeit – Bürgermeister. 1914 hielt er anlässlich der Städtebauausstellung eine glühende, von aufklärerischer Begeisterung getragene Rede, in der er eine wissenschaftlich begründete Stadtplanung als Instrument zur Gestaltung einer besseren Zukunft heraufbeschwor.

Doch Herriot war Visionär mit Realitätssinn. Dies und gleiche politische und kulturelle Überzeugungen verbanden ihn mit dem fast gleichaltrigen Tony Garnier, dem in Lyon geborenen Architekten und Städteplaner. Garnier kannte Herriot, seit der das Bürgermeisteramt übernommen hatte. Bald erhielt er erste Bauaufträge, darunter die neue Markthalle für den Schlachthof (1909–1928), das Stadion (1920–1926) und das Krankenhaus Grange Blanche (1913–1933). Weitere größere Projekte, vornehmlich für die östliche Stadterweiterung der Rhône-Metropole, folgten.

1917 publizierte Garnier seine Planungen der Cité Industrielle, einer aus Eisen, Beton und Glas errichteten Industriestadt, die ihn international bekannt machten. Die Entwürfe gehen auf das Jahr 1901 zurück. Garnier, damals Schüler der französischen Akademie in Rom, reichte die umfassenden Planungen für den Wettbewerb des Grand Prix de Rome ein und sorgte damit bei der konservativ eingestellten Jury für Empörung. Er ließ sich durch die Ablehnung jedoch nicht beirren, arbeitete die Pläne bis 1904 weiter aus und ergänzte und veränderte sie noch bis zur Publikation im Jahr 1917. Eine grundlegende Idee der Cité ist die Dezentralisierung. 1898 hatte Ebenezer

Howard mit seiner Publikation *To-Morrow: A Peaceful Path to Real Reform* hierfür ein Modell vorgelegt: mit Siedlungseinheiten eher kleinstädtischen Ausmaßes, untereinander vernetzt und mit eigenständiger Industrie und Gewerbe. Diese wiederum von William Morris und John Ruskin inspirierten Prinzipien der Gartenstadt übernahm Tony Garnier für die Cité und interpretierte sie neu.

Garniers Ausgangspunkt war die Planung einer Stadt für etwa 35.000 Einwohner, in der die Funktionen Arbeit, Wohnen, Erholung und Verkehr klar voneinander getrennt waren. Dem Arbeiter, der den Mittelpunkt des gesellschaftlichen Gefüges ausmachte, sollte ein rationalisiertes, seinen Bedürfnissen angepasstes Stadtgefüge bereitgestellt werden.

Herzstück der Planung war der Ort der Arbeit und der Produktion. Metallverarbeitende Industrie und Montagewerke, aber auch Werften lagen in der Industriezone und bezogen ihre Rohstoffe aus den nahegelegenen regionalen Lagerstätten. Ein eigens errichtetes Wasserkraftwerk stellte die Energieautonomie sicher und Flusshafen und Güterbahnhof sorgten für den logistischen Anschluss an das nationale Verkehrsnetz. Die Industriebauten wurden aus Stahl beziehungsweise Stahlbeton errichtet – universell einsetzbar und kostengünstig. Durch weitgehende Standardisierung der Bauteile konnten Gebäudeabschnitte sogar in Fertigbauweise gearbeitet werden. Die schlichten Stahlbeton-Skelettbauten erlaubten zudem die Konstruktion großer Räume und eine flexible Geschossplanung.

Innerhalb des Stadtorganismus wurde der in Flussnähe befindliche Industriebereich weiträu-

mig von den Wohn- und Geschäftszonen getrennt. So wurden Beeinträchtigungen ausgeschlossen und gleichzeitig die Möglichkeit einer partiellen Erweiterung einzelner Bereiche offengehalten.

Die Wohnviertel befanden sich auf einer leichten Anhöhe und gruppierten sich um zentral gelegene öffentliche Bauten. Neben Einzel- und Doppelhäusern bestand die Bebauung aus viergeschossigen Wohnblocks, die Garnier erst später in seine Planung integriert hatte. Allen Wohnbauten gemein war ihre inselhafte Zusammenfassung auf Grundflächen von 150 mal 30 Metern, die wiederum in Parzellen mit einer Seitenlänge von je 15

Metern untergliedert waren. Die Architektur war einfach, kubisch, auf das Wesentliche reduziert und kostengünstig aus Beton erstellt. Das Innere der Bauten gliederte sich in große, allseits belichtete und gut zu belüftende Räume. Wände und Böden bestanden aus einfachen, glatten Materialien.

Fußgängerwege und Straßen, die getrennt voneinander angelegt waren, erschlossen das gesamte Wohnareal. Auf den Hauptstraßen verliefen Straßenbahnlinien, die die einzelnen Viertel miteinander verbanden. Es entsprach Garniers politischer Vorstellung einer sozialistischen Gesellschaft, dass alle Bereiche der Stadt offen und frei zugänglich

▲ CITÉ INDUSTRIELLE. ZEICHNUNG. COLOR PANORAMA. TONY GARNIER (1917)

waren, ohne die Notwendigkeit gegenseitiger Abgrenzung. Auffällig war die starke Durchgrünung der Wohnviertel, die dadurch wie eine offene Parklandschaft anmuteten.

Den Mittelpunkt des Wohngebiets bildete eine Reihe von öffentlichen Einrichtungen, die in drei voneinander getrennten Gebäudekomplexen zusammengefasst wurden. Der erste, durch einen hohen Uhrturm markierte Bereich beherbergte Verwaltungseinrichtungen und Versammlungsräume, der zweite, von einer Parkanlage eingefasste Komplex bot Raum für Archive, Bibliothek und Museen, und der dritte, ebenfalls von einem Park gesäumte Bereich war Sport- und weiteren Kulturstätten vorbehalten. In ihrer Wirkung großstädtisch wird die Cité ausschließlich in der Nähe des Bahnhofes, dessen Gleisanlagen unterirdisch verlaufen sollten. Nur hier waren Hochhausbauten vorgesehen, sollte Urbanität durch die Errichtung von Kaufhäusern, Hotels und Märkten erzeugt werden. Bezeichnenderweise verzichtete Garnier gänzlich auf Polizeigebäude, Kasernen, Gefängnisse und Sakralbauten. In der neuen sozialistischen Gesellschaft, so der idealistische Planer, wären solche Einrichtungen – bei den Kirchen spricht er gar von »Palliativen« – überflüssig.

Garniers Pläne und Illustrationen zeigten die Cité in einer fiktiven Landschaft, gestaltet als weites, sanft hügeliges Tal an einer Flussbiegung. Die Ähnlichkeit der geographischen Gegebenheiten mit der Lage Lyons sollte vermutlich den Realitätsbezug des Projekts erhöhen.

Als am Ende realistisch erwies sich immerhin die sukzessive Errichtung einer ganzen Reihe von einzelnen Komponenten der Cité industrielle. Neben den bereits erwähnten Einzelbauten war dies vor allem die Wohnsiedlung im (1921–1934), auch Cité Jardin genannt, bei der Garnier seine städteplanerische Vision im Ansatz verwirklichen konnte. 1917 beschloss die Stadt Lyon eine städtebauliche Erweiterung im Südosten der Stadt, zwischen Guillotière und Vénissieux. Garnier legte umgehend eine Planung vor, die unter anderem Arbeiterwohnungen, ein Schulzentrum, Spielplätze und einen Versammlungssaal vorsah, mithin Elemente der Cité Industrielle. Die Planung wurde vom Stadtrat angenommen, die ersten Grundstücke angekauft und 1921 mit dem Bau begonnen. Finanzielle Probleme führten zu Verzögerungen, sodass die Fertigstellung des Quartier des États-Units sich bis 1934 hinzog. Ursprünglich zwei- bis viergeschossig geplant, musste Garnier dem finanziellen Druck nachgeben und einer Aufstockung der Gebäude zustimmen. Dennoch blieb seine stadträumlich fein ausgewogene Baumassenverteilung erhalten. Es entstanden 1567 Wohneinheiten funktionalen Zuschnitts, in zwölf H-förmigen Wohnblocks zusammengefasst. Die Wertschätzung der Bewohner für Garnier drückte sich in der Einrichtung eines Open-Air-Museums aus, bestehend aus einer Reihe von großformatigen Wandbildern, auf denen der Architekt und seine visionären Städteplanungen verewigt sind.

Môrice Leroux wurde eine Art Nachfolger Garniers, als er zwischen 1931 und 1934 die Cité des Gratte-Ciel unweit des Quartier des États-Units im Vorort Villeurbanne erbaute. Entstanden ist eine eindrucksvolle Hochhaussiedlung, charakterisiert durch eine elegante Linienführung, klar definierte Baukörper und eine variable Fassadengestaltung – eine Art amerikanisch inspirierte Version der Garnierschen Formensprache.

CITÉ DES GRATTE-CIEL, VILLEURBANE/LYON. MÔRICE LEROUX (1931–1934)

SCHLACHTHÄUSER DE LA MOUCHE, LYON. TONY GARNIER (1906)

STADTGRÜN

VOM GARTEN ZUM GRÜNGÜRTEL

Mit der Schleifung alter Stadtmauern und Festungsringe – immer wirksamere Waffentechnik machte sie überflüssig – sprengte die Stadt im 19. Jahrhundert endgültig ihren ehemals baulich gefassten Rahmen. Sie breitete sich aus, wuchs mit ihren Vororten zusammen, drängte weiter in die Landschaft. Angesichts des beschleunigten Wachstums hatten es die Stadtplaner mit einer neuen Dimension zu tun: Stadt und Umland mussten in großräumlichen Planungszusammenhängen gedacht werden.

Doch die von den wachsenden Städten beanspruchten Freiflächen waren in der Regel landwirtschaftlich genutzt. Wie aber waren agrarische Nutzung und städtisches Wachstum in Einklang zu bringen? Dieses Problembewusstsein musste sich erst einmal entwickeln. Die stadtnahe Landwirtschaft kam in den stadt- und freiraumplanerischen Konzepten zwischen 1870 und 1920 interessanterweise kaum vor. Der Stadtplanung ging es in dieser Zeit vorrangig um Erholung, Stadthygiene und Gliederung der Stadt. Anfänglich funktionierte das rein punktuell. Für eine Verbesserung der Lebensqualität in den innerstädtischen Bereichen wurde durch Quartiersgrün gesorgt: öffentliche Gärten, innerstädtische Parks, Plätze, Promenaden. Diese Grünanlagen waren in der Regel streng auf das Straßenraster und die Architektur bezogen und noch kleinräumig gedacht.

Als infolge der Stadterweiterungen in den neu entstandenen Stadtrandlagen Parks angelegt wurden, entwickelten die Stadtplaner Konzepte, in denen diese größeren Freiflächen zu prägenden städtebaulichen Instrumenten wurden. Ein Beispiel hierfür ist der Hamburger Stadtpark im Stadtteil Winterhude. Die zunehmende Industrialisierung hatte in Hamburg zu einer starken innerstädtischen Überbauung von Grünflächen geführt. Als Ausgleich beschlossen Senat und Bürgerschaft die Anlage eines Stadtparks. Ab 1910 wurde der 148 Hektar große Park nach Plänen von Fritz Schumacher – seit 1908 Baudirektor und Leiter des Hochbauwesens in Hamburg – und Fritz Sperber angelegt und 1914 eröffnet. Weitere umfängliche Arbeiten dauerten nochmals 14 Jahre und wurden planerisch von Otto Linne begleitet.

Theoretische Grundlage der Planung war die Volksparkidee, nach der innerstädtisches Grün der gesamten städtischen Bevölkerung Naturerlebnis, Erholung und die Möglichkeit zu Sport und Spiel bieten sollte. Dementsprechend sind weitläufige Freiflächen, ein künstlicher See und große Waldflächen wesentliche Charakteristika des Stadtparks. Von zentraler Bedeutung für die architektonische Gestaltung ist die Mittelachse zwischen dem ehemaligen Wasserturm (heute Planetarium) und der Stadthalle am Stadtparksee.

Der Wasserturm wurde 1915 nach Entwürfen von Oscar Metzel errichtet und später von Fritz Schumacher zum Planetarium umgebaut. Schumacher entwarf unter anderem auch das Landhaus und den Hof der im Krieg zerstörten Milchwirtschaft, die in der Gestaltung auf niedersächsische Bauernhäuser zurückgingen. Das Gehöft lag auf dem Park-

PLANETARIUM STADTPARK, HAMBURG. FRITZ SCHUMACHER (1927/28). ENTWURF DER GESAMTANLAGE (1911)

PARKS UND GÄRTEN

gelände zwischen Hecken, Wiesen und Obstgärten und diente gewissermaßen als Anschauungsobjekt für den Großstädter, wobei die Realität agrarischer Produktion romantisch überblendet wurde. Das hier verwirklichte Konzept setzte neue Maßstäbe für die zeitgenössische Grün- und Stadtplanung. Es beeinflusste Parkgestaltungen europaweit, der Hamburger Stadtpark gilt als eines der wichtigsten Gartendenkmäler Deutschlands.

Der Schritt von der punktuellen Anlage von Parks in den städtischen Außenbereichen zur Ausweisung von Grüngürteln und Grünradialen wurde in den 1910er Jahren gemacht. Die Durchdringung von Stadt und Umland forderte dabei einen stadtweiten und siedlungsübergreifenden Ansatz.

In diesem Zusammenhang gilt der Wiener Wald- und Wiesengürtel als Meilenstein der Grünplanung. Um 1900 wurde diese großflächige, teils naturbelassene, teils agrarisch genutzte Fläche in die Stadtplanung einbezogen, wobei sie vorrangig der Erholung und der Stadtdurchlüftung dienen sollte. Ein um 1900 entstandener Holzstich mit dem Titel *Picknick im Wiener Walde* belegt dies eindrücklich, zeigt er doch ungezwungene Stadtbewohner vor den Toren Wiens in gelöster Feiertagsstimmung. 1905 wurde der Naturraum Wiener Wald von einer weiteren Bebauung ausgeschlossen und als Bestandteil des Wiener Grüngürtels unter Schutz gestellt. Waldbestände und Geländeform boten beinahe perfekte parkartige Raumbilder, die sich fast nahtlos in das geplante Grünflächensystem einpassen ließen. Die landwirtschaftliche Nutzung war nahezu ausschließlich forstwirtschaftlicher Art und bot keinen Konfliktstoff.

Hatte die Wiener Stadtplanung Bezug auf die natürlichen Gegebenheiten im Umraum der Stadt genommen, so war für andere Städte die Ausrichtung an Radialen eine Alternative zur Anlage eines Grüngürtels. Die Grünradialen reagierten auf die verkehrstechnische Entwicklung, denn es zeigte sich, dass sich die Stadt vornehmlich entlang der radial ausgerichteten Verkehrswege ins Umland ausbreitete. Berlin beispielsweise entschied sich für diese Art der Grünzonenplanung. Hier wirkten die Gestaltungsvorstellungen des Landschaftsparks nach, die topografischen Bedingungen wurden als lebendiger Faktor gezielt in eine parkähnliche Gestaltung einbezogen.

Ein städteplanerisches Eckdatum war für Berlin das Jahr 1907, in dem der Wettbewerb Groß-Berlin ausgeschrieben wurde, dessen Ziel es war, die auf ca. 3,5 Millionen Einwohner angewachsene Stadt neu zu ordnen und ihr ein zusammenhängendes Gefüge zu geben. Das zweite interessante Jahr war 1915, als der Dauerwaldvertrag abgeschlossen wurde, der den einmaligen Waldbestand Berlins sicherte. Der Zweckverband Groß-Berlin, aus dem fünf Jahre später die Stadt Berlin hervorging, verpflichtete sich gegenüber dem königlich-preußischen Staat, die erworbenen Flächen mit Wäldern, Parks, Wiesen und Seen von Bebauung frei zu halten. Neben der Stadthygiene diente diese Maßnahme der nachhaltigen Versorgung der Metropole mit Trinkwasser und der Vorbeugung von Bodenspekulation.

Die Beispiele zeigen, wie sehr die Grünplanung das Erscheinungsbild vieler Großstädte geprägt hat. Historische Grünplanung – als Freiraumplanung mittlerweile integrativer Bestandteil der Stadtplanung – gewährleistet seit den 1910er Jahren die Lebensqualität in vielen städtischen Ballungsräumen.

SCHEEPVARTHUIS

DIE AMSTERDAMER POSITION

Eines der wohl extravagantesten Beispiele des holländischen Expressionismus ist das Scheepvaarthuis (Schifffahrtshaus) am Amsterdamer Hafen, unweit des Hauptbahnhofs. Es wurde von 1913 bis 1916 von Jan van der Mey unter Mitarbeit von Michel de Klerk und Piet Kramer errichtet. Die drei Baumeister gelten als die bedeutendsten Vertreter der Amsterdamer Schule. Mit ihren plastisch-bewegten Backsteinbauten haben sie die lokale holländische Tradition wirkungsvoll weiterentwickelt und Amsterdam um eine Reihe stadtraumprägender Bauten bereichert.

Zum Zeitpunkt der Erbauung war das an der Prins Hendrikkade gelegene Scheepvaarthuis Sitz der wichtigsten niederländischen Schifffahrtsgesellschaften. So ist es kein Zufall, dass der spitzwinklig zulaufende Grundriss an einen Schiffsbug erinnert. Auffälligstes Merkmal des wuchtigen Backsteinbaus ist der mächtige, hoch aufragende Turm, durch den der Bau im Stadtbild Position bezieht und der die über Eck angelegte Eingangssituation mit dem tief ins Gebäudeinnere gezogenen Zugang betont.

Die rote Backsteinfassade – sie verkleidet einen zeitgemäßen Betonskelettbau – zeichnet sich durch eine ausgesprochen aufwändige Gestaltung mit pilasterartigen Wandvorlagen aus, die den Komplex kraftvoll vertikal gliedern. Den oberen Gebäudeabschluss bildet eine bewegte, zinnenartig bekrönte Dachlandschaft mit eindrucksvoller Fernwirkung.

Fassade und Turm, aber auch die Innenräume sind mit ornamentaler und figürlicher Bauplastik versehen, die an die Tradition der niederländischen Seefahrt erinnern. Dargestellt sind unter anderem Seehelden, Entdecker und Gelehrte, aber auch Schiffe, Gallionsfiguren und Meerestiere. Der bisweilen exotische Reiz mancher Schmuckformen ergibt sich aus der fantasievollen Kombination von indonesischen und Jugendstilornamenten.

Die Extravaganz des Außenbaus wird im Inneren noch einmal dramatisch gesteigert, wenn sich der streng gegliederte Treppenturm in ein über alle Geschosse reichendes Entree öffnet, das durch vielgestaltige Oberlichter wirkungsvoll ausgeleuchtet wird. Doch die Architekten entwarfen nicht nur Fassadengliederung und Raumdramaturgie, sie gestalteten das Gebäude bis ins letzte Detail. Selbst Möbel, Wandverkleidungen und Lampen entstanden nach ihren Entwürfen, wodurch das Scheepvaarthuis als ausgesprochen eindrucksvolles Gesamtkunstwerk wirkt.

7

AMSTERDAM
DIE BACKSTEINMODERNE
WAHRHAFTIG NEU

Die grandios gewölbte Bahnsteighalle des Hauptbahnhofs **Amsterdam Centraal (1)** begrüßt den Zugreisenden seit dem ausgehenden 19. Jahrhundert. Zwischen dieser »Kathedrale der Technik« und der nahegelegenen Altstadt vermittelt das palastartige Bahnhofsgebäude im Stil der Neorenaissance. Neben dem ebenfalls von Pierre Cuypers entworfenen **Rijksmuseum (2, s. Abb.)** ist der Hauptbahnhof einer der bedeutendsten Profanbauten der niederländischen Hauptstadt und Startpunkt unserer Route.

Von der Vormoderne zu den Anfängen des modernen Bauens in den Niederlanden – vom Hauptbahnhof zur Börse. Es geht zunächst auf den Damrak, eine der zentralen Einkaufsmeilen der Metropole, wo wir die von 1898 bis 1903 erbaute **Börse (3)** von Hendrik Petrus Berlage passieren. Dieser Baumeister war von dem Prinzip der »guten unverfälschten Konstruktion« beseelt, das nach seinen Maßstäben jeden Anfang einer großen Kulturepoche ausmachte: »Sogar die letzte Hülle, auch das Feigenblatt, soll weg, denn die Wahrheit, die wir wollen, ist ganz nackt. Die Architektur war eine nach schlechter Mode gekleidete Person. Nennen wir sie Geck und Demimondaine, oder Übermensch und Überdame, gleichviel, es soll das Modekleid abgerissen, und die unverhüllte Gestalt, das heißt die gesunde Natur, die Wahrheit hervorkommen.« Und wahrlich, der mächtige Bau der Börse mit dem wuchtigen Eckturm an der Ecke Beurs Plein spricht eine reduzierte, für damalige Augen radikale Formensprache und inszeniert stattdessen die farblichen Qualitäten von Stein und Ziegel.

Der Anfang dieser neuen Kulturepoche nahm einen langen Anlauf, jenseits der Singelgracht besichtigen wir die Anfänge der Stadterweiterung des 19. Jahrhunderts. Amsterdam begann mit zunehmender Industrialisierung rasant zu wachsen, was die planvolle Errichtung neuer Stadtviertel notwendig machte. Dabei war vorgesehen, die Quartiere nach sozialen Kriterien zu unterscheiden, und das Rijksmuseum wurde erwartungsgemäß Mittelpunkt eines wohlhabenden Wohnviertels.

Zu Beginn des 20. Jahrhunderts fand der soziale Wohnungsbau in Berlage einen Meister, der den Rahmenplan für die südliche Stadterweiterung Amsterdams entwickelte. Kennzeichnend für seine Planung waren breite, großräumlich symmetrisch angelegte Hauptstraßen von einer gewissen Monumentalität, gemildert nur durch eine Vielzahl eingestreuter Grünflächen. Es dominierte eine hochverdichtete Blockbauweise: »Wo Einheit ist, ist Ruhe. Wie bringen wir nun Einheit in die Vielheit?« Hier entwickelten die Architekten der Amsterdamer Schule ihren Stil, der sich durch eine expressive Plastizität auszeichnete.

Wir machen uns auf zum frühesten Bau dieser Gruppe. Am Vermeerplein erreichen wir das **Hillehuis (4, s. Abb.)**, benannt nach seinem Auftraggeber, dem Bauunternehmer Klaas Hille. Die Fassade des viergeschossigen Wohnblocks wird durch eine unspektakuläre Betonung der Fensterachsen harmonisch rhythmisiert, im Detail zeigt sich jedoch die Vielfalt der aufwendig gestalteten bauplastischen Elemente. Michel de Klerk, einer der Hauptvertreter der Amsterdamer Schule, errichtete den Bau in den Jahren 1911/12. Nach einem kleinen Abstecher in den unweit gelegenen, bereits 1868 geplanten **Sarphatipark (5)** erreichen wir im Umkreis des Therese Schwarzeplein die von Michel de Klerk in Zusammenarbeit mit Piet

Kramer entworfenen Wohnblöcke für die sozialistische Wohnbaugesellschaft **De Dageraad (6)** (Tagesanbruch) aus den Jahren 1919 bis 1922.

Der markanteste Bau der Siedlung zeichnet sich durch ein kaskadenhaft gestaffeltes Bauvolumen aus, das die Hauptblickachse des Viertels beherrscht. Hier wechseln sich in den einzelnen Straßenzügen kubische Einzelvolumina mit wellenhaft bewegten Straßenfronten ab, gegliedert durch unterschiedliche Dach- und Fensterformen und plastisch ausgeformte Eingangssituationen.

Als nächstes überqueren wir den Amstelkanal, folgen der Churchilllaan Richtung **Berlagebrug (7)**, die von Berlage 1926 bis 1932 erbaute und nach ihm benannte Brücke, die den südlichen Teil Amsterdams an die Stadtteile jenseits der Amstel anbindet. Wir erreichen die Gabelung der Vrijheidslaan in Churchill- und Rooseveltlaan, eine städtebaulich exponierte Lage, die **De Wolkenkrabber (8, s. Abb. vorherige Seite)** besetzt, der erste niederländische Wolkenkratzer. Jan Frederik Staal errichtete den zwölfgeschossigen, 40 Meter hohen Backsteinbau von 1927 bis 1931. Vorder- und Rückseite sind durch vertikale Fassadenversprünge gestaffelt, wodurch tiefe Verschattungen entstehen, die die Plastizität des Baukör-

pers betonen. Die glatten Seitenfronten erzeugen die sachliche Strenge und wuchtige Kubatur des Gebäudes. Ins Auge springt der zur Amstel ausgerichtete und vollständig verglaste Treppenturm, der einen herrlichen Panoramablick verspricht.

Weiter geht es Richtung Westen zum **Olympiastadion (9, s. Abb.)**, in dem 1928 die Olympischen Sommerspiele stattfanden. Mag das olympische Feuer längst erloschen sein, noch immer weist der schlanke Turm am Eingang den Weg. Den Entwurfsauftrag erhielt damals Jan Wils. Aus dem Kontrast zwischen dem eher konventionellen Backstein à la Amsterdamer Schule und den funktionsbewusst eingesetzten Betonelementen in de-Stijl-Manier entwickelte Wils eine sachliche, plastisch dennoch vielfältige Formensprache, die Einflüsse Frank Lloyd Wrights nicht verleugnet. Ein zeitgemäßes Stahlbetonskelett erlaubte dem Architekten dabei einige Freiheiten bei der Fassadengestaltung, wie zum Beispiel bei der Anordnung langgezogener Fensterbänder.

Der in die Jahre gekommene und immer wieder überformte Bau wurde in den 1990er Jahren wiederentdeckt, seine gestalterischen Qualitäten erkannt und ein sorgsamer Rückbau vorgenommen. Heute zählt das Olympiastadion wieder

zu den eindrucksvollsten Sportbauten des frühen 20. Jahrhunderts.

Für den Weg zurück in Richtung Zentrum, über Amstelkanal, Amstel und dann entlang der Singelgracht, empfiehlt sich das Boot. Am Leidesplein lädt das **Café Americain (10)** im gleichnamigen Hotel zu einem Imbiss ein. Das von 1899 bis 1902 von Willem Kromhout errichtete Gebäude besticht durch seine eigentümliche Fassade aus fast karamelfarbenem Backstein und kunstvollen Fliesenkompositionen, die den Bau berühmt gemacht hat. Nach ein paar Schritten entern wir erneut ein Boot, um dann über die Amstel Richtung Hafen zum Hauptbahnhof zurückzukehren. Dabei passieren wir die 1914 von Jan van der Mey entworfene **Brücke (11)** über die Waaleilandsgracht, an der auch das aufsehenerregende **Scheepvaarthuis (12)** von van der Mey, de Klerk und Kramer liegt.

Mit einem Abstecher in den Westen der Metropole endet unser Rundgang. Unweit des Houthavens an der Spaarndammerplantsoen plante Michel de Klerk zwischen 1914 und 1921, zunächst im Auftrag von Klaas Hille und dann für die Wohnungsbaugesellschaft Eigen Haard, eine dreiteilige Blockbebauung. Der von 1919 bis 1921 entstandene dritte Bauabschnitt **Het Schip (13, s. Abb.)** ist ein Highlight der Amsterdamer Schule.

Der Besucher ist zunächst verblüfft angesichts des Formenfeuerwerks. Die Formensprache variiert von Gebäude zu Gebäude, die Assoziationen reichen vom Spinnrocken über den Kirchturm bis zum Obelisken. Und doch wirken die Bauten vertraut, denn de Klerk gelingt eine spürbare Rückbindung an holländische Bautraditionen. Die Bewohner nennen den triangulären Block Het Schip, weil seine Lage im Viertel, Umrissformen und die markante Ecklösung an einen Schiffsrumpf erinnern. De Klerk wollte hier, wie er sagte, etwas »funkelnd Neues und sensationell Schockierendes« bauen. Und das hat er geschafft: durch stark plastische Fassadengestaltungen, bewegte Eckstaffelungen und eine variable Zonierung setzte er bildhafte Akzente. Sie sind so einmalig, dass Het Schip, egal wo es vor Anker ginge, überall wiedererkannt würde. Und dabei war sich der gerade 50-jährige Berlage um 1905 noch gar nicht so sicher, ob aus den ersten stürmischen Anfängen wirklich eine Hochkultur erwachsen würde. Die Amsterdamer Schule entwickelte sich erst in den nächsten zwei Jahrzehnten zu einer »Wahrheit« – einer unter vielen im 20. Jahrhundert, die wir hier wohlerhalten besichtigen dürfen.

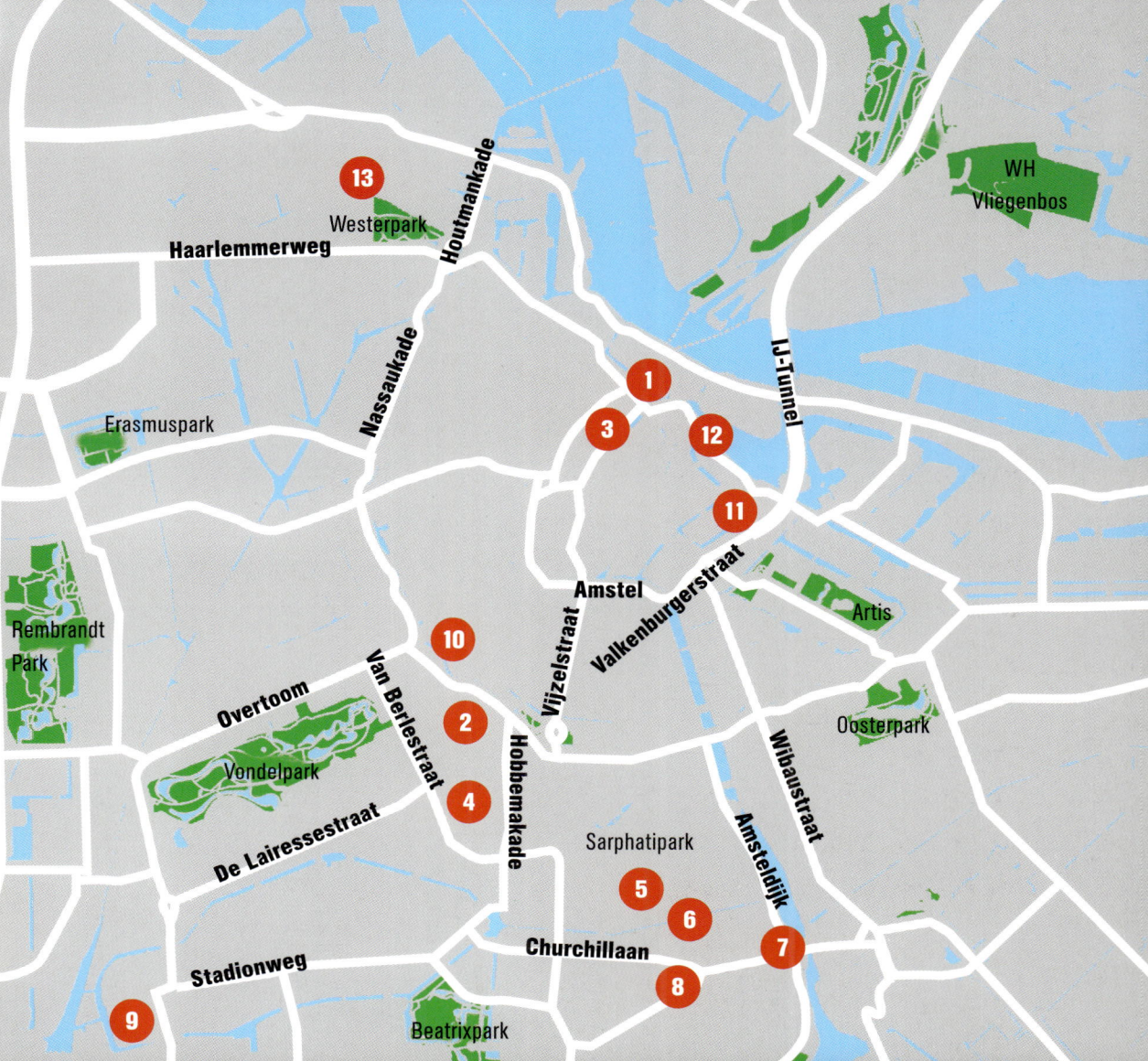

1920–1929
DURCHBRUCH DER MODERNE

TEXT | OLAF MEXTORF

TEL AVIV
INTERNATIONALER STIL
DIE WEISSE STADT

Wohl kaum eine Region der Welt ist häufiger in den Schlagzeilen als der schmale Küstenstreifen zwischen Mittelmeer und Jordan, zwischen dem Golan und der ägyptischen Grenze. Hier, im heutigen Israel, wurde 1909 unweit von Jaffa Tel Aviv gegründet, nach Jerusalem heute die zweitgrößte Stadt des Landes und Zentrum eines Ballungsraums mit über drei Millionen Einwohnern.

Tel Avivs Geschichte erzählt vom Aufbruch des jüdischen Volkes nach Palästina, erzählt von Flucht und Vertreibung, von der Gründung des Staates Israel und von den Pionieren, die aus Europa kamen, um eine egalitäre, demokratische und sozialistische Gesellschaft aufzubauen. Daran beteiligten sich über 200 junge und hoch motivierte Architekten, die von den Ideen einer internationalen Moderne geprägt waren, deren Einflüsse vom Bauhaus über Le Corbusier bis hin zu Erich Mendelsohn reichten. Dem Beispiel ihrer Lehrer folgend, errichteten sie binnen weniger Jahre die

sogennante »Weiße Stadt«, die heute das Zentrum Tel Avivs bildet. Dieses Ensemble von rund 4000 Bauten im Internationalen Stil wurde im Jahr 2003 von der UNESCO zum Weltkulturerbe ernannt.

Hatte die Gründung der Stadt noch inmitten menschenleerer Sanddünen stattgefunden, mussten bald schon erste städtebauliche Planungen eingeleitet werden, um den steigenden Zustrom von Siedlern und Emigranten in geordnete Bahnen zu lenken. »Das wird hier nichts...!« Mit dieser gewohnt knappen Aussage kommentierte Winston Churchill – Mitte der 1920er Jahre britischer Kolonialminister – den Versuch einer städtebaulichen Regulierung. Doch er sollte sich täuschen. Die Grundlagen für die rasante Entwicklung legten ab 1910 Architekten und Städtplaner wie Wilhelm Stiassny und Richard Kauffmann. Dank ihrer fortschrittlichen Planungen entwickelte sich Tel Aviv schnell zu einem der begehrtesten Siedlungsräume für jüdische Emigranten, die in immer größerer Zahl eintrafen. Allein zwischen 1921 und 1925 stieg die Einwohnerzahl von 2000 auf 35.000. Tel Avivs erster Bürgermeister, Meir Dizen-

goff, beauftragte infolgedessen 1925 den schottischen Städteplaner Sir Patrick Geddes mit weiterführenden Planungen. Wie schon seine Vorgänger berief sich Geddes auf die Ideen der englischen Gartenstadt-Bewegung und entwickelte eine ambitionierte Stadterweiterung. Sie sah ein Netz großzügiger Boulevards vor, kombiniert mit ruhigen Wohnstraßen und weitläufigen Plätzen, bebaut mit mehrgeschossigen Wohnbauten und aufgelockert durch eine Vielzahl von öffentlichen Grünflächen. Seine weiter modifizierte Planung war Grundlage für die Errichtung der »Weißen Stadt«.

Wir wählen den im Zentrum Tel Avivs gelegenen **Dizengoff Square (1, s. Abb.)** als Ausgangspunkt für unseren Rundgang. Vielleicht sind sogar noch einige Zimmer frei, und wir können im **Hotel Cinema (2, s. Abb.)**, dem direkt am Platz gelegenen ehemaligen Dizengoff-Kino, einchecken.

3

5

Dieser Bau, in dessen Innenräumen immer noch der Jugendstil nachklingt, verzaubert den Flaneur mit einer elegant geschwungenen Fassade in strahlendem Weiß, rhythmisiert durch tief verschattete Balkonbänder. Das Erdgeschoss ruht auf schlanken Stützen und öffnet sich großzügig zum Platz hin. 1939 von Yehuda und Raphael Magidovitch errichtet, klingen hier Le Corbusiers Villa Savoye von 1929 und Erich Mendelsohns kraftvoll bewegte Kaufhausfassaden der 1920er Jahre nach. Der Dizengoff Square selbst ist 1934 nach den Plänen der damals nur 24-jährigen Genia Averbouch entstanden und war mit seiner elegant-einheitlichen Bebauung ein stadträumliches Juwel. In den 1970er Jahren fiel der Platz jedoch einer rücksichtslosen Verkehrsplanung zum Opfer: Um Fahrzeuge und Fußgänger voneinander zu trennen, wurde eine zweite Fußgängerebene oberhalb der Verkehrszone errichtet und der Platz damit – wie auf einem Tablett schwebend – regelrecht abserviert.

Entschädigt werden wir aber schon wenige hundert Meter weiter an der Hovevei Zion Street. Hier erstrahlt ein 1936 von Pinchas Hütt errichtetes **Apartmenthaus (3, s. Abb.)** in blendendem Weiß. Mit seinen markant um die Gebäudeecke herumgeführten Balkonbrüstungen – Erich Mendelsohn lässt abermals grüßen – dominiert der spannungsvoll asymmetrische Bau die gesamte Kreuzung und zieht die Blicke auf sich.

Und weiter geht es in Richtung der von Bars, Cafés und teuren Boutiquen gesäumten Dizengoff Street, einer der wichtigsten Einkaufsmeilen der Stadt. »In Jerusalem lebt man, um zu beten, in Haifa, um zu arbeiten, in Tel Aviv, um zu leben«, heißt es bei den Israelis. Und es ist der Herzschlag des großstädtischen Lebens, der uns direkt zum Rothschild Boulevard trägt. Hier träfen wir wohl auf einen zufriedenen Sir Patrick Geddes, hätte er diese baumbestandene und von Leben erfüllte Prachtstraße – sie war das Herzstück seiner Planung – noch erleben können.

Das **Bruno-Haus (4, s. Abb.)**, unweit des Rothschild Boulevard an der Strauss Street gelegen, ist unser nächstes Ziel. Ze'ev Haller hat diesen Wohnkomplex mit seinen beeindruckenden plastischen Qualitäten 1935 entworfen. Die schlichte Fassade kontrastiert dabei wirkungsvoll mit den raumgreifenden Balkonen, wobei sowohl die kleinen Fensteröffnungen als auch die tiefen Verschattungen funktional bedingt sind und auf die extremen klimatischen Bedingungen reagieren. Fein aufeinander abgestimmt, verleihen sie dem Bau seine unaufdringliche Eleganz.

Abschließend wenden wir uns auf der Mazeh Street Richtung Osten und treffen an der Ecke Menahem Begin Road auf das **Leon-Recanati-Haus (5, s. Abb.)**, das 1935 von Salomon Liaskowsky und Jacov Ornstein entworfen wurde. Abermals in strahlendem Weiß gehalten, erhält die Fassade ihre plastische Finesse durch die markanten Balkonformulierungen, die durch Schatten spendende Fassadenelemente und eine Tiefenstaffelung des Baukörpers entlang der stadtauswärts führenden Straßenflucht wirkungsvoll akzentuiert werden.

Auch wenn heute vielerorts der allgegenwärtige helle Putz bröckelt, wenn Umbauten, Ergänzungen und Aufstockungen die ehedem einheitlich gestaltete Architektur entstellen – mit der »Weißen Stadt« war die Internationale Moderne im Heiligen Land angekommen: funktionales Bauen ohne Dekor, den klimatischen Verhältnissen angepasst. Dieses Ensemble ist einmalig auf der Welt.

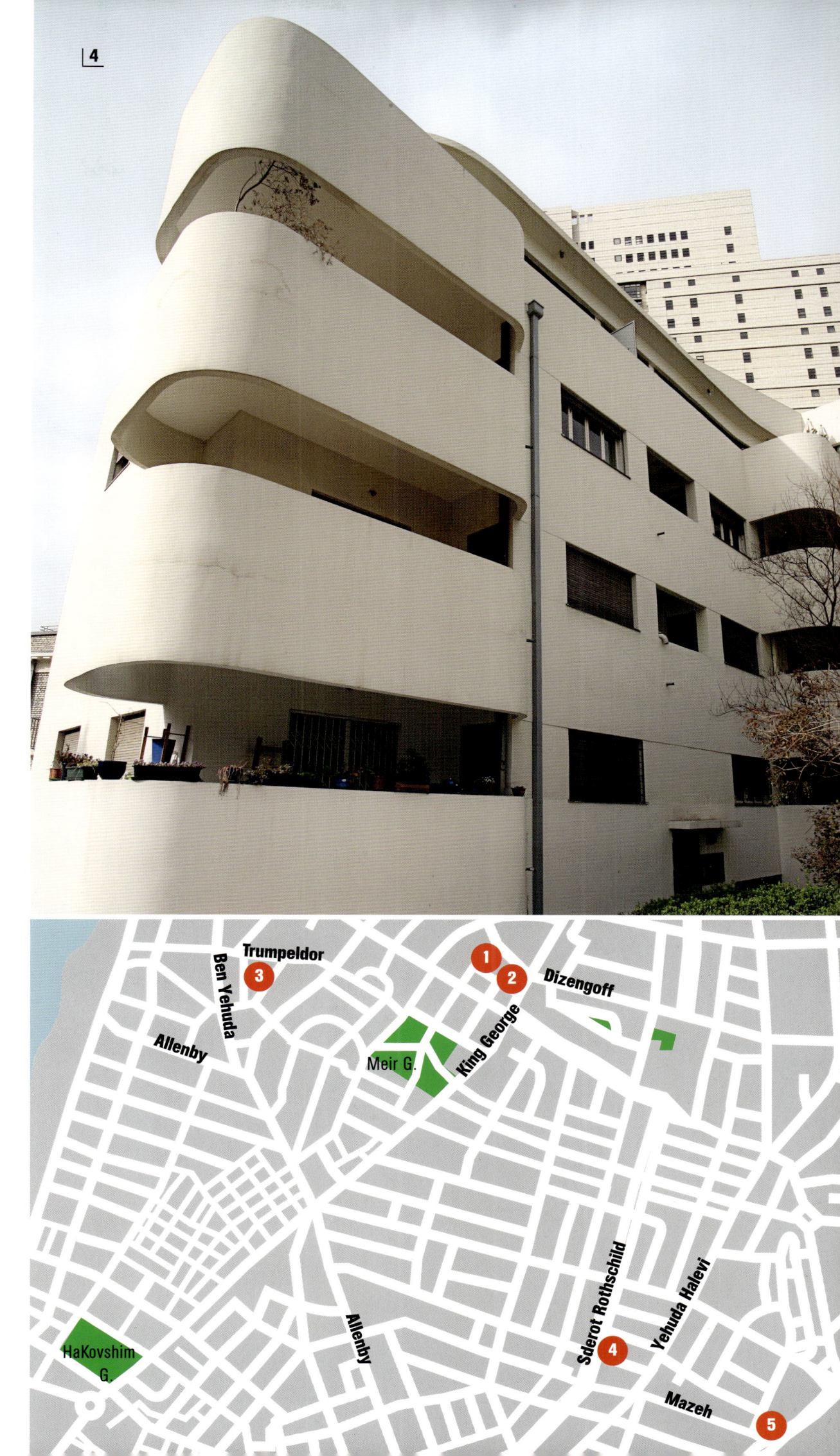

STILE

DER DURCHBRUCH

BAUHAUS DE STIJL NEUES BAUEN

Unmittelbar nach den Verheerungen des Ersten Weltkriegs entwickelte sich in Europa eine vielstimmige, von enormen Spannungsbögen geprägte Architektur des Aufbruchs. Sie reichte von der expressionistischen Plastizität eines Hans Poelzig über die eleganten Villenbauten Le Corbusiers bis zum elementaren Minimalismus J.J.P. Ouds und erlangte mit dem von Walter Gropius entworfenen Bauhaus-Gebäude einen Höhepunkt internationaler Wirksamkeit.

Es herrschte eine moderat optimistische Haltung, grundiert durch lebensreformerische Ideen und sozialutopische Visionen, während sich gleichzeitig die Ideen der Oktoberrevolution 1917 in ganz Europa verbreiteten. Vorrangiges Ziel war die Beseitigung sozialer und gesellschaftlicher Missstände, weshalb auf dem ganzen Kontinent Forderungen nach qualitätsvollem Wohnraum für alle laut wurden. Der soziale Wohnungsbau rückte ins Zentrum des Interesses, belegt durch eine Vielzahl von Siedlungsbauprojekten, von denen manche bis heute von stadtbildprägender Qualität sind.

Das Zentrum dieser sich zunehmend international verstehenden Architektur war neben den Niederlanden und der Tschechoslowakei vor allem in Deutschland auszumachen.

◀ KAUFHAUS SCHOCKEN, STUTTGART. ENTWURFSSKIZZE DES ARCHITEKTEN ERICH MENDELSOHN (1927)

BAUHAUS
DE STIJL
NEUES BAUEN

▶ EINGANGSHALLE EINER UNIVERSITÄT, ENTWURF.
THEO VAN DOESBURG (1923)

▼ BAUHAUS, DESSAU. WALTER GROPIUS (1925/26)

Hier gründeten sich mit dem *Arbeitsrat für Kunst*, dem *Staatlichen Bauhaus* und der Architektenvereinigung *Der Ring* neue Zusammenschlüsse und Institutionen, die sich alle als progressive Bewegungen mit dem Ziel einer gesellschaftlichen Erneuerung verstanden. Viele ihrer Mitglieder waren gleichzeitig auch im Deutschen Werkbund engagiert, dessen spektakulärster Erfolg eine 1927 von Ludwig Mies van der Rohe konzipierte Bauausstellung am Stuttgarter Killesberg war. Die unter dem Namen »Weißenhofsiedlung« berühmt gewordene internationale Leistungsschau vereinte eindrucksvoll die Protagonisten eines neuen Bauens in Stahl, Glas und Eisenbeton.

Zwei der aufsehenerregendsten Bauten der Ausstellung steuerte Le Corbusier bei, der Solitär der europäischen Architekturavantgarde. Charles-Édouard Jeanneret-Gris, genannt »Le Corbusier«, nimmt eine Sonderstellung in der Architektur des 20. Jahrhunderts ein, denn seinem Ideenreichtum war kein Regelwerk gewachsen. Wenngleich er seine Bauten als »Wohnmaschinen« bezeichnete und streng von der Funktion her begriff, ist ihnen doch eine poetische Grundstimmung zu eigen: für Le Corbusier das Produkt von Präzision und Reduktion bei gleichzeitigem Einsatz harmonischer Proportionen.

Die Rückführung auf grundlegende Prinzipien als Basis einer Erneuerung war auch der Ausgangspunkt der niederländischen Stijl-Bewegung um Theo van Doesburg und Piet Mondrian. Sie gingen von einer fundamental geometrischen Ordnung des Universums aus, dem sie ihre formal streng reduzierte Kunst sozusagen einbeschrieben. Ein frühes Mitglied von De Stijl war Jacobus Johannes Pieter Oud, dessen Wohnkuben in der Weißenhofsiedlung in ihrer funktionalen Reduktion kaum zu übertreffen sind. Ab 1918 setzten seine Planungen für Rotterdam neue Maßstäbe im Siedlungsbau und beeinflussten unter anderem auch Walter Gropius, der ebenfalls bauender Architekt am Weißenhof war.

Mit Gropius blicken wir zurück ins Jahr 1919, als er – damals noch in Weimar – das legendäre Bauhaus gründete. Fortan stand diese interdisziplinäre Lehrstätte im Zentrum der Kunst-, Architektur- und Gestaltungsdiskussionen der 1920er Jahre. Das allenthalben spürbare Ringen um Klarheit, Sachlichkeit und Zweckmäßigkeit wurde im Schulbetrieb des Bauhauses systematisiert und experimentell weiterentwickelt. Waren die Bauhaus-Anfänge noch von expressionistischem Pathos und Erweckergeist geprägt, versachlichte sich der Ton unter dem Einfluss der Stijl-Bewegung ab 1921/22 merklich. Doch erst mit dem politisch motivierten Umzug nach Dessau und der Errichtung des Bauhaus-Gebäudes 1925/26 entstand der »Mythos Bauhaus«, entstand ein gebautes Manifest, die Architektur gewordene Bauhaus-Idee. Dieser Architekturikone stehen die vielen, an der Realität erprobten Bauten des sozialen Wohnungsbaus zur Seite. Bauherren waren gemeinnützige Wohnungsbaugesellschaften, Gewerkschaften, Kommunen und die Industrie. Zu den beteiligten Baumeistern gehörten die Mitglieder der 1926 in Berlin gegründeten Architektenvereinigung Der Ring. Ihr Ziel war die Förderung des Modernismus in Deutschland, und ihre Namen lesen sich wie das Who's who der deutschen Architekten.

Otto Bartning, Peter Behrens und Hugo Häring, Erich Mendelsohn, Ludwig Mies van der Rohe, die Brüder Max und Bruno Taut, Walter Gropius, Ernst May, Wassili Luckhardt und Hans Scharoun. Viele von ihnen sollten internationale Bekanntheit erlangen, nicht zuletzt durch die berühmte Ausstellung The International Style des New Yorker Museum of Modern Art im Jahr 1932. In den 1920er Jahren hat sich die Gestalt vieler europäischer Städte nicht allein durch architektonische Einzelwerke, sondern auch durch den umfänglichen Bau von Großsiedlungen nachhaltig verändert. In Rotterdam oder Wien geschah dies in Form innerstädtischer Verdichtung, in Frankfurt am Main oder Berlin hingegen als Stadtrandbebauung in der Gartenstadt-Tradition.

◄ **WEISSENHOFSIEDLUNG, HAUS CORBUSIER, STUTTGART. LE CORBUSIER (1927)**

▼ **SIEDLUNG BRITZ, BERLIN. BRUNO TAUT (1925–1927)**

BAUHAUS

KUNST DER REDUKTION

Das Bauhaus existierte zeitgleich mit der Weimarer Republik und ist wie keine andere Institution zum ambivalenten kulturellen Synonym der Zeit von 1919 bis 1933 geworden, den Jahren zwischen dem Ende des Ersten Weltkriegs und der Machtergreifung der Nationalsozialisten.

War es in seiner Frühzeit noch um eine Rückbesinnung auf handwerkliche Traditionen als

Grundlage künstlerischen Schaffens bemüht, so kam es 1923 zu einer Neuausrichtung, zusammengefasst in dem Leitgedanken »Kunst und Technik – eine neue Einheit«. Damit wandte sich das Bauhaus von seiner anfänglichen expressionistisch-romantischen Haltung ab, um sich – maßgeblich beeinflusst durch die niederländische Stijl-Bewegung – an der experimentellen und manuellen Entwicklung einer neuen Formensprache zu beteiligen, die dem industriellen Herstellungsprozess gerecht wird. Gerade diese Abkehr vom Handwerk wurde jedoch von Kulturkonservativen als Traditionsbruch

△ BAUHAUS ATELIERHAUS, DESSAU. WALTER GROPIUS (1925/26)

▷ BAUHAUS LEHRER UND STUDENTEN, WEIMAR. (UM 1922) U.A. OSKAR SCHLEMMER (LINKS, 2. VON OBEN), TUT SCHLEMMER (DARUNTER), JOSEF ALBERS (RECHTS AM BODEN), GUNDA STÖLZL (MITTE).

abgelehnt und politisch vehement bekämpft. 1919 von Walter Gropius in Weimar gegründet, musste das Bauhaus deshalb bereits 1925 auf Druck der Nationalkonservativen nach Dessau umziehen. Die expandierende und links regierte Industriestadt Dessau sah dies als Chance, mit einem interessanten Prestigeprojekt ihren Ruf als modernen Indu-

striestandort zu festigen. 1925/26 entstand mit
dem von Walter Gropius entworfenen Bauhaus das
gebaute Manifest einer neuen, konsequent an der
Funktion ausgerichteten Architektur.

Gropius gelang es, mit Wassily Kandinsky,
Lyonel Feininger, Oskar Schlemmer, Paul Klee,
später László Moholy-Nagy und Hannes Meyer –
um nur einige zu nennen – namhafte Künstler und
Architekten als Lehrer ans Bauhaus zu holen, wo
sie sich »Meister« nannten. Die meisten von ihnen
gehörten zu den führenden Repräsentanten der
Moderne. Das gilt auch für die nächste Generati-
on, die sogenannten Jungmeister, darunter Künst-
ler und Gestalter wie Josef Albers und Marcel
Breuer. Sie alle entwickelten eine intensive, aus
Theorie und Praxis kombinierte Lehre, die den
Schülern viel Spielraum für das Experiment und die
individuelle Entwicklung gab. Das neue Bauhaus-
Gebäude mit seinen Werkstätten, Ateliers und
Versammlungsräumen bot dafür den geeigneten
Rahmen. Hier konnte sich die freie Lehrhaltung in
produktiver Atmosphäre entfalten, hier führte das
Experiment und die Suche nach neuen Ausdrucks-
formen in der Kunst, Gestaltung und Architektur
sowie in der Fotografie, dem Tanz und der Büh-
nenkunst zu neuen Lösungen – aber auch zu
Konflikten, die teilweise bis in die Gegenwart
wirksam sind.

Die Rede ist weniger von den schicken, für
den normalen Geldbeutel kaum bezahlbaren
Wohnaccessoires als vielmehr von der Kritik, der
sich das Bauhaus regelmäßig stellen muss. Dies
gilt etwa für Tom Wolfe, der unter anderem die
Intoleranz der Bauhaus-Meister kritisierte. Viel
schwerwiegender aber ist die refrainhaft wiederholte Anschuldigung, das Bauhaus trage die

WERKSTATT GROPIUS, WEIMAR. (1923)

GEPLANTE BAUHAUSSIEDLUNG WEIMAR, GESAMTANSICHT.
WALTER GROPIUS (1923)

WERKSTATT MOHOLY-NAGY, WEIMAR. (1923)

alleinige Verantwortung für alle trostlosen Beton-
siedlungen des Erdkreises.

Es lohnt sich, der Kritik nachzugehen, denn
sie führt in das Zentrum des Bauhaus-Denkens zurück. Das Neue Bauen, so der zentrale Vorwurf, sei
über die Jahre zu einem Zweckrationalismus ver-
kommen. Und in der Tat übersahen entgleiste
Funktionalisten, was das Bauhaus-Gebäude – und
das Bauhaus-Denken – ausmachte: Gropius entwickelte die schwebende Eleganz des Bauhaus-
Gebäudes aus wohlabgestimmten Proportionen
und dem spannungsvollen Zusammenspiel der
asymmetrisch angeordneten Baukörper. Damit erzeugte er eine Wirkung, die sich auch als »Poesie«
oder »Schönheit« umschreiben ließe. Von Mies van

der Rohe gibt es Bauten mit vergleichbarer Wirkung, und es ist bekannt, dass van der Rohe oft
Tage und Wochen damit verbrachte, an Details zu
feilen: Entwerfen war für ihn die Kunst der Reduktion auf eine materialgerechte und technisch optimale Form.

Außerordentlich qualitätsvolle Resultate er-
zielte auch der Schweizer Hannes Meyer. Er trat
1928 die Nachfolge von Gropius an, dessen Rück-
tritt durch wirtschaftlich-organisatorische Probleme
mit der Kommune motiviert war. Unter Meyer –
bekannt vor allem durch seine Bundesschule in
Bernau (1928–1930) – wurde die Architektenaus-
bildung intensiviert und mit der Entwicklung soge-
nannter Standardprodukte die Zusammenarbeit

mit der Industrie forciert. Meyers zunehmende
Nähe zum Marxismus führte jedoch bereits 1930
zu seiner Entlassung.

Daraufhin übernahm Ludwig Mies van der
Rohe die Direktion. Doch es blieb ihm kaum noch
Zeit: 1931 gewann die NSDAP die Wahlen in
Dessau und schloss umgehend das Bauhaus, das
van der Rohe dann noch kurze Zeit als private
Ausbildungsstätte in Berlin weiterführen konnte,
bevor die Nationalsozialisten das Bauhaus 1933
endgültig schlossen.

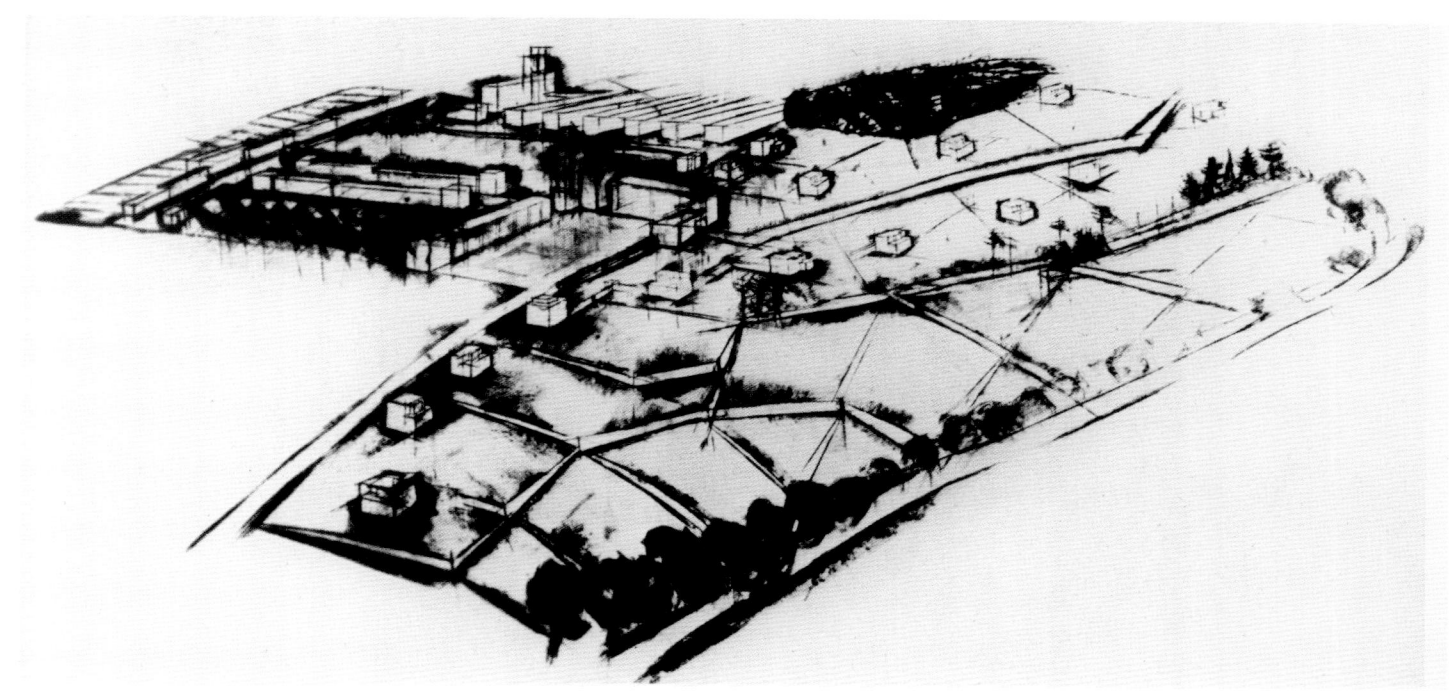

LUDWIG MIES VAN DER ROHE

»Baukunst ist raumgefasster Zeitwille. Lebendig. Wechselnd. Neu. Gestaltet die Form aus dem Wesen der Aufgabe mit den Mitteln unserer Zeit.« 1923 formuliert Ludwig Mies van der Rohe diesen programmatischen Standpunkt und entwickelt davon ausgehend eine vielstimmige, international gültige und zeitlos gegenwärtige Formensprache – auch heute noch Vorbild und Streitpunkt für zahlreiche Nachfolger weltweit.

Die Grundlage: Mies kam aus der Praxis, vom Handwerk, von der zeichnerischen Umsetzung. Seine Auseinandersetzung mit der formalen Strenge Karl Friedrich Schinkels, mit der Klarheit der Konstruktion eines Hendrik Petrus Berlage und den ausgreifenden Raumexperimenten Frank Lloyd Wrights führte zu völlig neuen baukünstlerischen Lösungen.

Die Idee: freier Grundriss, strikte Rationalität und konsequenter Einsatz zeitgemäßer Materialien. Dazu akribische Detailbesessenheit und eine bis zur Abstraktion reichende Reduktion.

Der Durchbruch: Mies ist seit 1913 selbstständiger Architekt, der Weltkrieg führt ihn als Soldat in einer Baukompanie bis nach Rumänien. 1922 stößt er zur Novembergruppe und nennt sich fortan Mies van der Rohe. Seit 1926 ist er Vizepräsident des Deutschen Werkbundes, um dann mit Leitung der Bauausstellung in Weißenhof nicht nur Stuttgart, sondern auch die Weimarer Republik und den Rest der Welt in ein Beben zu versetzen.

Die Bauten: ein Werk, das oszilliert zwischen der konkreten Materialität seiner Landhäuser, Villen und Wohnbauten, den fließenden Räumlichkeiten des Barcelona-Pavillons (1928/29), dem Haus Farnsworth (1945–1951) oder der Neuen Nationalgalerie (1962–1967), den Rasterbauten des Illinois Institute of Technology (1940) oder den Lake Shore Drive Apartments (1948–1951) als erste Wohnhochhäuser aus Glas und Stahl.

Das Resultat: zeitlose Schönheit und Eleganz seiner Bauten. Dass sein biografisches ABC – Aachen, Berlin, Chicago – mit dem Aufbruch der Weimarer Republik, nationalsozialistischem Größenwahn und Weltkrieg, Emigration und zweiter Karriere in den USA weltgeschichtlichen Linien folgt, grundiert sein Werk zusätzlich und verankert es in der Architekturgeschichte.

▼ APARTMENTHÄUSER WEISSENHOF, STUTTGART.
MIES VAN DER ROHE (1927)

BARCELONA-PAVILLON

LEICHT LUZID

1928/29 als deutscher Beitrag für die 20. Weltausstellung in Barcelona entworfen, gilt dieser Pavillonbau als einer der wichtigsten Entwürfe Ludwig Mies van der Rohes und zählt zweifelsfrei zu den Meisterwerken moderner Architektur.

Die Weimarer Republik – als Bauherr ansonsten eher kompromissbereit denn betont progressiv – wollte sich auf der internationalen Bühne als fortschrittlicher Staat, als sozial engagiert und zukunftsoffen präsentieren. Auf Wunsch der Reichsregierung sollte der temporäre Pavillon ausschließlich der Repräsentation der kulturellen Werte des modernen Deutschland dienen.

Mies nutzte diesen baukünstlerischen Freiraum, um seine architektonischen Vorstellungen des »freien Grundrisses« und des »fließenden Raumes« erstmals gültig umzusetzen. Dank seines untrüglichen Gespürs für Proportion, Raum- und Materialwirkung entstand eine einzigartige Komposition: leicht, transparent und luzid in ihrer Wirkung und gleichzeitig von einer gestalterischen Wucht, deren Vibrationen in der Architektur des 20. Jahrhunderts noch lange nachhallten. Bereits unmittelbar nach Beendigung der Ausstellung und dem Abriss des Pavillons wurde der Verlust dieser Architekturikone als so schmerzhaft empfunden, dass ein Wiederaufbau gefordert wurde. Allerdings sollte der Bau – wie ein Phantom – das kollektive Gedächtnis der Architekturgeschichte noch über 50 Jahre beunruhigen.

In prominenter Lage etwas abseits vom Trubel der Weltausstellung errichtet, wurde der Pavillon wegen seiner außerordentlichen räumlichen Qualitäten bereits während der Laufzeit der Ausstellung als Oase inmitten des geschäftigen Treibens empfunden.

In Anknüpfung an die großräumliche Planung der Weißenhofsiedlung in Stuttgart (1927), an die Häuser Esters und Lange in Krefeld (1927–1930) und das nicht realisierte Projekt für ein Landhaus in Eisenbeton (1923) konnte Mies seine reduzierte Formensprache in Barcelona konsequent fortentwickeln. Dadurch setzte sich der elegante Pavillon wirkungsvoll von den monumentalen Großbauten der spanischen Gastgeber und den Nationen- und Themenpalästen ab, die in der Mehrheit in historisierenden Bauformen wie dem Neoklassizismus gehalten waren.

Dabei war auch Mies van der Rohe dem Klassizismus verpflichtet. Über seinen Lehrer Peter Behrens hatte er nicht nur die strenge Formensprache Karl Friedrich Schinkels kennen und schätzen gelernt, sondern auch dessen konstruktive Klarheit verinnerlicht. Bereits 1923 forderte Mies »unbedingte Wahrhaftigkeit und Verzicht auf allen formalen Schwindel«, und sein berühmter Ausspruch »Weniger ist mehr« kann bis auf den heutigen Tag als Aufforderung an die Architektenschaft gelten.

Diese Konzentration auf wesentliche Prinzipien des Bauens verdichtet sich beim Barcelona-Pavillon zu einem vielstimmigen Eindruck von Einfachheit und Eleganz, von Ruhe und Transparenz. Wandscheiben aus kostbarem Marmor, Böden und Außenwände aus fein geschnittenem Travertin werden zu einer räumlich repräsentativen Einheit zusammengefasst. Das weit auskragende Flachdach, getragen von chromglänzenden Stützen, verweist auf die konstruktive Raffinesse des Entwurfs. Die ineinandergreifenden Innen- und Außenbereiche werden durch raumhohe, unterschiedlich getönte Glasflächen kaum merklich voneinander getrennt und illustrieren den überaus sensiblen Umgang mit dem fließenden Raum, der 1929 wie heute durch das variable Spiel von Licht, Schatten und Reflexion bestimmt wird.

Der Barcelona-Pavillon wurde 1983–1986, pünktlich zum 100. Geburtstag Mies van der Rohes und gut ein halbes Jahrhundert nach seinem Abriss, anhand von Originalplänen am ursprünglichen Standort rekonstruiert.

BAUTEN

PAVILLON. INNENANSICHT MIT ONYXWAND. REKONSTRUKTION (1983–1986)

PAVILLON. AUSSENANSICHT. REKONSTRUKTION (1983–1986)

BAUTEN

TRIBUNE TOWER

KATHEDRALE DER AUFKLÄRUNG

Das neue Verlagshaus der *Chicago Tribune*, der führenden Tageszeitung Chicagos, sollte »das schönste Bürogebäude der Welt« werden. Direkt am Chicago River im Zentrum der Metropole wollte die Tribune einen Superlativ bauen, einen Wolkenkratzer, der dem eigenen Selbstverständnis entsprechend eine bedeutsame Position in der Silhouette der Stadt einnehmen würde.

Und so lobte man 1922, anlässlich des 75-jährigen Bestehens der Zeitung, einen internationalen Architekturwettbewerb aus, der zu den bedeutendsten des frühen 20. Jahrhunderts gehört. In ihrem Wettbewerbstext legten die Ausrichter weniger Wert auf ein detailliertes Bauprogramm als auf repräsentativen Anspruch und visuelle Qualitäten. Dem Bekanntheitsgrad des Bauherren und dem Stellenwert der Aufgabe gemäß gingen nahezu 300 Entwürfe ein.

Die eingereichten Wettbewerbsbeiträge boten ein sehr vielfältiges Bild, wobei die Dominanz eklektizistischer und historisierender Beiträge unübersehbar war. Die Architekten hatten Renaissancekuppeln, Tempelfassaden und sogar die Vergrößerung von Giottos Campanile in Florenz im Repertoire. Regelrecht skurril wirkte der Beitrag des österreichischen Architekten Adolf Loos, der seinen Hochhausentwurf in die Gestalt einer gigantischen dorischen Säule transformierte.

Entwürfe, die sich einer zeitgenössischen Architektursprache bedienten, waren hingegen in der Minderzahl und kamen überwiegend aus europäischen Büros. Die vielleicht interessanteste dieser Planungen legte Walter Gropius, Direktor des Staatlichen Bauhauses in Weimar, in Zusammenarbeit mit dem ebenfalls am Bauhaus tätigen Adolf Meyer vor. Ihr Beitrag war ein klar gegliederter, kubischer Bau, der sich asymmetrisch in die Höhe staffelt und dabei markant verjüngt. Ein einfaches Rechteckraster, beruhend auf der quer gelagerten Fensterform, rhythmisiert das gesamte Gebäude. Der in seiner Formensprache überaus sachlich wirkende Bauhaus-Entwurf zeigt sowohl Anklänge an die Chicago School wie auch an die Gestaltungsprinzipien der Stijl-Bewegung.

Die Jury sah das 1922 allerdings anders und erkannte dem Entwurf von Raymond Hood und John Mead Howells den ersten Preis zu. Ihr neogotischer Entwurf zeichnete sich, im Unterschied zu vielen anderen Wettbewerbsbeiträgen, durch eine sensible Umdeutung der historischen Motive in die Maßstäblichkeit eines Hochhauses aus. Dass Hood und Howells dem Verlagshaus die Anmutung einer Kathedrale der Aufklärung verliehen, entsprach wohl am ehesten dem Selbstverständnis der Zeitungsmacher. Der Entwurf wurde in den Jahren 1923–1925 umgesetzt und gehört heute mit seiner prägnanten Turmspitze zu den »Oldies« der Skyline von Chicago.

◀ TRIBUNE TOWER, CHICAGO. RAYMOND HOOD, JOHN MEAD HOWELLS (1923)

▽ TRIBUNE TOWER ENTWURF. WALTER GROPIUS, ADOLF MEYER. (1922)

SIEDLUNGEN

RATIONALER BLOCK

In den 1920er Jahren des vergangenen Jahrhunderts hat sich die Gestalt vieler europäischer Städte durch den umfänglichen Bau von Großsiedlungen nachhaltig verändert. In Rotterdam oder Wien geschah dies in Form innerstädtischer Verdichtung, in Frankfurt am Main oder Berlin hingegen als Stadtrandbebauung in der Gartenstadt-Tradition. Allerorten wurde ambitioniert im großen Maßstab gebaut, als Reaktion auf eine allseits existente Wohnungsnot.

Was war geschehen? Die zunehmende Industrialisierung und veränderte landwirtschaftliche Produktionsbedingungen zwangen immer mehr Menschen auf der Suche nach Arbeit vom Land in die städtischen Ballungsräume. Dort entstanden ungeordnete Wohnquartiere mit denkbar schlechten Lebensbedingungen – äußerst beengte Hinterhöfe, fast ohne Tageslicht und mit mangelhafter Sanitärausstattung, fanden sich in Metropolen wie Berlin, Amsterdam oder London.

Bedingt durch die politischen und gesellschaftlichen Umbrüche in Folge des Kriegsendes und der Oktoberrevolution, hatte die Beseitigung dieser Missstände Vorrang. Getragen wurden die Veränderungen von gemeinnützigen Wohnungsbaugenossenschaften, von Gewerkschaften, Kommunen und der Industrie. So entwickelte beispielsweise der Werkswohnungsbau der Firma Siemens über mehrere Jahrzehnte hinweg einen eigenen Stadtteil in Berlin. Ein Höhepunkt dieses Engagements war die 1929–1931 unter Leitung von Hans Scharoun errichtete Großsiedlung Siemensstadt, an der auch Walter Gropius beteiligt war.

Ein ganz anderes großstädtisches Projekt war der Karl-Marx-Hof in Wien, eine kommunale Planung unter einer linksgerichteten Regierung. In nur drei Jahren, 1927–1930, errichtete der Otto-Wagner-Schüler Karl Ehn 1382 Wohnungen, charakterisiert durch hohe Verdichtung in einer mächtigen Blockbebauung. Andere Architekten wie Adolf Loos hätten eher einer Vorortentwicklung mit Einfamilienhäusern, ähnlich den Ideen von Tony Garniers Cité Industrielle, den Vorzug gegeben.

In Frankfurt am Main fand sich eine Kooperation von Gewerkschaften, Genossenschaften und der Kommune zusammen. Gemeinsam legten

sie ein engagiertes Programm mit dem zukunfts-
offenen Titel »Neues Frankfurt« auf. Sich der großen sozialen Verantwortung bewusst, entwickelte
Ernst May unter dem Einfluss der Gartenstadt-
Ideen Ebenezer Howards zahlreiche Siedlungen.
Sie umfassten insgesamt rund 12.000 Wohnungen, die meist in lang gestreckten, drei- bis fünfge-
schossigen Bauten mit großzügiger Grünplanung
in Arbeitsplatznähe errichtet wurden. Gemeinsam
mit seinem Stab entwarf May dabei rationelle
Haustypen, um auch eine industrielle Serienproduktion zu ermöglichen, die Kosten zu senken und
Arbeitsabläufe zeitsparend zu verkürzen. Sämtliche
Bauteile unterlagen Normen – von den Betonplat-
ten für Wände und Decken über Fenster und
Türen bis zur Inneneinrichtung der Wohnungen. Mit
der von Margarete Schütte-Lihotzky entworfenen
sogenannten »Frankfurter Küche«, dem Prototyp
der heutigen Einbauküchen, der standardmäßig in
jede Wohnung integriert wurde, sollte sogar die
alltägliche Hausarbeit rationalisiert werden.

Ein Pionier des sozialen Wohnungsbaus
war der Niederländer Jacobus Johannes Pieter
Oud. Als Stadtarchitekt von Rotterdam hatte er seit
1918 bereits eine Vielzahl von Wohnbauprojekten
realisiert. Als praxistauglich und deshalb von besonderer Bedeutung für das Neue Bauen erwiesen
sich unter anderem seine international viel beachteten Planungen der Arbeitersiedlung in Hoek van
Holland (1924–1927) und der Siedlung Kiefhoek im
Zentrum Rotterdams (1925–1927). Als Paradebei-
spiele der Rotterdamer Schule entwarf Oud hier
standardisierte Wohnungen: einfach, funktional
durchdacht und hell. Wie auch Gropius, der sich
gern als »Wohn-Ford« stilisierte, sprach Oud in Anlehnung an die damaligen Ford-T-Modelle und den
Taylorismus vom Anbrechen des »fordistischen
Zeitalters« in der Architektur.

Idealismus, der sich in einem hohen Anspruch an Gestaltung und gesteigerte Lebensqualität ausdrückt, ist das Stichwort, das die hier erwähnten Siedlungsbauten der dritten Dekade des
20. Jahrhundert charakterisiert.

▼ WOHNSIEDLUNG RÖMERSTADT, FRANKFURT.
ERNST MAY (1926/27)

REFORMIDEEN

LICHT
LUFT SONNE

Viele europäische Großstädte hatten als Folge des enormen Bevölkerungszuwachses und der sich entwickelnden Industrialisierung seit dem 19. Jahrhundert bereits mehrere Stadterweiterungen zu verkraften. Um den Gesamtorganismus »Stadt« funktionsfähig zu halten, waren erhebliche städtebauliche Planungsleistungen zu erbringen. Neben einer fortschrittlichen Verkehrsplanung ging es zwar vorrangig um die Schaffung neuen Wohnraums, doch mit den sich etablierenden sozialreformerischen Ideen war bald schon die Forderung nach einer differenzierten Nutzung der städtischen Grünflächen verbunden.

Die bereits Ende des 19. Jahrhunderts einsetzende Volksparkbewegung erlebte durch die mangelhaften hygienischen Zustände nach dem Ersten Weltkrieg einen neuen Aufschwung. Städtische Freiflächen sollten nach dem Prinzip des »sanitären Grüns« zur Erholung der innerstädtischen, meist auf engstem Raum lebenden Bevölkerung geschaffen werden. »Licht, Luft und Sonne« waren gefragt, ebenso wie die Möglichkeit zur körperlichen Betätigung im Freien, sei es durch Sport oder Gartenarbeit.

Diese sozialpolitischen Forderungen waren bei zukünftigen Planungen zu berücksichtigen. Eine der umfänglichsten Aufgaben der Weimarer Republik hatte 1919 die Stadt Köln zu vergeben. Der damalige Kölner Oberbürgermeister und spä-

tere erste Kanzler der Bundesrepublik, Konrad Adenauer, hatte einen Wettbewerb zur Gestaltung des Kölner Grüngürtels ausgeschrieben. Ehedem Festungsstadt hatte Köln seine Befestigungen auf Forderung der britischen Besatzer weitgehend schleifen müssen und so ein großflächiges freies Terrain gewonnen – Raum für eine ambitionierte städtebauliche Planung zur Entlastung der Rheinmetropole.

Den Wettbewerb gewann der Hamburger Baudirektor Fritz Schumacher. Neben Peter Behrens, Theodor Fischer und Hans Poelzig zählte Schumacher nicht nur zu den wichtigsten Wegbereitern der modernen Architektur, er gehörte 1907 gemeinsam mit Hermann Muthesius, Friedrich Naumann und Henry van de Velde zu den Mitbegründern des Deutschen Werkbunds. Gemeinsam

mit dem Kölner Gartendirektor Fritz Encke realisierte Schumacher die größte Grünanlagenplanung der Weimarer Republik, in der er seine theoretischen Überlegungen zur Großstadtentwicklung praktisch anwenden konnte.

Schumacher sah dabei den gesamtstädtischen Kontext als großflächig zu beplanende Einheit. Um jede Eintönigkeit und damit den Verlust an Lebensqualität zu verhindern, entwickelte er ein dichtes Angebot unterschiedlicher Wohnbebauungen, vom eher ländlichen Kleinhaus bis zum mehrstöckigen Etagenhaus. Gleichzeitig ging es ihm um die wirksame Durchdringung des Stadtgefüges mit Grünzonen und darum, dass »Keile von Freiland sich dauernd möglichst weit in das Herz der Bebauung hineinschieben«. Aber nicht nur die Luftverbesserung durch die filternde Wirkung des

PARKS UND GÄRTEN

Grüns sollte zur Volksgesundheit beitragen. Wichtige Elemente sind auch die über das gesamte Stadtgebiet verteilten Sportanlagen, deren Krönung der Müngersdorfer Sportpark war – mit mehr als 50 Hektar Gesamtfläche die größte Sportanlage Europas und vorbildlich für den boomenden Übungsstättenbau in der Weimarer Republik.

Im Gesamtbild schaffen groß angelegte Wasserbecken, die durch Kanäle verbunden sind, einen eigenen Rhythmus zur Gliederung des Grüngürtels. Alleen wechseln sich mit bebauten Plätzen ab, Asymmetrien verhindern eine axiale Monumentalisierung. Mit der unter Schumacher umgesetzten, vielgestaltigen Grünplanung wird ein für Deutschland einmaliges Parksystem geschaffen, das besonders durch die Verklammerung von bebauten Flächen und Grünfläche ganz neue stadträumliche Qualitäten schafft. In dieser Form waren sie bisher nur aus den USA bekannt, wo unter anderem Chicago eine wegweisende Grünplanung in Angriff genommen hatte.

▲ INNERER GRÜNGÜRTEL, KÖLN. LUFTAUFNAHME UM 2000.

◄ GRÜNFLÄCHENPLAN, KÖLN. KONRAD ADENAUER (1929)

HAUS SCHRÖDER

STADT
RAND RAUM

Wie so manche niederländische Provinzstadt ist auch Utrecht von Grachten und eng stehenden Backsteinbauten geprägt. Doch wer das pittoreske Zentrum stadtauswärts verlässt, den erwartet eine

architektonische Überraschung ersten Ranges. An der Peripherie schimmert zwischen konventionellen Reihenhäusern ein Juwel der modernen Architektur: das 1924 errichtete Haus Schröder.

Als die junge Anwaltswitwe Truus Schröder den Architekten und Gestalter Gerrit Rietveld mit dem Entwurf und Bau des Hauses beauftragte, wollte sie mehr als nur eine Behausung für sich und

ihre Kinder. Sie forderte nicht weniger als einen gebauten Lebensentwurf. Zu lange schon fühlte sie sich von den fest gefügten, düsteren Backsteinbauten ihres bürgerlichen Lebensumfelds eingeengt. Elementar einfach und rational klar sollte das neue Haus werden.

Und Rietveld ging an die Arbeit: Er machte den traditionellen graubraunen Backstein unkennt-

lich, transformierte ihn in weiß und grau verputzte Wand-, Boden- und Deckenelemente unterschiedlichen Formats. Ähnlich einem Baukastensystem lässt er sie ineinandergreifen und ordnet sie mal rechtwinklig, mal in die Tiefe gestaffelt an. Zusätzlich wird der Außenbau durch lineare, in den Grundfarben gefasste Stütz- und Gliederungselemente optisch betont, was die vibrierende Eleganz des Baues effektvoll steigert.

Diese Wirkung setzt sich in den Innenräumen fort, wo farbig gefasste Möbel und Raumelemente gezielt Akzente in Rot, Gelb und Blau setzen. Große Fenster und verglaste Türen sorgen für gleitende Übergänge, für die Durchdringung von Innen und Außen. Von überall her strömt Licht durch den als Einheit aufgefassten Raum, dessen fließende Wirkung durch keine trennende Wand gebremst wird. Um dem Wunsch von Truus Schröder nach einem Rückzugsraum nachzukommen, konstruierte Rietveld bewegliche Wände, ermöglichte so eine Wohnraumgestaltung nach individuellen Bedürfnissen.

1924 noch am Stadtrand mit Blick aufs freie Feld errichtet, nutzte die Architekturcollage die backsteinsichtige Brandwand des Nachbarhauses als Hintergrund. Das Formexperiment stieß in Utrecht auf völliges Unverständnis und löste umgehend Empörung aus. Zu groß war der Kontrast zwischen Rietvelds funkensprühendem Formenspiel und der traditionellen, nüchtern-robusten Bauweise.

Waren seine Ideen zu radikal? War die geometrisch-abstrakte Formensprache, die ihn als Mitglied der 1917 gegründeten Stijl-Gruppe um

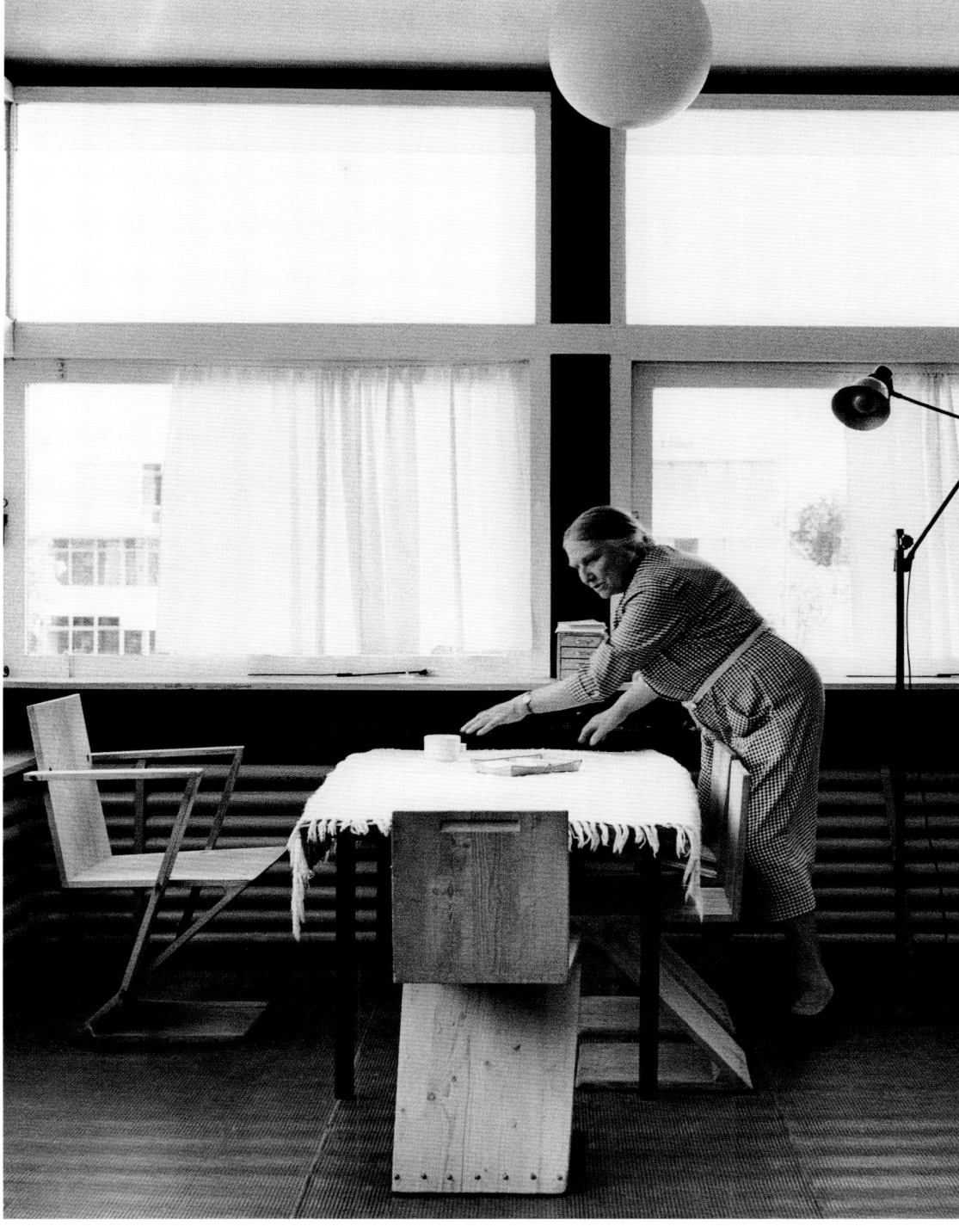

Theo van Doesburg und Piet Mondrian auswies, zu komplex? Denkbar. Rietveld selbst sollte sein Meisterwerk später als zu kompliziert empfinden. Und dennoch: Die spielerische Leichtigkeit, die das Haus Schröder bis auf den heutigen Tag zum Ausdruck bringt, hat unser Verständnis von umbautem Raum und Bewegung, von Material- und Farbwirkung, von Offenheit und Abgrenzung nachhaltig beeinflusst.

▲ INNENARCHITEKTUR UND MOBILIAR. ENTWORFEN VON GERRIT RIETVELD (1924)

◄ RIETVELD-SCHRÖDER-HAUS, UTRECHT. GERRIT RIETVELD (1924)

KONSTRUKTIVISMUS

KUNST IST LEBEN

Im nachrevolutionären Russland war der Konstruktivismus als Wegbereiter für eine neue Gesellschaftsordnung mit dem Ziel angetreten, eine neue visuelle Kultur zu schaffen. Sein Begründer Wladimir Tatlin war überzeugt, dass Kunst eben einem sozialen Zweck zu dienen habe – seine Forderung: »Die Kunst ins Leben!«

Damit stand er in radikaler Opposition zum Suprematismus, wie ihn Kasimir Malewitsch entwickelt hatte, der die Kunst als unabhängig von politischen, gesellschaftlichen und sonstigen Zwecken sah. Doch Tatlin ließ sich nicht beirren und erarbeitete – wie Malewitsch vom Kubismus und Futurismus ausgehend – eine geometrisch-abstrakte Formensprache. Ihr wohl bekanntestes Beispiel war der 1919/20 entstandene Entwurf für ein »Monument für die III. Internationale«, eine Art »Kathedrale des Sozialismus«.

Als Teil einer komplexen Tragwerkskonstruktion bildete eine dynamisch aufwärts gerichtete Doppelspirale die Großform, in die Tatlin vier großformatige Volumina einpasste, in denen staatliche Institutionen untergebracht werden sollten. Mit einer geplanten Höhe von mehr als 300 Metern hätte das Gebäude sogar den Eiffelturm überragt.

Von ähnlich konstruktivem Wagemut und eingängiger Bildhaftigkeit waren nur noch die »Wolkenbügel«, die El Lissitzky ab 1923 entwickelte – wie Tatlins Modell blieben auch sie nur Entwürfe.

El Lissitzky wollte diese Hochhäuser als zeitgemäße stadttorartige Markierungen an acht großen innerstädtischen Kreuzungen in Moskau errichten, dort wo die Radialstraßen den inneren Boulevardring kreuzen. Damit wären sie die sozialistische Antwort auf die kapitalistischen Wolkenkratzer in den USA geworden und gleichzeitig ein Symbol für den technischen und ästhetischen Fortschritt der jungen Sowjetunion.

War die erste Hälfte der 1920er Jahre durch derartige bildmächtige Experimente geprägt, so zeichnet sich die zweite Hälfte der Dekade durch eine Reihe praktischer Umsetzungen aus, beginnend mit dem 1925 von Konstantin Melnikow gebauten und viel beachteten Pavillon der UdSSR auf der Pariser Exposition des Arts Décoratifs. Aufgrund spannungsvoll angelegter Asymmetrien und der Verbindung von Glas mit Holzskelettelementen zählte der Pavillon zu den progressivsten Bauten der Ausstellung.

Melnikow gehörte wie auch El Lissitzky zur sogenannten ASNOWA, der Assoziation Neuer Architekten. Diese entwickelten einen eher bildhaften Formalismus, der dem Betrachter durchaus Raum für Assoziationen ließ. Ihre Haltung stieß auf heftigen Widerstand seitens des Verbands Moderner Architekten (OSA), die als Konstruktivisten eine wesentlich strengere Architekturauffassung vertraten, sich ganz der Funktion unterwarfen und sehr stark im Wohnungsbau engagiert waren.

Der Verband Moderner Architekten, zu dem auch Moisej Ginzburg gehörte, bezog wiederum wichtige Anregungen von Le Corbusier, der 1928 einen Großauftrag für den Bau der Hauptverwaltung des Zentralverbands der Konsumgenossenschaften (Centrosojus) in Moskau erhielt. Sein Entwurf bestach durch ein dynamisches Gleichgewicht der asymmetrisch angelegten Volumen des Gebäudeensembles. Mit derartigen Planungen hat Le Corbusier den sowjetischen Architekten Ende der 1920er Jahre entscheidende Anregungen gegeben, ihre Visionen in realisierbare Bauten umzusetzen.

Obgleich sich die sowjetischen Architekten der Avantgarde mit allen gesellschaftlich relevanten Bauaufgaben auseinandersetzten und an Problemlösungen versuchten, entwickelte die politische Führung zunehmende Vorbehalte gegen deren modernes Formenvokabular. Am Ende stand dann eine 180-Grad-Wende zurück zu einem raumgreifenden Klassizismus und Eklektizismus, dessen Monumentalität eine erschreckende Parallele zur Architektur der Nationalsozialisten aufweist.

◀ MONUMENT DER III. INTERNATIONALE, ENTWURF. WLADIMIR TATLIN (1920)

▼ SUPREMATISCHE KOMPOSITION, ÖL AUF LEINWAND. KASIMIR MALEWITSCH (1915/16)

MOSKAU
SOWJETMETROPOLE
KURZER AUFBRUCH

Jeder Korrespondent, der aus Moskau berichtet, tut dies vor dem Hintergrund des Kremls, dem historischen Zentrum der Millionenmetropole. Doch Moskau ist weit mehr als Kreml, Basilius-Kathedrale und Roter Platz. Vergegenwärtigen wir uns nur einmal, von wo aus die Moskauer News in die Welt gehen, dann erleben wir einen Gegensatz, der größer kaum sein könnte. Bereits 1922 nimmt der von Wladimir Schuchow (1853-1939) errichtete **Radioturm (1, s. Abb.)** (an der Schabolowka-Straße gelegen) seinen Dienst auf. Mit einer Höhe

von 160 Metern fasziniert das filigrane Stahlgespinst bis zum heutigen Tag und machte Schuchow weltberühmt. Der Turm gehört zu den bedeutendsten Zeugnissen des russischen Konstruktivismus, dem Moskau eine Reihe ausserordentlicher Bauten verdankt. Leider wurde das Erbe der russischen Avantgarde der 1920er-Jahre bisher wenig geschätzt, sodass nicht wenige Bauten in einem beklagenswerten Zustand sind, nicht selten sogar vom Abriss, von unsachgemäßen Renovierungen oder groben Überformungen bedroht. Zurück auf dem Roten Platz wenden wir uns der Myasnitskaya Ulitsa stadtauswärts und überqueren bald schon den Boulevardring, der sich in zehn Einzelabschnitten halbkreisförmig um die Innenstadt legt und an beiden Enden von der Moskwa

begrenzt wird. Ab 1796 anstelle einer historischen Befestigungsmauer entstanden, ist der Boulevardring die älteste der Moskauer Ringstraßen und von einer Reihe eindrucksvoller Historismus- und Jugendstilbauten geprägt. Vergegenwärtigt man sich, dass El Lissitzky um die Mitte der 1920er Jahre an den Kreuzungspunkten des Boulevardrings mit den stadtauswärts führenden Radialen insgesamt acht seiner gut 50 Meter aufragenden »Wolkenbügel« errichten wollte, wird klar, was für ein städtebauliches Kontrastprogramm hier abgespult worden wäre. Noch weiter stadtauswärts erreichen wir den im 19. Jahrhundert infolge notwendiger Stadterweiterungen angelegten Gartenring. Nicht fern von hier, weit außerhalb des Zentrums, machen wir zwischen dem Garten- und dem im 20. Jahrhundert angelegten Autobahnring bei einem der auffälligsten Gebäude des Russischen Konstruktivismus halt, dem **Arbeiterklub Russakow (2, s. Abb.)** an der Ulitsa Stromynka, 1927/28 von Konstantin Melnikow errichtet. Mächtige Kuben im Wechsel mit großen Glasflächen rhythmisieren diesen Bau und prägen sein markantes Erscheinungsbild. Unterstützt durch den weißen Putz, bekommt das Gebäude eine fast facettenhafte Wirkung und kennzeichnet damit genau die assoziationsreiche Formensprache, die viele Bauten Melnikows auszeichnet. Dies lässt sich an einem weiteren Beispiel festmachen, das unweit ebenfalls in der Peripherie liegt: 1934–1936 baute Melnikow die nach dem Staatlichen Planungskomitee benannte **Gosplan-Garage (3, s. Abb.)** an der Aviamotornaja Ulitsa. Auffälligstes Merkmal des kubischen Baus mit verspringenden Gebäudekanten ist ein kreisrundes Fassadenelement, das ein eingeschossig herabgezontes Gebäudeteil dominiert. Das funktional schwer ableitbare Bauteil wirkt fast wie ein Reifensignet, das auf die ursprüngliche Funktion des Gebäudes als Garage hinweist.

Wir verlassen die Peripherie und begeben uns zurück in Richtung Zentrum. Zwischen Garten- und Boulevardring stoßen wir an der Mjasnitskaja Ulitsa auf den mächtigen und vielgestaltigen **Komplex des Centrosojus (4, s. Abb. nächste Seite)**, 1928–1936 von Le Corbusier für die Hauptverwaltung des Zentralverbands der Konsumgenossenschaften errichtet. Wurde der Entwurf 1928 noch mit dem ersten Preis eines international ausgeschriebenen Wettbewerbs gefeiert, so war die Vollendung 1936 unter Stalin bereits ein schwieriges Unterfangen, denn die Architektur-

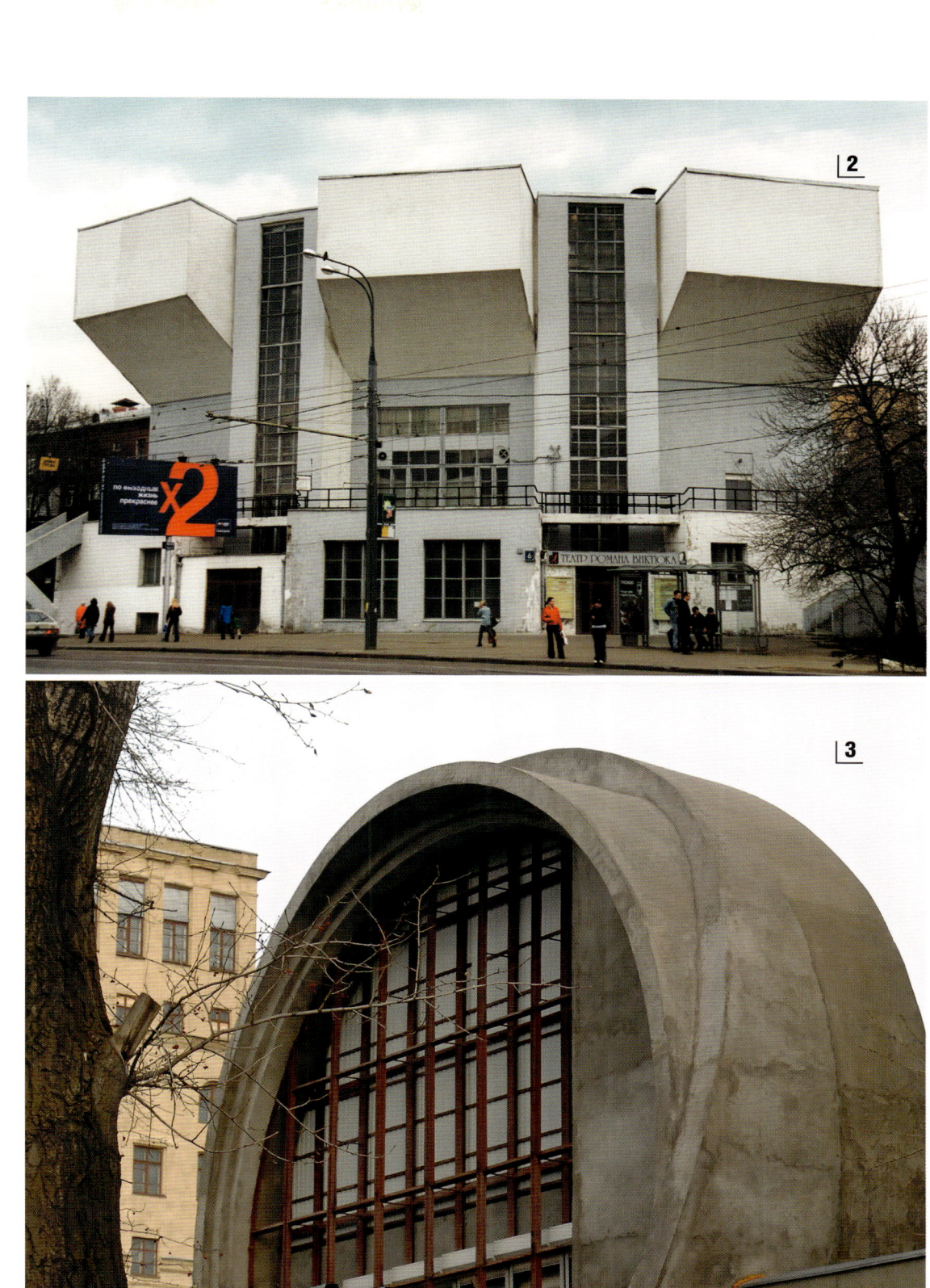

Avantgarde war zwischenzeitlich politisch schwer unter Druck geraten. Auch die Bewertungen der internationalen Architektenschaft reichte von »Orgie aus Glas und Beton« – so Bauhaus-Lehrer Hannes Meyer – bis zu Alexander Wesnins Einschätzung, der hier »das beste Gebäude« sah, das im letzten Jahrhundert in Moskau gebaut wurde. Heute beherbergt der Komplex das Staatliche Amt für Statistik.

Auf unserem Weg in die westlichen Stadtteile verlassen wir die Innenstadt über die Bolschaja Nikitskaja Ulitsa, wo wir jenseits der Ringe auf dem Ausstellungszentrum Krasnaja Presnja eine Shoppingpause bei Benetton einlegen. Die internationale Modemarke hat sich das 1927/28 von den Gebrüdern Alexander, Wiktor und Leonid Wesnin errichtete **Kaufhaus Mostorg (5, s. Abb.)** zu einer Dependance herrichten lassen. Historische Fotos belegen dabei eine spürbare Überformung des Gebäudes, das sich über eine breite, leicht vorgezogene, dreigeschossige Fensterfront zum Straßenbereich öffnet und so ganz seinem Kaufhauscharakter gerecht wird. Den oberen Abschluss bildet ein Attikageschoss mit dem historischen Schriftzug »Mostorg«. Unweit der Einkaufsmeile liegt zwischen der Konjuschkowskaja Ulitsa und dem Nowinskij-Boulevard das 1928–1930 von Ginzburg errichtete Mietshaus Narkomfin, dessen Bauherr das Volkskommissariat für Finanzen war.

6

Ginzburgs breit gelagerter Bau ist durch horizontale Fensterbänder gegliedert, ruht auf Stützen und verfügt über eine ausgebaute Dachterrasse mit »Solarium«. In der Gesamtwirkung sind die direkten Einflüsse Le Corbusiers unübersehbar. Leider befindet sich der Bau derzeit in einem sehr schlechten Zustand.

Nur wenige Straßenzüge weiter endet unser Rundgang, und der Kreis schließt sich bei Konstantin Melnikow. Ein wenig abseits treffen wir in der Kriwoarbatskij-Gasse auf sein **Wohnhaus (6, s. Abb.)**, das er 1927–1929 errichtete. Der Außenbau ist in zweierlei Hinsicht bemerkenswert: zum einen wegen der Form zweier ineinander verschobener Zylinder und zum anderen durch die auffällige Gestaltung der Eingangs- und rückseitigen Atelierfront.

Die Vorderseite wird durch eine über alle drei Geschosse reichende, plane Glasfront gebildet. Leicht in den runden Baukörper eingezogen, bricht sie die Massivität des zunächst turmhaft wirkenden Baus auf und verleiht ihm Transparenz. Das rückwärtige Atelier wird großflächig durch markante wabenförmige Fensteröffnungen belichtet, die den Baukörper netzartig-ornamental überziehen und dabei eine fast malerische Wirkung erzeugen.

Der Rundgang durch die russische Metropole hat gezeigt, dass die Architektur des Konstruktivismus in ihrem Bestand zwar bekannt, aber gleichzeitig sehr gefährdet ist. Die Zurückhaltung der öffentlichen Verwaltung bei der Sicherung und Rettung dieser Bauten mag durch deren Herkunft aus kommunistischen Zeiten begründet sein. Bleibt zu hoffen, dass diesen architekturhistorisch bedeutsamen Zeugnissen mit revolutionären Wurzeln weitere dogmatische Grabenkriege erspart bleiben.

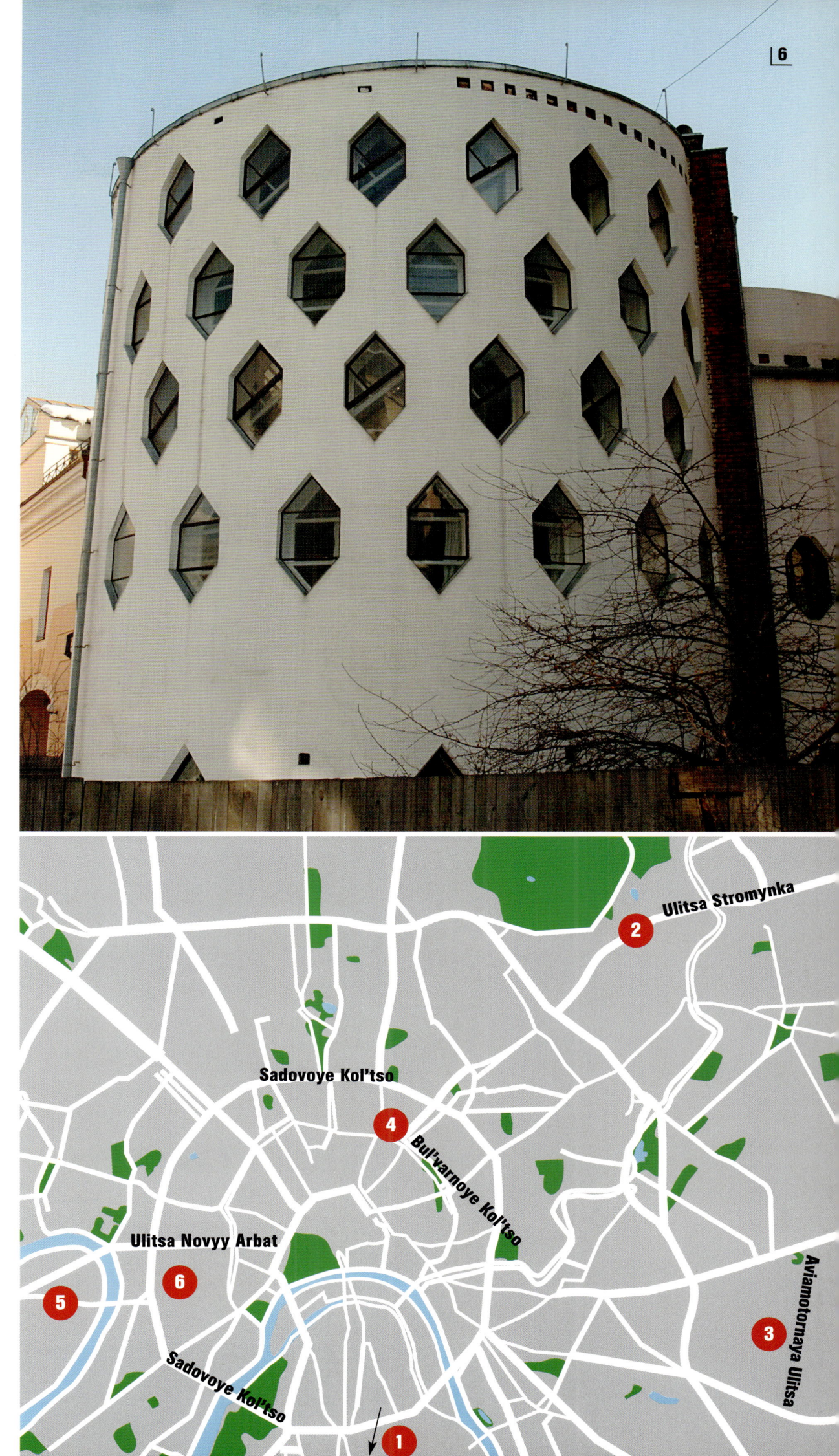

1930–1939
ARCHITEKTUR UND HERRSCHAFT

TEXT | HENDRIK NEUBAUER

VN POPOLO DI POETI DI ARTISTI DI EROI
DI SANTI DI PENSATORI DI SCIENZIATI
DI NAVIGATORI DI TRASMIGRATORI

VN POPOLO DI PO
DI SANTI DI PENS
DI NAVIGATORI

ROM
MUSSOLINIS MASTERPLAN
VERGANGENE ZUKUNFT

In kaum einem Land der Welt wurde in den 1920er und 1930er Jahren so viel gebaut wie in Italien. Rathäuser und Postämter, Bahnhöfe und Parteibüros, ganze Viertel und auch Städte – einen einheitlichen offiziösen Stil vermag man dabei nicht auszumachen. Die Bauherren entschieden nach Region, Funktion und sich wandelnden ästhetischen Überlegungen, ob beispielsweise ein dem Razionalismo oder dem Novecento zugewandter Architekt den Auftrag bekam. Auch gab es in Italien keine Gleichschaltung wie in Deutschland. Mussolini wollte eine »Kunst, die traditionalistisch und modern zugleich sein muss, die auf die Vergangenheit wie auf die Zukunft schauen muss«.

In der Stadtmitte Roms standen den ehrgeizigen Stadtbauplänen der Faschisten antike Überreste und mittelalterliche Stadtviertel im Weg. »Und jetzt möge die Spitzhacke sprechen!« Benito Mussolini packte für ein Propagandafoto selbst mit an, um die Zerstörung des alten Rom als revolutionären faschistischen Akt erscheinen zu lassen. So gefiel sich der Duce, der sich in jungen Jahren als Sozialist und Arbeitsmigrant in der Schweiz als Hilfsarbeiter auf dem Bau verdingt hatte. Von 1928 bis 1932 haben dann Mensch und Maschine eine gewaltige Schneise für eine *via triumphalis* geschlagen. Hier starten wir auch zu unserem Rundgang. Das Kolosseum lassen wir hinter uns, rechts und links säumen antike Foren die für faschistische Massenaufmärsche hergerichtete **Via dei Fori Imperiali (1, s. Abb.)**. Im Moment ihrer Entstehung begrub die Paradestraße gerade erst

ausgegrabene Kaiserforen unter sich, und ein Hügel, der den Blick auf das Kolosseum verstellte, wurde kurzerhand planiert. Diese Straße ist ein städtebaulicher Gewaltakt, der eine Plattform mit Aussicht auf das Rom der Kaiserzeit geschaffen hat. Die Urheber führten vor allem im Schilde, die Größe der Antike auf das blutjunge faschistische Reich zu übertragen.

Wir umkurven das monumentale **Ehrenmal für Viktor Emanuel II. (2, s. Abb.)** (1885–1911), eine präfaschistische Bausünde, für die das *borgo* mit seinen Renaissancehäusern weichen musste. Dieser »Altare della Patria« steht für das Unterfangen, die Italiener in einem Staat zu einen. Während die Römer den Koloss nur respektlos »Schreibmaschine« nennen, erstarren die Japaner ehrfurchtsvoll vor dem »irgendwie antiken« Monument und reißen kollektiv die Kameras hoch. Unser Blick schweift weiter über die Piazza Venezia, die fünf Hauptstraßen Tag für Tag mit Autos, Bussen und Vespas überschwemmen. Links erhebt sich der **Palazzo Venezia (3, s. Abb.).** Benito Mussolini bezog 1929 diesen Bau der Frührenaissance. Vom Balkon aus richtete der Duce, der sich als der wahre Staatsgründer Italiens sah, seine Reden an die Römer.

In seinen Wortkaskaden bemühte er immer wieder die Bilderwelt der Antike und baute sich als neuer Augustus auf. Lange vor der Ausrufung des *Impero* 1936 hatte Mussolini Archäologen und Architekten beauftragt, jede mit Kaiser Augustus verbundene Stätte innerhalb Roms freizulegen. Über die circa 1,5 Kilometer lange Einkaufsmeile Via del Corso geht es für uns nun in Richtung Tiber. Das **Augustus-Mausoleum (4)** wurde seinerzeit restauriert und entlang der **Piazza Augusto Imperatore (5)** mit neoklassi-

7

zistischen Gebäuden umbaut, die mit ihren Reliefs, Mosaiken und Inschriften die Nähe zwischen Antike und Faschismus herzustellen suchten. Vittorio Ballio Morpurgo verantwortete nicht nur die Bauten der Piazza, sondern schuf auch das verglaste Ausstellungsgebäude (1938) für den rekonstruierten Friedensaltar des Augustus in unmittelbarer Nähe des Mausoleums. Richard Meier bekam 1994 den Zuschlag, den baufälligen Marmorschrein Morpurgos durch einen seiner *white cubes* zu ersetzen. In der Folge entzündete sich eine Diskussion an der Frage, ob eine solch homogene Baugruppe wie jene an der Piazza – die faschistische Urheberschaft sah man dabei als mittlerweile »verwittert« an einen solchen Eingriff vertrage. Das **Ara-Pacis-Museum (6, s. Abb. vorherige Seite)** eröffnete 2006 und strahlt seitdem in Richard-Meier-Weiß. Doch der Stachel sitzt tief, der 2008 neu gewählte Bürgermeister drohte zeitweilig mit der Abrissbirne.

Nun stehen die großen Neuentwürfe in der Zusammenarbeit zwischen dem Diktator und den italienischen Architekten auf unserem Programm, sie konnten allesamt nur in sicherer Entfernung

zu den antiken Monumenten entstehen. Wir gönnen uns ein Taxi und lassen uns über den Corso d'Italia zum Campus der **Città Universitaria (7, s. Abb.)** chauffieren. Deren urbanistische Anlage wurde 1932 von Marcello Piacentini entworfen, der recht klotzig auch das Rektorat (1936) ausführte. Ursprünglich für 15.000 Studenten ausgelegt, wird heute die Universität von 150.000 besucht. In dem Gewimmel fragt man wenigstens nach den herausragenden »modernistischen« Bauten, die 1933 bis 1935 realisiert wurden: das Institut für Mathematik von Gio Ponti, dem Gründer der Zeitschrift *Domus*, das Institut für Physik von Giuseppe Pagano, für Mineralogie und Geologie von Giovanni Michelucci und für Botanik von Giuseppe Capponi.

Weiter geht es diesmal mit dem Bus zum **Foro Italico (8)**, ehemals Foro Mussolini. Am nördlichen Stadtrand unweit des Tibers liegt in einem hügeligen Waldgebiet der von 1928 bis 1938 errichtete Sportstättenkomplex von Rom. Die ursprüngliche Anlage wird heute durch das mehrmals umgebaute **Olympiastadion (9)** überstrahlt. Als Stadio dei Cipressi wurde dieses von 1928 bis 1932 durch den Architekten Enrico Del Debbio

ausgeführt, der auch das **Stadio dei Marmi (10, s. Abb.)** (1932) und den benachbarten Palazzo del Littorio (1935–1956), die damalige faschistische Parteizentrale (heute Außenministerium), baute. Der riesige **Obelisk (11)** am Eingang grüßt mit der Inschrift »Mussolini Dux«. Folgt man dem axialen Weg zu dem Brunnen vor dem Olympiastadion, dokumentieren große Steintafeln den Aufstieg der faschistischen Bewegung. Im Stadio dei Marmi stehen Reihen überlebensgroßer Statuen Spalier, zu deren Ausstrahlung dem österreichischen Publizisten Robert Schediwy bei einem seiner Besuche nur die Stichelei einfiel: »Conan der Barbar ist vergleichsweise eine Intelligenzbestie.« Ist es aber nicht immer so? Mag die faschistische Architektur in ihrer kühlen Eleganz oft noch überzeugen, so offenbart die Ausschmückung der Anlagen mit Skulpturen, wes Geistes Kind die Planer und Architekten waren.

Der Bus- und Metrotransfer von der Sportstadt im Norden zur südlich gelegenen Kulturstadt, der **Esposizione Universale di Roma (12)** (EUR, Masterplan 1937), braucht Zeit. An der Station EUR Fermi steigen wir aus und biegen nach Norden in die Via Cristoforo Colombo ein. Dann kreuzen wir den Viale della Civiltà del Lavoro, und schon haben wir die beiden Stars der Anlage im Blick: Links am Ende des Viale erhebt sich der **Palazzo della Civiltà Italiana (13, s. Abb.)** (1938–1943), den Mussolini bei Ernesto Bruno La Padula, Giovanni Guerrini und Mario Romano als zentrales Ausstellungsgebäude der für 1942 angekündigten Weltausstellung in Auftrag gab. Frederico Fellini erkannte als Erster für *Die Versuchung des Doktor Antonio* (1962) die surrealen Qualitäten dieses skulpturalen Quaders, und später tauchte der »Colosseo Quadrato« genannte Palazzo immer wieder als Kulisse für Film- oder Werbeproduktionen auf. Wenden wir uns nach rechts, rückt am Ende der Straßenflucht Adalberto Liberas rationalistischer **Palazzo dei Congressi (14, s. Abb.)** (1937–1942) ins Bild, dessen Säulenhalle der eine oder andere im New Yorker Lincoln Center wiedererkennen mag. Zwischen diesen beiden Polen breitet sich ein Ensemble mehr oder weniger monumentaler Bauten aus. Sie deuten nur an, was in den hochfliegenden Masterplänen Marcello Piacentinis vorgesehen war. Marmor, Granit, Monolithen, Säulen, Bogenreihen soweit das Auge reicht. Man sagt, Mussolini habe nach der Einnahme Addis Abebas von einer eigenen weißen Stadt geträumt. Man sagt auch, dass der Staatsbesuch bei Hitler im September 1937 die Auffassungen des italienischen Führers hin zur Monumentalität der Nationalsozialisten verschoben habe. Hier in EUR sind die Anfänge zu besichtigen, wie eine ganz und gar faschistische Stadt auf antiker Schwerkraft gebaut und gepaart mit moderner Fantasie ausgesehen hätte. Apropos Deutschland, die NS-Kulturpolitik nannten die Italiener schon damals »l'assurdo nazista dell'arte su comandamento«, was man am besten mit »die Nazi-Absurdität der Kunst auf Kommando« übersetzt.

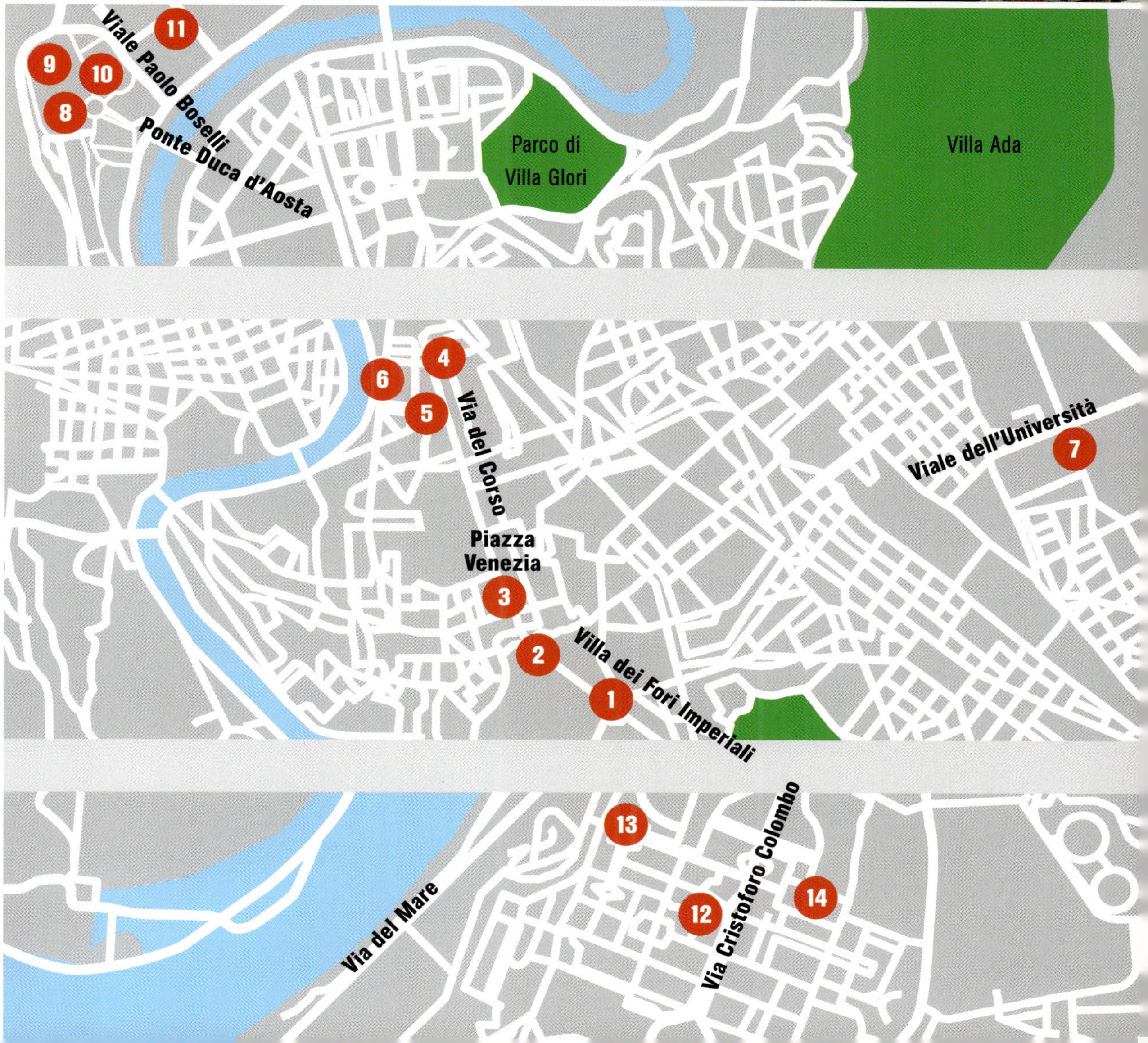

STILE

IDEOLOGIE AM BAU

NEOKLASSIZISMUS
RATIONALISMUS
ART DÉCO IN AMERIKA

Die Weltwirtschaft wankte, und auf beiden Seiten des Atlantiks erschütterte eine erste globale Krise die Volksökonomien. Der Tanz auf dem Vulkan verschärfte die kulturellen und sozialen Gegensätze, und eben in dieser Zeit erlebte Europa die Wiedergeburt eines Formenkanons, der sich aus der römischen Antike bis hin zur Renaissance speist: geschlossener Baukörper mit skulptural gegliederter, sich über markantem Sockelgeschoss auftürmender Fassade aus Naturstein, imposante Freitreppe, Kolossalpfeiler, Portikus, Kuppel, Arkade.

Wer denkt da nicht an Hitler und seinen Generalbauinspektor Albert Speer? Die Assoziation greift aber zu kurz. Vielmehr war dieser Stil auch in anderen, demokratisch verfassten Staaten Europas beliebt, so in Skandinavien, England und Frankreich. Das finnische Reichstagsgebäude, 1931 von Johan Sigfrid Sirén erbaut, ist ein wuchtiger Natursteinkasten hinter einer 14-Säulen-Kolonnade, zu der eine mächtige Freitreppe hinaufführt. Eindeutig Neoklassizismus, aber wie hielten die Finnen es zu dieser Zeit mit der Moderne? Das Sanatorium in Paimio (1929–1933) war der erste Bau des Rationalismus in Finnland und zugleich der erste Meilenstein in Alvar Aaltos Entwicklung vom Provinzarchitekten zum internationalen Star. Von da an steht er in einer Reihe mit Le Corbusier, der 1931 mit der

◄ VILLA SAVOYE, POISSY (FRANKREICH).
LE CORBUSIER (1929–1931)

Villa Savoye auf der Weltbühne der Architektur reüssierte.

Wohin man auch schaut: Tradition und Moderne rangen miteinander, wenn auch ungleichzeitig. In Großbritannien fasste die kontinentale Moderne erst langsam Fuß. Der Exil-Russe Berthold Lubetkin baute 1934 für den Londoner Zoo ein Pinguinbecken in streng konstruktivistischer Manier. Im privaten Wohnbau brachen Amyas Connell und Basil Ward 1932 mit einem Gebäude in bestem Bauhaus-Stil in die konservative Grafschaft Surrey ein. Das war insofern provokant, als Surrey eigentlich die Domäne der klassizistischen Landhäuser im Stile Sir Edwin Lutyens' war. Lutyens selbst vollendete 1931 gerade den Aufbau Neu-Delhis mit dem Palast des indischen Vizekönigs, dem heutigen Rashtrapati Bhavan, und schuf damit einen ursprünglich klassizistischen, von indischen Elementen inspirierten Stil. Selbst Le Corbusier soll sich beeindruckt gezeigt haben. Doch wo der eine das Ende der kolonialen Epoche markierte, brach der andere zu neuen Ufern auf: Le Corbusiers Villa Savoye landete 1931 wie ein Ufo auf Stelzen im französischen Poissy und versprach die Revolution des Bauens.

In Italien fand seit den frühen 1920er Jahren die Suche nach einem »faschistischen Stil« statt. In der Auseinandersetzung mit dem Regime Mussolinis entwickelte sich jedoch ein Prozess der Angleichung zwischen den wichtigsten Strömungen der Architektur, die da waren: Futurismus, Rationalismus, Scuola Romana, Gruppe Novecento. Nur in diesem intellektuellen Klima konnte im Parteiauftrag ein solches Gebäude wie die Casa del Fascio (1936) in Como entstehen.

Giuseppe Terragnis Bau gilt als Inkunabel des italienischen Rationalismus und wichtigster Repräsentationsbau des Faschismus zugleich. Doch im Lauf der Zeit – insbesondere unter dem zunehmenden Einfluss des deutschen Nationalsozialismus – gewannen die traditionalistisch orientierten Architekten um Marcello Piacentini bei offiziellen Prestigebauten die Oberhand, ohne jedoch zu dominieren.

In Deutschland dagegen herrschte Kulturkampf: »In der deutschen Kunst tobt ein Kampf um Tod und Leben«, schrieb 1932 der Maler und Architekt Paul Schultze-Naumburg. Der damalige Direktor der Weimarer Kunsthochschule und Wortführer des »Kampfbundes für deutsche Kultur« war erklärter Gegner der rationalen Bauhaus-Moderne. Nach der Machtergreifung 1933 gewann der neoklassizistische Stil schnell die Oberhand bei den Repräsentativbauten. Werner March brachte das Reichssportfeld in Berlin rechtzeitig für die Olympiade 1936 in Stellung, Paul Ludwig Troost entwarf eine säulenbewehrte Ausstellungshalle in München: das Haus der Deutschen Kunst (1933–1937). Im Funktions-, Industrie- und Gewerbebau dagegen wurde die Fortsetzung der Moderne der 1920er Jahre geduldet – die Nationalsozialisten hatten die sachliche, auf glatte Kuben mit Flachdächern, auf klare Kanten, Asymmetrie und gläserne Transparenz fixierte Bauhaus-Sprache nicht vollständig unterdrücken können. Ernst Sagebiels Neubau des Flughafens Tempelhof (1935–1941) in Berlin war modern geprägt, machte aber neoklassizistische Zugeständnisse und stellte vor allem technische Meisterleistungen wie das 40 Meter auskragende Dach vor. Letztlich etablierte sich jedoch um 1936/37 in Deutschland wie in Italien der Neoklassizismus als »Staatsbaustil«: Speer entwarf die »Welthauptstadt Germania« und Pia-

centini baute große Teile der Esposizione Universale di Roma (EUR).

Doch was passierte zur gleichen Zeit in der »freien Welt«? Art déco zeigte sich hier als pompöse wie eitle Variante der Moderne. In Miami Beach konkurrierten *Tropical-Deco*-Hotels mit Apartments im *Streamline*-Design um die Gunst

▲ CHANIN BUILDING. SLOAN & ROBERTSON (1927–1930)
CHRYSLER BUILDING. WILLIAM VAN ALEN (1928–1930)
NEW YORK.

◄ REICHSPARTEITAG DER NSDAP, 1938. REICHSPARTEITAGS-GELÄNDE, NÜRNBERG. ALBERT SPEER (1934–1939)

NEOKLASSIZISMUS
RATIONALISMUS
ART DÉCO IN AMERIKA

und das Geld der Urlaubsgäste. In Chicago, der Geburtsstadt des Hochhauses, hatte sich die Board of Trade (1931) im Art-déco-Stil aufgebaut, und in New York dekorierten der Chrysler-Wolkenkratzer (1930) und das Empire State Building (1931) im gleichen Stil den Himmel.

In Lateinamerika hingegen und im Nahen Osten, insbesondere in Tel Aviv, entstanden in dieser Zeit Hunderte Bauten der Moderne reinsten Wassers. Der politische Terror in Europa produzierte Wellen von Emigranten, die überall in der Welt ein neues Auskommen suchten. Unter ihnen eben auch Architekten wie Erich Mendelsohn, Karl Brunner, Victor Gruen, Richard Neutra. Und sie setzten im Exil das um, was sie gelernt hatten. Es bleibt die Feststellung, dass eine Schwarz-Weiß-

Beurteilung Europas in dieser Zeit – hier die steinerne, dunkle NS-Ästhetik der Macht, dort die helle, demokratische Ästhetik der Moderne – zu kurz greift. Der Bruch mit der Moderne war selbst im Dritten Reich nicht so glatt, wie er vielfach dargestellt wird. In der »freien Welt« hingegen nahm der Neoklassizismus seinen letzten, wenn auch respektablen Aufschwung.

▶ REICHSTAGSGEBÄUDE, HELSINKI. JOHAN SIGFRID SIRÉN (1931)

▼ FLUGHAFEN TEMPELHOF, BERLIN. ERNST SAGEBIEL (1936–1941)

III. REICH

DIE NEUEN BAUHERREN

Adolf Hitler hatte in den 1920er Jahren selbst Monumentalbauten auf Papier geworfen. In seiner Vorstellungswelt waren die späteren nationalsozialistischen Bauwerke »Worte aus Stein« – überzeugender als jede andere Propaganda und nach dem Vorbild antiker Ruinen mit einer enormen Halbwertzeit. Nicht zuletzt schufen die Bauprogramme auch das, wonach sich die Arbeiter, Ingenieure, Planer und Architekten nach der langen Weltwirtschaftskrise am meisten sehnten: Arbeit, Arbeit, Arbeit.

Das erste Großprojekt fiel den neuen Machthabern mehr oder weniger vor die Füße. Im Oktober 1933 bestätigte das Internationale Olympische Komitee (IOC) die zuvor getroffene Entscheidung, die Spiele 1936 in Berlin auszutragen. Die Olympischen Spiele der Neuzeit standen für den sozialen Weltfrieden und boten dem NS-Staat nun die beste Gelegenheit, sich der Weltöffentlichkeit als »Friedensstaat« zu präsentieren. Die Pläne der neuen Bauherren orientierten sich an Kultstätten des antiken Griechenland, und das sollte zur Aufmarschfläche für die Sportler, die Presse und das Publikum aus aller Welt werden. Adolf Hitler ergriff in einer Besprechung selbst den Zeichenstift und

ließ sich vom Architekten Werner March eine Terrainskizze reichen. In Verlängerung des Stadions zeichnete er das Maifeld, das Massenaufmärsche von bis zu einer halben Million Menschen ermöglichen sollte. Das Reichssportfeld mit Gedenkhalle und Glockenturm nahm Dimensionen an, die bis dato in der Stadionarchitektur undenkbar waren. In der Tat entstand dann die bis dahin größte Sportarena der Welt, und auch Rest-Berlin wurde termingerecht herausgeputzt.

Kultische Anlagen wie das Olympiagelände oder auch das Zeppelinfeld von Albert Speer auf dem Nürnberger Reichsparteitagsgelände inszenierten die versammelten Massen als Ornamente.

Das archaische »Menschenbild« im Zeitalter der technischen Reproduzierbarkeit – besser hätte man die Volksgemeinschaft den Fotoapparaten und Filmkameras nicht präsentieren können. Für Abendveranstaltungen setzte Albert Speer seinen Lichtdom aus Flakscheinwerfern ein, auch dem deutschen Pavillon auf der Weltausstellung 1937 in Paris gab er auf diese Weise den »himmlischen Segen«.

Auf der anderen Seite lösten die Nationalsozialisten die Bauaufgaben des Alltags mit Stadtneugründungen wie Wolfsburg, Salzgitter und Peenemünde. Damit nicht genug, besitzt jede deutsche – und österreichische – Kleinstadt bauliche Zeugnisse aus der NS-Zeit. So schreibt der Wiener Architekturhistoriker Helmut Weihsmann 1998 in *Bauen unterm Hakenkreuz. Architektur des Untergangs:* »Überall im damaligen Reich sind monumentale und schwerblütige Herrschaftsbauten aller Art ebenso zu finden wie liebliche Siedlungshäuser der Spieß(er)geselligkeit, die teils unsere Zentren, teils ganze Stadtviertel nach wie vor prägen.«

REICHSSPORTFELD UND OLYMPIASTADION, BERLIN.
WERNER MARCH (1934–1936)

LICHTDOM. NSDAP-PARTEITAG DER ARBEIT 1937.
REICHSPARTEITAGSGELÄNDE, NÜRNBERG.

DAS SYSTEM SPEER

BIOGRAPHISCHE VERFLECHTUNGEN

Wer etwas auf sich hielt und es sich während der großen Depression noch leisten konnte, der baute modern. Noch bis Anfang der 1930er Jahre schwammen die Köpfe des Neuen Bauens wie Ludwig Mies van der Rohe, Walter Gropius oder Erich Mendelsohn auf einer nationalen wie internationalen Welle des Erfolgs. Gleichzeitig brachten sich aber ihre konservativen Gegner in Stellung. Ihnen bot sich dann Gelegenheit, die tief verhasste Avantgarde, das »100 Prozent bolschewistische Bauhaus«, zu liquidieren.

Als 1933 die neuen Machthaber mit gigantischen Bauprojekten winkten, kamen Freund und Feind der Nationalsozialisten in Scharen. Selbst van der Rohe und Gropius machten – auf die moderne Seite des italienischen Faschismus schielend – Avancen gegenüber den Behörden. Vergeblich, denn Hitler kanzelte neben ihnen auch alte Kampfgefährten wie die Architekten Paul Schmitthenner und Paul Schultze-Naumburg ab. Auf dem Nürnberger Parteitag von 1934 sagte der Führer in seiner Kulturrede nicht nur der Avantgarde der Weimarer Republik den Endkampf an, sondern verurteilte auch die beiden, eben noch gewürdigten Baumeister der Heimatschutz-Bewegung als »klägliche Rückwärtse«.

Der Architekturtheoretiker Werner Durth berichtet in seiner Forschungsarbeit *Deutsche Architekten. Biografische Verflechtungen 1900–1970* (1986), was nach dem Tod von Hitlers Bauidol Paul Ludwig Troost 1934 geschah. Damals

begann der Aufstieg eines sehr jungen Architekten mit Parteibuch zum Generalbauinspektor, der in vorauseilendem Gehorsam die Wünsche Adolf Hitlers umzusetzen wusste. Albert Speer war aber auch der Bühnenbildner und Beleuchter des Dritten Reiches und besaß zudem einmalige Managerqualitäten. Er scharte einen harten Kern junger Talente um sich, in Berliner Behördenkreisen auch »Hitlers Kindergarten« genannt. Was Rudolf Wolters, Julius Schulte-Frohlinde oder Friedrich Tamms auszeichnete, war die ungezügelte Leistungsbereitschaft bis hin zur Skrupellosigkeit, ohne die Projekte wie »Germania« undenkbar gewesen wären.

Halb Berlin wollten sie zerschlagen, notfalls mit Haubitzen, wie sie gewitzelt haben sollen, um Monumente zu errichten, wie die Welt sie noch nicht gesehen hatte. Speer hielt seine schützende Hand über das Architektenkorps, keiner musste Parteimitglied sein. Einzige Bedingung war, innerhalb der herrschenden Denk- und Handlungsmuster des Bauens zu funktionieren. Es tat sich eine geschlossene Expertenwelt auf, deren Anbindung an den Machtapparat in der Person Speers bestand.

Speers Netzwerk zog immer weitere Kreise, und bald arbeiteten die seiner Meinung nach »besten Architekten Deutschlands« für ihn: Paul

ARCHITEKTEN

Bonatz, neben Paul Schmitthenner der zweite Kopf der Stuttgarter Schule, außerdem Wilhelm Kreis, Heinrich Tessenow und Peter Behrens. Die Generation der respektablen Lehrer, die bereits der Monarchie wie der Republik gedient hatten, machte sich nun auch im Namen des Diktators ans Werk. Als dann der Bombenkrieg die architektonischen Visionen blockierte, kümmerten sich der 1943 zum Rüstungsminister aufgestiegene Speer und sein Stab um die »Wiederaufbauplanung zerstörter Städte«. Der Minister sah sich schon als den Manager des Wohnungsbaus in Nachkriegsdeutschland.

Der Studie Durths aus den 1980er Jahren ist es zu verdanken, dass nach jahrzehntelanger Tabuisierung an den Hochschulen das Ausmaß der Architekten-Cliquenwirtschaft an das Tageslicht der Öffentlichkeit kam. Doch darüber hinaus deckte er auch auf, dass die ehemaligen NS-Architekten frühzeitig Planungsposten in der Bundesrepublik bezogen hatten, einander Aufträge zuschanzten und zu Hausarchitekten von Wirtschaftsgrößen avanciert waren. Eine Stunde Null hat es für deutsche Planer und Architekten demnach nicht gegeben. Nur der »Chefdekorateur« Hitlers verschwand nach dem Urteil der Nürnberger Prozesse für 20 Jahre hinter Gittern. In seinen *Erinnerungen* (1969) formulierte Speer sein Schicksal freimütig so: »Für einen großen Bau hätte ich wie Faust meine Seele verkauft. Nun hatte ich meinen Mephisto gefunden.«

REICHSGARTENSCHAU 1939

ANTIURBANE ANLAGEN

Die Sonderbriefmarken zur Reichsgartenschau 1939 in Stuttgart setzten die säulengeschmückten Hochbauten von Gerhard Graubner ins Bild. Gemeinsam mit Gartenarchitekt Hermann Mattern hatte er das Ausstellungsgelände am Killesberg, einen ehemaligen Steinbruch, gestaltet. Bevor der Württemberger Reichsstatthalter Wilhelm Murr am

22. April die Veranstaltung eröffnete, ließ er kurzerhand die Weißenhofsiedlung räumen. Diese Inkunabel der Moderne aus dem Jahr 1927 saß wie ein tiefer Stachel im Fleisch der Traditionalisten, die Stuttgarter Schule schlug nun zurück.

Die Reichsgartenschau fügte sich in die Pläne der Nationalsozialisten, Stuttgart zu einer antiurbanen Schwabenhauptstadt zu machen – Prototyp einer völkischen Gartenstadt. Passierte

man 1939 Graubners Portalbauten, tat sich eine naturnahe Parklandschaft auf, die den vorgefundenen Raum nutzte. Wenn die Gestalter auch keine Achsen und symmetrischen Anlagen schufen, so wurden doch eine 29 Hektar große Pflanzfläche und 15 Hektar Rasen angelegt. Die Bepflanzung setzte auf langlebige, pflegeleichte Lebensgemeinschaften von Stauden, Gräsern, Zwiebelgewächsen und Gehölzen. So auch im viel beachteten Tal

der Rosen. In dieses geradezu poetisch wilde Gartenbild setzte Graubner an exponierte Stellen Holzbauten in Form von eingeschossigen Kleinhäusern sowie Kleinsiedlerstellen. Sie fungierten als organischer Abschluss des Landschaftsraums auf der Steinbruchkante oder verwuchsen durch Steinmauern und Bepflanzung mit dem Areal.

Diese reizend gestaltete Gartenwelt stellte kurz vor Ausbruch des Zweiten Weltkriegs ein vormodernes, völkisches Siedleridyll aus. Am 2. September wurde die Schau geschlossen. Die hochmoderne NS-Kriegsmaschinerie hatte sich am Tag zuvor daran begeben, neuen Lebensraum zu

erobern und den Weltbeherrschungsfantasien ihres Führers und obersten Kriegsherrn den Weg zu bahnen.

Der Höhenpark Killesberg gilt Anfang des 21. Jahrhunderts als »einziges großes, gut erhaltenes Beispiel für die Gartenbaukunst in den 1930er Jahren«. Seit der Internationalen Gartenbauausstellung (IGA) 1993 ist der Killesberg wichtiger Bestandteil des sogenannten Grünen U, zu dem verschiedene Grünzüge und Parks innerhalb Stuttgarts zusammengefasst wurden.

WASSERSPIELE IM TAL DER ROSEN. REICHSGARTENSCHAU 1939, AUF DEM KILLESBERG, STUTTGART. HERMANN MATTERN (1936–1939)

TAL DER ROSEN. REICHSGARTENSCHAU 1939, AUF DEM KILLESBERG STUTTGART. MODELLAUFNAHME. HERMANN MATTERN (1936–1939)

CASA DEL FASCIO

STILIKONE MACHTKULISSE

Der Kubusbau mit einer Kantenlänge von 33,20 Metern und einer Höhe von 16,60 Metern ist beeindruckend modern. Diese Feststellung über die Casa del Fascio (1936) in Como ist heutzutage so konsensfähig wie problematisch. Konsens herrscht etwa darüber, dass es sich bei dem Parteihaus der Faschisten um ein Manifest der Moderne handelt, belegt durch Publikationen wie die zweibändige Terragni-Werkdokumentation von

Peter Eisenman von 2003. Problematisch ist diese Einordnung insofern, da in der Rezeption nach 1945 immer wieder die Frage nach Gut und Böse gestellt wurde. Und das ist der Punkt. Giuseppe Terragni war ein begnadeter Architekt des italienischen Rationalismus. Sein Meisterwerk baute er aber im Dienst der faschistischen Partei.

Der Architekt legte nicht einfach nur einen genialen Entwurf für die Casa del Fascio auf den Tisch der Bauherren, und diese stimmten begeistert zu. Eigentlich plante die Partei einen Palazzo Comunale im lombardischen Stil mit Innenhof und

Ziegeldach. Terragnis erste Entwürfe zeigen, dass er sich auf die baulichen Vorgaben einließ. Dann aber nahm er seine Auftraggeber mit auf eine lange Reise hin zu seinem Hauptwerk. Der von ihm letztendlich realisierte Quader umschließt einen glasgedeckten Innenhof. Die Fassaden werden aufgebrochen und öffnen sich zu Balkonen und großflächigen Sichtfenstern. Terragnis Formensprache ist äußerst präzise, setzt dabei auf Transparenz und strotzt im traditionellen Umfeld Comos geradezu vor kalkulierter Kraft. Wer heute dem Bau gegenübertritt, sollte sich fragen, welche Dienste

er den Faschisten leistete. Antworten geben zeitgenössische Fotomontagen, die zahllose Anhänger Mussolinis im Schwarzhemd in die Fluchtlinien
des strahlend weißen Gebäudes zwängten. Weiterhin demonstrieren solche Fotografien, wie die
heute leere Fläche der Südostfassade als Werbeta-
fel für Propaganda bespielt wurde. In der Literatur
wird wiederholt darauf verwiesen, dass die 16
automatischen Glasflügeltüren das konzertierte
Ausrücken der schwarzberockten faschistischen
Garde in Szene setzten. Ideologisch eingeordnet,
symbolisierte die elegante Transparenz des Bauwerks das »gläserne Haus«, mit dem Mussolini den
faschistischen Staat zu vergleichen pflegte.

Die Casa del Fascio ist Terragnis berühmtester Bau in einem schmalen Werk von 24 Bauwerken, die fast alle in und um Como entstanden.
Die Faszination des Solitärs entsteht nicht zuletzt
durch die Platzierung des Kubus. Im städtischen
Ensemble Comos bezieht seine Hauptfront Stellung gegenüber der Apsis des Domes und ist auf
die Sichtachse der rechts vom Dom verlaufenden
Seitenstraße ausgerichtet. Wer sich heute durch
diesen Raum bewegt, erlebt allerdings, dass der
Raum durch eine vielbefahrene Straße und eine
Bahnlinie geteilt wird. Angelegt war diese Struktur
bereits zu Mussolinis Zeiten. Von daher ist der viel-
beschworene Dialog, in den die zwei zentralen
Gebäude angeblich seit jeher treten, konstruiert.
Genauso wenig taugte der Platz als ein großes
zusammenhängendes Aufmarschgelände für die
faschistischen Kampfverbände. Auch wenn zeitgenössische Fotomontagen dieses Bild suggerierten.
Unbestritten ist, dass der Dienstherr Terragnis,

Benito Mussolini, sein faschistisches Regime als
staatstragende Kraft in Konfrontation mit der Institution der katholischen Kirche sah. Terragnis architektonische Machtinszenierung formulierte diesen
Anspruch als Option.

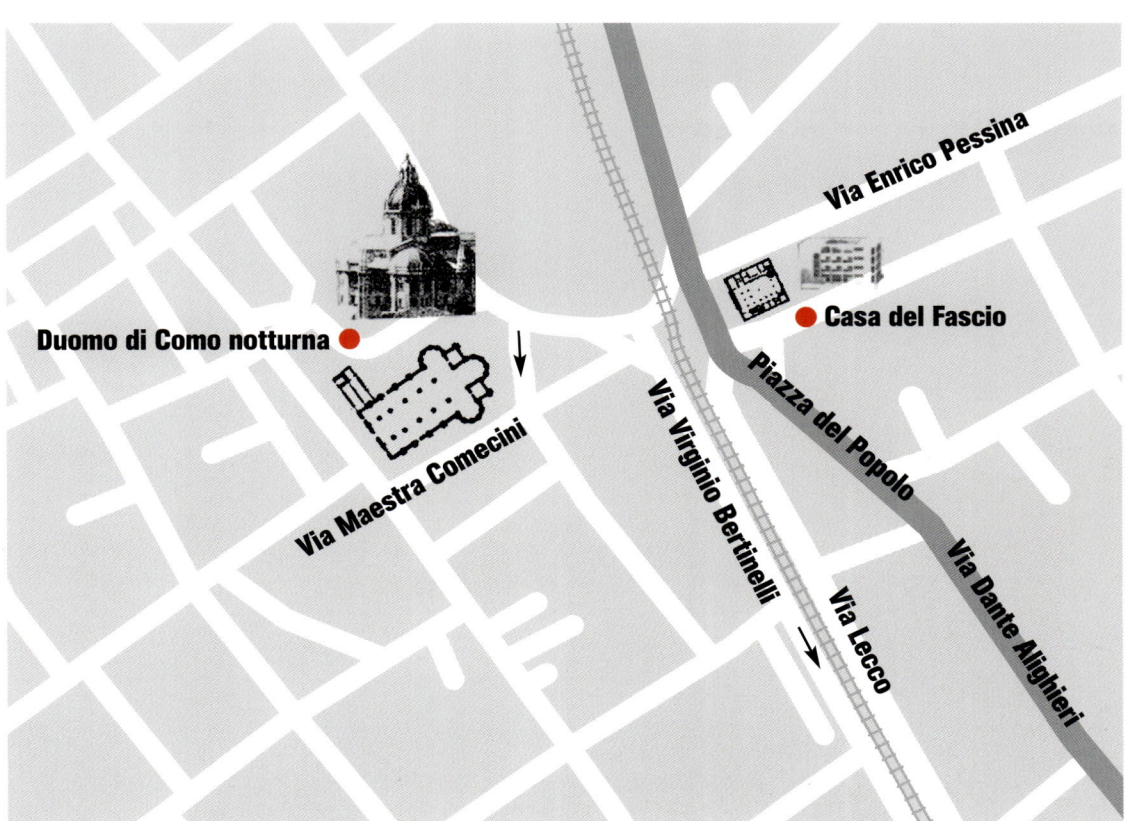

▲ MARKTPLATZ COMO. DOM UND CASA DEL FASCIO. (KARTE 2009)

◀ CASA DEL FASCIO, COMO. GIUSEPPE TERRAGNI (1933–1936)

SCHANGHAI

ART DÉCO METROPOLE

Die Schanghaier Gesellschaft um 1930 war illuster und schrill. Im *International Settlement* arbeiteten vorwiegend amerikanische und britische Architekten, während Vertreter des Bauhaus-Stils aus Deutschland unterrepräsentiert waren. Über dieses Milieu wusste das gerade emigrierte Ehepaar Hamburger zu berichten: »Neulich eine ganz feine Cocktailparty bei uns. Mrs. Chester Fritz, die schon öfter Erwähnte mit der fabelhaften Wohnung, den turbanähnlichen Hüten, den tennisballgroßen Ohrringen, edel geschwungenen Augenbrauen und den Verbindungen zur chinesischen Künstlerschaft und Intelligenz. Mr. Lindboom, ein schwedischer Architekt aus Amerika, fabelhaft aussehend, reichlich eingebildet, aber ganz nett, mit grässlicher Frau, 16 Jahre lang beim Film in Hollywood, die dauernd von den *world famous buildings*, die ihr Mann in Amerika errichtet hat, ohne zu erröten spricht.«

Die Hafenstadt Schanghai, deren Stadtzentrum seit 1845 unter internationaler Verwaltung stand, gehörte nach 1900 zu den florierenden Handelsmetropolen. Bis in die 1920er Jahre bauten die internationalen Architekturbüros hier in Neostilen. So hielten es auch Stewardson & Spence, die dem neuen Hauptpostamt des *International Settlement*

HAUPTPOSTAMT. STEWARDSON & SPENCE (1922). (R.)
EMBANKMENT BUILDING. PALMER & TURNER (1932). (M.)

landeten die meisten von ihnen jedoch in chinesischen Stadtteilen wie Hongkew.

Schanghai wuchs. Neue Bautypen wie Kinos und Apartmenthäuser wurden in den 1930er Jahren fast durchgängig in Art déco ausgeführt. Die Bauherren der Zeit waren vermögende Geschäftsleute wie Victor Sassoon, ein Jude sephardischer Herkunft und britischer Staatsbürger. Sassoon ließ nicht nur 1932 das Embankment Building bauen. Wenige Hundert Meter entlang des Suzhou, dort wo dieser in den Huangpu-Fluss mündet, entstand bereits 1929 das Apartmenthaus Broadway Mansions. So hoch hinaus wie mit dem Entwurf von Palmer & Turner hatte sich auf dem sumpfigen Baugrund von Schanghai noch kein Investor gewagt. Sassoon riskierte viel und schuf einen wunderbaren Art-déco-Fluchtpunkt für die Spaziergänger auf dem Bund, der repräsentativen Uferstraße Schanghais. Das gilt bis heute, die raumgreifende Architektur der zweiflügeligen Broadway Mansions setzt sich geradezu wohltuend von den Glas-Stahl-Türmen ab, die später in den 1990er Jahren hinter ihnen emporgeschossen sind.

Von den Mansions aus hat man schon die nächsten Art-déco-Bauten im Blickfeld. Am Bund drängen sich zwei Bauten nebeneinander und recken sich um die Wette in die Höhe. Sassoon ließ 1929 wiederum von Palmer & Turner das Cathay Hotel bauen und verkündete gleichzeitig in Mogulmanier, dass kein Gebäude der Promenade höher sein sollte. Dies zeigt die Macht der Ausländer im *International Settlement*, denn die Bank of China wagte es 1936 nicht, über die Spitze des benachbarten Pyramidendachs hinauszuschießen. Allerdings wussten Palmer & Turner den selbstbewuss-

am Fluss Suzhou 1922 eine neoklassizistische Fassade verordneten. Korinthische Säulen strukturieren die Gebäudeflügel, und über dem Haupteingang erhebt sich ein neobarocker Turm. Zehn Jahre später bauten Palmer & Turner in direkter Nachbarschaft das Embankment Building, ein gefälliges Art-déco-Apartmenthaus. Gerade die Fassade zur Wasserseite hin erweckt bis heute die Assoziation eines Kreuzfahrtschiffs, nicht zuletzt durch die mit einer Reling bewehrten Veranden, wobei die runden Eckbauten diesen Eindruck noch unterstreichen. Innen fanden die Bewohner allen

Luxus, den sie aus Amerika oder Europa gewöhnt waren – bis hin zu Dienstbotenzimmer, Heizung und Pool.

Überhaupt kann man das *International Settlement* zu diesem Zeitpunkt als Insel der Seligen im globalen Sturm bezeichnen. Als die Japaner 1932 Schanghai angriffen, sparten sie das Zentrum von den Kämpfen aus. Außerdem bestand hier keine Visumspflicht, was in den Folgejahren für viele deutsche Juden der letzte Ausweg aus dem Dritten Reich war. Mittellos, wie sie von den Nationalsozialisten ins Leben entlassen wurden,

ten Vorstoß der chinesischen Bankiers auf dem von »Imperialisten« beherrschten Bund nachdrücklich zu inszenieren. In der großen Linienführung ganz dem Art déco verpflichtet, sparten sie nicht an Ornamenten chinesischer Provenienz.

Wer weiter entlang der Promenade flaniert, erlebt die neoklassizistische Wucht, gegen die die chinesischen Banker ihr Bankhaus setzen wollten. Seite an Seite reihen sich die Kolonialbauten im Imperialstil, die dem Bund jedoch bis heute seine Einmaligkeit geben. Ein spätes Einsprengsel des Art déco findet sich mit dem China Bank of Communications Building am Bund 14, das 1948 von dem Südosteuropäer C.H. Gonda ausgeführt wurde.

Zu diesem Zeitpunkt neigte sich jedoch die internationale Vorherrschaft in Schanghai bereits ihrem Ende zu. Amerikaner und Europäer verließen scharenweise die Stadt. 1949 rief Mao Zedong die Volksrepublik China aus und vereinnahmte die ehemalige internationale Metropole, die daraufhin Repressionen entgegenschaute. Die Gangsterstadt sollte sozial befriedet, die Gesamtheit der Opium-höhlen geschlossen, der Sündenpfuhl trockenge-legt und die auf fast zwei Millionen angewachsene Bevölkerung teilweise umgesiedelt werden. Erst um die Jahrtausendwende und nach dem Zuzug von weiteren 13 Millionen Menschen schienen die Verantwortlichen begriffen zu haben, welche Schätze der Architekturgeschichte ihnen von den ehemaligen »Besatzern« hinterlassen wurden. Hervorragende Bauten am Bund wie in der Altstadt stehen heute unter Denkmalschutz.

▶ CATHAY HOTEL, EMPFANGSHALLE. PALMER & TURNER (1929)
(HEUTE: NORDGEBÄUDE DES PEACE HOTEL)

◀ BROADWAY MANSIONS. PALMER & TURNER (1929)

FRANK LLOYD WRIGHT

Mag sein planerisches und architektonisches Werk noch so sehr von demokratisch geprägter Humanität erfüllt gewesen sein, seine Zeitgenossen charakterisieren ihn gern als Egoisten, Raffzahn und Ehebrecher. Zeitweise verfolgen ihn Justiz und Gläubiger. Wenn es allein um die Anzahl der Anekdoten ginge, die über ihn kursieren, wenn allein die Präsenz in den Medien wie Film und Literatur selbst Jahrzehnte nach seinem Ableben zählte, ja dann wäre er »der größte Architekt der Welt«, so wie er sich selbst, unbescheiden wie er war, im Zeugenstand eines Gerichts in Wisconsin tituliert haben soll.

Frank Lloyd Wright (1867–1959) prägte die Architektur weltweit wie nur wenige andere Architekten. Über die Jahrzehnte formulierte er eine »organische Baukunst«, nach der er seine Bauten im austarierten Zusammenspiel von Landschaft, Zweck, neuen Materialien und Bauweisen entwickelte. Durch seinen steten Drang, individuelle Baulösungen mit Blick für das Ganze zu erfinden, entstanden die für sein Werk typischen eigenwilligen Formen und Konstruktionen.

Seine Karriere begann 1887 in Chicago, schnell landete er bei den »Platzhirschen« Adler & Sullivan, um 1893 dann selbstständig zu arbeiten. Bis 1959 konnte er Hunderte von Bauten realisieren. Er betätigte sich nicht nur als Architekt, sondern auch als Urbanist und Designer. Bauten wie das Robie House (1910) in Chicago, das Haus Fallingwater (1937) in Mill Run oder das Guggenheim Museum (1959) in New York markieren Meilensteine in der Entwicklung der Architekturgeschichte des 20. Jahrhunderts. Wrights Atelierhaus im Villenvorort Oak Park bei Chicago, Taliesin bei Spring Green in Wisconsin genauso wie Taliesin West in Arizona fungieren nachgerade als Pilgerstätten. Längst geht der Kreis der Besucher über die reinen Architektur-*Aficionados* hinaus, denn Wright steht fest auf einem Sockel in der *Hall of Fame* der USA.

▲ FRANK LLOYD WRIGHT MIT EHEFRAU OLGIVANNA UND TOCHTER IOVANNA. TALIESIN, WISCONSIN (FOTO: 1957)

▷ GUGGENHEIM MUSEUM, NEW YORK. (1958)

KAUFMANN HOUSE

PRINZIPIELL UNMÖGLICH

Fallingwater. Wer durch die offene Architektur dieses Hauses wandert, dessen Blick schweift hinaus ins Grüne; er wird durch das magische Rauschen immer wieder auf die weit auskragenden Betonterrassen hinausgelenkt, die sich in drei Ebenen um den in Naturstein ausgeführten Korpus herumstapeln. Der 24-Stunden-Soundtrack des Wasserfalls Bear Run schafft dieses unbeschreibliche Ineinanderfließen von umbautem Raum, Natur und Zeit. Man fragt sich heute, wo dieses Meisterwerk sonst hätte stehen sollen. Dort auf der Kuppe etwa?

1935 lud der Warenhausbesitzer Edgar J. Kaufmann den Baumeister Frank Lloyd Wright ein, in seinen Verkaufsräumen in Pittsburgh das Stadtplanungsprojekt *Broadacre City* auszustellen. Kaufmann war nicht nur wohlsituierter *Entrepeneur*, sondern designbeflissener Zeitgenosse mit Visionen. Vor allem war er davon überzeugt, dass sich gute Gestaltung besser verkaufe und nicht viel mehr koste. Man einigte sich im Anschluss auf eine Zusammenarbeit, es galt das eben beschriebene Wochenendhaus zu gestalten. Der 68-jährige Architekt witterte nach einer langen Durststrecke Morgenluft, denn während der Großen Depression hatte er gerade mal zwei größere Kundenaufträge realisiert. Wright verlegte den Baukörper, so lautet jedenfalls die Legende, mehr oder weniger im Handstreich direkt über den Wasserfall. Denn Kaufmann soll sich kurzfristig angekündigt haben, und der Meister selbst hatte noch keinen einzigen Strich gesetzt. Wie dem auch sei, es bleibt

der Geniestreich eines eigenwilligen Baumeisters und spricht für den Bauherrn, sich mit dieser Idee angefreundet zu haben. Doch wer auf Wright setzte, dem war gleichzeitig das Interesse der Medien sicher. Die Zeitschriften *Harper's Bazaar* und *Time* berichteten bereits, als das Haus noch gar nicht fertiggestellt war. Andererseits kostete das Werk auch doppelt so viel wie veranschlagt.

Welches Risiko die bis an die Grenzen der Statik gehende Konstruktion bedeutete, zeigte sich bald nach der Fertigstellung. Die Hauptebene der schwebenden Terrassen begann, sich leicht abzusenken. Über die Jahrzehnte neigte sich die Terrasse weiter, schließlich alarmierten Risse in der Brüstung die Konservatoren. Zunächst fielen ihnen nur Stahlträger zur Rettung ein, 2001 gab es dann ein Sanierungskonzept. In einem aufwändigen Kraftakt wurde die auskragende Struktur hydraulisch angehoben und neu ausgerichtet. Die sichtgeschützte Lösung versetzte Fallingwater wieder in den vollkommenen Originalzustand. Die Rettung eines eigentlich »unmöglichen« Werkes war gelungen. Bauherr und Baumeister realisierten in 20 Jahren zwölf gemeinsame Projekte. Was in absoluter Übereinstimmung begann, wurde durch Wrights oft ungestüme Pläne belastet. Von Zeit zu Zeit waren die Fronten so verhärtet, dass ein Bauauftrag wie das Kaufmann Desert House in Palm Springs an jemand anderen vergeben wurde: Der gebürtige Österreicher Richard Neutra, in frühen Jahren ein glühender Verehrer Wrights, nutzte 1946 seine Chance mit außerordentlicher Bravour, war jedoch mittlerweile dem Internationalen Stil verpflichtet.

▶ KAUFMANN HOUSE, OHIOPYLE. FRANK LLOYD WRIGHT
(1935–1939)

BROADACRE CITY

AKTUALITÄT EINER VISION

Wer sich in Frank Lloyd Wrights Stadtvision »Living City« (1958) hineinversetzen möchte, versucht dies besser nicht zu Fuß. Denn in dieser Utopie rauschen die Automobile temporeich wie über deutsche Autobahnen, am Himmel kreuzen Aerotoren, die jedem Bewohner von Usonia zur Verfügung stehen. Aus der Vogelperspektive erkennt man, dass das »weite Land«, wie man *broad acre* auch verstehen kann, von einem straffen Straßennetz durchzogen ist. An wichtigen Kreuzungen türmen sich die Verkehrswege in die Höhe. Wolkenkratzer schrauben sich aus dem Boden, spiralartige und terrassenförmige Wright-Bauten schmiegen sich in die Landschaft, um sie herum gruppieren sich Funktionsbereiche wie Farmen, Schulen, Wohnhäuser und Freizeiteinrichtungen – unter anderem eine Arena. Große Teile der Bebauung sind in Fertigbauweise vorgenommen, *Usonian houses* genannt. Der Plan sah vor, dass die Familien auf je einem Acre, gut 4.000 Quadratmeter, in Einfamilienhäusern genormter Größen wohnen und ihren eigenen Grund und Boden bewirtschaften. Darüber hinaus sollte in kleinen Industriebetrieben gearbeitet werden.

Frank Lloyd Wrights Antwort auf die Industrialisierung und auf die Verstädterung war eine radikale Utopie, die er ab 1928 fortlaufend entwickelte. Und dies in einer Zeit lange vor den suburbanen Auswüchsen des *American sprawl*. Sein raumplanerisches Konzept baute auf den Errungenschaften der modernen Technik auf und pro-

jizierte diese in die »große Weite«: »Und so geht die Stadt dorthin, wohin und wann immer er (der Einzelne) geht, und zwar dorthin, wo er all das genießen kann, was ihm die zentralisierte Stadt je wirklich geboten hat, und dazu noch die Sicherheit, Freiheit und Schönheit seines eigenen Grund und Bodens.« Diesen Satz prägte Wright bereits 1932 in seinem Buch *The Disappearing City* und sah in der organischen Architektur die Lösung. Im Alter von 65 Jahren blickte er damals auf ein breites Œuvre zurück und begann, seine Bauten und Entwürfe in einem Kulturraum zusammenzuschauen, der den Menschen immer im Mittelpunkt behielt.

Ein solches Landleben sei höchst demokratisch, meinte Wright aus eigener Erfahrung. Er war von Geburt aus ein »Landei«, ihn zog es allein beruflich nach Chicago, aber bereits 1911 verwirklichte er seine Vorstellung vom Landleben mit Taliesin in Wisconsin. Für Familie und Schüler schuf er dort ein Zentrum aus Eigenheim, Atelier, Architekturschule und Farm. Wright illustrierte seinen Lebensentwurf in Skizzen und Modellen, die 1935 unter dem Titel *Broadacre City* unter anderem auch im Rockefeller Center in New York ausgestellt wurden.

Frank Lloyd Wright ging seinerzeit über die Gartenstadt des Briten Ebenezer Howard hinaus und formulierte seine postindustrielle Vision zu einer Zeit, in der die Avantgarde der Moderne ihre urbanen Entwürfe mit »Wohnmaschinen« auf die Spitze trieb. Wobei Wright der radikale sozialreformerische Impetus eines Le Corbusier abging. Als typischer *Mid-West*-Amerikaner stellte er dem Europäer, der städtebauliche Lösungen für industrielle Ballungsräume suchte, ein ländliches, sozial eher mittelständisch geprägtes Raumkontinuum entgegen: Die Menschen würden die Städte verlassen, nicht zuletzt durch das Überangebot an Raum in Amerika bedingt. 150 Meilen seien der Radius des Bewohners, »bequem und schnell zu erreichen mit dem eigenen Auto oder Flugzeug«. Mag Wright hier auch weit über das Ziel hinausschießen, entscheidend ist der Ansatz, Arbeitsplatz und Wohnstätte wieder enger und bequemer aneinanderzubinden.

Die Aktualität seiner Idealpläne, die Wright kurz vor seinem Tod mit dem Band *The Living City* (1958) noch einmal auf den Punkt brachte, zeigt sich an der Realität gewisser Vorstädte in Amerika und ihren typischen *McMansions* auf oft riesigen Grundstücken, in deren Umfeld sich vorwiegend Beautyshops, Fitnessstudios und Shopping Malls verlieren. Die meisten Bewohner verlassen frühmorgens das Haus, um nach getaner Arbeit in den urbanen Zentren am späten Abend wieder daheim in Suburbia zu sein. Diese weitverbreitete Lebensform vom Ende des 20. Jahrhunderts verlangt nach Erneuerung.

◀ **BROADACRE CITY. AUFSICHT AUF DAS MODELL. FRANK LLOYD WRIGHT (1935)**

▼ **LIVING CITY. ZEICHNUNG. FRANK LLOYD WRIGHT (1958)**

NEW YORK
GROSSE DEPRESSION
HÖHENRAUSCH UND LEERSTAND

New York zwischen den Kriegen. Die Finanz- und Geschäftswelt überzieht Manhattan Island mit Bürotürmen. Zählt man die Gebäude ab 20 Etagen und mehr, dann stehen 1929 von den 377 Hochbauten in den USA 188 in New York City. Mag die Bautechnik für Wolkenkratzer auch in Chicago erfunden worden sein, Manhattan wird im 20. Jahrhundert zu einem Synonym für Wolkenkratzer und Häuserschluchten. Das Woolworth Building hatte 1913 mit seinen 241 Metern Höhe mächtig aufgetrumpft. Der Kapitalismus demonstrierte während der 1920er Jahre seine Dynamik in prachtvollen Geschäftsbauten, die sich in die Höhe schrauben. Nur dann brachen am 25. Oktober 1929 die Börsengeschäfte zusammen.

Die Große Depression zwang die amerikanische Wirtschaft in die Knie. Aber schon vorher gab es im vollkommen überhitzten Immobiliengeschäft Opfer zu beklagen wie zum Beispiel den Larkin Tower. In der 42. Straße 330 West sollte mit 313 Metern der höchste Wolkenkratzer der Welt entstehen, so verkündete es jedenfalls jahrelang Amerikas größter Seifenhersteller Larkin. Nachdem diese Seifenblase platzte, schnappte sich der Wirtschaftsverlag **McGraw Hill (1)** den Grund. Raymond Hood baute 1931 darauf ein Gebäude, das den Internationalen Stil im Sinne Philip Johnsons antizipiert. Hood entdeckte hier die Möglichkeiten der Zurücknahme: Stromlinien aus grünblauem Terrakotta legen sich um den Baukörper aus Stahl und wechseln mit grün-metallischen Fensterbändern. Die extreme Betonung des Horizontalen wird durch den Abschluss des Gebäudes fokussiert. Hood deckelte das Gebäude in 148 Metern Höhe, betont durch den Schriftzug des Verlages im Art-déco-Stil als Fassadenabschluss. Eine Reminiszenz an den in der Stadt vorherrschenden Art-déco-Stil, aber der Gesamteindruck gab einen Ausblick auf die Moderne in Manhattan. Nicht umsonst war dieses Gebäude der einzige New Yorker Vertreter in der Ausstellung *International Style* 1932. Hier wurde die Formel der Moderne »Weniger ist mehr« gepriesen, die Bauherren wie McGraw Hill hingegen hatten noch ganz andere Vorzüge des Stils entdeckt: »Weniger kostet weniger!«.

Wer wie wir heute auf unserer 1930er Tour von der 42. Straße West in östlicher Richtung gen **Chrysler Building (2, s. Abb.)** und East River flaniert, fragt sich selbstredend, wer damals diesen aufgetürmten Büroraum brauchte. Walter Chrysler, Automobilfabrikant, gab William van Alen 1928 – die Konjunktur war noch in voller Fahrt – den Auftrag, an der Ecke Lexington Avenue /42. Straße seinem Imperium ein architektonisches Zeichen über Midtown zu setzen. Der Konzernherr wollte ein Haus wie ein Auto, und van Alen entwarf auf dessen Geheiß eine chromblitzende Spitze, die sich aus Felgenreihen zusammenzusetzen scheint. In dieses Bild fügen sich die an den Ecken des 60. Stocks als Wasserspeier platzierten Kühlerfiguren in Form eines Adlers, Modell Chrysler Plymouth, und der einer Kühlerhaube nachempfundene Haupteingang. Dies waren die hochfahrenden Pläne. Die Baugrube war längst ausgehoben, als die Krise ausbrach. Chrysler korrigierte daraufhin die geplante Höhe von 77 Stockwerken um zehn nach unten. Bauherren, Architekten, Medien und Publikum gerieten in einen Höhenrausch. Der Bau des Chrysler Building zwischen 1928 und 1930 stand in täglicher Konkurrenz zum Entstehen des Bank of Manhattan Company Building, und Walter Chrysler revidierte seine Budgetentscheidung. Die Meldungen überschlugen sich und drangen in alle Welt: Die Bank hatte bis zum letzten Tag mit 283 Metern Höhe die Nase vorn. Doch William van Alen kam die geniale Idee, die 56 m lange Turmspitze im Heizungsschacht aufzubauen und sie dem Gebäude in einem Stück aufzusetzen. Fazit: 319 Meter. Ein schwindelerregender Weltrekord und im Endergebnis das schönste Art-déco-Hochhaus der Welt.

Next Stop: **Empire State Building (3, s. Abb.)**. Keine Schönheit, sondern eher ein grober Klotz mit leichten Art-déco-Anklängen. Von daher verwundert folgende Episode nicht: Der Bauherr John Raskop stellte einen dicken Kinderbleistift auf den Tisch und fragte den Architekten William Lamb: »Bill, kannst du das bauen!« Und wie das Büro Shreve Lamb Harmon konnte! Es kreierte die höchste »Hochzeitstorte« seiner Zeit und steckte in die Mitte eine dicke Riesenkerze.

Materialien, Aufwand, Investitionen, Schulden, Todesopfer: alle Zahlen schrien nach Weltrekord, nicht zuletzt die erreichte Bauhöhe von 381 Metern. Seit 1931 thront das Hochhaus über Midtown. Die schiere Größe garantierte nicht gleich den Erfolg, aufgrund seines permanenten Leerstandes hieß es im Volksmund lange Zeit nur »Empty State Building«, gut besucht war von Anfang an nur die Aussichtsplattform. Dieser Andrang hält bis heute an, auch wir gönnen uns dieses touristische Highlight – und werfen schon mal ein Auge auf unser nächstes Ziel.

4

Das **Rockefeller Center (4, s. Abb.)**. Benannt nach dem Bauherrn John D. Rockefeller Jr. entstand 1931–1939 zwischen der Fifth Avenue und der Avenue of the Americas eine Stadt in der Stadt. Auf den ersten Blick erscheint das Ensemble von 21 Gebäuden, dessen Hochbauten sich durch neuartige Baukörper in Scheibenform auszeichnen, schlicht modern und erstaunlich homogen. Auch wenn die Einzelgebäude einzelnen Architekten zugeschrieben werden, so war Raymond Hood doch der Chef im Ring. Er formte das erste große funktionierende Architekten-Komitee des 20. Jahrhunderts mit Beteiligten wie Wallace Harris, Reinhard & Hofmeister und Harvey Wiley Corbet. Rockefellers eigentlicher Plan war, an dieser Stelle die Metropolitan Opera zu errichten. Der krisenbedingte »Notplan« setzte streng ökonomisch auf die Errichtung von Büroflächen, Einkaufszentrum, Postamt und U-Bahnhof. Die »Sunken Plaza« wurde schnell zu einem Zentrum Midtowns, im Winter weiße Weihnachtsidylle, im Sommer grüne Oase. Die **Radio City Music Hall (5, s. Abb.)** avancierte mit ihren fast 6.000 Plätzen zum «Showplace of the Nation«. Egal ob man eher »E«- oder »U«-Kultur schätzt, die denkmalgeschützte Artdéco-Einrichtung sollte sich niemand entgehen lassen. Drei Blöcke weiter die Fifth Avenue hinauf, zwischen 53. und 54. Straße, zog hingegen die hohe Kultur in einen schmucklosen Kasten, in dem jeder Durchschnitts-New-Yorker in den 1930ern irgendeine Garage vermutet hätte. Das **Museum of Modern Art (6, s. Abb.)**, das 1939 von Philip Goodwin und Edward Durell Stone entworfen wurde, ist seitdem mehrmals erweitert worden. So schuf Philip Johnson 1953 den Skulpturengarten.

2004 wurde nach Plänen von Yoshio Taniguchi ein Neubau errichtet und der historische Teil restauriert. Der japanische Architekt versprach den Bauherren: »Wenn ihr mir viel Geld gebt, liefere ich euch wunderbare Architektur. Wenn ihr mir noch mehr Geld gebt, lasse ich die Architektur verschwinden.« Die Verantwortlichen entschieden sich für Letzteres. Taniguchi schaffte Räume, die den Exponaten die Luft und dem Betrachter die Konzentration geben. Und dann gibt es wieder Ausblicke durch Fensterschluchten. Ausblicke auf New York, wie sie dramatischer nicht sein können. Die Stadt als Bild.

New York in den 1930er Jahren ist auf dem Weg zur Welthauptstadt. Unsere Spurensuche hat Phänomene aufgedeckt, die eigentlich nicht in das Bild der Großen Depression passen. Unternehmer stemmen sich gegen die Krise, auch weil sie keine Alternativen gesehen haben.

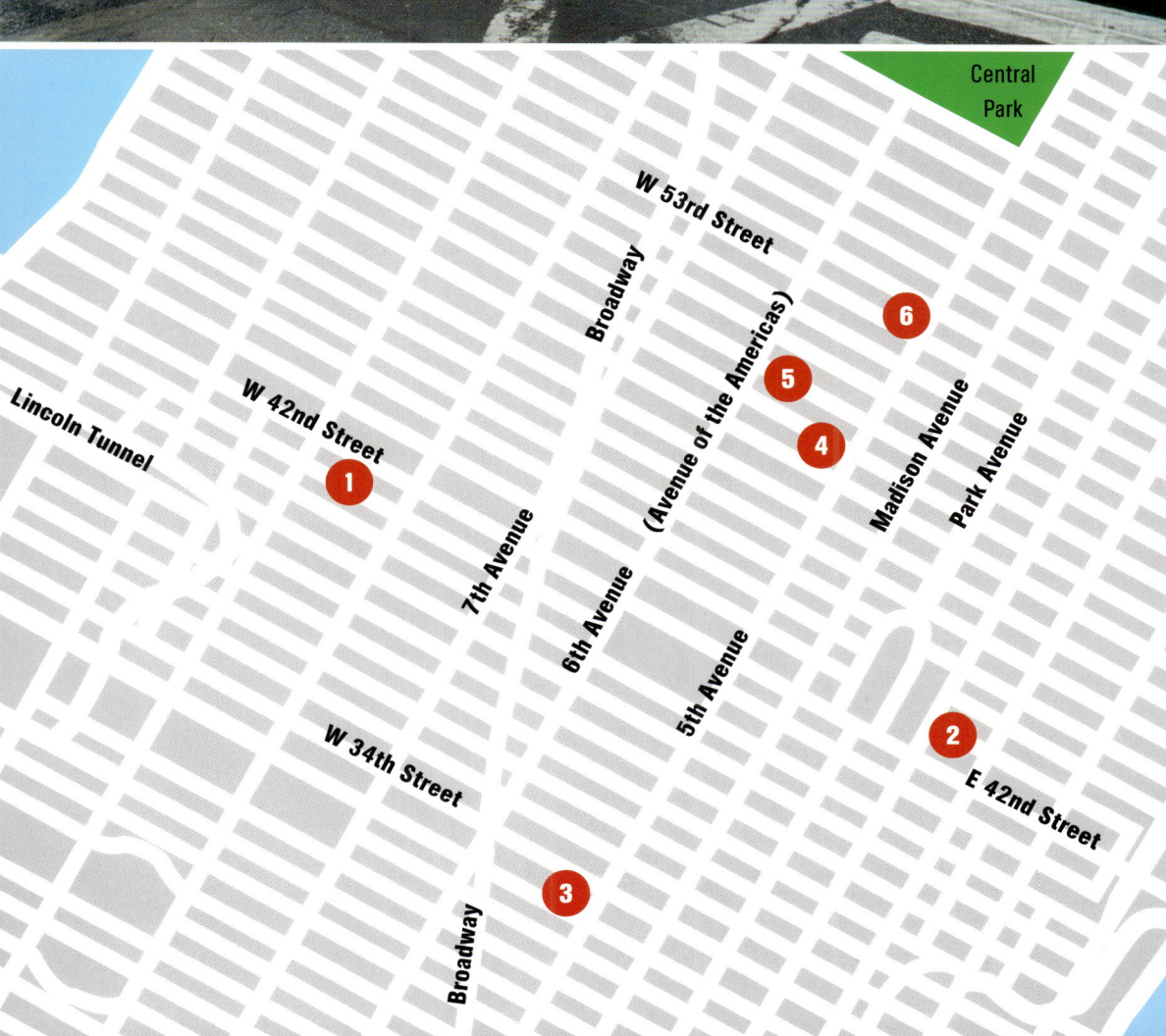

1940–1949
DIE BLOCKIERTE MODERNE

TEXT | TOBIAS AUFMKOLK

CHICAGO
GEBURTSORT DER WOLKENKRATZER
HOCH HINAUS

Wer heute durch die Schluchten der Wolkenkratzer am Loop läuft, kann sich kaum mehr vorstellen, dass hier einmal fast ausschließlich Holzbauten standen. 1871 kam das große Feuer und zerstörte ein Drittel der Stadt, Chicagos Neubauten schossen fortan in die Höhe. Das Prinzip des Büro- und Geschäftshochhauses wurde genau hier erfunden – ermöglicht durch neue Techniken und Konstruktionsverfahren wie den Stahlskelettbau. Dankmar Adler und Louis Henry Sullivan gingen mit Gebäuden wie dem Home Insurance Building als Baumeister der Chicago School of Architecture in die Geschichte ein. Der Bauboom gipfelte in den 1920er Jahren in prächtigen Art-déco-Bauten, und erst die Weltwirtschaftskrise und der Zweite Weltkrieg führten zu einer Stagnation.

1946 erholte sich die amerikanische Wirtschaft wieder. In dieser Zeit lernte Ludwig Mies van der Rohe den jungen Projektentwickler Herbert Greenwald kennen, der eigentlich Walter Gropius mit der Planung eines Hochhauses beauftragen wollte, sich dann aber für Mies entschied.

Wir starten unseren Rundgang am Lake Michigan mit van der Rohes Meisterwerk, den **Lake Shore Drive Apartments 860–880 (1, s. Abb.)**. Die 82 Meter hohen Apartmentblöcke sind im rechten Winkel zueinander platziert. Die großflächigen Glasfronten werden durch die schlanken, außen liegenden Stahlträger strukturiert und zeigen dem Betrachter immer jeweils einen Front- und einen Seitenflügel. Schulter an Schulter, so scheint es, haben sie sich wie zum Tanz aufge-

stellt. Bei Sonnenlicht umkreisen wir den Komplex und können ein faszinierendes Wechselspiel aus Licht und Schatten beobachten. In diesem Moment wird deutlich, wie die beiden Quader im »Haut-und-Knochen-Look« zu Inkunabeln der modernen Hochhausarchitektur werden konnten. In Sichtweite zu den Apartmentblöcken von Mies van der Rohe erhebt sich ein Highlight der späteren Moderne: Das 344 Meter hohe **John Hancock Center (2, s. Abb., auch Seite 193)** aus dem Jahr 1970. Einst das höchste Gebäude der Welt außerhalb von New York, zwingt die schwarze Fassade aus eloxiertem Aluminium unseren Kopf auch heute noch weit in den Nacken.

»Landmark X« – wirklich jeder in Chicago weiß, was damit gemeint ist. Der Architekt Bruce Graham aus dem Büro Skidmore, Owings & Merrill (SOM) fasste den schlanken, rechteckigen Baukörper, der – einem Obelisken ähnlich – nach oben immer schmaler wird, in ein »Ornament« aus Stahlträgern. Je nach Blickwinkel formen die Verstrebungen Kreuze oder Rauten, die sich zum Himmel hin auftürmen. Mies van der Rohe übrigens zeigte sich wenig beeindruckt von dem Bauwerk. Er kritisierte dessen Exzentrik sowie seine isolierte Stellung im Stadtbild und wiederholte damit genau die Argumente seiner eigenen Kritiker gegenüber den Apartments am Lake Shore Drive.

Keine Hochhaustour ohne den Lift nach oben: Wer jetzt einen Lunch nehmen möchte, tut das am besten im Restaurant im 95. Stockwerk des Hancock Centers – allein schon wegen der fantastischen Aussicht. Alle anderen machen einen Schwenk nach Süden und flanieren etwa einen Kilometer auf der North Michigan Avenue. Der Blick geht nun Richtung Chicago River, und schon mancher Tourist hat sich hier die Augen gerieben. Steht dort links nicht die Kathedrale von Rouen? Und sieht diese Käseecke rechts nicht fast aus wie ein Märchenschloss? Welch Eklektizismus! Zur Linken reckt sich der neugotische **Tribune Tower (3, s. Abb.)** in die Höhe und schräg gegenüber das

trischen Ornamente und die Figur der Ceres, der römischen Göttin des Ackerbaus, auf der Spitze des Daches, zeigen einen elaborierten Art-déco-Stil. Die Botschaft der Bauherren ist eindeutig: Hier wird mit Getreide gehandelt und – Chicago hat Power, Chicago macht Profit.

Der Moderne begegnen wir an Ort und Stelle. Rechts und links der Börse entwarf Helmut Jahn 1980 einen Anbau und demonstrierte seine Art-déco-Interpretation vollständig in Glas. Der Anblick dieses Brückenschlags polarisiert und ist die beste Einstimmung für unsere nächste Etappe, die uns wieder zurück zum Fluss führt. Hier findet sich ein Gebäudekomplex, der nur Freunde oder Feinde kennt. Es sind die 179 Meter hohen Zwillingstürme der **Marina City (8, s. Abb.)**, die Bertrand Goldberg, ein Schüler Mies van der Rohes, von 1959 bis 1964 erbaute. Er schuf eine »Stadt in der Stadt«, die ein Theater, ein Bürohochhaus, Sportanlagen und Restaurants beherbergt. Die zylindrischen Gebäude – auch als »Mais-

Wrigley Building (4, s. Abb. vorherige Seite), eine Ikone des Art déco. Der Kaugummimagnat William Wrigley Jr. ließ das Bürogebäude 1924 von Graham, Anderson, Probst & White errichten. Zwei Türme – der rechte mit 21, der linke mit 30 Stockwerken und Uhrenturm – glänzen in weißem Terrakotta, die Ornamente erinnern an die französische Renaissance. Eigenwilliger und schöner findet sich Art déco nirgendwo sonst in Chicago.

Einmal über die Michigan Avenue Bridge hinweg, begegnen wir mit dem **Carbide & Carbon Building (5, s. Abb.)** einer Variation des Art déco. Daniel and Hubert Burnham, die Söhne des berühmten Architekten Daniel Hudson Burnham, erbauten es 1929 für den Chemiekonzern Union Carbide Corporation. Die Fassade aus schwarzem poliertem Granit und grün gesprenkeltem Terrakotta, die vergoldeten Säulen und geschmiedeten Bronzegitter erinnern an eine riesige Champagnerflasche, immerhin 153 Meter hoch. An der North LaSalle Street biegen wir nach Süden ab und sehen bald auf der linken Seite ein elegantes

Gebäude im Art-déco-Stil: das ehemalige **Field Building (6)**, heute bekannt als LaSalle National Bank Building. Für seinen Bau musste 1931 der erste Bürowolkenkratzer der Welt, das 55 Meter hohe Home Insurance Building aus den Jahren 1884/85, weichen. Für den Neubau zeichneten Bruce Graham und Kollegen verantwortlich. Außen eher unauffällig, erstrahlt das Innere des 163 Meter hohen Gebäudes in beeindruckend dekorativer Pracht. Die Lobby präsentiert sich als ein verschwenderisches Gesamtkunstwerk aus Marmor, Gold und Terrakotta, das jedem Luxusdampfer der Zeit zur Ehre gereicht hätte.

Unsere Art-déco-Etappe endet mit einem Paukenschlag. 1930 »schenkten« die Architekten Holabird & Root der Stadt des »meat packings«, des Getreide- und Holzhandels, das Signet ihrer Blütezeit. Wirft man vom Field Building einen Blick nach Süden, so beeindruckt das Gebäude der **Chicago Board of Trade (7, s. Abb.)** allein schon durch seine schiere Größe. Die strengen vertikalen Linien, die glatt polierten Oberflächen, die geome-

kolben« bezeichnet – bilden einen Kontrast zu den kubischen Bauten ihrer Umgebung. Aus dem »Rückgrat« der aerodynamischen Türme werden die Bewohner mit Strom, Wasser und Wärme versorgt. Im Inneren gibt es kaum rechte Winkel, keilförmig liegen die Wirtschaftsräume an einem Korridorring, die Wohnzimmer sind nach außen gerichtet und die halbkreisförmigen Balkons der 900 Apartments legen sich wie Blütenblätter um das Gebäude. Wohnungen finden sich nur in den oberen 42 Wohngeschossen, die unteren 19 Etagen dienen als Parkdecks. Goldberg bietet hier seine Lösung für seine Idee der »Microcity«: Baublöcke, die sich der Verödung der Innenstädte und der automobilen Gesellschaft annehmen.

Weiter geht es am Wasser entlang Richtung Westen. Bei der Flussgabelung biegen wir auf dem West Wacker Drive ab nach Süden. Ab hier ist er immer im Blickfeld: Der 442 Meter hohe **Sears Tower (9, s. Abb.)** am South Wacker Drive markiert nicht nur den sprichwörtlichen Höhepunkt unseres Stadtrundgangs. Der Grundriss des Gebäudes besteht aus neun aneinander gebauten, quadratischen Röhren, die in unterschiedlicher Höhe enden. Den Entwurf schufen SOM-Mitarbeiter, der leitende Architekt Bruce Graham und der Tragwerkplaner Fazlur R. Khan, der schon als leitender Ingenieur für das John Hancock Center zuständig gewesen war. Das 1974 fertiggestellte Gebäude prägt mit seiner dunklen, aluminiumverkleideten Fassade die Skyline von Chicago wie kein zweiter Wolkenkratzer. Je nachdem, wie man sich dem Tower nähert – ob zu Lande, zu Wasser oder in der Luft – formieren sich die kommunizierenden Röhren dieses einzigartigen räumlichen Körpers neu. Willkommen in der Welthauptstadt der Wahrzeichen moderner Architektur.

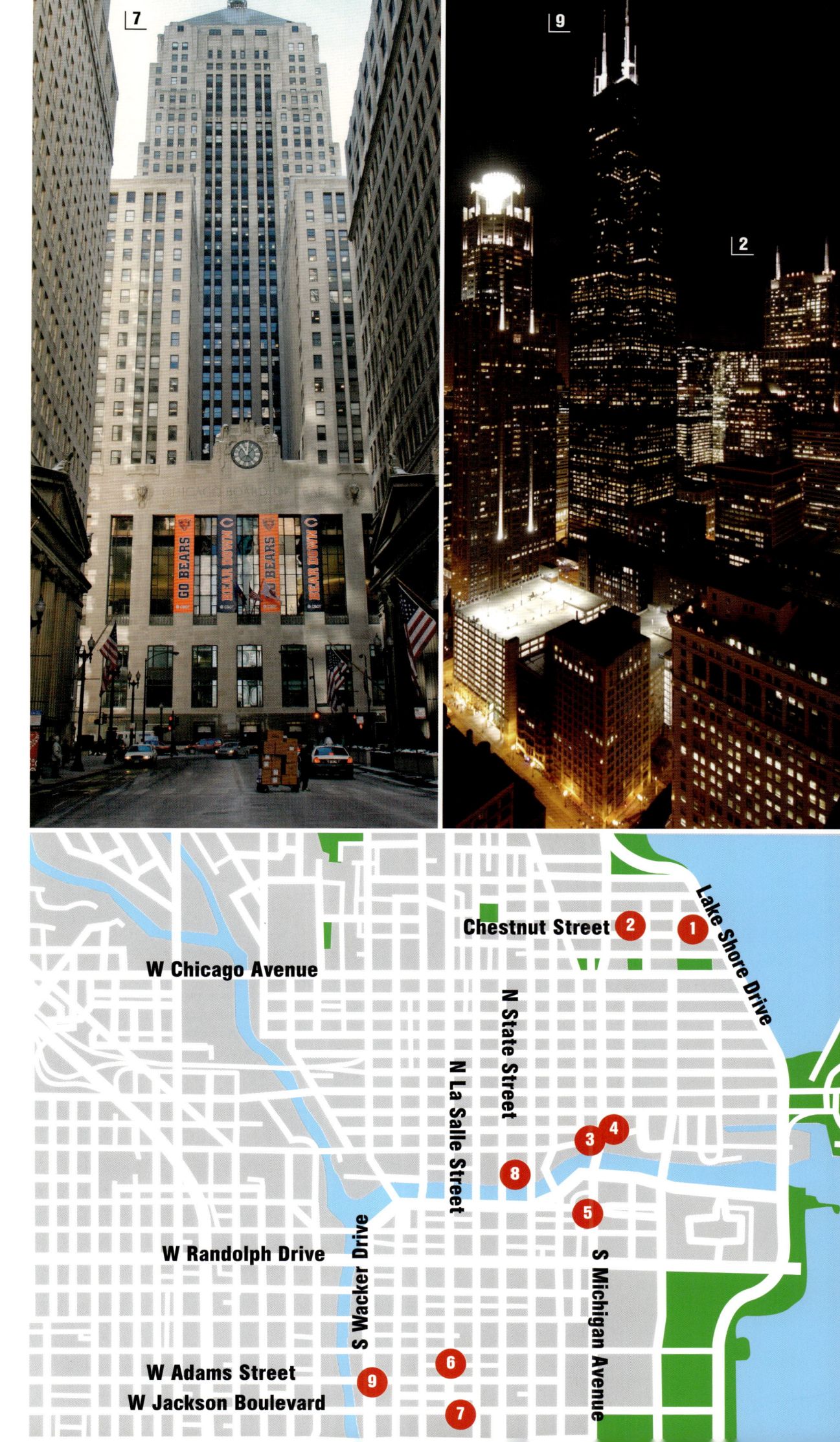

STILE

STILLSTAND

FUNKTIONALISMUS NEOKLASSIZISMUS KONTINUITÄT DER MODERNE

Wer Krieg führt, baut nicht für die Ewigkeit, sondern nach den Maßgaben der Kriegsführung. Dies gilt auch für die erste Hälfte der 1940er Jahre in Europa. Doch bis dahin musste die europäische Moderne zahlreiche Kämpfe mit dem Neoklassizismus ausführen, die sie fast überall verlor. Die Monumentalarchitektur des Neoklassizismus entsprach den Allmachtsfantasien der europäischen Diktatoren besser als der nüchterne Funktionalismus eines Mies van der Rohe.

Die wahnwitzige Neugestaltung Berlins zur »Welthauptstadt Germania« wurde durch den Kriegsbeginn verhindert. Die Verteidigungsanlagen, die ab 1938 von der Organisation Todt errichtet wurden, verwandelten Europa im Verlauf des Krieges in eine Landschaft militärischer Bollwerke. Nicht zu vergessen ist die bis heute zu besichtigende Wucht des Atlantikwalls. Seine Überreste liegen an den Küsten der Normandie und Jütlands. Die Betonbunker der Wolfsschanze im heutigen Ketrzyn in Polen nahmen den Brutalismus der 1950er Jahre vorweg.

◄ CASA MALAPARTE, CAPRI. ADALBERTO LIBERA (1938–1942)

Überfrachtet und aufgeblasen wirken dagegen Repräsentativbauten wie das Haus der Deutschen Kunst in München (1933–1937), eines der frühen Architekturprojekte der Nationalsozialisten. Auf eine ähnliche Wirkung setzten auch die Francisten in Madrid: Die Nuevos Ministerios (1940–1942) im neoklassizistischen Stil wurden zwar bereits während der Zweiten Spanischen Republik geplant, aber erst durch General Franco realisiert.

Ganz anders verhielt es sich im faschistischen Italien. Hier koexistierten Rationalismus und Traditionalismus. Bewegungen wie die Movimento Italiano per l'Architettura Razionale und die gruppo 7 hofften sogar darauf, dass ihre Werke von Mussolini zur Staatskunst erhoben würden. Es entstanden Bauensembles wie beispielsweise die Città Universitaria in Rom (1932–1935), bei denen rationalistische neben neoklassizistische Bauwerke traten. In der Kombination kubischer und klassischer Elemente entwickelte sich eine eigentümliche Eleganz, die dem von den Architekten Giovanni Guerrini, Ernesto Bruno La Padula und Mario Romano in Rom realisierten Palazzo della Civiltà Italiana (1938–1943) bis heute seine Anziehungskraft verleiht. Und über all dem – auf einem Felssporn der Insel Capri – thront die Casa Malaparte, gestaltet 1938 bis 1940 von Adalberto Libera. Dieses Meisterwerk der Architektur lässt sich weder der einen noch anderen Stilrichtung zuordnen, hier hat aus seiner Zeit heraus ein ganz persönliches Design seinen wunderbaren Platz gefunden.

EUR, ROM. MARCELLO PIACENTINI U.A. (1937–1942)

WOLFSSCHANZE, KĘTRZYN (POLEN). ORGANISATION TODT (1940)

»Ein Tag unter sowjetischem Himmel« – unter diesem Motto stehen die 33 Mosaiken in der von Marmorsäulen bestandenen Majakovskaja-Station aus dem Jahr 1938 in Moskau. Diese wie andere Metrostationen zählen zu den nachhaltigsten Bauvorhaben Stalins in der Hauptstadt. Der sowjetische Neoklassizismus pries auch mit einem der letzten Vorkriegsbauten, der Erweiterung der Lenin-Bibliothek (1940) von Wladimir A. Schtschuko und Wladimir G. Helfreich, die Errungenschaften des Systems. Dieser Sozialistische Klassizismus ergötzte sich an Säulen, Turmaufbauten und Verzierungen, was ihm im Volksmund die Bezeichnung »Zuckerbäckerstil« eintrug.

Doch auch in demokratischen Ländern war durchaus ein Hang zu einer rückwärtsgewandten Architektur zu erkennen. Die besten Beispiele sind das Krematorium des Stockholmer Waldfriedhofs

Skogskyrkogården (1940) und die National Gallery of Art (1941) in Washington. Diese Ausprägung des Neoklassizismus beschränkt sich jedoch auf singuläre Bauten.

Schon in den 1930er Jahren hatte der Auszug der Avantgarde eingesetzt: Walter Gropius, Ludwig Mies van der Rohe, Josef Albers und Marcel Breuer fanden als Dozenten an renommierten amerikanischen Instituten ihre Berufung. Vor allem durch die Ausbildung junger Architekten beeinflussten sie die amerikanische Moderne maßgeblich, und Mies van der Rohe avancierte zum unangefochtenen Helden der modernen amerikanischen Nachkriegsarchitektur. In der zweiten Hälfte des Jahrzehnts traten im Westen des Landes zudem Architekten mit sogenannten Case Study Houses zur Neustrukturierung der Wohnachitektur an. Der Österreicher Richard Neutra entwarf mit dem Kaufmann Desert House 1946 in Palm Springs das Paradebeispiel eines perfekt in die Landschaft eingebetteten Wohnhauses. Charles und Ray Eames entwickelten 1945 bis 1949 mit dem Eames House ein wegweisendes Objekt für die Zukunft, das die Möglichkeiten industrieller Vorfertigung mit den Ansprüchen an Funktionalität im Haushalt verband.

Zu dieser Zeit schaute Europa auf die Verwüstungen des Krieges. An großen Ideen zum Wiederaufbau mangelte es nicht, doch die hochtrabenden Pläne zur Neugestaltung ganzer Städte, die vor allem Le Corbusier und seine Schüler entwickelten, blieben Papiertiger. Zu groß war der Druck, schnell und kostengünstig neuen Wohnraum in den zerstörten Innenstädten zu schaffen. Doch der Geist der Erneuerung war letztlich nicht aufzuhalten. Le Corbusier setzte mit dem Wohnkomplex der Unité d'habitation in Marseille (1947–1952) zum Brutalismus an, noch bevor dieser theoretisch ausformuliert war.

Fern der Kriegswirren erhielt die moderne Architektur in Lateinamerika nicht zuletzt durch die eingewanderten Baumeister einen Schub. In diesem Milieu bewegte sich auch der Brasilianer Oscar Niemeyer. Er baute von 1940 bis 1943 für den brasilianischen Ort Pampulha einen Yachtclub, ein Kasino und die Kirche São Francisco in ungewöhnlich fließenden Formen und entwickelte so eine spezifisch regionale Moderne, die ihren Höhepunkt in der Hauptstadt Brasilia finden sollte.

◀ SKOGSKYRKOGÅRDEN. WALDKREMATORIUM, STOCKHOLM.
ERIK G. ASPLUND (1935–1940)

▼ KAPELLE SÃO FRANCISCO, PAMPULHA (BRASILIEN).
OSCAR NIEMEYER (1943)

PRORA

BAUEN FÜR MILLIONEN

»Zum ersten Male sind wir richtig in den Urlaub gefahren. Mit der »Oceana« von der Hapag. Früher konnten ja nur die Reichen mitfahren [...]. Bedient worden sind wir von livrierten Kellnern. Es gab keine Propagandareden, wenig Parteiabzeichen und überhaupt keine Politik an Bord. Stattdessen

wurden wir bestens unterhalten [...].« So berichteten deutsche Urlauber von ihren KdF-Seereisen, sei es nun nach Hammerfest oder Capri. Im Deutschen Reich planten die Nationalsozialisten ab 1935 ein gigantisches Urlaubsparadies für 20.000 Menschen, und das in einer Zeit, zu der noch keine Bettenburgen die Strände der Welt säumten. Das KdF-Seebad Rügen war das größte Planwerk der NS-Gemeinschaft »Kraft durch Freude«, deren Ziel

die Erhöhung der Produktivität durch Regeneration und die Überwachung der Erholungsuchenden war. Die Anlage auf Rügen sollte als Prototyp für mindestens vier weitere an der Ostsee dienen.

Zur Gestaltung des Komplexes verpflichteten der Leiter der Deutschen Arbeitsfront Robert Ley und Generalbauinspektor Albert Speer den Kölner Architekten Clemens Klotz. Dieser entwarf als zentrales Element acht mehr als 500 Meter

lange, nebeneinander angeordnete Gebäudezeilen, die der Küstenlinie folgen. Zur Landseite hin erstrecken sich Flügelbauten, in denen alle Versorgungsräume positioniert waren. Die gesamte Ostseite konnte so für Zimmer mit Meerblick genutzt werden. Zwischen den Bettenhäusern waren dreigeschossige Gemeinschaftshäuser geplant, die zum Wasser hin in schiffbugartiger Form auslaufen sollten. Die monolithisch wirkenden Bauten wurden als Stahlbetonskelett mit Ziegelausfachung errichtet, ihre Fassaden blieben – ganz im Stil der Moderne – frei von Ornamenten und plastischem Schmuck und werden von insgesamt 1.118 Fenstern pro Häuserzeile dominiert. Der gesamte Entwurf erinnert in seiner zurückgenommenen Formensprache an die Sachlichkeit des Bauhauses. Der strenge, ganz auf die schlichte Funktionalität ausgerichtete Plan wurde auf der Weltausstellung in Paris 1937 mit dem Grand Prix ausgezeichnet. Zugleich entsprach die Uniformität, von den Fassaden bis hin zur Innenausstattung, der NS-Staatsdoktrin, nach der sich künstlerische und persönliche Individualität dem Geist der »Volksgemeinschaft« unterordnen mussten. Im Zentrum der Anlage, die sich in einen Nord- und einen Südkomplex unterteilt, war ein riesiger Aufmarschplatz mit einer gigantischen Festhalle geplant, die sämtliche Urlauber gleichzeitig hätte aufnehmen können. Hitler selbst entschied sich in diesem Falle für den neoklassizistischen Entwurf des Architekten Erich zu Putlitz, dessen repräsentative Monumentalität ihm für Propagandaveranstaltungen offensichtlich geeigneter erschien als der ursprüngliche Entwurf von Klotz.

Am 2. Mai 1936 erfolgte die Grundsteinlegung. Für jedes der Bettenhäuser war eine renommierte deutsche Baufirma zuständig, darunter noch heute bestehende Firmen wie Hochtief oder Siemens. Das Bautempo war hoch, und bereits im Oktober 1938 feierte der erste Gebäudekomplex Richtfest. Die Bauarbeiten wurden 1939 eingestellt, die Rohbauten wurden im Krieg als Lazarett und Flüchtlingslager genutzt. Fünf der acht Bettenhäuser sind bis heute in mehr oder weniger gutem Zustand erhalten. Die Anlage ist neben dem Berliner Olympia-Gelände und dem Nürnberger Reichsparteitagsgelände eine der größten architektonischen NS-Hinterlassenschaften in Deutschland, die alle einem Programm folgten: Einschüchtern, disziplinieren, mobilisieren.

▲ PRORA BETTENHAUS MIT VERSORGUNGSTRAKT. LANDSEITE (2000)

◄ SKIZZE. CLEMENS KLOTZ (O.J.)

GERMANIA

GENERALANGRIFF AUF BERLIN

Nicht nur die Hauptstadt des Deutschen Reiches, nein, die Welthauptstadt sollte Berlin werden – vergleichbar mit den Kapitalen der antiken Weltreiche Ägypten und Rom. »Was ist London, was ist Paris dagegen?« fragte Adolf Hitler 1942 mit Blick auf die Neugestaltungspläne, die Albert Speer entwickelt hatte. »Germania« verhieß den Triumph der Deutschen über alle anderen Völker. Hitler und seine Baumeister waren einerseits von Größenwahn und den räumlichen Möglichkeiten der Metropole besessen, andererseits aber verband sie mit der Reichshauptstadt eine Hassliebe. Bereits während der Münchner Anfänge der Nationalsozialistischen Partei betrachteten sie Berlin als den Inbegriff des Großstädtisch-Liberalen und der Dekadenz, gleichzeitig aber nutzten sie gerade den städtischen Raum dazu, sich politisch nachdrücklich zu inszenieren.

»Germania« war ein stadtplanerischer Generalangriff auf den historischen Baubestand der Innenstadt. Zwei monumentale Achsen sollten Berlin durchkreuzen, an denen sich die Reichskanzlei, eine geplante Hochschulstadt mit Wehrtechnischer Fakultät sowie Museen für Weltkriegs- und Rassenkunde aufreihten. Ausgehend von einem riesigen Südbahnhof in Tempelhof war eine *via triumphalis* bis zu einem neuen Nordbahnhof in Wedding geplant. Als Kulminationspunkt und Wahrzeichen der Stadt sollte die Große Halle im Spreebogen fungieren. In dem riesigen Granitbau, der laut Hitler die Peterskirche mitsamt dem

Vorplatz verschluckt hätte, sollten 150.000 Menschen ihrem Führer zujubeln. Der Scheitelpunkt wäre mit 320 Meter so hoch geworden wie die Kugel des heutigen Fernsehturms am Alexanderplatz. Für die Gestaltung seiner »Monumente des Stolzes« hatte Hitler neben Speer bedeutende Architekten und Bildhauer wie Wilhelm Kreis und Arno Breker ausgewählt. Als markanter Abschluss der 120 Meter breiten Prachtstraße war im Süden ein kolossaler Triumphbogen vorgesehen, der selbst antike Vorbilder um ein Vielfaches an Größe übertroffen hätte. Ob der Baugrund dieser Belastung standhalten würde, untersuchten Hitlers Ingenieure mit einem fast 13.000 Tonnen schweren Betonzylinder, der ironischerweise das einzige monumentale Bauwerk ist, das heute noch an die megalomanen Planungen für »Germania« erinnert, die aufgrund des Krieges nicht realisiert werden konnten.

Die Rechtsgrundlage für die Umgestaltung von Berlin, aber auch der Führer- und Gauhauptstädte zu Kulissen der nationalsozialistischen Unterwerfungsarchitektur, war am 4. Oktober 1937 mit dem »Gesetz zur Neugestaltung deutscher Städte« geschaffen worden, das den Kommunen die Vollmacht zur Enteignung und Bebauung privater Grundstücke gab – in Vorbereitung der »Entjudung« der Städte.

Wer nach einer einheitlichen NS-Architektur in Stadt und Land sucht, schlägt fehl. Vormoderne Ansätze prägen die Leitbilder »Überwindung der Großstadt« und Reagrarisierung, die nationalsozialistische Ideologen wie Alfred Rosenberg für die

Gestaltung kleiner Städte vorsahen, um der Landflucht entgegenzuwirken. Nach dem Prinzip »Ortsgruppe als Siedlungszelle« sollten Siedlungen nach dem Muster der organisatorischen Struktur der NSDAP gegliedert werden. Der neoklassizistische Monumentalismus der Großstädte taugte hier nicht, diese Bauaufgaben wurden im Stil der konservativen Heimatarchitektur gelöst.

◀ DIE GROSSE HALLE. MODELL. IM VORDERGRUND REICHSTAG UND BRANDENBURGER TOR. GENERALBAUINSPEKTION (1938/39)

▼ GERMANIA. MODELL. GENERALBAUINSPEKTION (1939)

PARKS UND GÄRTEN

HITLERS STRASSEN
MYTHOS
REICHSAUTOBAHN

Viele Legenden ranken sich um den Bau der Reichsautobahnen. Dass Hitler bereits 1924 in der Haft in Landsberg die Idee dazu gehabt haben soll, kann getrost ins Reich der nationalsozialistischen Mythen verwiesen werden. Dennoch ließ er sich als ihr Erfinder feiern und ging sogar so weit, dass er die bereits 1932 vom Kölner Oberbürgermeister Konrad Adenauer eingeweihte Autobahn zwischen Köln und Bonn zur Landstraße degradierte.

Nur drei Monate nach seinem Amtsantritt verkündete Adolf Hitler am 1. Mai 1933 den Bau eines Straßennetzes, das ausschließlich dem Autoverkehr vorbehalten sein sollte. Hitler selbst setzte am 23. September 1933 den ersten Spatenstich. Zwei Jahre später wurde die erste Teilstrecke von Frankfurt nach Darmstadt dem Verkehr übergeben. Im Herbst 1936 wurde die Fertigstellung der ersten 1.000 Kilometer gefeiert. Pro Jahr sollte nun das Autobahnnetz um weitere 1.000 Kilometer wachsen. Bis 1938 erfüllte man das Soll, bis 1939 wurden nur noch 237 Kilometer fertiggestellt. Bis Kriegsende kamen lediglich 560 Kilometer hinzu. Als der Baubetrieb Ende 1941 bis auf wenige Ausnahmen eingestellt wurde, hatten die Reichsautobahnen eine Gesamtlänge von 3.819,7 Kilometern.

◀ REICHSAUTOBAHN IM WESTLICHEN NIEDERSACHSEN. ORGANISATION TODT (O.J.)

REICHSAUTOBAHNEN

ERLEBNIS LANDSCHAFT

Auf der Landstraße fahren heißt arbeiten. Auf der Autobahn reisen ist Müßiggang und ein Naturerlebnis der ganz neuen Art. Dies war die Botschaft von Spielfilmen, Dokumentationen und Bildbänden nach 1933. In der Bilderflut der Reichsautobahn-Propaganda tauchten auch Anzeigen für den KdF-Wagen auf, der im September 1938 offiziell vorgestellt wurde. Es blieb aber nur ein Versprechen, das deutsche Volk zu motorisieren. Zwar gingen 336.000 Bestellungen ein, doch keiner dieser Volkswagen, wie sie dann nach 1945 hießen, wurde je an eine Privatperson ausgeliefert.

Die Rüstungsproduktion ging vor. Die »Straßen Adolf Hitlers« stellten raumplanerisch wie volkswirtschaftlich das expansive Element der nationalsozialistischen Bewegung dar. Hitler verkündete am 1. Mai 1933 den Bau eines deutschlandweiten Straßennetzes für den Kraftwagenverkehr. Nicht nur, dass die Nationalsozialisten den Tag der Arbeiterbewegung für sich reklamierten und zum gesetzlichen Feiertag erklärten, sie präsentierten gleichzeitig auch ihre Lösung der wirtschaftlichen Probleme, den Autobahnbau als die »Zugmaschine« unter den Arbeitsbeschaffungsmaßnahmen. Unter der Leitung des Bauingenieurs Fritz Todt wurde das Projekt zügig vorangetrieben, und bereits am 23. September 1933 führte die Organisation Todt den ersten Spatenstich aus. Sie nahm

den ersten Streckenabschnitt von 1.100 Kilometern in Angriff. Die NS-Propaganda stellte das Motiv der Arbeitsbeschaffung auch weiterhin so wirkungsvoll heraus, dass es über den Krieg hinaus im kollektiven Gedächtnis haften blieb.

In Vergessenheit geraten ist dagegen der Aspekt der landschaftsgerechten Gestaltung. Die Landstriche dienten als Kulisse, und Brücken und Autobahnen versuchten diese künstlerisch zu überformen. Die Trassen führten auf Perspektivpunkte hin, der Automobilist wurde in gefälligem Auf und Ab an Hängen entlang und über Täler hinweg geführt, Raststätten im Baustil der Region bildeten einen wichtigen Teil dieser Inszenierung. Die Reichsautobahn war Monument und Kunstwerk zugleich, eine Aussöhnung von Technik und

PARKS UND GÄRTEN

Natur. Für Raumplaner, Ingenieure und Brückenbauer tat sich ein weites Arbeitsfeld auf, sie
eroberten die Natur. Diese Formen der Landschaftsplanung inspirierten nach 1940 die Pläne für
den Lebensraum im Osten. Die Visionen der Tech-
nokraten schienen grenzenlos, von Leningrad bis
in den Kaukasus zeichneten sie Autobahnen, die
hochmoderne ländliche Siedlungen von Volksdeut-
schen miteinander verbunden hätten.

Noch 1934 wurde die Fertigstellung von
1.000 Kilometern Autobahn pro Jahr als Ziel aus-

gegeben, erreicht wurden die Zahlen nur von 1936
bis 1938. Nie waren mehr als 12.500 Arbeiter pro
Jahr beschäftigt. Bereits mit Ausbruch des Krieges
geriet der Weiterbau ins Stocken, bis er Ende 1941
bis auf wenige Ausnahmen ganz zum Erliegen
kam. Wie es um den Autobahnverkehr während
des Krieges bestellt war, zeigt ein Erlass von 1943:
Von nun an war die Reichsautobahn für Fahrräder
und Pferdefuhrwerke freigegeben.

▲ „ROHRBACHBRÜCKE REICHS-AUTOBAHN". ÖL AUF LEINWAND.
ERICH MERCKER (VOR 1939)

◄ „DER KDF-WAGEN". FARBDRUCK.
TITELSEITE EINES PROSPEKTS (UM 1939)

ZERSTÖRUNG WIEDERAUFBAU

DER ZWECK
UND DIE MITTEL

Nach dem Zweiten Weltkrieg sahen viele Stadtplaner die historische Chance, die zerstörten deutschen Städte von Grund auf neu zu gliedern und zu gestalten. Der französische Architekt Marcel Lods nahm sich 1946 der Stadt Mainz an. Die von ihm gegründete Arbeitsgruppe Section du plan entwarf eine durchgrünte Bandstadt, die vorhandene Bausubstanzen konsequent überplante. Anstelle der Neustadt aus dem 19. Jahrhundert sollten zehnstöckige Scheibenhochhäuser, aufgelockert durch parkartige Grünflächen, errichtet werden. Nur die Altstadt mit dem Dom sollte als Traditionsinsel bestehen bleiben. Doch es regte sich früh Protest in der Mainzer Bevölkerung. Ein Gegenentwurf des Architekten Paul Schmitthenner, im Übrigen ein früher Wegbegleiter Hitlers, der die Bewahrung des alten Stadtgrundrisses und die Wiederherstellung zerstörter Straßenzüge vorsah, stieß auf mehr Gegenliebe. Doch wurden letztlich weder die fortschrittlichen noch die restaurativen Gesamtpläne realisiert, der Mainzer Wiederaufbau gestaltete sich – wie es auch in vielen anderen zerstörten Städten der Fall war – weitaus pragmatischer. Die Schaffung von günstigem Wohnraum hatte oberste Priorität.

In Berlin existieren ebenfalls Pläne zur Neugestaltung der Stadt. Der Architekt und Stadtbaurat Hans Scharoun stellt 1946 einen »Kollektivplan« vor, der die Ideale einer Gartenstadt mit der einer Bandstadt verband. Die gesamte Stadtfläche sollte mit einem dichten Gitternetz autobahnähnlicher Straßen überzogen werden. Ironischerweise hätte für Scharouns Plan deutlich mehr historische Bausubstanz zerstört werden müssen als für Speers Germania. Die westlichen Alliierten, allen voran die Amerikaner, lehnten diese Pläne jedoch ab. Während im Westen der Stadt in den folgenden Jahren kein übergeordneter politischer Gestaltungswillen zu erkennen war, wurde der Ostteil großflächig im Stil des stalinistischen »Diktatorenklassizismus« umgestaltet. Erst Mitte der 1950er Jahre war dort eine Abkehr vom Zuckerbäckerstil hin zum industriellen Bauen mit den typischen Formen des Plattenbaus zu erkennen.

Lichtfülle und Finsternis

▲ BLICK AUF DAS ZERSTÖRTE FRANKFURT (1945)

◀ LE SOLEIL ET L'OMBRE. WIEDERAUFBAUPLAN FÜR MAINZ.
MARCEL LODS (1947)

HIROSHIMA

FRIEDENSSTADT PER DEKRET

80 Prozent der Bebauung Hiroshimas werden am 6. August 1945 zerstört. Nur wenige Gebäude halten der Druckwelle der Atombombe stand, darunter die als »Atombombenkuppel« bekannte Ruine der japanischen Industrie- und Handelskammer, die sich bis heute aus der Silhouette schnell hoch-

gezogener Betonbauten abhebt. Das Zentrum hingegen sollte vielmehr als Friedensstadt auferstehen. Dieser Plan wurde sogar durch ein Gesetz untermauert. Der Artikel 219 des Hiroshima Peace Memorial City Construction Law vom 6. August 1949 formuliert »die Errichtung einer Peace Memorial City, ein Symbol für das Ideal, einen dauernden Frieden zu schaffen«. Japan als einer der Aggressoren im Zweiten Weltkrieg zeigte um-

fassende Reue. Das Land war bis 1951 von den Alliierten besetzt und gab sich 1947 eine neue Verfassung, die Demokratie und Frieden zu ihren zentralen Anliegen machte.

Vor diesem Hintergrund ist der 1949 durchgeführte Architekturwettbewerb für das Hiroshima Peace Memorial Museum zu betrachten. Der Architekt und Stadtplaner Kenzo Tange (1913–2005), der 1946 im Regierungsauftrag einen Stadt-

bauplan entwickelte, setzt sich zusammen mit seinen Mitstreitern Takashi Asada und Sachio Otani gegen 145 Mitbewerber durch. Tanges Plan, der Elemente der europäischen Moderne mit den japanischen Traditionen verbindet, schien den Zeitgeist und den Erneuerungswillen des japanischen Volkes am Besten auszudrücken.

Tange setzte eine Parkanlage an die Stelle, an der die Atombombe eingeschlagen war. Das 122.000 Quadratmeter große Areal wird von zwei Armen des Flusses Ta eingeschlossen und ist über eine eigens dafür gebaute Betonbrücke des Bildhauers Isamu Noguchi erreichbar. Parallel zu der Brücke errichtete Tange einen in einer Linie angeordneten, dreiteiligen Gebäudekomplex. In seiner Mitte befindet sich der rechteckige, elegante Bau des Gedächtnismuseums mit großen Glasfensterfronten und Sonnenschutzblenden. Durch die schlanken, zurückgesetzten, vier Meter hohen Betonpfeiler, auf denen das Museum ruht, wird der Blick auf die anderen Monumente im Park freigegeben. Östlich davon befindet sich der nahezu quadratische Bau des Gemeinschaftszentrums, westlich davon das breitere Gebäude des Auditoriums. Auch diese beiden Bauwerke stehen auf Betonpfeilern und sorgen so für einen freien Blick auf das Areal. Alle drei sind in ihrer ästhetischen Schlichtheit und Bauweise dem Internationalen Stil verpflichtet. Deutlich sind die Bezüge zu den architektonischen Grundsätzen Le Corbusiers abzulesen: die Aufständerung und die Verwendung von Sichtbeton. Tange versucht jedoch, dessen Stil nicht nur zu kopieren, sondern mit der traditionellen japanischen Architektur zu verknüpfen. In der Mitte des Parks, in der Blickachse zu den drei Gebäuden, errichtete er ein parabelförmiges Mahn-

mal aus Beton für die Toten von Hiroshima, das die japanischen Symbole für Haus und Grab mit der Ausdrucksweise der Klassischen Moderne verbindet. Während das Museum der westlichen Erinnerungskultur entspricht und bei Touristen beliebter ist als bei den Japanern, spiegelt der Park mit dem Kenotaph und weiteren Denkmälern die asiatische Tradition des Erinnerns wider.

Mit dem Bau des Friedenszentrums von Hiroshima begründete Kenzo Tange seinen internationalen Ruf als einer der Hauptvertreter des Neuen Bauens in Japan. Er steht für eine in der Tradition geerdete Weltoffenheit – die bis in das 21. Jahrhundert Bestand hat.

▲ KENOTAPH. HIROSHIMA PEACE MEMORIAL CENTER. KENZO TANGE (1949–1956)

◀ HIROSHIMA PEACE MEMORIAL CENTER. HAUPTGEBÄUDE (L.), GEMEINSCHAFTSZENTRUM (R.). KENZO TANGE (1949–1956)

IM EXIL

SCHICKSAL ALS CHANCE

Der ungarische Maler, Designer und Fotograf László Moholy-Nagy (1895–1946) war einer der ersten ehemaligen Bauhauslehrer, die Deutschland nach der Machtergreifung der Nationalsozialisten verließen. Nach Stationen in den Niederlanden und Großbritannien erhielt Moholy-Nagy 1937 von der Chicagoer Association of Arts and Industries den Auftrag, unter dem Namen New Bauhaus eine Designschule nach den Leitprinzipien des Bauhauses aufzubauen. Doch seine kompromisslose Art, Design als künstlerische Aufklärung zu verstehen, kollidierte mit den Ansprüchen der Wirtschaft an sein Institut, leistungsfähige Produktdesigner auszubilden. Nach nur einem Jahr wurde das New Bauhaus wieder geschlossen, 1939 jedoch mit Hilfe von Geldgebern aus der Wirtschaft unter dem Namen School of Design neu eröffnet. Moholy-Nagy wurde fortan pragmatischer, ging mehr auf die Wünsche der Unternehmen ein und legte einen Großteil seiner kreativen Energie in das Werbe- und Produktdesign. Ein Wandel, der ihn zu einem der herausragenden Vertreter des modernen amerikanischen Designs machte.

LÁZLÓ MOHOLY-NAGY

WALTER GROPIUS

Der ehemalige Bauhausleiter Walter Gropius (1883–1969) wurde nach zweijährigem Aufenthalt in Großbritannien 1937 an die renommierte Harvard University berufen. 1946 gründete er die Gruppe The Architects Collaborative, in der junge Architekten praktische Erfahrung sammeln sollten. Trotz seines Rufes als Symbolgestalt der Moderne fiel Gropius' Schaffen in den USA weniger durch herausragende Bautätigkeiten auf als vielmehr durch seine architekturpädagogischen Leistungen. Viele große Architekten des 20. Jahrhunderts, darunter auch Philip Johnson und Ieoh Ming Pei, wurden von ihm ausgebildet.

Der österreichische Architekt und Stadtplaner Victor Gruen (1903–1980) emigrierte 1938 in die USA. 1952 baute er in Detroit das erste Einkaufszentrum, das nicht nur kommerzielle, sondern auch kulturelle und freizeitgestaltende Funktionen beinhaltete. Seitdem gilt Gruen als Erfinder der Shopping Malls in den USA. Sein Lebenswerk erschöpft sich aber nicht im Bau von reinen Konsumtempeln, sondern liegt in der Schaffung neuer, umweltgerechter Stadtzentren. Für einige Städte entwickelte er Erneuerungspläne, die eine größtmögliche Autofreiheit der Innenstädte vorsahen. Dieses Credo behielt er auch bei, als er 1970 in seiner Heimatstadt Wien eine autofreie Zone in der Innenstadt einrichtete, was ihm den Beinamen »Vater der Fußgängerzone« einbrachte.

VICTOR GRUEN

Harry Seidler (1923–2006) musste bereits mit 15 Jahren vor den Nationalsozialisten aus Wien fliehen. Nach seinem Architekturstudium in Kanada wurde Seidler Meisterschüler von Gropius. In nur wenigen Jahren arbeitete er mit einigen der größten Architekten seiner Zeit zusammen, darunter Marcel Breuer, Alvar Aalto und Oscar Niemeyer. 1948 zog es ihn zu seiner Familie nach Australien, wo er sich zu einem Wegbereiter und Vordenker des Internationalen Stils entwickelte.

Seidlers Landsmann Karl Brunner (1887–1960) war Professor für Städtebau in Kolumbien, als die Nationalsozialisten 1938 seine Berufung an die Akademie der bildenden Künste in Wien aufhoben. Brunner blieb daraufhin in seiner Wahlheimat Südamerika, wo er sich bis 1948 einen ausgezeichneten Ruf als behutsamer Stadtplaner erwarb, der lokale, kulturelle, politische und wirtschaftliche Voraussetzungen umsichtig zu einer neuen, organischen Struktur zusammenfasste. Dieser Ruf führte ihn nach dem Zweiten Weltkrieg wieder in seine Heimatstadt Wien, wo er von 1948 bis 1951 als Leiter der Stadtplanung den Wiederaufbau koordinierte.

HARRY SEIDLER

MIES VAN DER ROHE

HELD DER MODERNE
IN AMERIKA

Wann wurden das Bauhaus und die Moderne à la Corbusier eigentlich international? Einen Meilenstein bildete die Ausstellung *International Style* im Museum of Modern Art in New York 1932, der die europäischen Architekten ihre Reputation zu ver-

danken hatten. Gerade die deutschen Vertreter fanden nach der Machtergreifung der Nationalsozialisten ihre zweite Heimat in den USA. Einige von ihnen nahmen eine Lehrtätigkeit auf, bildeten junge Architekten aus und arrangierten sich mit dem amerikanischen Markt.

Ludwig Mies van der Rohe (1886–1969) fiel durch eine ihm eigene Kompromisslosigkeit auf, die bemerkenswert war. Zeit seines Lebens folgte er dem Grundsatz, die Kunst stehe über der Politik, über der Natur, über allen regionalen und historischen Randbedingungen. Diese Auffassung von

Kunst und Architektur ermöglichte es ihm, überall auf der Welt zu bauen, egal unter welchen politischen Rahmenbedingungen.

Seine Grundhaltung ließ ihn 1933, nachdem sich das Bauhaus unter massivem politischem Druck selbst aufgelöst hatte, mit den Nationalsozialisten »flirten«. Er beteiligte sich an einem Wettbewerb für eine neue Zentrale der Reichsbank und entwarf 1935 den deutschen Pavillon für die Weltausstellung in Brüssel. Beide Entwürfe wurden zwar ausgezeichnet, aber nicht gebaut. Als seine Karriere in Deutschland zu sehr ins Stocken geriet, nahm er 1938 die Einladung des Armour Institute of Technology in Chicago an, die dortige Architekturabteilung neu aufzubauen. Neben seiner Lehrtätigkeit forcierte Mies dort auch seine persönliche Karriere. 1947 sorgte eine Werkausstellung, von Philip Johnson organisiert, für den nächsten Karriereschub. Ein Jahr später erhielt er den Auftrag, für die Ärztin Edith Farnsworth ein Wochenendhaus zu bauen. Das 1951 fertiggestellte Farnsworth House gilt aufgrund seiner Schlichtheit, seiner perfekt ausbalancierten Proportionen und der kühnen Verwendung von Glas und Stahl als Mies van der Rohes erstes Meisterwerk auf amerikanischem Boden. Obwohl die Auftraggeberin aufgrund der explodierenden Baukosten keineswegs zufrieden war, wurde ihr kleines Wochenendhaus zum Start für die überaus erfolgreiche Karriere des Architekten in den USA. Mies erhielt in den folgenden Jahren zahlreiche Aufträge zum Bau von Apartment- und Bürohochhäusern. Die bekanntesten Beispiele sind die Lake Shore Drive Apartments in Chicago und das Seagram Building in New York. Beide fallen durch ihre ausgesprochen schlichten, vollständig verglasten Fassaden und die strenge formale Struktur auf. Spätestens mit dem fast 160 Meter hohen Seagram Building setzte Mies van der Rohe Maßstäbe für die Zukunft des

amerikanischen Hochhausbaus. Ganze Generationen von Architekten eiferten seinem Stil nach, und für Jahrzehnte beeinflusste er vor allem in New York den Bau von Wolkenkratzern.

Der Sprung über den großen Teich war für Mies van der Rohe – ganz im Gegensatz zu vielen seiner Kollegen – der entscheidende Schritt in seiner schon weit fortgeschrittenen Laufbahn. Endlich konnte er viele seiner geplanten Großprojekte auch verwirklichen. In seinem Schaffen ergänzt sich nun die abstrakte Formauffassung, die sich in Europa bereits in den 1920er Jahren gefestigt hatte, mit der innovativen und effizienten Bautechnik, die in den Vereinigten Staaten entwickelt worden war. Bis zu seinem Tod 1969 gestaltete Mies van der Rohe die amerikanische Nachkriegsarchitektur als einer der einflussreichsten und federführenden Architekten maßgeblich mit.

CROWN HALL IIT CAMPUS. CHICAGO.
LUDWIG MIES VAN DER ROHE (1956)

LAKE SHORE DRIVE APARTMENTS. MODELL. CHICAGO.
LUDWIG MIES VAN DER ROHE
AUF DEM BILD (V.L.N.R.): HERBERT S. GREENWALD (PROJEKT
ENTWICKLUNG), ROBERT H. MCCORMICK JR. (MAKLER)
LUDWIG MIES VAN DER ROHE (ARCHITEKT), JOHN HOLSMAN
(ARCHITEKT), SAMUEL L. KATZIN (PROJEKT-ENTWICKLUNG)
UND KNIEND CHARLES CENTHER (ARCHITEKTURBÜRO).
(VOR 1951)

BUENOS AIRES
METROPOLE
DER SEHNSÜCHTE
ZWISCHEN ZWEI KONTINENTEN

Zu Beginn des 20. Jahrhunderts war Buenos Aires eine der reichsten Städte der Welt. Der Wohlstand der Porteños, wie die Einwohner der Stadt genannt werden, war auf Viehzucht und Agrarwirtschaft im Hinterland begründet. »Reich wie ein Argentinier« war zu dieser Zeit ein geflügeltes Wort in Europa. Und genau auf dieses Europa versuchte sich die Stadt in ihrer architektonischen Gestaltung immer wieder zu beziehen. Waren die Spanier die ersten, die Buenos Aires mit ihrem schachbrettartigen Aufbau gestalteten, so folgten ihnen im Laufe der Jahrhunderte zahlreiche Einwanderer anderer Nationen. Jede Emigrantengruppe, die in Buenos Aires Wurzeln schlug, versuchte ein wenig von ihrer Heimat in die Neue Welt zu transportieren. Der umtriebige Le Corbusier, der 1929 auf einer Südamerikareise auch Buenos Aires besuchte, bezeichnete dieses als eine »Stadt im Irrtum, die keinen neuen Geist und keinen alten besitzt«. Dieses Statement beschreibt deutlich das Dilemma, aber auch die Einzigartigkeit einer Stadt, die sich sehnsüchtig nach Europa reckte und darum nie ganz in Lateinamerika ankam.

Unser Stadtrundgang beginnt an der Plaza de la República, dem östlichen Ende der **Avenida 9 de Julio (1, s. Abb.)**. Die monumentale Prachtstraße, eine 20-spurige Stadtautobahn begrenzt von Grünanlagen, durchschneidet die Innenstadt von Buenos Aires in nordsüdlicher Richtung. Mit ihren Ausmaßen einer Flugzeugstartbahn verkörpert sie die Sehnsucht der Stadt nach internationaler Größe überdeutlich. Für die 1937 fertiggestellte, 140 Meter breite Avenida mussten nach

dem Vorbild der Pariser Boulevards ganze Häuserblocks abgerissen werden. In der Mitte der abschließenden Plaza de la República thront ein 67 Meter hoher Obelisk. Seit seiner Aufstellung im Jahre 1936 anlässlich des 400. Jahrestags der Gründung von Buenos Aires reckt er genau an der Stelle sein Haupt gen Himmel, an der 1812 zum ersten Mal die argentinische Flagge gehisst wurde.

Vom Obelisken gehen wir die Avenida Richtung Norden. Nach 500 Metern biegen wir auf die Avenida Santa Fe ab. Wir folgen deren Verlauf um einen kleinen Park, bis rechter Hand das **Edifício Kavanagh (2, s. Abb.)** erscheint, ein 120 Meter hohes Gebäude, das die Architekten Gregorio Sánchez, Ernesto Lagos und Luis María de la Torre 1936 für die exzentrische Millionärin Corina Kavanagh errichteten. Wie kein anderes Gebäude der Stadt steht es für die Sehnsucht der Porteños nach Bedeutung und Anerkennung und überragt die noblen Stadtpaläste, die es umgeben, um ein Vielfaches. Das Äußere des Stahlbetonbaus ist schlicht und elegant, im Stil einer gefälligen Klassischen Moderne gehalten, die nicht die Radikalität Europas übernimmt, sondern einen städtebaulichen Kompromiss aus Tradition und Erneuerung sucht. Das Innere dagegen ist von überbordender Pracht

im Art-déco-Stil, ganz dem Zeitgeist wohlhabender Bauherren der 1930er Jahre entsprechend.

Vom Edificio Kavanagh aus folgen wir der Straße San Martín circa einen Kilometer nach Süden, bis wir auf die Plaza de Mayo treffen. Der Platz ist zugleich Anfang und Ende der Avenida de Mayo, der zweiten großen Prachtstraße. Hier, wo die Straße von pompösen Stadtpalästen und Luxushotels im Jugendstil und Art déco gesäumt wird, lässt sich der Traum vom »Paris des Südens« am ehesten nachvollziehen. Auf der linken Seite der

Plaza de Mayo befindet sich das Gebäude der **Banco de Londres y América del Sur (3, s. Abb.)**, das auf den ersten Blick so gar nicht in diese Scheinwelt aus Luxus und Verschwendung hineinpasst, auf den zweiten Blick aber in einen maßvollen Dialog mit zwei neoklassischen Gebäuden tritt. Als der Architekt Clorindo Testa 1959 mit dem Bau begann, galt er bereits als einer der wichtigsten Vertreter des Brutalismus. In der Tat war Testa vom Spätwerk Le Corbusiers fasziniert, der seit Mitte der 1950er Jahre für seine Bauten rohen Sichtbeton verwendete. Doch während Le Corbusiers Bauten als Einzelmonumente losgelöst von der Umgebung stehen, ging Testa einen Schritt weiter. Für die Banco de Londres entwarf er eine Betonfassade, die von geometrischen Formen mit abgerundeten Ecken durchwirkt ist. Der Baustoff erhält durch diesen Kunstgriff eine spielerische Leichtigkeit, Durchblicke werden mithilfe einer großflächigen Glasfassade ermöglicht. Testa gelang mit dieser mutigen Konstruktion nicht nur

eine perfekte Integration von Stadt und Architektur, er dekonstruierte auch das Prinzip der geschlossenen Betonfassade.

Von der **Plaza de Mayo (4)** aus wechseln wir unser Verkehrsmittel und bewegen uns unter der Erde weiter. Die U-Bahn-Station unter dem Platz ist nicht nur die älteste der Stadt, sondern der ganzen Südhalbkugel. Die 1913 in Betrieb genommene Subterráneo ist einer der Belege für Buenos Aires' stetes Wetteifern mit den großen Metropolen Europas. Wir nehmen die Linea D und fahren bis zur Station Agüero im Stadtviertel Recoleta. Hier wohnen die Reichen in herrschaftlichen Villen, umgeben von weitläufigen Parks und Grünanlagen. In einem dieser Parks, wo einst die Residenz des politischen Übervaters Juan Domingo Perón stand, erhebt sich heute das symbolträchtige Gebäude der **Biblioteca Nacional (5, s. Abb.)**. Clorindo Testa entwarf die Nationalbibliothek bereits 1962. Das aus Sichtbeton bestehende Äußere imaginiert die Form eines Baumes. Sein schmaler Stamm wird überragt von einer ausladenden Krone, die aus großen Fensterfronten einen Ausblick auf den Park freigibt. Mit der Verwirklichung dieses Baues, der erst 1995 endgültig fertiggestellt wurde, schuf Testa ein beeindruckendes Beispiel moderner Architektur, das sich nahtlos in die Umgebung und den historischen Kontext einordnet. Obwohl durch Finanzierungsengpässe entstandene Baumängel die einwandfreie Ausführung beeinträchtigten, konnte der Entwurf bis heute überdauern. Für die Argentinier besitzt das Gebäude einen hohen nationalen Wert. In ihren Augen symbolisiert es nicht nur einen Baum, sondern fungiert zugleich als metaphorische Darstellung eines Kopfes: das Haupt der Nation.

1950–1959
WIEDERAUFERSTEHUNG DER MODERNE

TEXT | JOHANNES WENDLAND

MEXICO CITY
DIE ANDERE METROPOLE
AUF UND AB

Die Modernität von Mexiko-Stadt trägt globale und lateinamerikanische Züge. In ihr gehen Architektur und bildende Kunst, Internationaler Stil und die prä-kolumbianische Formenwelt eine einzigartige Synthese ein. Auf den Fundamenten der aztekischen Hauptstadt Tenochtitlán hat sich der Barock der spanischen Konquistadoren ebenso ausgebreitet wie die Repräsentationsarchitektur des seit 200 Jahren unabhängigen Staates Mexiko.

Doch auch die Geologie – so beispiels-weise der vulkanische Untergrund – hat in der Textur dieser quirligen Riesenmetropole ihre Spuren hinterlassen. Der riesige Komplex der im Süden der Hauptstadt gelegenen Universitätsstadt ruht auf den Hängen des Lavafeldes Pedregal de San Ángel. Dieses seit 2007 auf der UNESCO-Welter-beliste eingetragene Ensemble wurde von 1950 bis 1953 errichtet und ist ein bis heute sichtbares Zeichen für die damaligen Ambitionen des Landes.

Der Tektonik war geschuldet, dass die Architekten sich in punkto Hochbauten lange maß-voll zeigten. Erst mit dem 2003 eröffneten **Torre de Mayor (1, s. Abb.)** bescherten Zeidler Roberts der Metropole am Paseo de la Reforma 505 einen imposanten und international gefeierten Wolken-kratzer. Blickt man zurück auf das 20. Jahrhundert, dann erzählt die Entwicklung der Moderne in Mexiko-Stadt vom Aufstieg und langsamen Fall der »institutionalisierten Revolution« in Mexiko. Der politische und soziale Umsturz, den Emiliano Zapata und Pancho Villa 1910 einleiteten, legte die Grundlage für die Politik des sozialen Ausgleichs, für eine Demokratisierung der Gesellschaft und einen wachsenden Wohlstand. Die notwendigen

Mittel dafür erschloss 1938 die Verstaatlichung der Erdölindustrie. Jahrzehntelang führte der Weg Mexikos nur in eine Richtung: aufwärts. Erst Ende der 1960er Jahre wurden die Verkrustungen unübersehbar, die die allzu große Nähe von Politik, Regierungspartei und Gesellschaft unweigerlich mit sich gebracht hatte. Die Austragung der Olympischen Sommerspiele 1968 und der Fußballweltmeisterschaft 1970 waren symbolische Höhepunkte der Weltgeltung des Landes – aber auch der Anfang eines langsamen, aber stetigen Niedergangs. Der Putz blättert, auch und vor allem bei den einstmals so stolzen Bauwerken.

Die Träume und Hoffnungen der Moderne haben auch im Moloch Mexiko-Stadt ihre Spuren hinterlassen. Wer sich also auf Spurensuche begeben möchte, muss weite Wege, lange Taxifahrten und viel Zeit in Kauf nehmen. Die bedeutendsten Bauwerke der Moderne liegen im Osten, Norden und Süden der Stadt verstreut.

Wir beginnen im Osten im Quartier San Ángel. Das früheste Beispiel stammt aus den 1930er Jahren: das **Studiohaus des Künstlerpaares Diego Rivera und Frida Kahlo (2, s. Abb.)** (Avenida Altavista/Calle Diego Rivera). Das funktionalistische Doppelhaus mit seiner charakteristischen Farbfassung wurde 1931 von dem Architekten Juan O'Gorman gebaut und gilt als das erste Gebäude in Mexiko, in dem die Gedanken der architektonischen Moderne umgesetzt wurden: Horizontale Fensterbänder, Flachdach, rund auskragende Balkons.

20 Jahre später hatte sich auf breiter Front der Internationale Stil durchgesetzt. Die **Ciudad Universitaria (3)**, die Universitätsstadt in Pedregal im Süden der Hauptstadt, an deren Realisierung

heute als wichtigster Vertreter der mexikanischen Moderne gilt: Luis Barragán. In unmittelbarer Nachbarschaft zur Universitätsstadt errichtete er seit 1945 in der vulkanischen Mondlandschaft von Pedregal eine Reihe von Privathäusern mit großzügigen Gärten, die zwar großen Widerhall in der Architekturkritik fanden, finanziell aber ein Misserfolg waren. Auch Barragán mischte internationale Moderne und mexikanisches Kulturerbe. Ungewöhnliche Farbigkeit, Kontraste bei den Materialien und die Sensibilität für die Natur zeichnen sein insgesamt schmales Œuvre aus, wobei sein Interesse immer auch der Gartenarchitektur galt.

zeitweilig bis zu 200 Architekten arbeiteten, sollte die Revolution von 1910 mit den Mitteln des Städtebaus weiterführen. Während das alte Europa nach Kriegsende am Boden lag, schien auf dieser Seite des Atlantiks die Zukunft groß und offen. Für die Architekten ging es um nicht weniger als die Schöpfung des modernen Mexikos – mit Bezugnahme auf die lange Geschichte des Landes. Die **Hauptbibliothek (4, s. Abb. vorherige Seite)** von 1956 ist ein kubischer Block ohne Fenster, der auf einem horizontalen Unterbau lagert. Auf allen vier Seiten sind die Wände des Magazingebäudes von riesigen Mosaiken über die Geschichte des Landes und der Wissenschaften bedeckt – eine pathosgeladene Geste, eine Verbeugung vor dem menschlichen Wissen und eine Referenz an den Muralismo, die mexikanische Kunst der Wandmalerei. Auch die Bibliothek ist eine Schöpfung von Juan O'Gorman, der wie viele mexikanische Architekten auch ein ausgebildeter Maler war.

Weitere Bauten der Universitätsstadt, die zu Ikonen der mexikanischen Modernität wurden, sind das kraterförmige **Olympiastadion (5)** mit dem großen Wandbild *Die Universität, die Familie und der Sport* in Mexico von Diego Rivera, das schlanke, zwölf Stockwerke aufragende **Rektoratsgebäude (6)** und der **kleine Pavillon für kosmi-**

sche Strahlenforschung (7) mit seinem tief heruntergezogenen, zweifach gekrümmten Stahlbetondach. An dieser städtebaulichen Großaufgabe nicht beteiligt war ein Architekt, der international

Dies lässt sich nicht nur in der Gestaltung seines eigenen Studiohauses Casa Barragán (1948) am Rande von Mexiko-Stadt erkennen, sondern auch beispielsweise in der **Villa Cuadra San Cristóbal (8, s. Abb.)**, die von 1967 bis 1968 erbaut wurde. Sie umfasst neben einem Wohnhaus auch Stallungen, eine Tränke für die Pferde und einen Swimmingpool. Die spröde, minimalistische Architektur wird durch kräftige Farben akzentuiert – rot, rosa, lila.

Wie andere mexikanische Architekten arbeitete auch Barragán häufig eng mit bildenden Künstlern zusammen. Er realisierte mit den **Torres de Satélite (9, s. Abb.)** (Ringautobahn Periférico Poniente) 1957 einen Entwurf des deutschstämmigen Bildhauers und Architekten Mathias Goeritz. An einer großen Ausfallstraße in Naucalpan de Juárez unmittelbar hinter der nördlichen Grenze der Hauptstadt errichtete Barragán die fünf Bauwerke, zwischen 30 und 52 Meter hoch und auf dreieckiger Grundfläche. Surreal überragen sie die gesichtslose Umgebung. Die Türme, deren Farbigkeit 1968 aus Anlass der Olympischen Spiele geändert wurde, sind zur Landmarke der neuen Satellitenstadt Ciudad Satélite geworden.

Zu den Sommerspielen 1968 wurde auch das **Hotel Camino Real (10, s. Abb.)** (Av. Mariano Escobedo 700) errichtet, das als Meisterwerk der mexikanischer Moderne gilt. Der Architekt Ricardo Legorreta entwarf das Gebäude als eine Neuinterpretation präkolumbianischer Stufenpyramiden – in funktionalen Formen mit der für die mexikanische Variante so typischen Farbigkeit. Mexiko-Stadt ist die andere Metropole mit einer anderen Moderne: kalkulierte Rationalität trifft hier auf magischen Realismus.

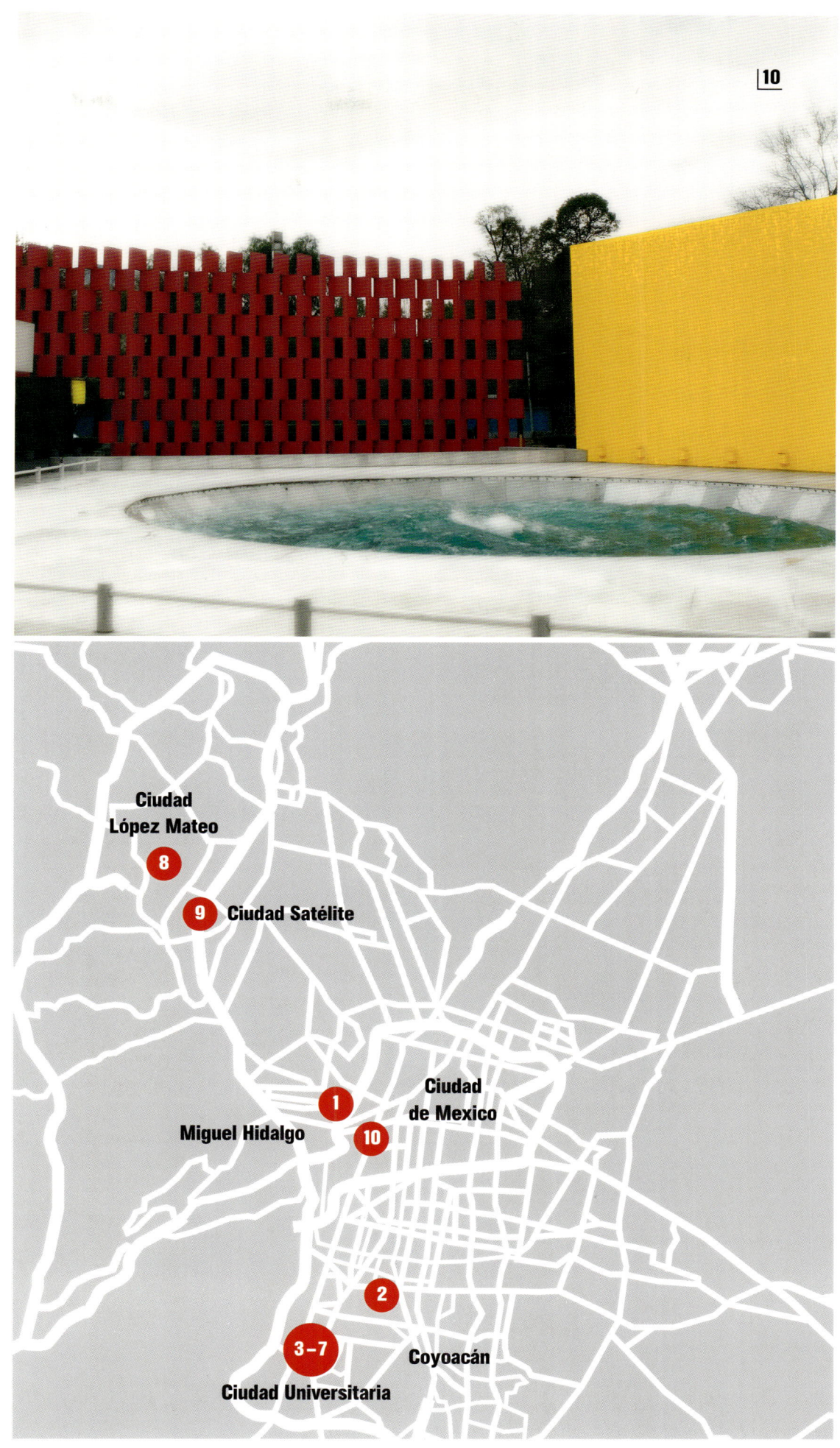

NEUE ORDNUNG

INTERNATIONALER STIL
ZWECKRATIONALISMUS
MODERNE NORDEUROPAS

Am Ende der 1950er Jahre war die Welt im Schatten des Kalten Kriegs zweigeteilt. Die beiden Supermächte USA und UdSSR wachten aggressiv über ihre jeweiligen Einflusssphären. Frankreich und Großbritannien kämpften in Algerien und am Suezkanal vergeblich um den verlorenen Status als Weltmacht. Und während das vom Krieg zerstörte und zerschundene Europa mit massiver Hilfe von außen am Wiederaufbau arbeitete, blühten andere Regionen der Welt auf. Lateinamerika erlebte eine anhaltende Wachstumsphase, der Nahe Osten betrat die Weltbühne und die afrikanischen Länder konnten endlich das Joch des Kolonialismus abschütteln.

Die Hoffnung auf zunehmenden Wohlstand und die Verheißung auf eine von Fortschritt, Vernunft und Wissenschaft geprägte Zukunft kennzeichneten das Jahrzehnt. Optimismus und Wissenschaftsgläubigkeit sind die Sprache des Atomiums, des Wahrzeichens der ersten Weltausstellung nach Kriegsende, der Expo des Jahres 1958 in Brüssel. Das Bauwerk nach einem Entwurf des belgischen Architekten André Waterkeyn stellt die 165-milliardenfache Vergrößerung einer aus neun Atomen bestehenden Elementarzelle eines Eisenkristalls dar. Es ist 102 Meter hoch, die Atomkugeln haben jeweils einen Durchmesser von 18 Metern und sind durch Streben miteinander

◀ ATOMIUM, BRÜSSEL. ANDRE WATERKEYN, ANDRE UND JEAN POLAK (1958)

verbunden, die Rolltreppen und Verbindungsgänge aufnehmen. Mit den Atombombenabwürfen von Hiroshima und Nagasaki war die Welt 1945 in das nukleare Zeitalter eingetreten. 13 Jahre danach überwog die Zuversicht, diese Urkraft der Natur zugunsten ziviler Zwecke zähmen zu können.

Die 1950er waren ein Jahrzehnt mit enormer Bautätigkeit, und das weltweit. Auf breiter Front setzten sich die Prinzipien einer rationellen Bauweise durch. Die Charta von Athen (1933), die den modernen Städtebau den Bedingungen der Industriegesellschaft anzupassen versuchte, entwickelte sich nach dem Ende des Zweiten Weltkriegs zum Leitbild der Stadtplaner und Architekten – mit massiven Folgen, was spätere Reparaturmaßnahmen erforderlich machen sollte. So erwies sich die in diesen Jahren vorgenommene Auflockerung der historischen Innenstädte vielerorts als Ursache für eine zunehmende Verödung. Der Wiederaufbau der zerstörten europäischen Städte stand häufig im Zeichen einer weiteren Vernichtung von historischer Bausubstanz. Die Innenstädte wurden entkernt, während an den Rändern Satellitenstädte in die Umgebung wucherten. Die

▶ UNITÉ D'HABITATION TYP BERLIN, BERLIN. LE CORBUSIER (1958)

▽ UNITÉ D'HABITATION, MARSEILLE. LE CORBUSIER (1947–1952)

von der Charta geforderte funktionale Trennung von Wohnen, Arbeiten und Erholung erzeugte zudem ein enormes Aufkommen an innerstädtischem Verkehr, das die Planer in den 1960er Jahren dazu veranlassen sollte, die »autogerechte Stadt« auszugestalten und zu favorisieren.

In allen Industriestaaten lag ein Hauptaugenmerk der Bautätigkeit auf dem Wohnungsbau. Zwischen 1947 und 1965 wurden in vier französischen Städten und in Berlin fünf »Wohneinheiten« (*Unités d'Habitation*) nach dem Entwurf von Le Corbusier errichtet. Der aus der Schweiz stammende Architekt legte diesen avancierten Vorläufer des standardisierten Plattenbaus als Modell für ein im Prinzip überall zu errichtendes, seriell fabriziertes Wohngebäude in großem Stil an. Schon an den fünf realisierten Wohneinheiten aber lassen sich Glanz und Elend des industriellen Wohnungsbaus ablesen. Die erste Version des von Le Corbusier auch »Wohnmaschine« genannten Bautyps, der als Skelett aus Stahlbeton ausgeführte 18-Geschosser in Marseille von 1947, umfasst sämtliche vom Architekten vorgesehenen Funktionen wie Ladenlokale, Kindergarten, Sporthalle und Wäscherei. Er verwirklicht damit Le Corbusiers Ideal, alle urbanen Servicefunktionen unter einem Dach zu vereinen. Doch bereits die 1956 bis 1958 anlässlich der *Interbau* in Berlin realisierte Wohneinheit wurde zu einem reinen Wohnhaus zurechtgestutzt, was während der Bauzeit auch zum Zerwürfnis mit dem Architekten führte. Er sah in der Berliner Variante nichts anderes als »ein Gestell für Flaschen«.

Neue Wege beschritt der Hochhausbau, zunächst und vor allem in den US-amerikanischen Städten. Das Bauhausideal einer Vereinigung von

industriellen und bauschöpferischen Grundsätzen trug Ludwig Mies van der Rohe über den Atlantik. Von 1948 bis 1951 errichtet er am Lake Shore Drive am Ufer des Michigansees in Chicago zwei 26-stöckige Appartementgebäude, die aus einem

Stahlgerüst und einem zweiten Tragwerk in einem kleineren Raster bestehen, in das die Fassadenteile eingesetzt wurden. Entscheidend für van der Rohe war die rationelle Bauweise, die schon im strengen Maß von fünf zu drei zwischen Breite und Tiefe des Baus zu erkennen ist – ein Maß, das Mies häufiger anwenden sollte. So auch im Grundriss des bahnbrechenden Bürohochhauses für den Seagram-Konzern, das er 1954 bis 1958 an der New Yorker Park Avenue errichtete.

Derweil schuf Frank Lloyd Wright mit dem Neubau des Solomon R. Guggenheim Museums in New York eine Museumsikone. Die Rotunde mit den terrassenförmigen Stockwerken umfasst organische, der Natur abgeschaute Formen, die auf die Lage des Museums unmittelbar am Central Park reagierten. Funktional widerspricht der Bau so ziemlich allem, was bis dahin bei Museumsgebäuden gängig war. Der Besucher wird zunächst mit einem Fahrstuhl auf die oberste Ebene des Gebäudes gebracht, von wo aus er über eine sanft abwärts führende Rampe durch die Sammlung geführt wird. Die strengen, geraden Raumfolgen konventioneller Museen waren nun von gestern.

Zu den großen Architektenpersönlichkeiten der Nachkriegszeit zählt auch Alvar Aalto, dessen sensibler Umgang mit natürlichen Materialien wie Backstein und Holz schnell weltweit bekannt und hoch gelobt wurde. So entwickelte sich selbst ein abgelegener Ort wie das mittelfinnische Dorf Säynätsalo zu einem Mekka für Architekturreisende. Von 1950 bis 1952 baute Aalto hier ein neues Rathaus auf einem künstlich errichteten

LAKE SHORE DRIVE APARTMENTS , CHICAGO.
LUDWIG MIES VAN DER ROHE (1948–1951)

Hügel. Der um einen Innenhof gruppierte Ziegelbau mit Bibliothek, Ratssaal und Büros fügt sich vollkommen in die natürliche Umgebung ein und bietet ein Musterbeispiel für eine Architektur nach menschlichem Maßstab, der andernorts im rasen-

den Fortschritt des Neu- und Wiederaufbaus verloren zu gehen drohte. Das Gebäude weist damit weit über seine Entstehungszeit hinaus.

▲ GUGGENHEIM MUSEUM, NEW YORK.
FRANK LLOYD WRIGHT (1958)

▼ TOWN HALL, SÄYNÄTSALO (FINNLAND).
ALVAR AALTO (1950–1952)

STALINS MOSKAU

IRONIE
DES SCHICKSALS

Der Generalplan wurde generalstabsmäßig umgesetzt – doch der Generalsekretär erlebte die Vollendung des Plans nicht mehr. Als der sowjetische Diktator Stalin am 5. März 1953 starb, war sein Moskau der Zukunft noch eine Baustelle. Entlang neuer Hauptverkehrsachsen, die alle am Machtzentrum Kreml ausgerichtet waren, sollten monumentale Neubauten entstehen, überragt von sieben Wolkenkratzern. Der Plan, der bis in die 1930er Jahre zurückreicht, wurde seit dem Zweiten Weltkrieg zielstrebig umgesetzt. Die »Sieben Schwestern« waren 1957 fertiggestellt, darunter – als größte der Geschwister – die Lomonossow-Universität auf den Sperlingsbergen. Zu den Wolkenkratzer-Vermächtnissen Stalins zählen weiterhin das Außenministerium, das Hotel Ukraine, das Wohnhaus an der Kotelnitscheskaja-Uferstraße, das Haus am Roten Tor, das Hotel Leningradskaja, das Wohnhaus am Kudrinskaja-Platz und das Hochhaus in Sarjadje.

Der stalinistische Zuckerbäckerstil, diese typische Melange aus Empire State Building, Barockschloss und Politkitsch, machte Schule. Jede Hauptstadt des ehemaligen Ostblocks baute ihre eigenen Kathedralen des Sozialismus – von Warschau bis Peking.

◀ KULTURPALAST, WARSCHAU. LEW RUDNEW (1952–1955)

▶ LOMONOSSOW-UNIVERSITÄT, MOSKAU. LEW RUDNEW (1949–1953)

REKONSTRUKTIONEN

TYPEN DES WIEDERAUFBAUS

Die »Stunde Null« ist ein deutscher Mythos. Weder in West- noch in Ostdeutschland gab es für Architektur und Städtebau jenen ominösen Augenblick, an dem das Vergangene ausgelöscht wurde und ein völliger Neuanfang erfolgte. Der Übergang in die Nachkriegszeit vollzog sich fließend. Nicht selten griffen dieselben Planer, die für die NS-Stäbe konkrete Konzepte zum Wiederaufbau der zerstörten Städte ausgearbeitet hatten, einfach nur in die Schublade, als die Alliierten die Verwaltung übernahmen. Enttrümmerung, provisorische und dauerhafte Wiederherstellung von Wohnraum für die Not leidende Bevölkerung mitsamt den Millionen Flüchtlingen und eine Erfassung der Kriegsschäden wurden fast unmittelbar nach Beendigung der Kriegshandlungen aufgenommen. Nur ein Beispiel: Noch bis Jahresende 1945 wurden im schwer getroffenen Dresden 50.000 leicht und 3.000 schwerer beschädigte Wohnungen wieder nutzbar gemacht.

Doch die Art und Weise, wie beim Wiederaufbau verfahren werden sollte, war Gegenstand heftiger Diskussionen. Dies ging bis weit in die 1950er Jahre und – wie etwa die Debatte um den Wiederaufbau der kriegszerstörten Dresdner Frauenkirche in den 1990er Jahren zeigte – bis in die jüngste Zeit. Den Befürwortern von mehr oder weniger exakten Rekonstruktionen des Zerstörten oder Beschädigten standen die Anhänger eines völligen Neubeginns gegenüber. Diese sahen die

Chance, die dicht bebauten historischen Innenstädte aufzulockern und zu entkernen. Hygienische, soziale als auch städtebaulich-funktionale Überlegungen dienten ihnen als Argumente.

1947 wurde in Frankfurt am Main der originalgetreue Wiederaufbau des Goethehauses begonnen – ein Projekt mit hohem kulturellem und identifikatorischem Symbolwert. Das spätbarocke Wohnhaus der Familie Goethe war 1944 völlig zerstört worden. Zeitgleich wurden in der Frankfurter Altstadt aber die Überreste vieler historischer Gebäude abgetragen, die noch relativ gut erhalten waren und die man ohne allzu großen Aufwand hätte wiederaufbauen können. Erst in den 1980er Jahren, als im Zeichen der Postmoderne alte Bauformen und ein Bewusstsein für den Denk-

malschutz wieder hoch im Kurs standen, entschied man sich in Frankfurt dazu, die dem Römer gegenüberliegende Häuserzeile auf dem Römerberg in historischen Formen zu rekonstruieren. Wer die Rückseiten dieser »neu-alten« Häuser betrachtet, stößt allerdings auf postmoderne Formen.

Entschiedener gingen die Münsteraner zu Werke. Von 1947 an wurden dort Teile der zu 91 Prozent zerstörten Altstadt auf den alten Parzellen wieder aufgebaut. Durch Vereinfachung und Vereinheitlichung der historischen Formenvielfalt hinterließ dabei die Nachkriegszeit sichtbare Spuren. Der Prinzipalmarkt mit seinen vielgestaltigen Giebelhäusern gilt dennoch als Musterbeispiel für einen Wiederaufbau mit vergleichsweise bescheidenen Mitteln, der der bürgerschaftlichen Sehn-

sucht nach einem Wiedererstehen des Verlorenen entsprach.

Das sichtbare Ergebnis einer Kontroverse ist die Berliner Kaiser-Wilhelm-Gedächtniskirche. Die 1895 von Franz Schwechten in neoromanischen Formen errichtete Stadtkirche war im November 1943 durch Bomben stark beschädigt worden. Schon bald nach dem Krieg sammelten die Berliner Geld für den Wiederaufbau des Gotteshauses, der sich aber hinzog. 1957 gewann der Architekt Egon Eiermann einen Wettbewerb über die Zukunft der Kirche mit einem Entwurf, der ihren völligen Abriss und Neubau vorsah. Der Widerstand der Öffentlichkeit führte schließlich zu dem Kompromiss, die Ruine als solche zu bewahren und um neue Anbauten zu ergänzen. Die so entstandene Lösung wird bis heute als überzeugendes Mahnmal gegen den Krieg wahrgenommen – inmitten eines innerstädtischen Quartiers, das von der Architektur der Nachkriegszeit dominiert wird.

▷ KAISER-WILHELM-GEDÄCHTNISKIRCHE, BERLIN.
  EGON EIERMANN (1959–1961)

◁ GOETHEHAUS, REKONSTRUKTION, FRANKFURT AM MAIN.
  THEO KELLNER (1947–1949)

◁◁ GOETHEHAUS. FRANKFURT AM MAIN (1946)

STÄDTEBAU

BAUPLATZ BERLIN

ARCHITEKTUREN DER SYSTEME

Seit dem Ende des Zweiten Weltkriegs war Berlin zwar eine geteilte Stadt, doch handelten die Stadtplaner in West- wie Ostberlin ähnlich entschieden und robust, wenn es um die baulichen Überreste der Vergangenheit ging. Die Zerstörungen des Krieges boten die Chance, neue Leitbilder in der Stadtentwicklung umzusetzen. Dabei wurde hier wie dort auf vorhandene Straßenraster und ganz oder teilweise erhaltene Gebäude wenig Rücksicht genommen.

Dass sich die Leitbilder in West und Ost allerdings wesentlich voneinander unterschieden, sollte sich im Verlauf der 1950er Jahre zeigen. Mit prestigeträchtigen Großprojekten traten die beiden Teile der untergegangenen Reichshauptstadt in den Wettbewerb der Systeme ein: Im Osten wurden entlang der Stalinallee moderne Wohnungen hinter stalinistischen Zuckerbäckerfassaden

◀ HANSAVIERTEL, BERLIN. INTERBAU 1957.

▼ STALINALLEE, BERLIN. RICHARD PAULICK (1949–1960)

errichtet, während im Westen das Hansaviertel am Rande des Tiergartens als das Musterbeispiel des aufgelockerten, durchgrünten Städtebaus im westlich-modernen Stil neu errichtet wurde. Die Konkurrenz war offensichtlich.

Die Stalinallee – seit 1961 Karl-Marx-Allee genannt – wurde ab 1951 als zentrales Aufbauprojekt des neuen deutschen Arbeiter- und Bauernstaates errichtet. Zunächst wurde die mehr als 1,7 Kilometer lange, 90 Meter breite Achse zwischen Strausberger Platz und Frankfurter Tor mit gut ausgestatteten Wohngebäuden, Geschäften, Restaurants und anderen Einrichtungen als demonstrati-

ves Aufbauwerk realisiert – sozusagen von Hand, Stein für Stein. Öffentlichkeitswirksam mussten sich Arbeiter, Schüler und Studenten ebenso an den Bauarbeiten beteiligen wie Schriftsteller oder Künstler. Die Architektur wirkt monumental und geschlossen – für die einen ein Triumph des Sozialismus, für die anderen das einschüchternde Abbild eines totalitären Staates. Auf der städtebaulichen Planungsgrundlage von Egon Hartmann realisierten Architekten wie Hermann Henselmann und Richard Paulick die einzelnen Gebäude. Nach 1959 wurde die Stalinallee bis zum Alexanderplatz in Plattenbauweise erweitert, wobei die städtebau-

▼ LE CORBUSIER (2. V.L.), WALTER GROPIUS (M.). SITZUNG DES LEITENDEN AUSSCHUSSES. INTERBAU 1957.

liche Anlage dieses zweiten Abschnitts – anders als beim ersten, auf die große Achse beschränkten Abschnitt – auch die angrenzenden Quartiere umfasste. Dass rund um den Alexanderplatz einmal eine dichte gründerzeitliche Bebauung existiert hat, lässt sich heute kaum mehr erahnen.

Begleitet wurden die Bauarbeiten an der Stalinallee von einem propagandistischen Trommelfeuer. Diesem begegnete der Westen von 1953 an mit dem Wiederaufbau des Hansaviertels, das einst ebenfalls eine dichte Blockrandbebauung aufgewiesen hatte. Von dieser war im Krieg jedoch nur weniger als ein Drittel unbeschädigt geblieben. Ein Ideenwettbewerb des Westberliner Senats ergab, dass hier am Rande des in den Nachkriegsjahren nahezu vollständig abgeholzten Tiergartens eine großräumige Neubebauung gemäß dem Leitbild der aufgelockerten Stadt erfolgen sollte. Bedeutende Architekten aus dem In- und westlichen Ausland wurden eingeladen, für die Internationale Bauausstellung *Interbau* 1957 einzelne Gebäude zu entwerfen, die im Rahmen eines von einem Leitungsausschuss vorgelegten Übersichtsplans die Möglichkeiten des modernen Wohnungsbaus aufzeigen sollten.

Unter den 54 Architekten dieser architektonischen Leistungsschau, die aus 13 Ländern kamen, waren auch Koryphäen wie Walter Gropius, Oscar Niemeyer, Alvar Aalto, Max Taut, Paul Baumgarten, Arne Jacobsen und Sep Ruf. Sie errichteten insgesamt 36 Gebäude, die alle wesentlichen Typen des Wohnungsbaus der Nachkriegszeit repräsentierten – Scheiben- und Punkthochhäuser, Zeilenbauten und Einfamilienhäuser in einer miteinander verwobenen Teppichbebauung. Zudem entstanden zwei Kirchen, ein zentrales Einkaufszen-

trum, eine U-Bahnstation, ein Besucherpavillon sowie – als wichtiges Kulturgebäude – der Neubau der Akademie der Künste nach einem Entwurf von Werner Düttmann.

Die bis heute städtebaulich beeindruckende Planung orientiert sich am Bogen der auf einem Viadukt verlaufenden S-Bahn, der vom Großen Stern ausgehenden Straßenachsen sowie dem Tiergarten. Die landschaftsarchitektonische Gestaltung des Viertels verknüpfte den neuen Stadtteil mit dem ebenfalls zum Ende der 1950er Jahre neu angelegten Tiergarten.

Bei der Eröffnung der *Interbau* 1957 war das Hansaviertel zu etwa einem Drittel fertiggestellt. Die großformatigen Wohngebäude wurden mit Mitteln des öffentlichen sozialen Wohnungsbaus gebaut. Da für die Einfamilienhäuser jeweils private Bauherren benötigt wurden, konnten nicht alle

ursprünglichen Planungen realisiert werden. Erst 1961 waren alle Bauarbeiten auf dem Ausstellungsgelände abgeschlossen. Zu den *Interbau*-Gebäuden wird auch die Charlottenburger »Wohneinheit« von Le Corbusier und die von dem US-Architekten Hugh Stubbins mit amerikanischen Mitteln errichtete Kongresshalle – das heutige Haus der Kulturen der Welt – gezählt. Diese Ansammlung beeindruckender Bauten machte Westberlin für Jahrzehnte zu einem Mekka der modernen Architektur. Der Status der Stadt als Symbol des freien Westens in der Zeit nach dem Mauerbau 1961 drückte sich kaum irgendwo klarer aus als in seiner modernen Architektur, die die Werte des Westens verkörpern sollte.

AMERICAN STYLE

DEUTSCHE STILBLÜTEN

Nierentisch, Sputnik, Petticoat und Isetta – die 1950er Jahre waren ein Jahrzehnt, das kleine Freiheiten entdeckte und neugierig neue Formen kreierte. Dabei waren sie eine Zeit, in der eher gekleckert als geklotzt wurde. Bescheidenheit war Trumpf, das beliebteste Muster das kleine Karo. Dies hatte gute Gründe. Der Krieg war noch in frischer Erinnerung, und Europa hatte viel Schutt zu entsorgen, bevor es wieder richtig aufwärts gehen konnte. Die Brötchen, die gebacken wurden, waren noch klein.

Das galt auf beiden Seiten des Eisernen Vorhangs, der mitten durch Europa gezogen wurde. Der Kontinent befand sich fest im Griff des Kalten Kriegs, die Supermächte dominierten und setzten Maßstäbe. Zum ersten Mal spielte die »alte Welt« nur noch eine Nebenrolle. Dies spiegelte sich bald auch äußerlich im Erscheinungsbild der Städte wider.

Westdeutschland amerikanisierte sich. Nach Hungerjahren und der ersten Aufbauzeit trugen die Bundesdeutschen ihre Hosen und Faltenröcke wieder weiter. Erste Zeichen verwiesen auf das Wirtschaftswunder, der Bauch wurde wieder sichtbar, und massenweise quälten sich die Käfer über die Alpen in Richtung Rimini. Wer konnte, leistete sich mit dem Opel Rekord eine abgespeckte Variante der US-Straßenkreuzer. Die Tankstelle wurde ebenso zu einem Signum von Modernität wie Neonwerbung an den Fassaden, Gebäude aus Stahl und Glas oder der Filmpalast. Trumpf waren dort die

neuesten Filme aus Hollywood, während das eigene Starkino mit den Heimatfilmen eher auf restaurativem Kurs schipperte.

Überhaupt ging gesellschaftlich manches bald eher wieder rückwärts. Die Frauen beendeten ihr Aufbauwerk und kehrten zurück an den Herd. Die Bundesrepublik verzichtete auf eine rasche Wiedervereinigung und setzte lieber auf die Westbindung, die ihr den Freifahrtschein für die Wiederbewaffnung einbrachte. Schulen, Universitäten, Kirchen und Erziehungsheime waren Horte eines autoritären Zeitgeistes.

Aus Amerika schwappte aber auch der Geist der Revolte über, der sich gegen Ende der 1950er Jahre bei der jüngeren Generation breit machte. Rock 'n' Roll, Blue Jeans und James Dean verhießen eine Befreiung vom autoritären Lebensstil und den konventionellen Geschlechterverhältnissen. Es begann zu brodeln, doch noch stießen die jungen Rebellen auf massive Widerstände. Bis zu einem spürbaren gesellschaftlichen Wandel musste noch ein Jahrzehnt vergehen. So blieb es bis auf Weiteres beim Aufbegehren der

Halbstarken. Generell regierte das Aufbaudenken. Die Wirtschaft wuchs, die Unternehmen waren wichtige Bauherren der Zeit, und in den Vorstandsetagen wurde Kunst als repräsentativer Zierrat eingesetzt – so etwa im Unilever-Haus in Hamburg. Weit verbreitet war eine symbolhafte Figuration, wie sie auch das Dekor der häufig von Genossenschaften hochgezogenen Wohnsiedlungen prägte, die in den 1950ern die Wohnungsnot der Ausgebombten und Flüchtlinge nach und nach linderte. In einer häufig standardisierten Bauweise legten sie sich wie Teppiche über die Städte.

Die Architektur des Nachkriegsjahrzehnts lässt sich indes nicht einfach auf ihre Ärmlichkeit reduzieren, wie das heute gern gemacht wird. Klarheit der Formen, Rückgriffe auf den in den 1920er Jahren geprägten Internationalen Stil und zumeist noch Bescheidenheit in der Maßstäblichkeit prägten die Architektur der Zeit. Ein Ensemble wie die Nachkriegsbebauung rund um die Gedächtniskirche im Berliner Westen strahlt noch heute eine zurückhaltende Eleganz aus. Bedroht durch Überformung oder Abriss ist sie nichtsdestotrotz. Denn

heute, da das Spektakel einen zentralen Stellenwert hat, wird diese Bauweise als mickrig empfunden. Zwar haben viele Bauten aus den 1950er Jahren inzwischen Denkmalstatus, doch diesen gegen Investorenwünsche oder »Volkes Stimme« durchzusetzen, erweist sich oft als unmöglich.

Das gilt nicht zuletzt auch für die Bauten dieser Zeit in der DDR. Wobei es den frühesten Schöpfungen des sozialistischen Städtebaus noch am besten geht – die einstige Berliner Stalinallee ist ebenso denkmalgeschützt und größtenteils saniert wie der Stadtkern von Eisenhüttenstadt oder die ersten Plattenbaublöcke aus dem Jahr 1957 in Hoyerswerda. Problematischer ist die Erhaltung von Bauten der späteren Jahrzehnte, nicht zuletzt, weil wegen des massiven Wegzugs die Nutzer fehlen. Wo Städte schrumpfen, lassen sich auch wichtige Gebäude oft nicht mehr erhalten.

▲ UNILEVER-HAUS, HAMBURG. HELMUT HENTRICH UND HUBERT PETSCHNIGG (1961–1963)

▲▲ FILMTHEATER „ZOO-PALAST", BERLIN. SCHWEBES, SCHOSZBERGER U. FRITSCHE (1955–1957)

◄ TANKSTELLE, BUNDESREPUBLIK DEUTSCHLAND 1958.

STADTLANDSCHAFT

NEUE ALTE INDUSTRIESTANDORTE

Der Wettstreit der Systeme in Ost und West hinterließ auch im Städtebau Spuren. In den 1950er Jahren schossen in Deutschland Ost wie Deutschland West neue Industriestädte aus dem Boden. In beiden Fällen wurde an Planungen angeschlossen, die bereits von den Nationalsozialisten teilweise umge-

setzt worden waren. Stalinstadt, das spätere Eisenhüttenstadt, wurde von 1950 an rund um ein großes Stahlwerk an der Oder in den märkischen Wald gebaut. Und die ehemalige »Stadt des KdF-Wagens«, die seit 1945 wieder Wolfsburg heißen durfte, wurde in den 1950er Jahren planmäßig um das Volkswagen-Werk herum ausgebaut. Architekten wie Alvar Aalto und Hans Scharoun setzten mit

Kirchen- und Kulturgebäuden ein Sahnehäubchen auf das Aufbauwerk.

Per SED-Parteitagsbeschluss sollte Eisenhüttenstadt als »erste sozialistische Stadt« auf

▶ VOLKSWAGENWERK, WOLFSBURG (1938–1955)

▼ NEUE WOHNSTADT, STALINSTADT (SPÄTER EISENHÜTTENSTADT) (1950–1961)

deutschem Boden entstehen. Rund um das parallel dazu erweiterte Eisenhüttenkombinat Ost wurde am Rand des alten Städtchens Fürstenberg eine Wohnsiedlung im neoklassizistischen Stil begonnen, einer reduzierten Variante des stalinistischen Zuckerbäckerstils. Mit der Zeit wurde die Wohnbebauung schlichter, und Großsiedlungen im Plattenbaustil wurden errichtet. Bis zum Jahr der Wiedervereinigung 1990 wuchs die Bevölkerung der Stadt von einstmals knapp über 2.000 auf 50.000. Auch Wolfsburg expandierte stark – von etwa 25.000 Einwohnern um 1950 auf mehr als

128.000 im Jahre 1990. Kaum verwunderlich in der VW-Stadt, dass die Stadtplaner von Anfang an ein großzügiges Straßennetz vorsahen. Die Innenstadt ist heute ein stark überformtes Musterbuch der 1950er-Jahre-Architektur, mit Einkaufszeilen und Wohnungen in Zeilen- und Punkthäusern, stilvollen Kinos und geschwungenen Fußgängerbrücken.

Wolfsburg und Eisenhüttenstadt sind grüne Städte. Parks und Grünanlagen waren von Anfang an integraler Bestandteil der Stadtplanung. Städte mit einem hohen Freizeit- und Erholungswert

waren in den 1950er Jahren favorisierte Modelle – in West wie in Ost. Die Arbeiter sollten sich regenerieren, um leistungsfähig für den Wettkampf der Systeme zu sein.

STILE

MODERNISMO LATINO

KUBANISCHE AUSLÄUFER

Berühmt und bei Touristen beliebt ist die zwei Millionen Einwohner zählende kubanische Hauptstadt Havanna vor allem für ihre Altstadt, in der sich Straßenzug um Straßenzug die spanische Kolonialzeit konserviert hat. Die zum Teil renovierten, zum Teil verfallenen Quartiere ziehen Jahr für Jahr Millionen von Besuchern an. Markante Spuren hat in dieser charmanten Metropole aber auch die Moderne hinterlassen. Im Stadtteil Vedado befindet sich, in unmittelbarer Nähe zur berühmten Ufermeile Malécon gelegen, das 39-stöckige FOCSA-Gebäude, das 1954 bis 1956 in nur 28 Monaten nach einem Entwurf des Architekten Ernesto Gómez Sampera errichtet wurde. Das Gebäude mit seinen 375 Wohnungen, Bars, Restaurants und Geschäften ist eine karibische Variante der »Wohneinheit« von Le Corbusier und sollte innerstädtisches Wohnen für die kubanische Mittelschicht wieder attraktiv machen.

Das Pathos des mittig abgeknickten Scheibenhochhauses ist noch heute spürbar, auch wenn der bauliche Zustand in Jahrzehnten der Vernachlässigung stark gelitten hat. Das Gebäude wurde einst als Triumph der kubanischen Ingenieurskunst gefeiert, doch hat der Hochhausbau in Havanna nach der Revolution keine eigenständige Tradition entwickeln können. So ragt im Stadtteil Miramar das robuste Hochhaus der Russischen Botschaft aus den 1980er Jahren mit seinem spätsozialistischen Protz über eine urbane Wüste. Die hermetisch wirkende Mischung aus Totempfahl und

Großsilo sollte die Verbundenheit des Inselstaates mit dem Mutterland des Sozialismus ausdrücken. Doch schon nach wenigen Jahren verabschiedeten die Russen den Sozialismus und die Heere von »Beratern« zogen aus Kuba ab. Heute wirkt das Symbol daher zwar noch immer groß, aber leer.

▲ RUSSISCHE BOTSCHAFT, HAVANNA. (UM 1980)

◀ FOCSA-HOCHHAUS, HAVANNA. ERNESTO GÓMEZ (1954–1956)

UTOPIE BRASILIA
EINE NATION ALS BILD

Utopien des Städtebaus faszinieren seit jeher die Menschen. Das gilt heute wie vor 500 Jahren, als der Urvater der Stadtutopie – der Florentiner Bildhauer und Architekt Filarete – seine Ideen entwickelte. Er beschrieb schon im 15. Jahrhundert in seinem 25-bändigen Werk *Trattato d'architettura*, wie sich in der Idealstadt Architektur und Zusammenleben zu einem harmonischen Organismus zusammenfügen.

Licht, Luft, eine gute Wohnausstattung – dies war der Stoff für die sozialen Utopien der Moderne und diese erlebten nach dem Zweiten Weltkrieg nicht nur in Europa eine Renaissance, sondern auch in Lateinamerika. Länder wie Mexiko, Argentinien und Brasilien, die lange Wachstumsphasen erlebten, entwickelten eine eigene Spielart der Moderne, die weltweit begeistert rezipiert wurde. Ein Ausdruck dieser Zeit sprudelnder Zukunftshoffnungen ist Brasilia, die neue Hauptstadt Brasiliens – der Reißbrettentwurf einer modernen Metropole, die im brasilianischen Hinterland in wenigen Jahren aus dem Boden gestampft wurde. Der »Wohlstand für alle« blieb indes Utopie – und auch die Retortenstadt Brasilia hat die Erwartungen nicht erfüllen können. Brasilia hat eben mit denselben Problemen zu kämpfen wie jede andere Millionenstadt auch.

◄ BRASILIA. LUCIO COSTA, OSCAR NIEMEYER (1956–1960)

BRASILIA

INBEGRIFF DER STADT
DER MODERNE

Und doch beeindrucken die Elemente, aus denen dieses Gesamtkunstwerk modernen Städtebaus zusammengesetzt ist: der kreuzförmige, flugzeugähnliche Grundriss der Innenstadt, einst als »Plano Piloto« bezeichnet, die großen Magistralen, auf denen der Verkehr ohne Stocken fließt, die Integration von Stadt, Natur, Seen und Parks und nicht zuletzt die großen architektonischen Solitäre, Meisterwerke der Betonarchitektur, die den mitunter surrealen Formenreichtum der Baukunst von Oscar Niemeyer widerspiegeln.

Von 1956 an innerhalb weniger Jahre errichtet, weit abgelegen mitten im brasilianischen Hochland, sollte Brasilia das Symbol des neuen, selbstbewussten, fortschrittlichen Brasiliens werden. Diese Metropole aus der Retorte ist das Gemeinschaftswerk des Stadtplaners Lúcio Costa und des Architekten Oscar Niemeyer. Als Staatspräsident Juscelino Kubitschek den Startschuss für den Aufbau der neuen Hauptstadt gab, bezog er

sich auf einen Plan, der bis ins 18. Jahrhundert zurückreichte. Seit 1891 stand der Neubau einer Hauptstadt im Landesinneren als Kontrapunkt zu den wachsenden Küstenstädten sogar in der Verfassung.

Ist das Experiment Brasilia gelungen? Niemeyer selbst verneint diese Frage. Die Architektur spielt zwar bei diesem Scheitern eine Rolle, aber vielleicht nicht die Hauptrolle. Der ursprüngliche Plan, Brasilia als Stadt zu konzipieren, in der sich die gesellschaftlichen Schichten untereinander vermischen, ist grandios missglückt. Die Wohnkomplexe der Innenstadt sind überwiegend von Wohlhabenden bevölkert, während die Ärmeren in den architektonisch minderwertigen Satellitenstädten leben. Auch hat die Bevölkerungsentwicklung die – seit dem 21. April 1960 offiziell dazu er

nannte – Hauptstadt überrollt. Was einstmals als Lebensraum für 500.000 Menschen konzipiert wurde, muss heute weit mehr als zwei Millionen verkraften.

Für eine Besichtigung zu Fuß ist Brasilia zu weitläufig. Die längere Nord-Süd-Achse Eixo Rodoviário, die durch die beiden Wohnstadtteile Asa Norte und Asa Sul führt, misst gut 20 Kilometer. Die wichtigsten Monumente der Hauptstadt reihen sich indes entlang der etwa zehn Kilometer langen Ost-West-Achse Eixo Monumental, die im Westen beim Hauptbahnhof und im Osten bei der Praça dos Três Poderes, dem Platz der drei Gewalten, endet. Diese Achse besteht aus zwei breiten Straßen, die in jeweils eine Richtung führen, und einem breiten Grünstreifen in der Mitte. Wir folgen dieser Achse von Ost nach West.

Symbolischer Mittelpunkt der brasilianischen Hauptstadt ist der Platz der drei Gewalten, an dem Costa und Niemeyer die zentralen Gebäude der Legislative, Exekutive und Judikative versammelt haben. Der Palácio do Planalto, der Palast der Ebene, ist der Amtssitz des Staatspräsidenten und einer der ersten Neubauten, die 1960 zum Zeitpunkt der Verlegung der Hauptstadt von Rio nach Brasilia fertiggestellt waren. Das lang gestreckte Gebäude mit seinen markanten, nach oben und unten spitz zulaufenden, segelförmigen Säulen und dem weit vorkragenden Dach scheint

trotz seiner Horizontalität leicht und schwebend. Der Präsidentenpalast ist umgeben von einem Garten des berühmten Landschaftsarchitekten Roberto Burle Marx, der beim Aufbau von Brasilia wesentlich zum Erscheinungsbild dieser »grünen Metropole« beigetragen hat. Eine bescheidenere Variation dieser Bauweise bietet der benachbarte Oberste Gerichtshof.

Mittig in die Achse hat Niemeyer das aufsehenerregende Gebäude des Nationalkongresses gesetzt, das auf einem flachen Sockel die Funktionen des Parlamentsgebäudes klar veranschaulicht. In den beiden schmalen Scheibenhochhäusern in der Mitte befinden sich die Abgeordnetenbüros, in den beiden wie Schalen gestalteten Bauteilen die beiden Kammern des Parlaments – der Bundesse-

nat (Schale mit Öffnung nach oben) und die Abgeordnetenkammer (Schale mit Öffnung nach unten).

Den westlichen Abschluss des Platzes und der gesamten Eixo Monumental bildet eine abstrakte Großplastik, das Pantheon des Vaterlandes und der Freiheit Tancredo Neves, das Oscar Niemeyer 1985 als Gedenkort für alle Personen entwarf, die sich um den Staat Brasilien verdient gemacht hatten. Das Pathos, das solche Orte in der Regel auszeichnet, ist hier durch die abstrakten, gebrochenen Formen gemildert.

Wenn wir der Monumentalachse nun in westlicher Richtung folgen, fällt beiderseits der Achse eine recht spröde Folge von Querriegeln ins Auge, die Esplanade der Ministerien. Sie führt auf die weite Kreuzung mit der Eixo Rodoviário zu. Hier

steht auf der südlichen Seite die beeindruckende Dornenkrone der Kathedrale von Oscar Niemeyer, die 1970 eingeweiht wurde. Der hohe, lichtdurchflutete Innenraum, der bis zu 4.000 Menschen Platz bietet, ist nur durch einen Tunnel zu erreichen – kein sichtbarer Eingang sollte die große abstrakte Form stören. 70 Meter misst die kreisrunde Form am Boden, die Basis befindet sich unter der Erde. Nach oben hin verjüngen sich die insgesamt 16 Betonstreben, zwischen die abstrakte Glasflächen eingelassen sind. 1977 wurde die Kathedrale um den abstrakten, T-förmigen Glockenturm ergänzt.

Hinter dem Nationaltheater, das in seiner Form an eine Pyramide erinnert, erblicken wir auf der höchsten Erhebung der großen Achse den Fernsehturm, der von 1965 bis 1967 nach einem

Entwurf von Lúcio Costa erbaut wurde. Der eher konventionelle Sendeturm ist mehr als 200 Meter hoch und erhebt sich auf einer Basis, die auf abgerundeten Pfeilern ruht. Von der Aussichtsplattform in 75 Metern Höhe hat man einen beeindruckenden Blick auf die beiden großen Achsen der Stadt.

Westlich des Fernsehturms schließt das 1989 errichtete Kongresszentrum, das Centro de Convenções Ulysses Guimarães, den gesamten mittleren Teil der Achse ab. Nördlich davon hat Lúcio Costa die Sportanlagen der neuen Hauptstadt angeordnet, darunter eine Autorennpiste, ein Radstadion, eine Schwimmhalle und das Stadion Mané Garrincha. Am Ende der Achse ist die einschiffige Betonkirche Santuário Dom Bosco mit ihren leuchtenden Wänden aus blau bis violett gefärbten Glasbausteinen sehenswert. Diese Kirche ist kein Werk von Oscar Niemeyer, sondern wurde 1963 von Carlos Alberto Naves erbaut.

Wer ein Gesamtbild von Brasilia gewinnen möchte, sollte nach einem Abschreiten dieser Monumente auch eine Fahrt entlang der Wohnblocks – der sogenannten Superquadras – unternehmen, in denen die Planer die Einwohner der Hauptstadt untergebracht haben. Ob das Experiment Brasilia wirklich gescheitert ist, wie Niemeyer resignierend meinte, lässt sich hier am besten beurteilen.

Doch Brasilia ist und bleibt eine artifizielle Schöpfung. Zu weit entfernt liegt es von den anderen Metropolen – allein bis Rio sind es fast 1.000 Kilometer. Die Stadt ist eine Kulisse, und der Besucher fühlt sich in ihr mitunter unwirklich wie in einem Film.

LE CORBUSIER

Seine Städtebauutopien faszinierten die Zeitgenossen. Aus heutiger Sicht ist es dennoch ein Segen, dass sie Entwürfe geblieben sind. Zugleich hat Le Corbusier immer das menschliche Maß vor Augen und richtet an ihm sogar eine Formel für seine Gebäude aus – den Modulor. Le Corbusier ist ein Rationalist, in dessen Werk auch Raum für Poesie bleibt. Mit der Wallfahrtskirche von Ronchamp stößt er eine neue Tür auf, als die Moderne an ihre Grenzen zu kommen scheint.

▲ PLAN FÜR CHANDIGARH, DIE NEUE HAUPTSTADT DES INDISCHEN
BUNDESSTAATES PUNJAB (1953)

Zu Anfang der 1950er Jahre arbeitete der Schweizer Architekt Charles Édouard Jeanneret-Gris alias Le Corbusier an zwei äußerst gegensätzlichen Projekten – an der Stadtplanung und den Regierungsgebäuden für die indische Bundeshauptstadt Chandigarh und an der Wallfahrtskirche Notre Dame du Haut im französischen Juradörfchen Ronchamp. Als einer der Hauptvertreter des Internationalen Stils stand Le Corbusier auf der Höhe seines Ruhmes. Mit diesen beiden Aufträgen strebte er nun nach Unsterblichkeit.

Ähnlich wie zur gleichen Zeit Brasilia bot Chandigarh die äußerst seltene Chance, eine nagelneue Stadt mit einer politischen Schlüsselfunktion buchstäblich aus dem Boden zu stampfen. Diese Chance eröffnete sich durch die Unabhängigkeit Indiens und Pakistans 1947 und die Notwendigkeit, für den indischen Bundesstaat Punjab eine neue Hauptstadt zu errichten. Auf einmal konnte Le Corbusier, der seit den 1920er Jahren mit seinen Villen und Wohnhäusern, seinen »Wohneinheiten« und visionären Stadtplanungen für Paris oder Rio Aufsehen erregt und Kontroversen hervorgerufen hatte, alle seine Vorstellungen von einer modernen Großstadt umsetzen. Einer Großstadt, deren vielfältige Funktionen in Sektoren aufgeteilt sind, die im Kern die wichtigsten Bauten aufnehmen und deren Arbeits-, Wohn- und Freizeitsektoren wie Waben um diesen Kern herum gelegt werden. Grünflächen und weitläufige Verkehrsströme durchziehen diese Struktur und sorgen für eine flächige Stadttextur. Chandigarh ist eine weitläufige Stadt. Enge, Licht- und Luftknappheit durfte es in der modernen Metropole nicht mehr geben. Von der heute vorhandenen Bebauung stammen nur zwei monumentale Sichtbetongebäude direkt aus der Hand von Le Corbusier: der Justizpalast und das Parlament. Es handelt sich um zwei skulpturale Großbauten, die sich durch Versatzstücke aus der Industriearchitektur auszeichnen. Plastisch gestaltete Stützen und Dächer sowie ein Spiel aus großen Formen und kleinteiligen Details zeichnen das Erscheinungsbild dieser beiden Gebäude aus. Der geplante dritte Bau, der Regierungspalast, wurde nicht realisiert.

Das genaue Gegenteil des in großem Maßstab angelegten, auch in seiner Programmatik ausgreifenden Städtebaus im jungen Staat Indien bildet die Kapelle von Ronchamp. Innerlichkeit, meditative Konzentration und Formen, die sich der Natur annähern, sind die Merkmale dieses kleinen Baus. Die Wallfahrtskapelle aus Sichtbeton mit dem charakteristischen, dunklen Dach umfasst einen Innen- und einen Außenaltar. Anhand des von ihm entwickelten Proportionssystems Modulor gestaltete Le Corbusier die Maße des Innenraums, der seine Erscheinung auch dem Schwung des Dachs verdankt. Mit der Kapelle von Ronchamp entwarf Le Corbusier einen der bedeutendsten Kirchenbauten des 20. Jahrhunderts – eine Architektur, die sich harmonisch in die gebirgige Umgebung einfügt und sanft einen Weg über die funktionalistische Moderne hinausweist.

Das mag überraschen bei einem Architekten, der noch wenige Jahre zuvor bereit gewesen wäre, Quartier für Quartier im historischen Stadtzentrum von Paris niederzureißen, um reihenweise Hoch- und Zeilenhäuser unter dem Vorzeichen der *Ville Contemporaine* zu errichten. Die verdichtete, gewachsene Stadt verdammte er als den »siebten Kreis der Danteschen Hölle«, hingegen beurteilte er seinen *Plan Voisin* für das neue Zentrum von Paris als: »Riesig und großartig, funkelnd und voller Ordnung!« Paris hat im Laufe der Jahrhunderte viele Metamorphosen erlebt. Diese von Le Corbusier geplante Revolution des Stadtgrundrisses wurde glücklicherweise nicht realisiert.

VIER WEGWEISER

In den Nachkriegsjahren wird erstmals deutlich, dass die Moderne ein permanent im Wandel begriffenes Projekt ist. Es scheint kein Ende und kein Danach für die Moderne zu geben. In Amerika hatte die moderne Architektur Zeit und Raum gefunden sich zu entwickeln, nun kehrte sie als Re-Import nach Europa zurück. Dabei blieb das Bauhaus als Synonym für Modernität im weitesten Sinn lebendig. Es entstehen auch durchaus Bauten, die neue Wege aufweisen.

ZENTRUM SEINÄJOKI

Alvar Aaltos Ensemble für das neue, um ein Forum herum angelegte Stadtzentrum in Seinäjoki mit Rathaus, Kirche, Bibliothek und weiteren Gebäuden atmet eine demokratische Offenheit, die Architekturkritiker an die Grundrisse antiker Städte erinnerte. Die Bauten verweigern sich einem eindimensionalen Schema, organische Formen lösen schlichte Kubaturen ab und Materialien werden mitunter als Zitat eingesetzt – so etwa die blauen Keramikfliesen an der Rathausfassade, deren Vorbilder Aalto auf einer Orientreise entdeckte.

SEAGRAM BUILDING

Mit dem 1958 fertiggestellten Seagram Building an der New Yorker Park Avenue setzte Ludwig Mies van der Rohe Maßstäbe für den Hochhausbau. Die glatte, gleichmäßige Form des schlanken Baus, die Abbildung seiner Stahlskelettkonstruktion auf der Fassade und die Integration des Baukörpers in die innerstädtische Textur über Restaurants, Geschäfte und einen großen Vorplatz waren viel bewunderte Aspekte dieses Gebäudes.

TORRE VELASCA

Mit dem 1954 errichteten Torre Velasca tat das
Mailänder Architekturbüro BBPR – Gian Luigi
Banfi, Lodovico Barbiano di Belgiojoso, Enrico
Peressutti und Ernesto Nathan Rogers – erste
Schritte auf einem Weg, der in die Postmoderne
mit ihrem neuen Historismus münden sollte. Der
rund 100 Meter hohe Wohn- und Büroturm im
Stadtzentrum von Mailand orientiert sich an der
Form mittelalterlicher Wehrtürme, die häufig oben
pilzförmig auskragten. Das Gebäude zitiert sogar
die hölzernen Stützen, mit denen die Auskra-
gungen abgestützt wurden.

NOTRE DAME DU HAUT

Und nicht zuletzt steht auch Le Corbusiers
Kapelle in Ronchamp für die Abkehr von einer ausschließlich auf rationalen Überlegungen basieren-
den Architektur. Auch dieser kleine Bau steht zwei-
fellos am Ausgang der Moderne in Richtung einer
postmodernen Bau- und Denkweise.

Statt in streng geometrischen baute Le
Corbusier plötzlich in nahezu organischen For-
men, statt großer Fensterflächen entwarf er einen
Flickenteppich aus verschiedensten Lichtöffnun-
gen, die das Gebäudeinnere in ein meditatives
Halbdunkel tauchen. Architektur als spirituelles
Angebot – wer hätte das zuvor von „Corbu"
erwartet?

HELSINKI
OSTWESTMETROPOLE
NORDISCH SACHLICH

Die finnische Hauptstadt Helsinki ist eine recht junge europäische Metropole. 1550 von den Schweden gegründet, sollte die Stadt den Handel zwischen den finnischen Bauern und den Kaufleuten der Hansestadt Reval – heute Tallinn – fördern. Dies allerdings lief äußerst schleppend an, und um 1700 hatte das verschlafene Städtchen am Rande des schwedischen Königreichs noch immer nicht mehr als 1.700 Einwohner. Erst als Mitte des 18. Jahrhunderts die Schweden auf den vor der Stadt in der Ostsee liegenden Schären die Festung Sveaborg (Suomenlinna) zur Verteidigung gegen die Russen erbauten, begann das stetige Wachstum Helsinkis. 1809 musste die Festung vor den zaristischen Truppen kapitulieren, und die Russen verlegten die Hauptstadt ihrer neuen Provinz vom westlich gelegenen Turku nach Helsinki, sozusagen in Sichtweite von St. Petersburg.

Was dann geschah, wollen wir uns vor Ort genauer anschauen. Mit dem stattlichen, auf einem Hügel thronenden Dom als Mittelpunkt errichtete der Berliner Architekt Carl Ludwig Engel in der ersten Hälfte des 19. Jahrhunderts eine neoklassizistische Stadt auf einem schachbrettartigen Straßenmuster, die in weiten Teilen bis heute erhalten ist. Zu Engels repräsentativen, rund um den Senatsplatz angelegten Bauten zählen das Staatsratsgebäude, die Universität und die Universitätsbibliothek. Auch der prächtige Dom selbst ist ein Werk von Engel – wer an einem Sommertag zu seinen Füßen die weiten Treppenaufgänge hinaufblickt, begreift, warum Helsinki als »weiße Stadt des Nordens« gilt.

Dieses geschlossene Ensemble klassizistischer Prachtbauten muss einfach am Anfang eines Rundgangs stehen, der sich auf die Architektur der Moderne in Helsinki konzentrieren wird. Seither ist die Stadt kontinuierlich gewachsen – und wächst weiter. Und weil der Zweite Weltkrieg das Stadtzentrum überwiegend verschont hat, sind erstaunliche Gebäudeensembles aus allen Epochen des 19. und 20. Jahrhunderts zu entdecken – mitunter in beeindruckender Qualität. Wer die bescheidene, provinziell anmutende finnische Holzhausarchitektur des 19. Jahrhunderts studieren möchte, muss das Quartier Kruununhaka aufsuchen, feinsten

Jugendstil findet man in den Quartieren Eira und Katajanokka, und die Nationalromantik in den repräsentativen Gebäuden des Hauptbahnhofs und des Nationalmuseums – beide von Eliel Saarinen – oder in der Straße Aleksanterinkatu.

Um in die Moderne einzutauchen, bietet sich als Ausgangspunkt der quirlige Marktplatz an, nur einen Block entfernt vom Senatsplatz Carl Ludwig Engels. Hier trifft der Besucher gleich auf eines der kontroversesten Gebäude der Stadt, Alvar Aaltos Unternehmenszentrale für den früheren **Konzern Enso Gutzeit (1, s. Abb.)**, erbaut von 1959 bis 1962. Der weiße Kubus aus Marmor mit

seiner regelmäßigen Lochfassade ist an sich ein eleganter Bau, seine äußerst selbstbewusste Platzierung vor der orthodoxen Uspenski-Kathedrale und in unmittelbarer Nähe der historischen Regierungsgebäude am Marktplatz sprengt aber die Maße und erscheint aus heutiger Sicht fragwürdig.

Hinter der kleinen historistischen Markthalle weist das **Hotel Palace (2)** (1948–1952) von Viljo Revell mit seiner gleichmäßigen Fassade zum Hafen. Das Gebäude ist auf einem H-förmigen Grundriss gebaut, was eine Anordnung der Hotelzimmer um zwei offene Innenhöfe erlaubte. Ein großer Teil der ursprünglichen Inneneinrichtung ist noch erhalten – ein Genuss für Freunde des Designs der 1950er Jahre.

Wir folgen der Aleksanterinkatu mit ihren prachtvollen Banken- und Unternehmenszentralen in Richtung Hauptbahnhof. Am Ende der Straße, die sich mehr und mehr zur Einkaufsstraße wandelt, lohnt ein Blick in die **Buchhandlung Akateeminen Kirjakauppa (3)**, ein weiteres Gebäude von Alvar Aalto von 1969. Dieses weiträumige Ladenlokal beeindruckte mit seiner Größe zu einer Zeit, als Kulturkaufhäuser und Buchhandelsketten noch Zukunftsmusik waren. Interessant ist die Innenraumgestaltung mit der Empore und den

Oberlichtern, die Tageslicht in den weiten Raum leiten – ein typisches Aalto-Motiv.

Das Gebäude steht in einer Reihe von Modernisierungsvorhaben, mit denen in den 1950er- und 1960er Jahren die Innenstadt von Helsinki neu gestaltet werden sollte. Viele Projekte wurden nur teilweise oder überhaupt nicht ausgeführt, was der Grund für das heutige Patchwork aus Alt und Neu in der City ist. Ein weiteres Zeugnis für diese Planungen ist das dunkle, lang gestreckte Büro- und Geschäftsgebäude, das die Aleksanterinkatu mit dem Bahnhofsvorplatz auf der Tiefe eines Blocks verbindet und auf der Erd- und Untergeschossebene von einem Einkaufszentrum durchzogen ist. Die Finnen nennen es »Makkaratalo«, das Wursthaus – wegen des wulstartigen Abschlusses des im ersten Obergeschoss eingebauten Parkhauses. Auch der angrenzende Asematunneli, die Tunnelebene unter dem Bahnhofsvorplatz, deren Abgänge witterungsgeschützt in schönen Stahl-Glas-Pavillons untergebracht sind, stammt aus den späten 1960er Jahren, als die Ära der Shopping Center in Europa gerade begann. Am Bahnhof links vorbei

führt der Weg zu einigen sehenswerten Neubauten aus jüngerer Zeit. Das ehemalige Bahnhofsgelände hat sich zu einem Standort für Kunst und Kultur gemausert. Hier errichtete Steven Holl das Museum für zeitgenössische Kunst Kiasma (1992–1998) und Jan Söderlund und Antti-Matti Siikala bauten das Pressehaus Sanomatalo (1999).

Schon Alvar Aalto wollte am Westufer der Töölönlahti-Bucht eine Perlenkette von repräsentativen Kulturbauten aufreihen. Realisieren durfte er aber nur einen davon, die bedeutende **Finlandia-Halle (4, s. Abb. vorherige Seite)** (1962–1975) mit ihrer charakteristischen Marmorfassade – die wegen des rauen finnischen Klimas aber schon einmal komplett ersetzt werden musste. Am anderen Ende der Bucht thront das lange nach Aalto 1993 errichtete **Opernhaus (5)** der Finnischen Nationaloper von Eero Hyvämäki, Jukka Karhunen und Risto Parkkinen.

Noch vor der Kultur hat in Finnland traditionell der Sport einen besonders hohen Stellenwert. 1952 wurden in Helsinki die Olympischen Sommerspiele ausgerichtet – eine enorme Prestigeangele-

genheit für das kleine Land am Rande Europas, das im Schatten der Sowjetunion um internationale Wahrnehmung kämpfen musste. Wir queren, von der Oper kommend, eine Straße, passieren das Denkmal für den finnischen »Wunderläufer« Paavo Nurmi und stehen vor dem Eingang zum berühmten **Olympiastadion (6, s. Abb., auch Seite 256)**, das bereits 1934 bis 1938 nach Plänen von Yrjö Lindegren und Toivo Jäntti im funktionalistischen Stil gebaut wurde – für die in Helsinki geplanten Sommerspiele 1940, die wegen des Krieges abgesagt wurden. Das Stadion ist als eine offene, flache Schüssel gestaltet, in der keine Plätze unter Sichtbeeinträchtigung durch Pfeiler leiden. Charakteristisch ist der schlanke, weiße Stadionturm mit seinem auskragenden Treppenhaus.

Wir kehren wieder um und bleiben noch ein wenig auf den Spuren der Olympischen Spiele. Die

ROUTE HELSINKI

große ehemalige **Sport- und Messehalle (7)** an der Straße Mannerheimintie mit ihrem geschwungenen, lang gestreckten Dach stammt von 1935. Und am weiten Platz Kamppi, dem heute mit einem Einkaufszentrum überbauten ehemaligen Busbahnhof der Stadt, befindet sich **Helge Lundströms Tennispalatsi (8)** von 1938, eine ehemalige Sporthalle, die heute als Kinopalast und Kunstmuseum genutzt wird. Die äußere Gestalt des Gebäudes mit dem auffälligen Tonnendach ist erhalten. In beiden Gebäuden, die sich in ihrer Gestalt ähneln, fanden olympische Wettkämpfe statt.

Ein Meisterwerk des Funktionalismus schließt den Kamppi-Platz zur großen Straße Mannerheimintie ab – der **Lasipalatsi (9, s. Abb.)**, zu Deutsch Glaspalast, der 1936 von Viljo Revell, Heimo Riihimäki und Niilo Kokko als temporäres Büro-, Kino- und Geschäftsgebäude errichtet wurde. Die großzügig verglaste Betonarchitektur mit ihren charakteristischen, aus der Bauzeit stammenden Neonschriftzügen überlebte die Jahrzehnte trotz häufiger Abrisspläne und wurde in den 1980er Jahren denkmalgeschützt und sorgfältig saniert. Heute wird der Lasipalatsi als Medienzentrum genutzt.

Zum Abschluss dieses Spaziergangs zur architektonischen Moderne in ihrer nordeuropäischen Spielart bietet sich der Besuch eines stilvollen Cafés an, in dem der Architekt Alvar Aalto als Designer zu erleben ist. In dem sachlichen Büro- und Geschäftshaus an der Ecke Eteläesplanadi/Kasarmikatu von 1937 richtete Aalto im ersten Stock das elegante **Restaurant Savoy (10, s. Abb.)** ein, das in originaler Form erhalten ist. Mobiliar, Lampen, Textilien – alles stammt aus dem gemeinsamen Atelier des Ehepaares Aino und Alvar Aalto. Und ganz nebenbei zählt die Küche zu den besten der Stadt.

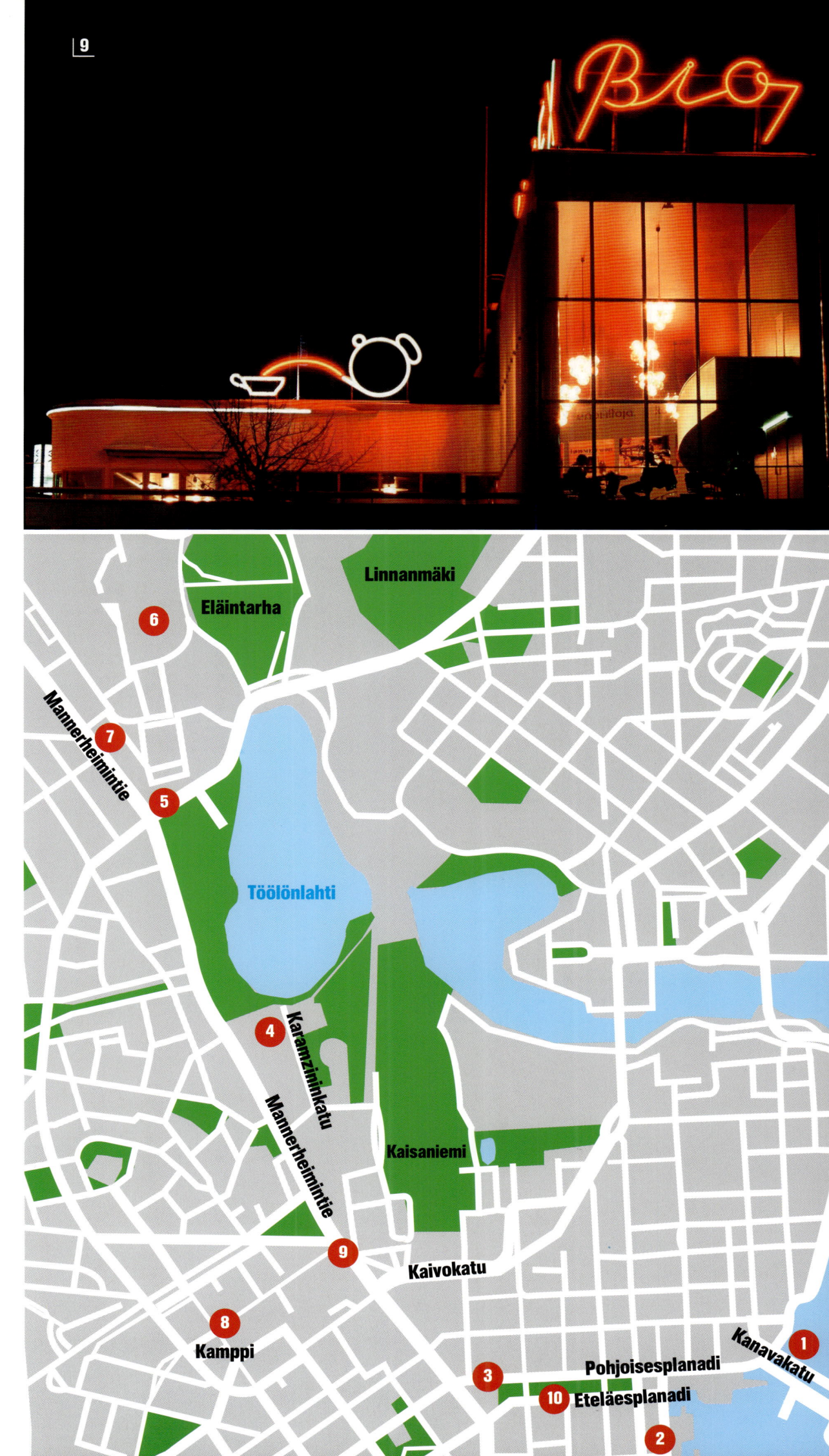

1960–1969
DIE SCHREIENDE MODERNE

TEXT | HENDRIK NEUBAUER

TOKIO
WACHSTUMS
MODERNE
EBEN EXTREM

Wo sonst als in Tokio hätte Kenzo Tange seinen städtebaulichen Masterplan aus dem Jahre 1960 entwickeln sollen? Die Metropolregion Tokio-Yokohama zählt zu den größten der Welt. Tange nahm sich der Probleme des unkontrollierten Wachstums der Städte an und wollte dieses Wirrwarr an Gebäuden, Express-Straßen und Bahnlinien neu gliedern. Dichte, die sich fortwährend selbst übertraf. Die Lösung sollte eine lineare Entwicklung hin zum Meer bringen, mit dem Ziel, Teile der Tokioter Bucht zu überbauen. Neue Brücken, künstliche Inseln und schwimmende Parkdecks sahen eine Ausbreitung der Stadt nach Bedarf vor, die unter Umständen auch den Rückbau von Strukturen ermöglichte. Mit diesem Konzept stand Tange einer Gruppe junger Architekten und Designer nahe, die auf der Internationalen Design Konferenz in Tokio 1960 den Metabolismus formuliert hatte. Diese Protestbewegung entwarf futuristische Stadtmodelle, die sich durch flexible, wachstumsfähige Strukturen auszeichnen. Es ist die asiatische Antwort auf die Probleme, auf die Archigram oder Team 10 in der westlichen Welt reagierten.

Bei solch einer Megastruktur wie Tokio empfiehlt sich fast ein Rundflug, wenn er denn erschwinglich wäre. Heben wir aber doch spaßeshalber einfach in Richtung Bunkyo Ward ab. Wir befinden uns im Anflug auf eine von oben gesehen unspektakuläre Kiste, die es aber in sich hat. Kiyonori Kikutake antizipierte das Prinzip der Metabolisten im **Sky House (1, s. Abb.)** von 1958. Vier Betonscheiben tragen das eingeschossige Haus, das in der Luft zu schweben scheint. Schlaf-, Koch- und Sanitärzellen gliedern den Innenraum, der je nach Bedarf durch weitere Zellen und weitere Räume ausbaufähig sein sollte. Der Baukörper ist, so sahen es die Pläne Kikutakes vor, je nach Familienstand der Bewohner mit den

eherne Gehäuse bis zum Zerreißen zu überdehnen scheint. Im Kirchenschiff selbst entpuppt sich Tange dann als der Meister der ausladenden Geste. Dieser Innenraum mit seinem rohem Beton entwickelt eine mystische Wucht, die ihresgleichen sucht.

Unsere nächste Station, die beiden **Yoyogi-Sporthallen (3, s. Abb. vorherige Seite)** im Zentrum der Stadt, sollte jeder auch einmal aus der Vogelperspektive betrachtet haben. Das Dach des großen Stadions wölbt sich konkav in das Innere der Halle wie eine Welle. Wem das Bild einer ausladenden Hängebrücke in den Kopf schießt, ist ganz nah an der Entwurfsidee Kenzo Tanges und seiner Ingenieure. Vor allem versperren im Inneren weder Pfeiler noch Pfosten die Sicht auf das Geschehen in der Halle – eine architektonische Meisterleistung. Die Bauaufgabe bestand darin, nicht nur Sportstätten für die Olympischen Spiele 1964 zu schaffen, sondern nationale Symbole. Tange löste diese Aufgabe und präsentierte sich der Weltöffentlichkeit als Architekt des freien

Modellierens, der sich aus dem Schlagschatten der Kisten befreit hat und auf diese Weise der japanischen Nachkriegsmoderne eine eigene Identität verlieh. Was er selbst jedoch nie so sehen wollte, denn er betonte immer wieder: »Die populäre Übung, Architektur mit regionalen Dekorationen herauszuputzen, ist verwerflich.«

Auch der Baukörper des **Shizuoka Press-and Broadcasting Centre (4, s. Abb.)**, den Tange 1967 auf die Ecke einer vielspurigen Verkehrsader im Stadtteil Ginza setzte, drängt sich bereits von weitem auf. Ein »Baum« aus Beton, Stahl und Glas. Tange selbst hätte diesen Evergreen der Moderne wohl eher metaphorisch als metabolistisch gedeutet, aber auch bei diesem Gebäude ist der Feinsinn des Architekten für die Bildhaftigkeit seiner Meisterwerke zu betonen. Gewissermaßen im Tiefflug geht es weiter in Richtung Waveginza über eine Hochstraße, nach wenigen Kilometern taucht links der **Nagakin Capsule Tower (5, s. Abb.)** auf, 1970–1972 von Kisho Kurokawa gebaut. Dieser einzigartige Hochbau

entsprechenden Bausteinen zu versehen. Hier wurde die Vision vom organischen Wachstum umgesetzt, wenn auch in sehr kleinem Maßstab.

Tanges »Plan für Tokio« blieb hingegen in der Schublade. Kenzo Tange zählte auch nie wirklich zu den Metabolisten, sondern bekannte sich in Wort und Schrift immer wieder zur architektonischen Moderne und verteidigte sie fast wie ein Evangelium. Das überrascht, wenn man dann seine Bauwerke wie die **St. Marien Kirche (2, s. Abb. vorherige Seite)** (1962–1964) in Augenschein nimmt. Was sich aus der Luft betrachtet als nichts weiter als ein X aus zwei Längskörpern ausnimmt, entwickelt am Boden eine Dynamik, die das

aus 140 genormten und vorgefertigten Kuben, die sich um die zwei Versorgungstürme »stapeln«, wurde zur Inkunabel des Metabolismus. Es gehörte jedoch zu den Illusionen des Architekten, dass Bewohner in ihrem Wohnkubus fortziehen würden. Wo sollten sie auch andocken, denn das »wachsende« Haus blieb ein Solitär.

Abschließend suchen wir ein Werk eines Architekten in Ueno auf, ohne dessen Einfluss es die Moderne in Japan so wohl nicht gegeben hätte: Kunio Mayekawa. Mit dem Zweiten Weltkrieg hatte die aufblühende Moderne ein jähes Ende gefunden. Architekten wie dem Corbusier-Schüler Mayekawa ist es zu verdanken, dass dem Einfluss der Supermacht USA architektonisch etwas entgegen gesetzt wurde. Gebäude wie seine **Festhalle (6, s. Abb.)** im Ueno Park aus dem Jahr 1961 führten die Formbarkeit von Stahlbeton vor. Gebäude wie dieses, mit seinem an den Rändern aufgeschwungenen Dach betrieben die Japanisierung der Ästhetik Le Corbusiers.

Die Tokioter Moderne in den 1960er Jahren lässt sich so am besten zusammenfassen: Mayekawa legte den Grundstein, Tange sprengte die Formen und antizipierte Visionen, die Metabolisten wie Kurokawa mit dem Brustton der Revolution weiterentwickelten und in dem Versuch der Umsetzung die normative Kraft und die Grenzen des Faktischen erfuhren. Dennoch ragen die Bauwerke der Wachstumsmoderne heraus aus der Bausubstanz einer Weltstadt, die sich alle zwanzig Jahre zu erneuern scheint und zudem sehr sorglos mit ihren Baudenkmälern umgeht. Tokio ist eben extrem. Faszinierend schockierend. Um das zu erkennen, muss man vielleicht erst einmal in die Luft gehen und sich in dem Wirrwarr einen Überblick verschaffen.

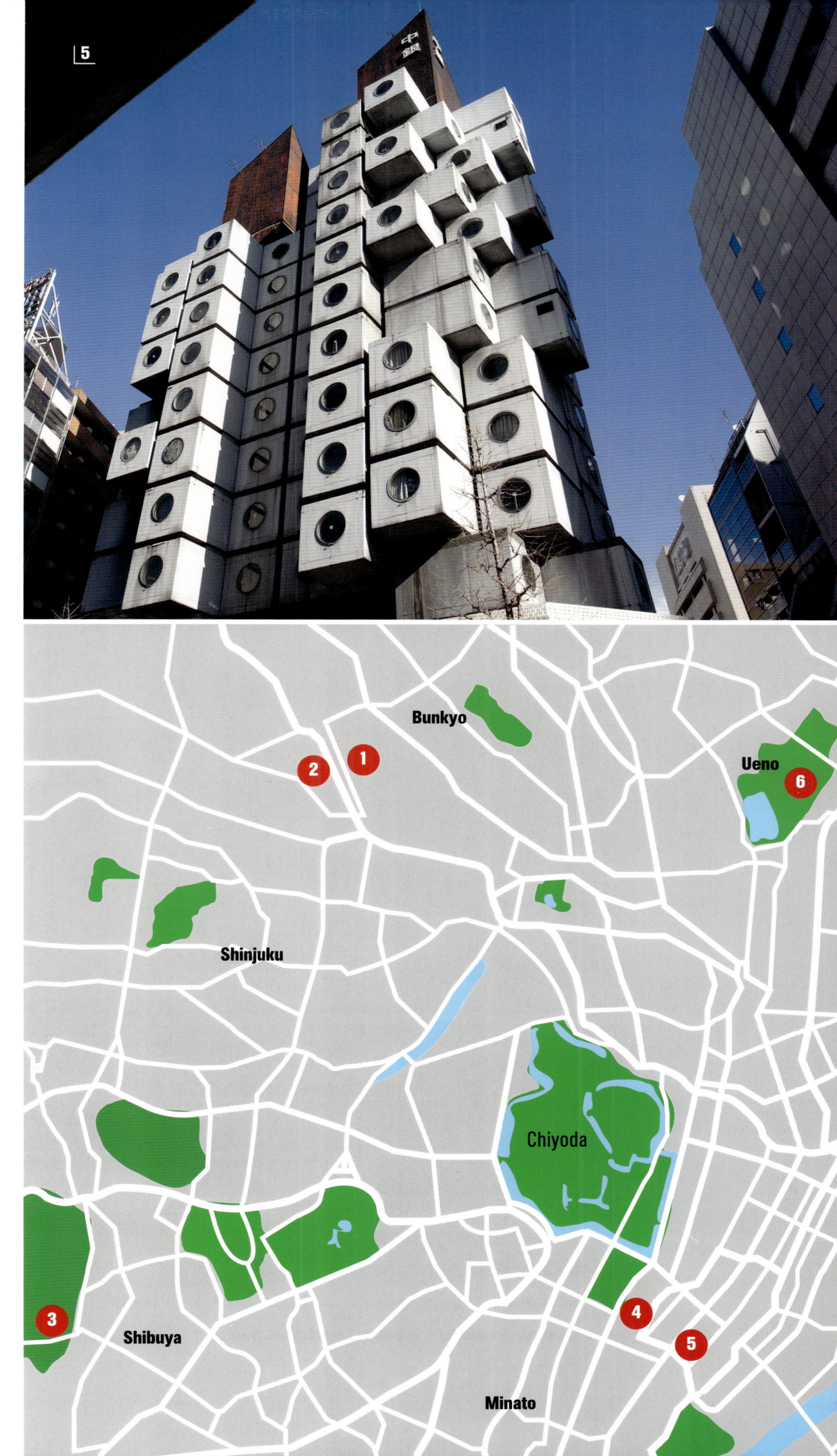

ARCHITEKTURREVOLTE

METABOLISMUS STRUKTURALISMUS SPÄTE MODERNE BRUTALISMUS

Wann ist das Neue Bauen, die puristische, funktionale Architektur mit sozialem Anspruch eigentlich an ihre Grenzen geraten? Da wäre der Fall der Siedlung Pruitt-Igoe in St. Louis, Missouri. Deren Wohnblocks wurden erst Anfang der 1950er Jahre als Musterentwürfe des sozialen Wohnungsbaus gefeiert. Am 15. Juli 1972 wurden einige Blocks in die Luft gesprengt, denn Bewohner hatten diese vollständig zerstört und unbewohnbar hinterlassen. »Macht kaputt, was euch kaputt macht« – so hatten es die Musiker von Ton Steine Scherben auf der anderen Seite des Atlantiks kurz vorher formuliert.

Blicken wir auf die Initialmomente in der globalen Popkultur. Rock´n´Roll-Krawalle kann man auch als den Tanz auf den Ruinen der spießigen Massengesellschaft lesen. In den 1960er Jahren wurde diese Form des rebellischen Konsumismus von den Stars adaptiert. Doch dabei blieb es nicht, populäre Kultur bezog fortan so oder so politisch Stellung – progressiv oder reaktionär. Für die Progressiven dekonstruierte Jimi Hendrix mit seiner Gitarre die amerikanische Nationalhymne und lieferte den Soundtrack zum Vietnam-Krieg.

◀ TEMPORÄRE ARCHITEKTUR, WOODSTOCK. STANDFOTO FILM (1969)

Die Bühne bietet zudem einen kontrollierten Raum, in dem die Stars mit der Geste des Unbändigen ihre Arbeitsgeräte zerstörten. Bis dahin in ihrer Größenordnung unbekannte temporäre Architekturen entstanden. Die Zeltstadt Woodstock erschien 1969 auf einmal als das neue funktionalistische Modell einer neuen Moderne, die vorgab, von »Love & Peace« regiert zu werden. Wenige Monate später wurde die Bewegung jedoch von Gewaltreaktionen eingeholt, die sich als zuverlässiger Wegbegleiter von Modernisierungsschüben welcher Art auch immer zeigen. Im Dezember gaben die Rolling Stones in Altamont ein Open-Air-Konzert bei freiem Eintritt, 300.000 Fans folgten der Einladung und hinterließen unwillentlich ein Trümmerfeld. Dabei war es eine einzelne unkontrollierte Handlung eines Ordners, die vier Tote, Massenpanik, Vergewaltigungen und Verletzte nach sich zog. Die Idee einer an sich friedlichen Kultur blieb auch weiterhin eine Illusion, das Prinzip der fliegenden Bauten, die für Stunden und Tage ein paar Hunderttausenden von Menschen den Vorschein einer Gegengesellschaft bieten wollten, musste erst eingeübt und vor allem sozial diszipliniert werden. Das Phänomen temporärer Festival-Architekturen war damit etabliert, aber gleichzeitig auch entzaubert worden.

Auf der anderen Seite der Kulturindustrie schlug sich der Eskapismus der Vermögenden eine neue Bahn. Wer es sich leisten konnte, verreiste. Mit der wachsenden Nachfrage entwickel-

▲ HABITAT, MONTREAL. MOSHE SAFDIE (1967)

◄ MARIENDOM, NEVIGES. GOTTFRIED BÖHM (1969)

ten sich zunächst vor allem rund um das Mittelmeer neue Bauaufgaben. So entstanden in Benidorm an der Costa Blanca die ersten sechs- bis siebengeschossigen Blockbauten und trieben die Urbanisierung im Sinne Le Corbusiers auf die touristische Spitze – hier entstand das mediterrane Manhattan. Und wir wissen, welche weltweiten Auswüchse das Projekt »Urlaub für alle in Hochbauten« genommen hat. Aus der Reihe dieser Entwicklung tanzte das südfranzösische Port Grimaud. Nach den Entwürfen von François Spoerry entstand hier 1966 eine komplette Ferienanlage. Sie wurde von der Struktur her nach dem Muster Venedigs angelegt. Die Form traditionelles mediterranes Fischerdorf wurde neu proportioniert und auf das Sujet Feriendorf angewandt, ohne das Erscheinungsbild in irgendeiner Weise ironisch zu brechen, wie die Postmodernisten dies im folgenden Jahrzehnt zu tun pflegten. Die Idee der weißen Großstadt am Meer war damit zumindestens konterkariert.

Ideengeschichtlich war der Funke der Popkultur längst auf die Architektur übergesprungen. Das Alltägliche und Populäre hielt Einzug in die Debatten der Architekten und Planer. Zwischen den Trivialitäten des Alltags und den Errungenschaften der Raumfahrt hin- und herpendelnd, entwickelten Gruppen wie Archigram in London hochfahrende Visionen, um die Probleme der Industriegesellschaften wie Zersiedelung und zunehmende Dichte in den Städten zu lösen. Dabei forderten sie für jedes Individuum eine persönliche »Schatzkiste« gefüllt mit »Essen, Trinken, Sex, Drogen, Kleidern, Autos, Make-up, Geld«. Hinter der anarchischen Rock ´n´ Roll-Attitüde verbargen sich durchaus veritable utopische Modelle wie die

»Plug-in-City«, die das Modul-System in der Architektur thematisierte und Motive aus der gerade entdeckten Computerwelt auf den Städtebau übertrug. Noch darüber hinaus zielten die japanischen Metabolisten. Auf die gleiche Problematik, das grenzenlose Wachstum der Großstädte, reagierten sie anders als der europäische Funktionalismus, indem sie versuchten mit biologischen Grundbegriffen den Wachstumsprozess der Industriegesellschaften in den Griff zu bekommen. Die zentrale Idee der organischen Verbindung von Mensch, Maschine und Raum verkörperte sich in der industriell vorgefertigten Kapsel, die als Wohnmodul den modernen Nomaden auf der Suche nach Arbeit begleiten sollte. Kurokawas Konzept einer hochtechnologischen Meta-Architektur mit organischen Kreislaufvorstellungen wurde international kontrovers diskutiert und dadurch unterstrichen, dass gleichzeitig Modelle für Großstrukturen wie »Mesa-City« von Paolo Soleri in den USA entwickelt wurden. Aber materialisierten sich die Theorien auch in gebauter Architektur? Nur vereinzelt und vor allem später. Kurokawa baute den Nagakin Capsule Tower in Tokio 1972, Soleri begann 1970 mit dem Bau der ökologischen Stadt Arcosanti in der Wüste Zentralarizonas.

Angesichts dieser »Luftschlösser« stellt sich die Frage, ob denn überhaupt Inkunabeln der Architektur in diesem Jahrzehnt entstanden. Auf jeden Fall, denn Kenzo Tange betritt die internationale Bühne. Tange, der über seinen Lehrer Kunio Maekawa mit Le Corbusier in Berührung kam, erregte während der Olympischen Spiele 1964 in Tokio mit seinen Yoyogi-Sporthallen weltweites Aufsehen. Mit seinem organischen Baustil begann eine aus den Wurzeln der europäischen Moderne

▼ PAN AM BUILDING, NEW YORK. WALTER GROPIUS (1958-63). HEUTE MET-LIFE BUILDING.

gespeiste japanische Architektur auf den Westen zurückzuwirken. Tange als Strukturalist, der der Zeichen- und Symbolhaftigkeit eines Gebäudes durchaus einen eigenen Wert zumaß, stand den Metabolisten nahe, kann aber wohl kaum als einer von ihnen bezeichnet werden.

Was die Bildhaftigkeit seiner Gebäude angeht, sollte man Eero Saarinen in einem Atemzug mit Tange nennen. Ob man nun den von ihm gezeichneten TWA Terminal in New York (1956–1962) oder das Jefferson National Expansion Memorial in St. Louis (1948–1968) betrachtet, Saarinens expressive Formen begeistern bis heute und veränderten vielerorts die Skyline, für Geschäfts- und Bürobauten wählte er jedoch meist zürückgenommene Stahl- und Glaskuben. Einer der großen Meister des Funktionalismus, Walter Gropius, hingegen geriet mit seinen ersten Entwürfen 1958 für das Pan Am-Building in New York in das Kreuzfeuer der Architekturkritik. 1963 erhob sich dann der Wolkenkratzer in Form eines Oktagons über der Grand Central Station. Kritiker sprachen von einer »lieblos dahingesetzten Kommode«, während die Fürsprecher daran erinnerten, dass die Werke der alten Bauhausmeister schon immer das »Meer geteilt« haben. Ein ähnliche Wirkung hat auch, 1959–1966 von Richard Seifert erbaut, der Centre Point in London entfaltet. Gemeinsam ist diesen beiden Fassaden, dass sie einen ganz eigenen Charakter entwickeln und die Strenge des Funktionalismus langsam auflösen.

Oft wird der Centre Point auch dem Brutalismus zugeschlagen. Jenem Stil, der seinen Namen aus dem Begriff „béton brut" bezog, der französischen Bezeichnung für Sichtbeton. Die Gebäude entwickeln meist einen sehr rauen

Charme, nicht zuletzt weil sie immer auch ihre Konstruktion mit ausstellen. Le Corbusiers Klosterbau Tourette aus dem Jahr 1960 wurde zur Ikone des Brutalismus. Ohne Zweifel trifft dies auch auf die Wallfahrtskirche in Neviges von Gottfried Böhm zu. Dieser Bau landete 1968 wie ein Beton-UFO in einem deutschen Dorf im Bergischen Land, das bis dahin durch Fachwerkbebauung geprägt war.

Aber im Verlauf des Jahrzehnts löste sich der Begriff auf, wenn er auch städtebaulich verwandt wurde zur Beschreibung von homogen bebauten räumlichen Clustern. Die Weltausstellung in Montreal 1967 bescherte uns eine solche Wohnanlage des Brutalismus. Bekannt als Habitat, entwickelte sich das Ensemble zu einer der begehrtesten Adressen der Stadt im Pop-Zeitalter. Entworfen wurde sie von einem Jungarchitekten, Moshe Safdie, der erst kurz zuvor sein Examen gemacht hatte. 158 Appartments in insgesamt 15 unterschiedlichen Zuschnitten gruppieren sich zu einer einmaligen Anlage, die mit ihren Durchblicken und Verschachtelungen ein monumentales wie in sich differenziertes Bauwerk darstellt. Zudem es das wesentliche Qualitätskriterium der Gruppe Team 10 erfüllte. Die Engländer als die Verfechter des New Brutalism hatten um 1960 formuliert, dass bauliche Typologien wie Cluster, Teppich und Netz überhaupt erst durch die soziale Aneignung zu Architektur würden. Seien wir ehrlich, nur sehr selten hat sich dieser Anspruch, zumindest im Brutalismus, so idealtypisch umsetzen lassen wie in Montreal.

◀ CENTRE POINT, LONDON. RICHARD SEIFERT (1959–1966)

◀◀ JEFFERSON NATIONAL EXPANSION MEMORIAL, ST. LOUIS.
EERO SAARINEN (1948–1968)

KULTURHORIZONTE

WELTEN DAZWISCHEN

Die kulturellen Horizonte rissen nach 1900 in einer bis dahin nicht zu beobachtenden Weise auf. Auch Architekten fuhren durch die Welt auf der Suche nach Inspiration. Folgen wir den Spuren Frank Lloyd Wrights. Auf seinen ersten Reisen nach Japan ab 1905 entdeckte er den organischen Charakter der traditionellen Architektur. »Ihre Kunst bleibt der Erde näher und ist ein einheimischeres Produkt der gegebenen Lebens- und Arbeitsbedingungen.« In der Folge transformierte Wright japanische Raum- und Flächenprinzipien in seine eigene Architektursprache.

Der japanische Fotograf Yashuhiro Ishimoto reist in den 1940er Jahren nach Chicago und zeigte sich »bei der Betrachtung der reinen Geometrie der Glasflächen und Metallstrukturen von Mies van der Rohes Bauten« erstaunt darüber, in der Architektur der Moderne Grundelemente japanischer Architektur wiederzuerkennen. Aber nicht nur das, diese Anklänge seien vielmehr als nur Annäherungen oder Erinnerungen, sie seien die Quelle der Moderne.

Dort, wo Menschen Bauwerke erschaffen, bilden sich auch immer Mischformen, die durch

gut am asiatischen Ende der Welt beobachten. Kenzo Tange war derjenige Japaner, dessen Werk dieses Prinzip verkörpert. Allerdings lehnte der »große alte Mann« der japanischen Moderne alles Regionale oder Traditionelle für sein eigenes Schaffen ab. Trotzdem steigerte er mit jedem neuen Bauwerk, das er vollendete, seinen Ruhm als der Übersetzer der Sprache des Internationalen Stils ins Japanische. Seine skulpturale Ästhetik gipfelte in den monumentalen Olympiabauten von Tokio (1960–1964). Aber auch bei kleineren Bauaufgaben wie dem Kindergarten Yukari in Tokio (1967) blieb er sich treu. Auch hier fand er eine eigenständige Gestalt, die in ihrer Bildhaftigkeit zwischen »Beton«-Burg und Wabenbau für die Kinder changiert. Die Tonnendächer deckeln die vier bis sechs gestaffelten Ebenen des Gebäudes, die das sanfte Gefälle eines Südhanges aufnehmen. Das Gelände läuft in Form einer ovalen Spielfläche aus.

Was Tange zu seinen Lebzeiten selbst noch als Makel empfunden haben mag, wird in den Zeiten globaler Indifferenz zu einem unschätzbaren Wert. Seine Werke haben eine unauslöschliche Signatur der Identität. So entstehen Welten dazwischen, die genauso im Œuvre Carlo Scarpas zu finden sind.

andere Kulturen inspiriert werden. So schuf der Italiener Carlo Scarpa immer wieder Welten dazwischen, Werke, die in seinem Fall sowohl von asiatischem wie westlichem Einfluß zeugen. Denn wie er selbst feststellte: »Ja, ich bin sehr beeinflusst von Japan, nicht nur weil, sondern auch bevor ich dort war, bewunderte ich ihre Essentialität und vor allem ihren souveränen guten Geschmack. Das, was wir guten Geschmack nennen, haben sie überall. Es ist ein unübertriebener, armer Geschmack, nicht gerade ländlich aber quasi. Ich habe auch viel nach China geschaut, aber in ihrer personalen Tugend sind die Japaner essentiell und von einer unglaublichen Reinheit.«

Ein erstes Zeugnis seiner Wertschätzung japanischer Architektur und Gartenkunst legte

Scarpa lange vor seiner ersten Japanreise 1967 mit dem Entwurf des Kassenhauses für die Biennale 1952 in Venedig vor. Die Dachkonstruktion löst sich in der Gesamterscheinung zu einer Torlösung auf, die den ovalen Kassenraum überspannt. Die Grundmauer aus behauenem Naturstein trägt die Glaswände, die einen Vorschein auf das Ausstellungsgelände freigeben. Scarpa warf mit diesem Beitrag die Frage auf, wie konkret Architektur sein muss? Wo ist der Übergang von der Architektur zur Skulptur? Fragen, die der Italiener später auch mit der Ausstattung des Olivetti-Showrooms und des Friedhofes Brion, beide in und um Venedig, in unnachahmlicher Weise beantwortet hat.

Das Prinzip »örtliche Tradition trifft auf abstrakte Formensprache« lässt sich aber genauso

▲ KASSENHAUS BIENNALE, VENEDIG. CARLO SCARPA (1952)

◀ KINDERGARTEN YUKARI, TOKIO. KENZO TANGE (1967)

TWA TERMINAL

SCIENCE FICTION IN BETON

»Blob«. So hieß ein Science-Ficton-Horrorfilm aus dem Jahr 1958 über eine wabernde amorphe Masse, die Menschen verschlang. Unter Blob-Architektur hingegen versteht man am Computer entworfene Architektur, die sich mitunter durch biomorphe Baukörper auszeichnet, aber immer fließende und komplexe Formen und eine oft kantenlose Oberfläche aufweist.

Eero Saarinen hat nach 1956 den TWA Terminal auf dem heutigen JFK-Flughafen in New York mit Hilfe von computergestütztem Design entworfen und war damit ein Pionier auf diesem Gebiet.

Gelungen ist ihm ein Baukörper zwischen Düsenjet und Nachtfalter, der einem mythischen Donnervogel gleicht. Dieser entfaltet zudem ein wunderbar gestaltetes Innenleben, das vermuten lässt, wie viel Spaß die beteiligten Architekten und Ingenieure bei der Planung und dem Bau des Gebäudes gehabt haben müssen. Alles in allem ist der Bau eine Ode an den Mythos Geschwindigkeit und an die scheinbar grenzenlosen Möglichkeiten der Technik. Jedenfalls ist der Bau einer der wenigen Verkehrsbauten der 1960er Jahre, die Bestand haben.

Saarinen pflegte einen kreativen Eklektizismus, der ihm nicht nur Lob eintrug. »Viel Form und wenig Idee« war aus dem Lager der orthodox-doktrinären Modernisten zu hören, Robert Venturi, dem Vordenker der postmodernen Architektur, galt er hingegen als »prophetische Figur«. Nach dem Prinzip »Style for the Job« passte der Baukünstler das Aussehen seiner Bauten der jeweiligen Aufgabenstellung an, wobei er Kultur- und Verkehrsbauten gerne in expressiven Formen umsetzte, während er für Geschäftsgebäude das von Mies van der Rohe entwickelte rationalistische Vokabular bevorzugte.

◄ SITZGRUPPE TWA TERMINAL. JFK-FLUGHAFEN, NEW YORK.
EERO SAARINEN (1956–1962)

◄◄ TWA TERMINAL, JFK-FLUGHAFEN, NEW YORK.
EERO SAARINEN (1956–1962)

ALVAR AALTO

Aalto ist die Antithese zu Le Corbusier. Fast möchte man ihn als monadischen Menschen bezeichnen.Der Finne zeigte sich in der Regel wenig redselig und nach außen nordisch ruhig, auch wenn ihm im Innern eine andauernde Unstetigkeit nachgesagt wurde. Sein Credo war, dass Interieur, Wohnung, Haus, Stadtbild und Landschaft in Harmonie sein müssen, wenn »etwas Menschliches dabei herauskommen soll«.

Der Generalist, 1898 im finnischen Kuortane geboren, skizzierte erste Ideen gerne auf der Rückseite von Zigarettenschachteln, dann aber setzte bei aller Intuition das rationale Räderwerk des Kreativen ein: »Keine Philosophie – ein Kilometer Linien am Tag«. Er war Tischler und Stadtplaner, Maler und Bildhauer, nicht zu vergessen Designer, aber vor allem Baumeister. Sein Werk umfasst Wohnbauten, Geschäftshäuser, Kultur- und Verkehrsanlagen. Um die 200 Projekte werden zu seinem Werk gezählt, die Hälfte davon wurde über Finnland hinaus in Dänemark, Island, Schweden, Russland, Deutschland, Frankreich, Österreich und den USA realisiert.

Zu seinen Hauptwerken zählt das Tuberkulosesanatorium in Pamio (1929–1933), das sich über einen asymmetrischen Grundriss in die Landschaft einfügt. Die »International Style«-Ausstellung 1932 richtete das Augenmerk der Architekturwelt auf die eben von Aalto errichtete Zeitungsdruckerei in Turku. Mit diesen beiden Werken bekannte sich der Finne eindeutig zur

Klassischen Mcderne, aber deren Stiltreue übernahm er nicht. Der rechte Winkel war ihm nicht heilig und Stahlbeton nur ein Baustoff von mehreren. Natürlich drängte sich ihm Holz als Werkstoff auf – vom Möbel bis zur raumbestimmenden Wand oder Decke –, aber genauso verwandte er immer wieder auch Backstein. So auch beim Rathaus von Säynätsolo (1949 bis 1952), das sich zudem durch Gartenbauelemente wie eine Grastreppe an die direkte Umgebung, die verwilderte Natur, anschließt.

Seine Wohnbauten wie sein IBA-Beitrag 1958 zeichnen sich durch klug organisierte Grundrisse aus und bieten Nutzungsalternativen. Seine Kulturbauten wie die Finlandia-Halle (1967–1975) schufen Erlebnisräume mit zudem bester Akustik. Aalto, der 1976 starb, verortete die finnische Architektur auf der internationalen Landkarte. Als Pionier des organischen Bauens ist sein Einfluss auf die europäische Architektur der 1950er und 1960er Jahre nicht zu unterschätzen.

▲ FINLANDIA-HALLE, HELSINKI. ALVAR AALTO (1967–1975)

◀ ALVAR AALTO. MAI 1976. (1898–1976)

TRABANTENSTADT

UNWIRTLICHKEIT DER STÄDTE

Die Zeit nach 1945 war im Wohnungsbau durch Wiederaufbauprogramme geprägt. Diese knüpften an Modelle der Zwischenkriegszeit wie die Band- und Trabantenstadt an. Überall in Europa folgten die Planer dem Leitbild der verkehrsgerechten, gegliederten und aufgelockerten Stadt im Sinne einer rigiden Funktionstrennung, die sich auf die Charta von Athen 1933 berufen konnte. In der »Stadtlandschaft« entstanden „neue Städte" bestenfalls durch eine sozial durchmischte »Nachbarschaft« geprägt. Getragen wurde die Entwicklung von einer Euphorie, die sich vom Ballast des europäischen Stadterbes zu befreien suchte. Das Ziel war, durch rationale Planung die »demokratische« Stadt zu ermöglichen. In England setzte man gleich nach Kriegsende das New Town Committee ein, um Vorschläge über die Errichtung von zwanzig neuen Städten mit 15.000 bis 30.000 Einwohnern zu entwerfen. Le Corbusier, der härteste Verfechter der Funktionstrennung, verwirklichte einige seiner Wohnmaschinen in Europa und in Übersee.

Ob nun New Towns in England oder Satellitenstädte in Skandinavien, in allen Industriestaaten entstanden aufgrund gleichartiger Entwicklungsprozesse »Vor«-Städte, die sich in der Struktur glichen und sich stilmäßig meist am Internationalen Stil orientierten. In der westlichen Welt symbolisierte die Trabantenstadt den modernen Wohlfahrtsstaat, in den Ostblockstaaten wurde der Plattenbau zum Hoffnungsträger für die Idee der Sozialistischen Stadt.

Bis in die 1960er Jahre, die Zeit, in der sich die Wachstumsmoderne voll entfaltete, verdichteten sich die Strukturen, anfänglich gemischte Bauformen wichen geometrischen Großformen, das Stadtgrün wurde zurückgeschnitten, die Verkehrswege dominierten das Stadtbild. Im gleichen Zuge wurde die Kritik an dieser Stadtentwicklung immer lauter, der Verlust des menschlichen Maßes wurde beklagt. Angeprangert wurden die Zersiedelung, Monotonie und Öde der Stadt und die Dominanz von Stadtautobahnen, Straßen- und Nahverkehrsnetzen. Weitere Kritikpunkte waren die Anonymität der Wohnwüsten und Versorgungszentren auf der »grünen Wiese«. Schriften wie Alexander Mitscherlichs »Unwirtlichkeit der Städte« (1965) und Aldo Rossis »L'architettura della città« (1966) konstatieren, dass die nach Funktionen getrennte Stadt funktionsunfähig sei. Soziale Probleme wie

Armut, Kriminalität, Alkoholismus und Prostitution, also die Missstände, die Reformer von Howard bis Le Corbusier beheben wollten, hätten sich in den neuen Strukturen eher noch verschärft.

Gegenüber der in den zwei Jahrzehnten nach Kriegsende weit verbreiteten Erkenntnis, dass der wuchernden Dezentralisierung der Stadt nur mit einer geordneten Dekonzentration zu begegnen sei, bildete sich eine breite Front. Ernst May,

der seit der Gründerzeit des Neuen Bauens in den 1920er Jahren als »berühmtester Städteplaner Deutschlands« galt, wirkte von 1958–1963 mit an der Realisierung der Bremer Riesenstadt Neue Vahr, die eigentlich seinem scharfen Verdikt hätte zum Opfer fallen müssen, dem Verdikt über die Monotonie zeitgenössischer Stadt- und Siedlungsbauten. So forderte er seinerzeit die Verbannung aller Autos aus den Innenstädten, die drastische

Erhöhung der Benzinsteuer, auch ein »Raubbaugesetz« gegen die Zersiedelung der Landschaft. Danach befragt, warum er wider besseres Wissen die Neue Vahr nicht aufgegeben habe, antwortete er nur: »Dann wird es ja noch schlimmer.«

▲ PLATTENBAUTEN, BERLIN-MARZAHN. (1975–1979)

AUTOSTADT

EINE WISSENSCHAFT FÜR SICH

Um 1900 gab es nur 8.000 registrierte private Automobile in den USA, 30 Jahre später waren es bereits 23 Millionen. Das Fließband eines Henry

Ford hatte das Auto vom Statussymbol der Reichen zum allgemeinen Gebrauchsgut der Wohlstandsgesellschaft befördert. Erst nach dem Zweiten Weltkrieg setzte der Ausbau der Straßen und der Logistik in großem Maßstab ein. Die Entwicklung betraf vor allem den dicht besiedelten und hochgradig urbanisierten Osten und den mittleren

Westen. Städte wie Detroit, Chicago und New York wurden von einer Welle von Automobilen überrollt.

Spätestens in den 1960er Jahren ist die Entwicklung auch in Europa nicht mehr zu übersehen. In den Städten rollten auf einmal Autos auf Straßen, die Autobahnen glichen, sie teilten nicht selten vorher intakte Wohngebiete. Die Wohn-

qualität sank. Die Straße war fortan nur noch zum Fahren da. Fußgänger und Fahrradfahrer mussten sehen, wo sie blieben. Alles, was mit dem Kraftverkehr nicht mehr Schritt halten konnte, wurde zur Seite und in den Untergrund gedrängt.

Inmitten dieses Prozesses erlebte der Berufsstand der Verkehrsplaner eine ungeahnte Konjunktur. Sie traten mit wissenschaftlich-mathematischen Methoden und Verfahren an, um den Verkehr zu analysieren und zu prognostizieren. Ihr Wirken entwickelte in kürzester Zeit ein Heilsversprechen, den als problematisch empfundenen Verkehr kontrollieren und lenken zu können. Der motorisierte Individualverkehr erlebte eine Hochzeit. Politiker folgten meist unkritisch dem Expertenrat und ließen immer mehr Straßenschneisen durch den Baubestand schlagen, Innenstädte untertunneln und mit Hochstraßen überbauen. Letztendlich lässt sich konstatieren: Die Verkehrsplaner haben in dieser Zeit einen weit größeren Einfluss auf die Entwicklung des öffentlichen Raumes, auf das Gesicht der Stadt und schließlich auf die Entgrenzung der Städte ausgeübt als die Städteplaner.

◄ PARKHAUS PHARMAZEUTISCHE WERKSANLAGEN BRAUN, MELSUNGEN. JAMES STIRLING (1986–1992)

▶ HOCHSTRASSEN, SCHANGHAI. (2003)

GARTENSCHAU WIEN

NEUE GÄRTEN
DER HUNDERTTAUSEND

»Plastik und Blume« nannte sich eine der Sonder-
schauen des im April 1964 eröffneten Donauparks.
Einer der Kinderspielplätze hieß »Mondzelt«. Es
lockten aber auch Milchbar, Filmpavillon und
Musterfriedhof die Menschen ins Grüne. Nach Berlin (1957), Rotterdam (1960) und Hamburg (1963)
wurde die erste Wiener Internationale Gartenschau
als Leistungsschau des österreichischen und
internationalen Gartenbaus eröffnet. Alfred Auer,
Stadtgartenamtsdirektor, hatte ein konventionelles
Grünflächen- und Gartenkonzept erarbeitet – als
Mischung von Themengärten und Ausstellung von
Exponaten. Zudem waren arrivierte internationale
Landschaftsarchitekten wie Roberto Burle Marx
aus Brasilien und Willi Neukom aus der Schweiz
eingeladen, in insgesamt 12 Nationengärten zukunftsweisende Trends der Landschaftsarchitektur
zu präsentieren.

    Die großen Parks und Wälder rund um
Wien und der Donauraum prägen bis heute den
Charakter der Stadt. Einen wichtigen Akzent in der
Freiraumentwicklung entlang der Donau setzte die
Gartenschau 1964. Das 100 Hektar große Gelände
rund vier Kilometer nordöstlich vom Zentrum diente zuvor als Abraumdeponie. Zur gleichen Zeit entstand in unmittelbarer Nähe der 252 Meter hohe
Donauturm, eine der Wiener Landmarken. Wer
heute von der Aussichtsplattform des Funkturms
über den Park blickt, schaut hingegen auf eine
groß angelegte Grünfläche.

Das Gartenensemble wurde seinerzeit als Aufbruch empfunden. Sowohl vom Zwei-Millionen-Publikum, das von Mitte April bis Oktober in die Schau strömte, als auch von Fachleuten. Die Umnutzung ehemaliger Industriebrachen sollte eines der Zukunftsthemen in der internationalen Freiraumgestaltung werden. Wien stand gleichzeitig für ein neues Selbstbewusstsein der Park- und Gartenkultur der 1960er Jahre. Denn mit Anlagen wie dem Donaupark lebte die Idee von den »Gärten der Hunderttausend« Leberecht Migges nach dem Krieg wieder auf. Getragen wurde der Aufschwung von der Hoffnung, dass der intensiv genutzte architektonische Garten einerseits und die großen, einfach gestalteten Volksparks nicht nur zur Selbstversorgung, zu Sport, Spiel und Entspannung, sondern auch zu einer neuen politischen Positionsbestimmung geeignet wären.

Die Sonderschau »Plastik und Blume« zeigte Arbeiten österreichischer Bildhauer am Iris-See, einer künstlich angelegten Wasserfläche. Kunst im öffentlichen Raum wurde populär, selbst die Repräsentation politischer Ikonen feierte fröhliche Urständ am »Historischen Weg« im Park. Büsten wie die des kolumbianischen Freiheitskämpfers Simon Bolivar sollten nach den zwei großen Kriegen des Jahrhunderts Zeichen der internationalen Völkerverständigung setzen. Das war damals schon ein Trend, der wenige Jahre später in der Stilisierung Che Guevaras in der Popkultur gipfeln sollte. Wen wundert es, dass auch Che heute im Donaupark als Standbild verewigt ist.

◀ VORBEREITUNGEN ZUR INTERNATIONALEN GARTENSCHAU
   WIEN (1964)

▶ DONAUPARK UND DONAUTURM. WIEN (1964)

UTOPIE

MOBILE MEGASTRUKTUR

»Visionary Architecture« versammelte die gleichnamige Ausstellung des New Yorker Museum of Modern Art 1960: Buckminster Fullers »Dome over Manhattan« wurde ebenso ausgestellt wie Projekte der japanischen Metabolisten und Paolo Soleris frühe Versuche einer Vereinigung von Architektur und Ökologie zur »Arcology«. Diese utopischen Visionen reagierten allesamt auf das Funktionalismusverständnis der Nachkriegsmoderne und die Verwüstungen der Sanierer im Geiste der Charta von Athen und der strikten Trennung von Arbeiten, Wohnen, Freizeit und Verkehr. Schon das englische Team X hatte sich in den 1950er Jahren genau an diesen Punkten gerieben und sich mit den Fragen urbaner Identität und intakter sozialer Gefüge beschäftigt.

Die 1961 gegründete Gruppe Archigram ging jedoch einen Schritt weiter, sie verschaffte dem

Alltäglichen und dem Populären Eintritt in die Architektur. Mit dem Titel ihrer Zeitschrift »Archigram«, der Verbindung von Architektur und Telegramm, unterstrich sie die Anbindung an die schnelle Popkultur. Ihr Bekenntnis zur Warenästhetik, zur anarchischen Bilderwelt der Comics und zur Raumfahrer-Ästhetik gipfelte in utopischen Entwürfen, die auf flexiblen Elementen basierten, bis dahin, dass die Gebäude selbst in Bewegung gerieten. Dem Kollektivismus der Moderne hielt man den Schutzschild des Individualismus entgegen und erteilte der Vorstellung eine Absage, dass Städte nach objektiven Kriterien planbar seien.

Die »Walking Cities« von Ron Herron machten der Architektur insofern Beine, als sie das Thema Megastrukturen visualisierten. Diese und andere Entwürfe wurden von Archigram im Stil der Pop-Art vorgetragen und manch einer im Publikum stellte sich die Frage: Ist das schon Kunst oder ist es noch Architektur?

In »The Love is gone... « forderte Archigrams David Greene 1961: »Wir wollen ins Bauen etwas von der Poesie des Countdowns hinein tragen.« Der Wettlauf zum Mond hatte die irdene Architektur erreicht. Nur waren sich die Protagonisten von Archigram wie Ron Herron oder Peter Cook nicht bewusst, dass sie in ihrer mitunter naiven Technikgläubigkeit den kritisierten Positionen stärker ähnelten als ihnen lieb gewesen wäre. So wie man den Jugendstil im Rückblick als letzte Transformation des Historismus verstehen kann, kann man Archigram als eine der Metamorphosen der Spätmoderne interpretieren.

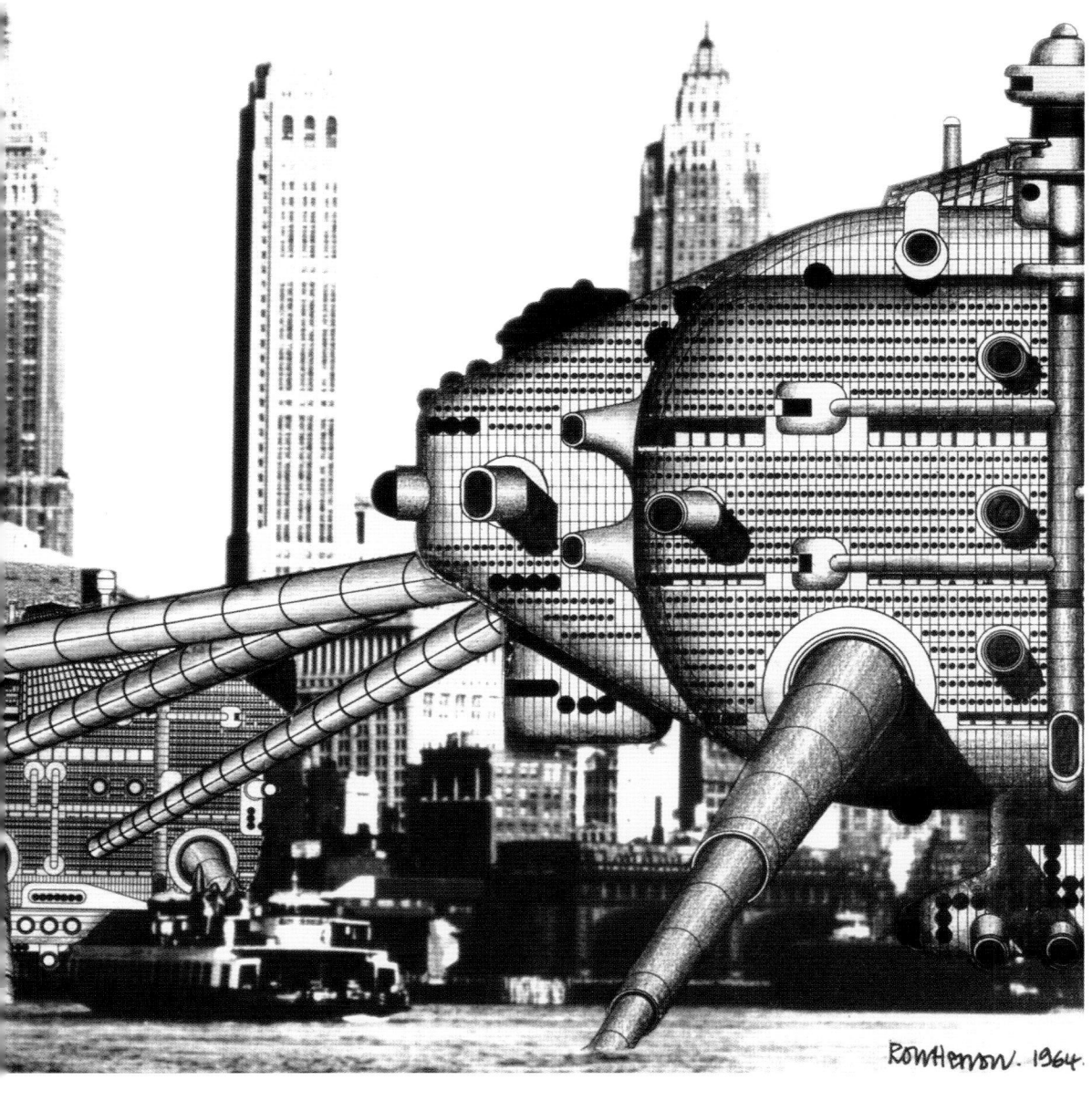

◀ WALKING CITY. RON HERRON (1964)

SYDNEY OPERA

OPERNSEGEL

Im Januar 1957 tagt eine Jury. Sie entscheidet, welcher Baumeister in der größten Stadt des fünften Kontinents ein Konzerthaus errichten darf. Als der Vorsitzende Eero Saarinen endlich eintrifft, brüskiert er die Kollegen. Er fischt einen längst abgelehnten Entwurf aus einem längst abgelegten Stapel. Der Finne kämpft ab da für den Vorschlag des Dänen Jörn Utzon. Und gewinnt.

Es ist die skulpturale Wucht des Entwurfes, die seine Alleinstellung in der Geschichte des 20. Jahrhunderts ausmacht. Über den kaskadenartigen Glasfronten spannen sich acht weiße

Betonhalbschalen, am Hafenrand der aufstrebenden Metropole sollte ein spektakulärer Kulturbau als Wahrzeichen der australischen Wohlstandsgesellschaft entstehen: die Sydney Opera.

Der Pluspunkt des Entwurfs wäre beinahe zum Fallstrick des Bauvorhabens geworden. Es waren diese Dächer, die Utzon die größten Schwierigkeiten bereiteten. Da sich deren Statik nicht mehr mit den herkömmlichen Methoden berechnen ließ, arbeitete das Team mit Computerspezialisten zusammen. Computergestütztes Bauen rettete die originäre Idee, den Opernbau wie mit windgefüllten Segeln immer hart am Wind segeln zu lassen.

Derweilen explodierten die Kosten, und der Zeitplan kollabierte. Inzwischen gab es aber eine Lösung für die Geometrie der Dächer. Ein neuer Bauminister wurde jedoch zum Stolperstein für Utzon. Verbittert verließ der Däne australischen Boden. Nach seiner Entlassung führten einheimische Architekten die Arbeit fort, bis 1973 Queen Elizabeth II. die Oper eröffnete. 2008 starb Jörn Utzon, ohne jemals sein vollendetes Meisterwerk persönlich in Augenschein genommen zu haben.

△ OPERNHAUS, SYDNEY. JÖRN UTZON (1957–1973)

▷ INNENRAUM OPERNHAUS, SYDNEY. JÖRN UTZON (1957–1973)

SYDNEY
MODERNISM
GUT IN SCHUSS

Sydney war nach 1900 eine der beiden Metropolen im jungen Staat Australien. Hauptstadt wurde jedoch das Provinznest Canberra, weil man sich mit dem Konkurrenten Melbourne nicht einigen

konnte. Das Bewusstsein, etwas Besonderes sein zu wollen, blieb an der Sydney-Bay jedoch bestehen. Die Stadt wurde zu einer Bühne für moderne Architektur in einem Land, das ansonsten äußerst licht besiedelt war und dem historisch gewachsene Stadtbilder abgingen. Bei schönem Wetter besteigen wir am besten ein offenes Cabrio und starten unsere Cruising Tour: Sydney Modernism der 1930er bis 1960er Jahre.

In Sydney war Platz für Neubauten. Als typisches Einwanderungsland spielte der Wohnbau ein große Rolle, und nach überstandener Wirtschaftskrise gab es auch wieder Kapital für derartige Unternehmungen. So baute der russischstämmige Aaron Bolot 1938 das **Ashdown Apartmenthaus (1, s. Abb.)** an der Elizabeth Bay Road. Für Sydney wurde dieses Wohnhaus zu einer Ikone des Internationalen Stils. Für Bolot gab es wenig später eine Unterbrechung seiner Arbeit, er diente im Weltkrieg der australischen Armee, in den darauffolgenden Jahrzehnten avancierte er dann zu einem der meistbeschäftigten Apartment-Haus-Architekten. Der **Wohnkomplex 17 Wylde Street (2)** wurde von Bolot 1951 gebaut, „der beste weit und breit", so die landläufige Meinung. Aber wir machen uns am besten ein eigenes Bild von den Häusern der Nachkriegsmoderne auf ei-

nem Streifzug durch die Quartiere Elizabeth Bay über Kings Cross bis hin nach Potts Point. Der moderne Funktionalismus hat den Geschoßwohnungsbau hier eindeutig geprägt.

Nicht gerade um die Ecke, auf der anderen Seite der Bucht, mehr als eine halbe Autostunde entfernt, liegt Wahroonga, eines der für die damalige Zeit typischen Suburbias. Als der Gropius-Schüler Harry Seidler 1948 aus Amerika hier eintraf, mit dem Auftrag, für seine Eltern ein Wohnhaus zu bauen, zeigte er sich schwer beeindruckt von der australischen Landschaft, aber genervt von den kistenartigen Vorstadtbehausungen, die die Natur verschandelten. Das **Rose Seidler House (3, s. Abb.)** enstand im Auftrag seiner Eltern und ist heute Museum. Der weiße Quader öffnet sich zum Garten mit großen Fensterflächen, eine Rampe verbindet den Baukörper mit dem Außengelände. Die Innenarchitektur ist offen und streng funktionalistisch inklusive der Möbel, die von dem Architekten selbst ausgewählt wurden. Das Haus als begehbare Skulptur, in der es sich leben ließ. Während wir über die Harbour Brigde wieder in die City hineinfahren, rückt automatisch

das Wahrzeichen der Stadt in den Blick. **Die Oper (4, s. Abb.)** von Jörn Utzorn, das australische Bau-Dramolett in unzähligen Akten und schlussendlich durchschlagendem Happy End im Jahr 1973. Welches Land der Erde kann von sich behaupten, dass eines seiner vornehmsten architektonischen Wahrzeichen der Nachkriegsmoderne entstammt? Das gibt es nur hier. Wir stoppen unsere Fahrt, um im weiteren Verlauf der Tour die bauliche Kulisse der Innenstadt, das Hinterland der

Umgestaltung der Wasserkante. Aber nicht nur die Lösung des innerstädtischen Verkehrsproblems, auch die neugeplanten Geschäftshäuser wie das **AMP-Building (7, s. Abb.)** entlang der Bucht zogen immer wieder Spott auf sich. Bis 1957 galt die 45-Meter-Marke für Hochbauten in der Stadt, an der AMP Plaza schossen 1962 nun zwei 115 Meter hohe Türme in die Himmel. Der Stahlskelettbau mit vorgehängter Glasfassade wurde nun auch in Sydney Standard für den Bau von Wolkenkratzern, und gleichzeitig hatte der Highway Einzug in der Stadtmitte gehalten. Um 1960 stand genau das für die Zukunft des modernen Städtebaus.

Nicht weit entfernt, in der 66 Hunter Street, kann man den Prototypen für die Vorgänger der Wolkenkratzer besichtigen. Emil Sodersten baute 1936 den ersten großen Bürokomplex, aber eben unter der 45-Meter-Marke, das **City Mutual Building (8, s. Abb.)**. Dieses Gebäude schuf den Standard für weitere Bonsai-Hochhäuser mit dem Kennzeichen Backstein-Fassade im Manhattan Style und zudem ausgestattet mit neoklassizistischen Skulpturen von Rayner Hoff.

Oper, zu Fuß in Angriff zu nehmen. Von der Oper aus schlendern wir über die **Circular Quay (5)**, die zur Innenstadt hin vom **Cahill Expressway (6, s. Abb.)** überbaut wurde. Die Stadtautobahn, 1948 geplant als Symbol des Fortschritts der Nachkriegszeit, gab bis zur endlichen Realisierung 1962 immer wieder Anlass für bittere Kritik: „Vom Stolz der Stadt hin zum Schrottplatz" ätzte der *Sydney Morning Herald* über die städtebauliche

Im Hinblick auf unseren nächsten Stopp hört man immer wieder, in kaum einer Frage seien sich die Einheimischen so einig wie in der nach ihrem Lieblingshochhaus. Der **Australia Square Tower (9, s. Abb., auch Seite 288)** an der George Street Ecke Bond Street schraubt sich auf 170 Meter Höhe und prägt auch heute noch die Skyline. „So ist er rund genug," entschied Harry Seidler noch in der frühen Planungsphase nach 1961 und bescherte so der an sich organischen Form das Eckige und Kantige, das die Turmfassade so lebendig erscheinen lässt. Pier Luigi Nervi schuf die technischen Voraussetzungen, um diesen Solitär dann 1967 einweihen zu können. Nahe dem Haupteingang steht bis heute Alexander Calders abstrakte Stahlskulptur „Crossed Blades", Kunst im öffentlichen Raum war zu dieser Zeit ein angesagtes Thema, mit dem Unternehmen ihre Prosperität auf Straßen und Plätze trugen. Vielmehr öffnete man in dieser Zeit Privatgrundstücke wie hier und schuf Plätze als Rückzugswinkel im Häusermeer.

Gemeinhin haben es überall in der Welt junge Baudenkmäler schwer. Vor allem solche, die in den 1950er und 1960er Jahren entstanden sind. Sie galten meist als hässlich, seelenlos und längst veraltet, als Anschlag auf das ästhetische Empfinden. Ganz anders liegt der Fall für die Nachkriegsmoderne in Sydney. In Ermangelung einer Bautradition hat man hier nach erstem Widerstreben den Charme von Betonstelzen, Vorhangfassaden und gläsernen Luftgeschossen erkannt. Zumindest aber hält man diese Denkmäler gut in Schuss und damit auch in Ehren. Und es sei noch einmal daran erinnert: Wo sonst gilt ein Bauwerk der Moderne wie die Oper als Wahrzeichen?!

1970–1979
DIE VERTAGTE MODERNE

TEXT | RALF NIEMCZYK

PARIS
LES GRANDS PROJETS
THINK BIG

Wie Teile eines Riesenpuzzles sind die *Grands Projets* über den Stadtplan von Paris verstreut – vom Neubauriegel des Finanzministeriums im Stadtteil Bercy bis zur Grande Arche des Verwaltungsviertels La Défense weit im Westen, von Ieoh Ming Peis zentraler Louvre-Pyramide bis zum Wissenschaftspark an der nördlichen Porte de la Villette. Durch die großen Entfernungen mutiert der klassische Rundgang zur Stadtrallye, die sich mit dem

Mehrtagesticket der Metro, der Carte Orange, in einzelne Etappen aufteilen lässt. Ohnehin vermitteln die über zwei Jahrzehnte hinweg realisierten Projekte keine einheitliche Architektursprache. Das Spektrum reicht von der Sanierung oder Umnutzung denkmalgeschützter Komplexe (Louvre, Gare d'Orsay) bis hin zu technologisch anspruchsvollen Neubauten (Institut du Monde Arabe, Opéra Bastille, Bibliothèque Nationale). Drei Staatspräsidenten haben die Modernisierung ihrer Hauptstadt mit wechselndem Engagement vorangetrieben. Was Georges Pompidou Anfang der 1970er Jahre in Beaubourg begonnen und Valéry Giscard d'Estaing in La Villette fortgesetzt hatte,

machte der wegen seiner großen Baugesten »Mitterramses« getaufte Sozialist François Mitterrand zu seinem Lebenswerk. Paris sollte einmal mehr die kulturelle Größe eines zentralistisch organisierten Staates repräsentieren, und dafür wurden abenteuerliche Kostensteigerungen in Kauf genommen. Noch vor Inbetriebnahme der gläsernen Büchertürme der neuen Nationalbibliothek verstarb Mitterrand im Januar 1996.

Den Auftakt zu den *Grands Travaux* bildete 1969 die Umsiedelung des legendären innerstädtischen Großmarkts Les Halles in die Vorstadt nach Rungis. Zwei Jahre später wurden trotz anhaltender Proteste die ersten eisernen Marktpavillons abgerissen, und die Neuordnung des dicht bebauten 4. Arrondissements nahm ihren Anfang. Wer heute aus der weit verzweigten Metro- und RER-Station Châtelet/Les Halles an die Oberfläche steigt, spürt nichts mehr vom einstigen Gewimmel der Gemüse- und Fleischhändler. Stattdessen wird man per Rolltreppe in das terrassenartig angelegte Forum des Halles befördert. Dabei erinnert die unterirdische Ladenzeile nebst Veranstaltungssaal, Schwimmbad und Garten an ein überambitioniertes Vorstadtcenter. So verbleicht der Charme der Siebziger. Von hier sind es nur wenige hundert Meter bis zum ehemaligen LKW-Parkplatz der Markthallen, der das Plateau Beaubourg lange als Brachfläche beherrscht hatte. Bis heute ist die Annäherung an das **Centre Pompidou (1, s. Abb.)** über die leicht abfallende Platzfläche ein Erlebnis. Der Kulturkomplex, der zwischen 1971 unc 1977 entstand, mutet mit seinen bunten Versorgungsröhren und transparenten Rolltreppen wie eine gigantische Raffinerie an und sprengte damit die Maßstäbe des Viertels. Damals wünschte sich Präsident Pompidou ein zeitgemäßes Gebäude für die Kunst des 20. Jahrhunderts. Mit dem Entwurf von Renzo Piano und Richard Rogers entschied sich die Jury dann für die radikalste Lösung: Mit einem Schlag war die Kunststadt Paris wieder en vogue.

Parallel zu diesem spektakulären Auftakt kam es zur überfälligen Neuordnung der staatlichen Museen. Ein Spaziergang über die Rue de Rivoli, am **Louvre (2)** vorbei und über den Pont Royal zum **Musée d'Orsay (3, s. Abb.)** führt zu Großprojekten im Dienste der Staatskunst. Ende der 1970er Jahre stand der ehemalige Stadtpalast Louvre vor einer umfassenden Neugestaltung.

3

[5]

gangsbereich an und krönte diesen mit einer symbolträchtigen Glaspyramide. Die reine, entmaterialisierte Form als Antwort auf den historischen Rahmen. Ähnlich wie beim Centre Pompidou schuf der radikale Bruch mit der Vergangenheit ein weltstädtisches Motiv und ein neues Wahrzeichen für die Stadt. Als Nebeneffekt dieser Umbauten entstand für das Finanzministerium, das bis dahin im Rivoli-Flügel residiert hatte, der Neubau am Seineufer in Bercy.

Gegenüber liegt die monumentale Bahnhofshalle des ehemaligen Gare d'Orsay von Victor Laloux. Sie wurde 1973 in Reaktion auf die erbittert geführte Kontroverse um die Niederlegung der Markthallen unter Denkmalschutz gestellt. Die

Staatspräsident Mitterrand initiierte das Projekt *Grand Louvre*, mit dem der gesamte Gebäudekomplex einer musealen Nutzung unterworfen wurde. Im Rahmen der erst 1999 komplett abge-

schlossenen Restrukturierung wurden die lang gestreckten Gebäudeflügel nacheinander erneuert. Als Kontrapunkt legte Ieoh Ming Pei bis 1989 im Innenhof des Louvre einen unterirdischen Ein-

[4]

institut du monde arabe

8

Kathedrale der Dampflokära sollte sich fortan als Museum für die Kunst des 19. Jahrhunderts behaupten. Nach aufwändiger Restaurierung durch das Architektenteam ACT Architecture versuchte Gae Aulenti bei der Innengestaltung, die Raumwirkung der Bahnhofshalle mit den Anforderungen zu vereinen, die an eine Kunstausstellung gestellt werden.

Als architektonischer Kontrast wartet am östlichen Abschluss des Boulevard Saint-Germain das **Institut du Monde Arabe (4, s. Abb.)**. Das erhaben schimmernde Glasgebäude von Jean Nouvel sucht nach neuen Ausdrucksformen, genau wie die ab 1983 von Carlos Ott errichtete **Opéra Bastille (5, s. Abb.)**. Ott entwarf einen massiven Rundbau für 2.700 Besucher, der sich an der Formenvielfalt der Postmoderne orientiert. Kurz vor der Stadtautobahn Périphérique steht der **Parc de la Villette (6)** ganz im Zeichen des Fortschritts. Mit Bernard Tschumis dekonstruktivistischen *folies* demonstriert der Kultur- und Wissenschaftspark den Stilwillen der 1980er Jahre. Pünktlich zum 200. Jahrestag der Französischen Revolution im Juli 1989 vollendete der dänische Architekt Johan Otto von Spreckelsen mit der **Grande Arche (7)**, dem »Großen Bogen«, ein Monument der republikanischen Symbolarchitektur und setzte den Abschluss der Achse Louvre – Arc de Triomphe in die Bürovorstadt La Défense. Doch nach Fertigstellung von Dominique Perraults **Bibliothèque Nationale (8, s. Abb.)**, die Ende 1996 mit ihren 86 Meter hohen Glastürmen im Osten des Stadtzentrums in Betrieb genommen wurde, setzte sich auch in Paris allmählich das Konzept einer kleinteiligen, quartierorientierten Stadtsanierung durch. Die Ära der großen Gesten endete im 20. Jahrhundert.

STILE

NEUE HORIZONTE

POSTMODERNE HIGHTECH ARCHITEKTUR GRÜNE ARCHITEKTUR

Trabantenstädte, Technologiebegeisterung und Sichtbeton stießen an die Grenzen des Wachstums. Avantgardistische Gegenströmungen leiteten eine Phase des Umbruchs ein. Die Planer setzten weiterhin auf Abriss und Funktionstrennung, auch wenn die weltweite Ölkrise 1973 erstmals die autogerechten Städte erschütterte. Doch damit nicht genug, die Finanzkrise der späten 1970er führte in Metropolen wie New York dazu, dass Sozialprogramme, Wohnungsbauprogramme und Bildungsausgaben radikal zusammengestrichen wurden. Gerade New York galt in Sachen Sozialausgaben für amerikanische Verhältnisse als besonders großzügig, nun lähmte die Rezession die Stadt und ließ die Arbeitslosenzahlen und Kriminalitätsraten noch oben schnellen. Bürgermeister Ed Koch und seiner Administration wurde Angst und Bange ob der Drohung vieler Weltkonzerne, die Stadt zu verlassen, also begannen sie Bürobauten zu subventionieren.

Die Wachstumsgesellschaft holte sich schwere Beulen, gleichzeitig büßten die Klassische Moderne und der Internationale Stil ihre Eleganz in diesem Jahrzehnt ein. Stattdessen verbündeten sich rationale Gestaltung und die späten Ausläufer

◀ WORLD TRADE CENTER, NEW YORK.
MINORU YAMASAKI (1966–1973)

POSTMODERNE
HIGHTECH
ARCHITEKTUR
GRÜNE ARCHITEKTUR

des Brutalismus zu überdimensionierten Großstrukturen.

Es war die Hochzeit der Bettenburgen und
Gesamthochschulen. Selbst staatliche Kulturbauten wie etwa das Royal National Theatre am
Londoner Themseufer, 1976 fertiggestellt, huldig-
ten den puren Betonmassen. Recht grimmig wirkt
aus heutiger Perspektive der knapp 100 Meter
hohe Trellick Tower am Rande des Londoner
Stadtteils Notting Hill. Der streng strukturierte
Wohnturm aus dem Jahr 1972 passt zur Ostblock-
ästhetik, in deren Geist britische Städte konsequent durchrationalisiert wurden. In den USA wetteiferten diverse Architekturbüros um das höchste
Gebäude der Welt. Chicago legte vor, als Bruce
Graham und Fazlur Khan von Skidmore, Owings &
Merrill (SOM) 1970 das John Hancock Center und
vier Jahre später das massiv aufsteigende Turm-
bündel des 442 Meter hohen Sears Tower ab-
schlossen. New York funkte dazwischen, und 1973
übernahmen die Doppeltürme des World Trade
Center kurzzeitig mit 417 Metern die Führung.
Solitäre der Wirtschaftsmacht.

Den eher grobschlächtigen Relikten tradier-
ter Baustile trat eine vielgestaltige Avantgarde
entgegen. Die utopischen Strömungen – etwa die
japanischen Metabolisten oder das britische Team
Archigram – gelangten letztlich nicht über Einzel-

◀ ROYAL NATIONAL THEATRE, LONDON. DENYS LASDUN (1976)

▶ TRELLICK TOWER, LONDON. ERNÖ GOLDFINGER (1972)

projekte wie den Nagakin Capsule Tower in Tokio (1972) hinaus. Dennoch beflügelten sie mit ihren theoretischen Werken ein intellektuelles Klima, das auch die Ingenieurskunst in einem neuen ästhetischen Licht erscheinen ließ. Ökologische Prinzipien wurden entwickelt, und die Erfolge der Weltraumfahrt suchten in der Hightech-Architektur ihre Entsprechungen auf der Erde. Die asymmetrischen Dachkonstruktionen des Leichtbautüftlers Frei Otto gaben den Spielen von München jenen sprichwörtlich »heiteren« Rahmen, in dem sich die Bundes-

republik der Weltöffentlichkeit präsentierte – jäh unterbrochen vom palästinensischen Attentat auf die israelische Equipe mit insgesamt 17 Todesopfern. Nah am Olympiagelände gelang der neuen BMW Hauptverwaltung von Karl Schwanzer (1970–1973) mit ihrer kleeblattförmigen Hängewerkkonstruktion eine dynamische Imagewirkung (»Vierzylinder«) für den aufstrebenden Automobilkonzern. Bei dem zwischen 1974 und 1978 errichteten Hallenkomplex Sainsbury Centre for Visual Arts verlegte das Büro von Norman Foster die

FONS SANCTI JOSEPHI

HVNO FONTEM CIVES NOVI AVRI
TOTO POPVLO DONO DEDERVNT

Versorgungstechnik in die Außenfassade und ermöglichte damit unterschiedliche Nutzungen. Die städtebauliche Umgestaltung von Paris begann 1977 mit der Eröffnung des Centre Pompidou, einer innerstädtischen Kulturmaschine, die trotz ihrer fulminanten Gesamtwirkung bereits ironisch mit diesen neuen Konstruktionsmöglichkeiten umging.

Doch auch in der Tradition fanden Stilpioniere neue Ansätze. Die »New York Five« – Peter Eisenman, Michael Graves, Charles Gwathmey, John Hejduk und Richard Meier –, auch »The Whites« genannt, beriefen sich auf den frühen Le Corbusier. Ihre durchweg in Weiß gehaltenen Bauten spielten mit dem Purismus der beginnenden Moderne. Mit dem Kulturkomplex Atheneum

(1975–1979) in New Harmony im US-Bundesstaat Indiana wurde insbesondere Richard Meier zum weltweit gefragten Spezialisten für skulptural gestaltete Museumsbauten, während sich Hejduk und Eisenman analytisch mit Form- und Raumfragen beschäftigten, um die metaphysischen Grenzen der Architektur zu überwinden. Gegen Ende des Jahrzehnts empfand man die späte Moderne insbesondere in der Massenarchitektur als schroff, menschenfeindlich und gesichtslos. Einzelprojekte hielten dagegen: Der Apartmentkomplex Walden 7, den Ricardo Bofill zwischen 1971 und 1974 am Rande von Barcelona anlegte, verweigerte sich jeder rationalen Struktur. Angesiedelt im Reich der Film- und Fantasy-Architektur, hängen in dieser *City in Space* 446 Wohneinheiten

▲ PIAZZA D'ITALIA, NEW ORLEANS.
CHARLES W. MOORE (1977–1978)

◀ WALDEN 7, BARCELONA. TALLER DE ARQUETECTURA (1978)

unterschiedlicher Größe an 18 zinnoberroten Turmgebilden. Dagegen orientierte sich die am Reißbrett des französischen Architekten François Spoerry entstandene Mittelmeerstadt Port Grimaud bis ins Detail an traditionellen Fischerorten. Die Postmoderne dämmerte heran. Mit Zitaten aus der Architektur der Antike avancierte Charles W. Moore bei der 1977/78 gestalteten Piazza d'Italia in New Orleans zum Vorreiter der architektonischen Wende. Gefordert wurde nun eine Sinn- und Körperlichkeit, die letztlich zu einem neuen Denken bei der Weiterentwicklung der Stadt führte.

RENZO PIANO

Der Sohn eines genuesischen Bauunternehmers ist bereits Ende der 1960er Jahre auf der Suche nach dem absoluten Raum ohne formales Korsett. Er experimentiert mit schwerelosen Strukturen, die eine eigenständige Eleganz ausstrahlen: »Der Beruf des Architekten ist eine abenteuerliche Tätigkeit: ein Grenzberuf in der Schwebe zwischen Kunst und Wissenschaft, auf dem Grat zwischen Erfindung und Gedächtnis, zwischen Mut zur Modernität und der Achtung der Tradition.«

Es sind Studien über Flexibilität und die mühelose Konstruktion von Bauwerken, die Renzo Piano bekannt gemacht haben. Nach verschiedenen Entwürfen für Fabrikationsgebäude legte er mit seinem damaligen Büropartner Richard Rogers ein spektakuläres Konzept für das Centre Pompidou in Paris vor und ging siegreich aus dem Wettbewerb hervor. Die Realisierung des Projekts verlangte zwischen 1971 und 1977 seine ganze Energie. Über die Jahrzehnte wurden die Aufgaben immer komplexer und umfangreicher. Zu den spektakulären Großaufträgen zählte die Errichtung des Kansai International Airport (1988–1994) im japanischen Osaka auf einer eigens aufgeschütteten Insel. Das riesige wellenförmige Terminal setzte neue Maß-

stäbe im Flughafenbau. Bis zum Kolumbusjahr 1992 widmete er sich zudem dem Hafenumbau in seiner Heimatstadt Genua. Für die Daimler-Benz AG übernahm er zwischen 1992 und 1997 die Gesamtplanung und Realisierung der debis-Zentrale am Potsdamer Platz. 1998 erhielt er den Pritzker-Preis.

RICHARD ROGERS

In seinem Schaffen gelangt der Arztsohn von der Offenlegung technischer Strukturen zur Konzentration auf ökologisch-soziale Aspekte. »Wir müssen uns bemühen«, sagt Richard Rogers, »die Städte lebenswerter zu machen, indem wir den Autoverkehr reduzieren und die Fußwege maximieren.«

Nach einem Studium in London und Yale befasste sich der 1933 in Florenz geborene Rogers gemeinsam mit seiner damaligen Frau Su Brumwell mit flexiblen Elementen für den Haus- und Industriebau, den *zip-ups*. Er forcierte die Anwendung von Erkenntnissen verschiedener Ingenieurdisziplinen. Ästhetischer Fortschritt durch Technologie. Nach der gemeinsamen Realisierung des Centre Pompidou mit Renzo Piano in den 1970er Jahren gründete der passionierte Fahrradfahrer sein eigenes Büro in London. Dort entwarf und realisierte er diverse Produktionsgebäude und dann zwischen 1979 und 1986 die neue Zentrale der Versicherung Lloyd's in der Londoner City: ein radikaler Höhepunkt in der Zurschaustellung von Konstruktion und Versorgungsleitungen. Bei seinen späteren Großprojekten, etwa dem Europäischen Gerichtshof für Menschenrechte in Straßburg, dem Madrider Flughafen Barajas und dem Millennium Dome in London, bemühte sich der Pritzker-Preisträger verstärkt um eine eigene Technologie-Ästhetik mit ökologischem Anspruch. Als Mitglied der Arbeitsgruppe Urban Task Force hatte Rogers die britische Regierung zudem zwischen 1998 und 2005 bei der Stadterneuerung beraten.

CENTRE POMPIDOU

ARCHITEKTUR KONSTRUKTION BAUTECHNIK

»Das wird Aufschreie geben«, soll Frankreichs Staatspräsident Georges Pompidou zu seiner Frau Claude gesagt haben, als das Votum der Jury über die 681 vorgelegten Architekturentwürfe feststand. Pompidou wollte der Kunst des 20. Jahrhunderts eine neue Heimstatt geben und damit die angestaubte Pariser Museumslandschaft neu ordnen. Weniger erhaben und elitär sollte es beim Wechselspiel der bildenden Kunst mit Musik, Design, Fotografie, Film und Mode zugehen. Nun bekam er von Renzo Piano und Richard Rogers eine »fröhliche Stadtmaschine«, die von vielen Bürgern und Politikern als reine Zumutung empfunden wurde. In sechs Klageverfahren kämpften erbitterte Gegner um einen Baustopp. Dabei war den Architekten schon im Vorfeld klar, dass sich die geforderten 100.000 Quadratmeter Fläche und die Mischnutzung mit Bibliothek, Museum und Konzertsaal nicht harmonisch in das kleinteilige Marais-Viertel einfügen würden. Also lieferten Piano und Rogers eine extreme Interpretation der gewünschten Multifunktionalität. Die jungen Baumeister schufen einen riesigen, variabel nutzbaren Innenraum, indem sie alle Tragwerke und technischen Zuleitungen nach außen verlegten, und so präsentiert sich das Äußere als buntes Gewirr aus Röhren und Rolltreppen. Was bis heute als Inkunabel der Hightech-Architektur gilt, haben die beiden trotz aller funktionalen Lösungen stets als Provokation und ironische Brechung verstanden. Das Publikum hat diese

Herausforderung nach der feierlichen Eröffnung am 31. Januar 1977 auch angenommen. Mit interdisziplinären Großausstellungen etablierte das Centre Pompidou eine neue Art der Kulturvermittlung und wurde zu einer der weltweit erfolgreichsten Institutionen. Kalkulierten seine Erbauer einst mit 5.000 Besuchern, so waren es zehn Jahre später bereits 25.000 pro Tag. Bis zur Generalsanierung zwischen 1997 und 1999 durch Renzo Piano zählte es bereits 150 Millionen Gäste – Tendenz stabil. Der einstige Fremdkörper im historischen Altstadtgefüge erscheint heute als Segen der Stadtlandschaft.

◀ **CENTRE POMPIDOU, PARIS. RENZO PIANO, RICHARD ROGERS (1971–1977)**

▼ **AUFRISS CENTRE POMPIDOU (O.J.)**

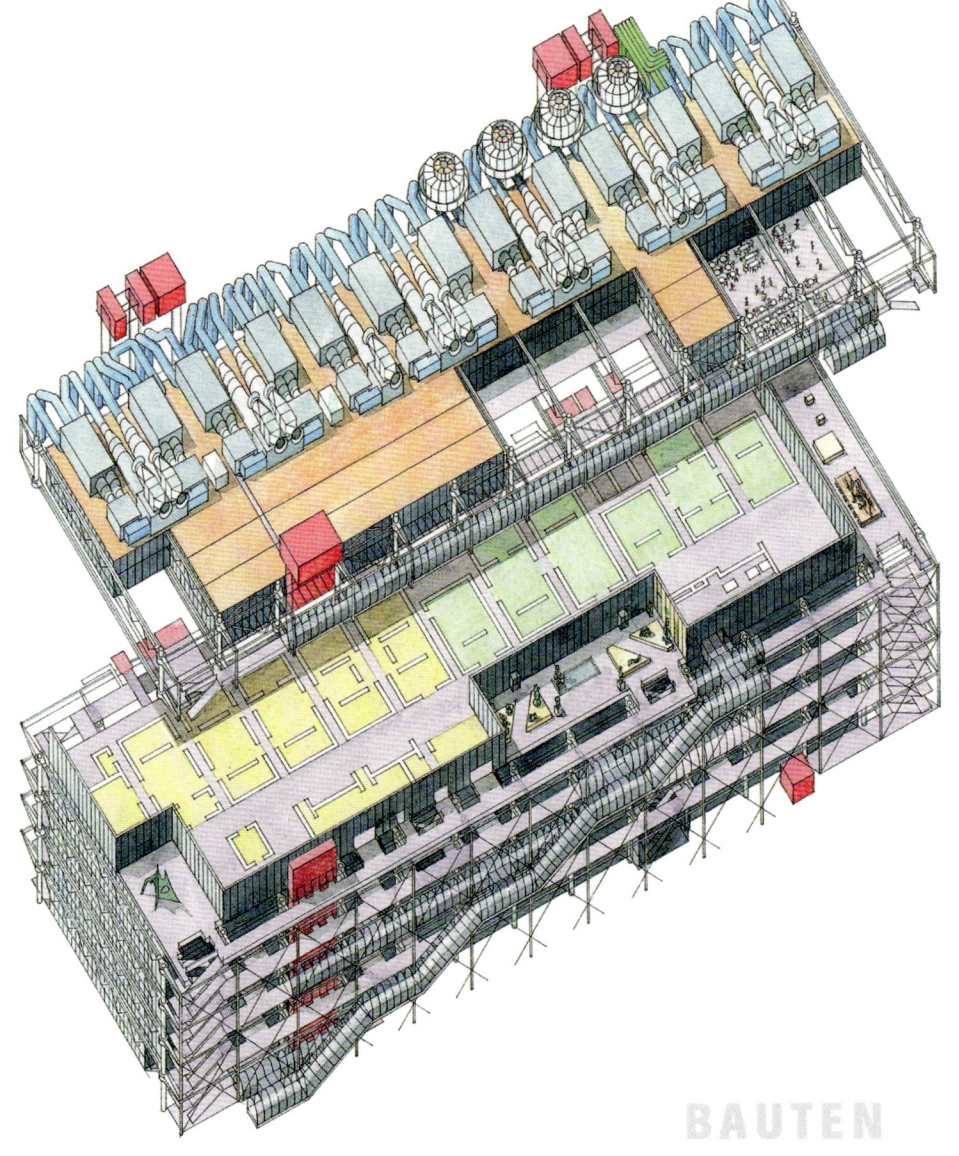

FREI OTTO

»Das heutige Ziel ist, Häuser und Städte zu bauen, die natürlich sind. Um natürlich zu sein, muss ein menschliches Produkt aber nicht aussehen wie eine Pflanze oder ein Baum.« Frei Otto ist Architekt und Ingenieur, Konstrukteur und Erfinder. Er hat die Baugeschichte der Bundesrepublik Deutschland mitgeprägt, doch in jahrzehntelanger Praxis entstehen nur eine Handvoll Gebäude unter seinem Namen.

Sein 80. Geburtstag im Mai 2005 gerät dennoch zur späten Huldigung. Das Royal Institute of British Architects in London verleiht ihm eine Goldmedaille, die Münchner Pinakothek der Moderne widmet ihm eine große Ausstellung.

Der im sächsischen Chemnitz geborene Grenzgänger ist stets der Architekt der Architekten geblieben. Frei Otto konstruierte für Günter Behnisch, Carlfried Mutschler und den Brückenbauer Fritz Leonhardt. Zu seinen internationalen Partnern zählten Richard Rogers, Kenzo Tange oder Rob Krier. Das Schweizer Büro Herzog & de Meuron hat bei der Kunststoffummantelung der transluzenten Allianz Arena in München von Freis Forschungen über den Pneu profitiert. Er ist der Spezialist der fließenden Form, der König der federleichten Dachlandschaften.

Mit 22 Jahren begann Otto nach Kriegsgefangenschaft in Frankreich seine Studien an der Technischen Universität in Berlin. Über ein Stipendium kam er in die USA, und 1954 veröffentlichte er seine Dissertation *Das hängende Dach*. Anlässlich der Bundesgartenschau (BUGA) 1957 konnte er am Kölner Tanzbrunnen eine schwungvolle Zeltkonstruktion für eine Bühnen- und Parklandschaft realisieren. Seine Entdeckerfreude orientiert sich vielfach an der Natur. Aus Spinnennetzen oder Baumstrukturen werden Segel, Membranen oder Hängekonstruktionen. Statt Häusern aus Stein oder Stahl gilt seine ganze Aufmerksamkeit leichten Baustoffen, die an Masten und Seilen aufgespannt werden. Im Institut für leichte Flächentragwerke, 1964 an der Technischen Hochschule Stuttgart gegründet, überführte er seine Forschungen in eine veritable Entwicklungsmanufaktur. Mies van der Rohe hat seine Arbeiten genauso beeinflusst wie die Futuristen, die Archigram-Gruppe oder die japanischen Metabolisten. Otto hat stets Utopien verfolgt und Wohnformen an Unorten entwickelt. Auch eine kuppelförmige Arktisstation (1970/71) oder ein abgeschattetes Wüstenlager im Auftrag der Hoechst AG gehörten dazu. Bei dem deutschen Pavillon auf der Expo 1967 in Montreal und der nachfolgenden Dachlandschaft für den Olympiapark in München 1972 verband er deutsche Ingenieurtugenden mit modernem Weltgeist. Die reptilienförmige Multihalle auf dem Mannheimer BUGA-Gelände wirkte 1975 bereits wie ein Vorgriff auf die *blob buildings* des 21. Jahrhunderts. Für die Berliner Internationale Bauausstellung (IBA) 1987 machte er den Bewohnern der Rauchstraße dann ein alternatives Angebot: Baumhäuser in der steinernen Stadt. Der Technologe flirtete wieder einmal mit der Natur. In seinen Visionen entwickelte Frei Otto Häuser und sogar ganze Städte auf Abruf, einfache, vergängliche Strukturen wie bei den Nomaden. In der Baupraxis wurde er aber stets mit dem Haltbaren und der Verlässlichkeit konfrontiert. So blieb ihm letztlich nichts anderes übrig, als die Formen zu revolutionieren.

▲ DEUTSCHER PAVILLON 1967, MONTREAL.
FREI OTTO, ROLF GUTBROD

PARKARCHITEKTUR

FREIZEIT IM WUNDERLAND

◄ OLYMPIAPARK, MÜNCHEN. GÜNTER BEHNISCH,
FREI OTTO (1972)

▼ EXPO 1970, OSAKA

Ein Jahr nach der Mondlandung stand die Expo 1970 im japanischen Osaka ganz im Zeichen von imageprägenden Installationen der Medien- und Hightech-Welten. Hochfliegende Visionen prägten die sechsmonatige Rekordschau mit 64 Millionen Besuchern. Unter dem Motto »Fortschritt und Harmonie für die Menschheit« entstand in einer Landschaft, die für ihre Kirschblüte berühmt ist, ein Themenpark auf Zeit; später überließen ihn die Organisatoren wieder ganz der Natur. Der skulpturale Sonnenturm des japanischen Künstlers Taro Okamoto geleitete in Osaka zu einer bizarren Formation aus *Plug-ins*, Pneus, geodätischen Kuppeln und metabolistischen Megastrukturen. Die ungebauten Utopien der 1960er Jahre wurden hier erstmals präsentiert. Insbesondere Kenzo Tanges Themenpavillon und die darin integrierten Raumkapseln der Archigram-Gruppe prägten den Gesamteindruck. Das Projekt E.A.T. (Experiments in Art and Technology) um die Ingenieure Billy Klüver und Fred Waldhauer sowie die Künstler Robert Rauschenberg und Robert Whitman gestaltete den Pavillon des amerikanischen Getränkeherstellers Pepsi: ein multimediales Forum, in dem Popkultur, Musik, Kunst und Technik in Happenings aufeinandertrafen. Innerhalb einer Gartenanlage erbaute die Bundesrepublik nach Vorstellungen des Komponisten Karlheinz Stockhausen das Kugelauditorium. Dort ersetzte eine aufwändige, unterirdisch gelegene Klanginstallation architektonische Gesten und präsentierte die Technik der Quadrophonie. Für die internationale Parkarchitektur bedeutete Osaka eine Hinwendung zu einer freieren Formensprache. Wo die Dachlandschaft im Münchner Olympiapark Himmel und Erde verknüpfen wollte, setzten selbst die Bundesgartenschauen der 1970er Jahre auf Soundmobile und biomorphe Kletterhügel.

OLYMPIA 1972

DIE LUFTBAUTEN VON MÜNCHEN

Am 26. April 1966 wählten die Vertreter des Internationalen Olympischen Komitees (IOC) in Rom die Olympiastadt für 1972. Im zweiten Wahlgang stimmte das IOC mit 31 Stimmen für München und damit eindeutig gegen Montreal und Madrid: 36 Jahre nach den Hitler-Spielen in Berlin sollte es wieder Olympische Spiele auf deutschem Boden geben. Im Verbund mit der Fußball-Weltmeister-

schaft 1974 wollte sich die Bundesrepublik Deutschland als erfolgreiche und weltoffene Demokratie präsentieren. Und zu dieser konzertierten Aktion gehörte eine progressive Architektur, die schon im Ansatz alles Monumentale und Schwere der Vergangenheit negierte.

Der große Architekturwettbewerb unter Vorsitz von Egon Eiermann votierte für die Ausarbeitung des Stuttgarter Büros Behnisch & Partner. Auf dem ehemaligen Oberwiesenfeld waren die

Sportbauten inmitten einer Parklandschaft zu integrieren. Selbst ein nach dem Zweiten Weltkrieg aufgetürmter Schuttberg wurde in die Konzeption einbezogen. Der Gleichklang von Himmels- und Bodenlandschaft war eine Grundaussage des Wettbewerbsentwurfs. Grüne Spiele also, die später das Stadtbild Münchens nachhaltig aufwerten sollten. Um seine Ansätze zu realisieren, ging Günter Behnisch eine enge Kooperation mit dem Konstrukteur Frei Otto ein, der nach Erfolgen bei

STADION-OBERDECK-CITY   ZENTRUM

BAUTEN

der Expo 1967 in Montreal zum ersten Mal Gelegenheit bekam, seine futuristischen Zielsetzungen im großen Maßstab zu verwirklichen. Das zentrale Ensemble der Sportstätten (Stadion, Schwimmhalle, Mehrzweckarena) wurde von leichten, asymmetrischen Dachlandschaften überwölbt. Obwohl die Bedachungen in der Realisierungsphase durch Streichung oder Verunstaltung zahlreicher Details beeinträchtigt wurden, blieb ihr überwältigender Gesamtcharakter doch bestehen. Mit seiner Olympia-Landschaft hatte Frei Otto eine Architektur ermöglicht, die von der Last der Massivbauweise befreit ist. Ein ingenieurkünstlerisches Statement, das die beschwingte Münchner Corporate Identity von 1972 mit Maskottchen »Waldi« und den minimalistischen Piktogrammen des Designers Otl Aicher kongenial beflügelt hat.

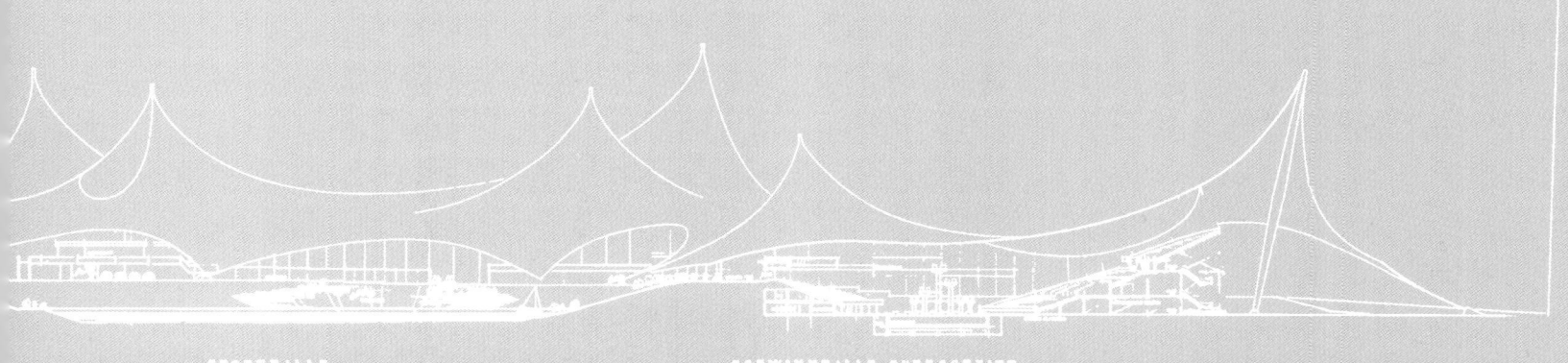

▲ OLYMPIASTADION, MÜNCHEN. WETTBEWERBSZEICHNUNG, SCHNITT WEST-OST. BEHNISCH & PARTNER (O.J.)

MOSCHEEN

ISLAMISCHE AKKULTURATIONEN

Rund drei Jahrzehnte vor den politisch-kulturellen Debatten um die Errichtung zentraler Moscheen in Köln, München oder Frankfurt-Hausen, entstand am westlichen Rand des Regent's Park die Londoner Zentralmoschee für rund 1.400 Gläubige. Mit der feierlichen Eröffnung im Juli 1977 bekam das bereits 1944 gegründete Islamische Kulturzentrum eine repräsentative Heimat nahe dem Hanover Gate. Sowohl König Georg VI. als auch Churchills Kriegskabinett, das 100.000 Pfund für den Grundstückserwerb bewilligte, hatten die Moslem-Gemeinde unterstützt, nicht zuletzt wegen ihres engagierten Einsatzes auf Seiten der Alliierten im Zweiten Weltkrieg. Aufgrund dieser Tradition und der vielfältigen Verbindungen zu den muslimischen Ländern des Commonwealth verlief der internationale Architekturwettbewerb in London ohne die islamkritischen Grundsatzdebatten, die spätere Projekte im christlichen Europa auslösten. Der Siegerentwurf des englischen Architekten Sir Frederick Gibberd verbindet eine traditionelle vergoldete Kuppel und ein stilisiertes weißes Minarett mit einem angegliederten Gemeindekomplex, in dem eine Bibliothek sowie ein Veranstaltungs- und Tagungszentrum untergebracht sind. Diese Gebäude, die 1994 durch Anbauten erweitert wurden, gliedern sich um einen offenen Hof. Die Fassaden kombinieren westliche Beton- und

Glasästhetik mit orientalischer Formensprache, die sich in den Bogenabschlüssen von Portalen und Fenstern zeigt. Darüber hinaus unterscheidet sich die Zentralmoschee in ihrem von Sichtbeton geprägten Erscheinungsbild nicht wesentlich von den nüchtern-rationalistischen Bauten der 1970er Jahre. Zur Parkseite sorgt ihre Kuppel für einen imposanten Auftritt; auf der Stadtseite wird der Maßstab der Wohnzeilen am Parkrand respektiert. Die Religionsarchitektur in der Diaspora wirkt hier wie ein selbstverständlicher Bestandteil der multikulturellen Metropole.

Damit begann – nach kleineren Projekten in Deutschland und Skandinavien – die Auseinandersetzung mit dem nichtchristlichen Sakralbau außerhalb der islamischen Hemisphäre. Beim Vergleich der Tendenzen im zeitgenössischen Moscheenbau stößt man rasch auf die unterschiedlichen Ausrichtungen der Auftraggeber. Regierungen oder international agierende Institutionen vertraten andere Wirkungsziele als Gemeinden oder gar Einzelpersonen. Insbesondere bei Moscheen in der westlichen Welt lässt sich die Spannung zwischen globalen Entwicklungen und regionalen Besonderheiten an den Bauwerken selbst ablesen. Die Interpretation der rituellen Vorgaben wurde für die Architekten zum ästhetischen Balanceakt. Das Islamische Zentrum in Rom (1976–1978) von Paolo Portoghesi und Vittorio Gigliotti zitiert in mehrfach wiederholten Kreiselementen die historische Moschee im spanischen Córdoba. Das Ornamentgeflecht der Betonstreben und die Einarbeitung von Verbindungsleitungen in diese Strukturen lassen die Gebetshalle in einen Dialog mit der postmodernen Formensprache treten. In den mehr als 2.000 Moscheen der USA,

die seit der ersten Boomphase in den 1960er Jahren entstanden, hielten sich Repliken im traditionellen Baustil der Herkunftsländer und Neuinterpretationen aus dem amerikanischen Umfeld die Waage. Die Ende der 1970er Jahre begonnene Moschee der Islamischen Gesellschaft von Nordamerika in Plainfield in Indiana ist ein streng geometrischer, kubischer Komplex aus gemauertem Naturstein, der nur minimal auf orientalische Vorbilder eingeht. Rund zehn Jahre später entwarfen gar die Hochhausspezialisten von Skidmore, Owings & Merrill (SOM) die Moschee des Islamischen Kulturzentrums in New York. Ein würfelförmiger Raum mit Glaswänden und Koranzitaten bildet dort die Gebetshalle.

Doch auch in der islamischen Welt selbst kam es zu Cross-over-Tendenzen, wie die Verknüpfung mit sozialistischer Repräsentationsarchitektur in einigen arabischen Ländern zeigt. Dazu

gesellten sich moderne Interpretationen eines umfassenden Machtanspruchs. Die riesige Faisal-Moschee in der pakistanischen Hauptstadt Islamabad, die der saudische König Faisal vor seiner Ermordung 1975 angeregt und finanziell ermöglicht hatte, bietet eine Gebetshalle für 10.000 Personen. Über 70.000 Gläubige finden in der gesamten Anlage Platz. Der Entwurf des türkischen Architekten Vedat Dalokay platziert vier 90 Meter hohe Minarette an die Eckpunkte einer steil aufragenden Dreieckskonstruktion. Ein Beduinenzelt mit Kathedralenwirkung und gleichzeitig eine der größten Moscheen der Welt. Architektur wurde zum Abbild des Wandels muslimischer Gesellschaften.

◀ SHAH-FAISAL MOSCHEE, ISLAMABAD.
VEDAT DALOKAY (1975)

▼ ZENTRALMOSCHEE, LONDON.
SIR FREDERICK GIBBERD (1970–1977)

BANLIEUES
PARISER
SCHLAFSTÄDTE

Um 1960 füllte sich der Pariser Großraum mehr und mehr mit Suburbias, die Pariser drängten sich in Metrowaggons wie Sardinen, die Ausfallstraßen verengten sich zu »Flaschenhälsen« und Teile der historischen Innenstadt verslumten. Zu dieser Zeit berief Präsident de Gaulle den Städtebauer Paul Delouvrier, Paris zu reorganisieren.

Dessen Vorschläge aus dem Jahr 1964 sahen die Sanierung aller 20 Arrondissements, die Errichtung von Hochhauszentren an der Peripherie, den Bau von Stadtautobahnen, Zubringerstraßen und Satelliten-Städten rund um Paris vor. Die Pariser Baulöwen legten los. In der Folge entstanden eben auch rund um die Kernstadt »Schlafstädte«, die jeden Morgen Pendler in Richtung Zentrum und Industriequartiere entsandten. Die »Banlieue«, die Bannmeile von Plattenbauten, die fortan viele französische Großstädte umgab, war von Anfang an durch einen hohen Anteil an Sozialwohnungen geprägt. Zudem entwickelten sich durch den hohen Zuzug von Migranten die sozialen Probleme, die spätestens seit den 1990er Jahren unübersehbar wurden – dokumentiert in der Studie Pierre Bourdieus *Das Elend der Welt*.

◄ BANLIEUE, PARIS. BLICK VOM QUAI HENRI IV. AUF DIE VORSTADT.

STÄDTEBAU

VILLES NOUVELLES

DIE ZENTREN NEBEN DEN ZENTREN

Sie waren Kinder der Wachstums- und Regelungseuphorie der Ära Charles de Gaulle. Nachdem die Strukturplaner von Paris lange Zeit auf die Wohnhochhäuser der *grands ensembles* gesetzt hatten, die die heutigen Problemgebiete in den Vorstädten außerhalb des Périphérique prägen, wurde ab Mitte der 1960er Jahre das Konzept der *Villes Nouvelles* (»Neue Städte«) entwickelt. Rund 30 Kilometer vom Stadtkern entfernt sollten selbstständige Organisationseinheiten entstehen. Allerdings ging der Generalbevollmächtigte Paul Delouvrier seinerzeit noch von einem Bevölkerungsanstieg der Großregion Paris auf rund 15 Millionen Einwohner aus, eine Zahl, die man im Laufe der Realisierungsphase kontinuierlich nach unten korrigierte. Der ursprünglich geplante Endausbau für jeweils 500.000 Einwohner wurde somit nie verwirklicht. Anders als bei den *New Towns* im Metropolraum London strebte man aber stets die Größenordnung einer autarken Stadtstruktur an. Letztlich entstanden die eigenständigen Gemeinden Évry, Marne-la-Vallée, Cergy-Pontoise, Melun-Sénart und Saint-Quentin-Yvelines. Die am Reißbrett entwickelten Planstädte hatten eine Größenordnung von 85.000 bis 205.000 Einwohnern und wurden spätestens mit der Gründung von Hochschulen zu vollwertigen Nebenzentren.

▲ LES COLONNES WOHNANLAGE, CERGY. RICARDO BOFILL (1983)

◀ ARÈNES DE PICASSO, MARNE-LA-VALLÉE. MANOLO NUÑEZ-YANOWSKY (1985)

Die utopische Denkschule der späten 1960er Jahre schlug sich zunächst in einer planerischen Radikalität nieder, die sich den revolutionären Neubeginn auf die Fahnen schrieb. Enteignungsverfahren der ursprünglich landwirtschaftlich genutzten Flächen verweisen auf den zentralistisch-autoritären Charakter, der das Vorhaben anfangs prägte. Nichts weniger als ein neues Leben wollten die Planungsteams in den neuen Städten ermöglichen. Generalplaner Delouvrier sprach von der Kreation starker und lebendiger Nebenzentren. Wie auch bei den westdeutschen Trabantenstädten dominierte anfangs die Funktionstrennung nach Wohn-, Einkaufs-, Verkehrs- und Grünzonen. In den dortigen Innenstädten wurde der Verkehr in den Untergrund großer Platzanlagen verbannt. Die Bauqualität der Wohnquartiere ging zunächst nicht über die genormten »Riesenschachteln« der *banlieues* hinaus, auch wenn die Blocks selten fünf, sechs Etagen überschritten. Ein erster wichtiger Schritt weg von der vorherrschenden Erschließung über Autobahnzubringer war die konsequente Anbindung an das Netz der Pariser Regionalbahn

RER. Wie einst im 19. Jahrhundert übernahmen die entstehenden Bahnhöfe zentrale Funktionen.

Im Laufe der 1970er Jahre setzte sich der Ruf nach einer interessanteren Gestaltung im Kernbereich durch, während die Ränder der *Villes Nouvelles* mehr und mehr von Einfamilienhaus-Siedlungen gesäumt wurden. Der Mittelstand kaperte die radikalen Visionen der staatlichen Teams, zumal erste Konzerne damit begannen, ihre *back offices* in die Randstädte zu verlagern. Bürgerinitiativen drängten auf Mitsprache. Die Forderung nach menschlicheren Dimensionen ging einher mit einer Rückbesinnung auf traditionelle Blockstrukturen. Beton und Stahl wurden wieder verkleidet. Die Postmoderne schlug nun mit dramatischen Wahrzeichen zurück, wie bei der »Großen Achse« in Cergy-Pontoise, wo der halbrunde Komplex des Spaniers Ricardo Bofill die Place des Colonnes wie eine aufgehende Riesensonne überstrahlt. In Marne-la-Vallée taufte der Volksmund die wuchtigen Nuñez-Bauten an den Arènes de Picasso

kurzerhand »Camembert«. Prominentes Projekt der späten Phase war sicherlich Mario Bottas neorömische Kathedrale von Évry, der größte französische Kirchenbau der Nachkriegszeit. So zeichenhaft diese Entwürfe auch geraten sein mögen, oftmals wirkten sie wie noch ins Umfeld zu integrierende Fremdkörper. In Cergy-Pontoise entstand gar ein vom Architektenehepaar Philippe und Martine Deslandes geprägtes Altstadtambiente mit Einkaufshalle und Flusshafenflair. Dort vollzog sich unter der Ägide privater Investoren eine vollständige Abkehr von den ursprünglichen Absichten. Dieser Wandel im Laufe der einzelnen Bauabschnitte wurde auch zum Leitthema der Ausstellung *Inszenierte Städte*, in der das Züricher Museum für Gestaltung 1994 das Erbe kritisch hinterfragte. Eine soziale Utopie führte zu künstlicher Geschichtlichkeit, die letztlich den relativen Erfolg der *Villes Nouvelles* gegenüber den verantwortungslosen Planungsmonstern der *banlieues* ausmachte. Doch hat sich die soziale Struktur in den einzelnen Städten innerhalb der letzten drei Jahrzehnte ausdifferenziert, und auch die neue Urbanität etwa von Évry konnte die massiven Ausschreitungen von Jugendlichen im Jahre 2005 kaum einschränken. Will man die *Villes Nouvelles* weiterentwickeln, dann gehört es zu den wichtigsten Aufgaben, das soziale Auseinanderdriften der Vorstadtbewohner zu verhindern. Dies ist die große Herausforderung an stadtplanerische Konzepte.

△ ANTIGONE, MONTPELLIER. RICARDO BOFILL (1978–2000)

▷ »GROSSE ACHSE«, CERGY-PONTOISE. DANI KARAVAN, RICARDO BOFILL

DINS DES DROITS DE L'HOMME
RRE MENDES FRAN
MAJEU

6

LOS ANGELES
METROPOLE DER FLÄCHE
DIE SCHÖNE WEITE

Strände, Hügelketten, Flachbauten, Autobahnen – Hauptbestandteile einer Traumstadt. In seinem einflussreichen Buch *The Architecture of Four Ecologies* aus dem Jahr 1971 warf der britische Autor Reyner Banham einen umfassenden Blick auf die Struktur von Los Angeles. Erstmals seit den 1920er Jahren gab es damit wieder einen Ansatz, diesem südkalifornischen Siedlungsgebilde ohne Gedächtnis eine verbindende Identität zu verleihen. Und anders als die meisten Kritiker seiner Zeit sah Banham in Los Angeles kein von *freeways* zerschnittenes Monstrum mit Wegwerfarchitektur, sondern die ultimative, dynamische Metropole. Los Angeles wurde zur Spielwiese der Pop-Theorie.

Doch nicht nur in der intellektuellen Wertschätzung bedeuteten die 1970er Jahre eine Zäsur für die Stadtentwicklung. Die von konkurrierenden privaten Interessen vorangetriebene und unkontrolliert wuchernde Besiedelung führte zu desperaten Verhältnissen, die sich schon 1965 in den Aufständen der schwarzen Bevölkerung von Watts in South Central Los Angeles entladen hatten. Neben sozialen Maßnahmen – die mittelfristig verpufften – wurde auch erstmals über eine bislang ungekannte Erneuerung traditioneller Viertel nachgedacht. Forderte Autor Banham 1971 noch eine Renaissance der traditionellen Downtown, so ballten sich dort ein Jahrzehnt später bereits milliardenschwere Investitionen.

Ein eher technischer Faktor beflügelte maßgeblich diese Entwicklung. 40 Jahre lang war das

widerstehen. Gleich, ob staatliches Laisserfaire oder naives Vertrauen in neue Fundament- und Hochbautechniken – die Aufhebung der Höhenbeschränkung machte es nun auch privaten Investoren möglich, Wolkenkratzer zu bauen. Mit dem kompletten Umbau von Downtown wurden ganze Blocks abgerissen, und es entstand bis in die 1980er Jahre hinein der nach Tokio zweitgrößte Finanzdistrikt im Pazifikraum. Das Höhenmaß schob sich ab 1969 mit mehreren Banktürmen von 157 Metern **Union Bank Plaza (2)** über 262 Meter **Aon Center (3)** bis zum 310 Meter hohen **U.S. Bank Tower (4)** immer weiter in den kalifornischen Himmel. Mike Davis, der brillante Stadtsoziologe von L.A., sollte später von der *City of Quartz* sprechen, wenn er so charakteristische Boom-Bauten wie das von John Portman entworfene **Westin Bonaventure Hotel (5)** (1975–1977) mit seinen fünf bulligen, mit getöntem Spiegelglas verkleideten Zylindern charakterisierte. Ihre starre Anordnung wirkt rationalistisch, doch das überladene Design im Inneren erinnert an eine monströse Ausformung des Art-déco-Stils. Der golden schimmernde Look des Erfolgs.

Heute ist die in den 1970er Jahren eingeleitete Umwandlung von Downtown weitgehend abgeschlossen. Wer am zentralen Pershing Square aus der Metro steigt, sieht sich umgeben von restaurierten Relikten, die im frühen 20. Jahrhundert zwischen Little Tokyo und Chinatown errichtet worden waren. Neben der City Hall, deren Rotunde mit Marmorsäulen nach einer Renovierung wieder zu bewundern ist, steht vor allem die von Bertram Grosvernor Goodhue entworfene **Los Angeles Central Library (6, s. Abb.)**, fertiggestellt 1926, für einen Anknüpfungspunkt aus der Vormoderne. Die wuchtige Bibliothek wird von

städtische Rathaus, die **City Hall (1, s. Abb.)** an der North Spring Street, mit 138 Metern das höchste Gebäude der Stadt. Damit überragte das 1928 errichtete Turmgebäude das seinerzeit geltende Höhenlimit gleich um das Dreifache. Dank einer aufwändigen erdbebensicheren Konstruktion sollte der frühe Betonbau den jederzeit möglichen Verschiebungen der nahen San-Andreas-Störung

einer mosaikverzierten Dachpyramide mit altägyptischen Sphinx-, Schlangen- und Sonnenmotiven bekrönt. Auch die vom Santa Ana Freeway eingekeilte **Union Station (7, s. Abb. vorherige Seite)** neben dem hispanischen Viertel El Pueblo, in dem die Stadt 1781 gegründet wurde, erinnert an die Ära des »flachen« Los Angeles. 1939 im goldenen Zeitalter der Bahnfahrt eröffnet, vereint der kirchenartige Verkehrsbau traditionelle mexikanische Elemente mit Art-déco-Einflüssen. In der imposanten Eingangshalle erinnern die Kassettendecke, der glänzende Marmorboden und hohe Bogenfenster an die Zeit, als dort noch tausende Reisende eintrafen, um ihren kalifornischen Traum zu suchen.

Neben Downtown wirkten vor allem die umliegenden Höhenketten von Hollywood als Gravitationszentrum für das architektonische Erbe von Los Angeles. Frank Lloyd Wright eröffnete Anfang der 1920er Jahre ein Büro in der Stadt, in dem sich auch die aus Wien übergesiedelten Baumeister Richard Neutra und Rudolph M. Schindler niederließen. In den Vierteln Silver Lake und Los Feliz bildeten sich Filmkolonien, deren Bewohner für neue ästhetische Vorstellungen offen waren. Wrights erstes Projekt, das **Hollyhock House (8)** für die Ölerbin Aline Barnsdall, knüpfte mit der Natursteinkonstruktion noch an seine frühe Villenarchitektur an. Wrights Entwurf ging von den Bedingungen des kalifornischen Klimas aus: Die der Sonne ausgesetzten Wände haben nur kleine Öffnungen, während große Glastüren auf einen begrünten, kühlen Innenhof führen. Auf den Hügeln stehen moderne Meisterwerke, darunter Frank Lloyd Wrights **Ennis-Brown House (9)** oder Richard Neutras **Lovell House (10, s. Abb.).** Von seinen Vorbildern Gropius, Le Corbusier und Mies van der Rohe beeinflusst, konnte Neutra in Los

Angeles einen Stil perfektionieren, der sich durch einfache Formen und ungewöhnliche Materialien auszeichnet. Das bahnbrechende Lovell House steht an einem Hang nahe Beverly Hills und ist eng mit der Landschaft verzahnt. Über einem Unterbau aus Stahlbeton wurde in nur 40 Stunden das filigrane, komplett vorgefertigte Stahlgerüst errichtet. Die Balkone sind vom Dachrahmen abgehängt. Große gläserne Flächen gliedern die Fassade im Wechsel mit schmalen weißen Betonbändern. Philip M. Lovell war so begeistert von der großzügigen, lichten Architektur, dass er sich am Strand von Newport ein weiteres Haus als Stahlbeton-Rahmenkonstruktion erbauen ließ – nun von Rudolph M. Schindler, dessen Privat- und Atelierhaus ebenfalls als Klassiker der Moderne gilt. Das 1922 in West Hollywood errichtete Gebäude mit Flachdach, offenem Grundriss und Glasflächen, die sich zu einem Hof öffnen, beherbergt heute das **MAK Center (11)** for Art and Architecture, eine Außenstelle des Österreichischen Museums für angewandte Kunst/Gegenwartskunst (MAK) in Wien. Nach dem Zweiten Weltkrieg wurde die kalifornische Architekturszene vom *Case Study House Program* geprägt, das die Entwicklung von Prototypen für kostengünstige Wohnhäuser zum Ziel hatte. Ein herausragendes Beispiel dafür ist das **Stahl House (12, s. Abb.)** (oder Case Study House No. 22) von 1960, das der 1925 in San Francisco geborene Architekt Pierre Koenig entworfen hatte. Benannt ist das Flachdachhaus in den Hollywood Hills übrigens nach dem Auftraggeber Buck Stahl – obwohl auch das charakteristische Stahlgerüst bei der Namensgebung Pate gestanden haben könnte. Beim Blick durch die weite Glasfront meint man, frei über der funkelnden Riesenstadt zu schweben.

1980–1989
PLURALITÄT UND NEUER EKLEKTIZISMUS

TEXT | RALF NIEMCZYK

BARCELONA
DAS PROJEKT NEUER
STADTRÄUME
NÄHER ANS MEER

Bis in die 1980er Jahre hinein hatte Barcelona ein
Problem: Es war eine Stadt am Mittelmeer ohne
Zugang zum Mittelmeer. Dockanlagen, Eisenbahn-
gleise und Zulieferstraßen versperrten von der
Kolumbussäule bis dorthin, wo später das Olympische Dorf erbaut wurde, den Zugang zum
Wasser. Das Barcelona der Ramblas und Passeigs
war buchstäblich mit dem Rücken zum Ufer
gebaut. Die feine Stadtgesellschaft wohnte im
Eixample oder weiter nördlich – nur möglichst weit
weg vom Hafen und den engen, dunklen Gassen
der historischen Altstadt. Unter Franco fristeten
Katalonien und seine Hauptstadt ein randständiges
Dasein. Erst die große Aufbruchstimmung nach
dem Ende des Franco-Regimes und die daraufhin
verabschiedete neue Verfassung von 1978 führten
zu einem Planungs- und Bauboom. Die Bewer-
bung zu den Olympischen Spielen 1992 gab der
Verwirklichung dieses Jahrhundertprojekts einen
engen zeitlichen Rahmen. Mit seiner Idee zur
Ausrichtung der Olympiade setzte der damalige
Bürgermeister Narcís Serra einen dynamischen
Prozess in Gang, der bis heute andauert.

Wir beginnen unseren Streifzug auf der
zentralen **Plaça de Catalunya (1)**, einem großen
Platz in Form eines unregelmäßigen Vierecks, der
nach dem Schleifen der Stadtmauern Mitte des
19. Jahrhunderts entstanden war. Monumentale
Bankpaläste und das Anfang der 1990er Jahre von
Elías Torres Tur erweiterte Großkaufhaus El Corte
Inglés mit seiner abgerundeten Ecke säumen
diesen von Verkehr umtosten Platz. Am südlichen,

spitz zulaufenden Ende des Platzes findet sich das zwischenzeitlich vom Flachbau zum Bürohaus aufgestockte Café Zürich, ein legendärer Künstler- und Intellektuellen-Treff aus der Zeit vor dem Spanischen Bürgerkrieg. Ein Café solo an der Theke und los geht's: Zwei Fußgängerüberwege spülen unaufhörlich neue Menschenströme von den platanengesäumten **Ramblas (2, s. Abb.)**, dem quirligen Laufsteg der Stadt, hierher. Ein ständiger Corso bewegt sich auf dem von Cafébesuchern und Gauklern belebten Mittelstreifen mit seinen Blumen-, Zeitungs- und Kleintierständen. Etwa auf Höhe des weltberühmten Opernhauses Liceu links hinein in die Gassen des Barri Gòtic stößt man schon bald auf die zwischen 1848 und 1859 angelegte **Plaça Reial (3)** – einen geschlossenen

Stadtraum mit terracottaverzierten Arkadengebäuden und einem von Grazien geschmückten Brunnen in der Platzmitte. Im Zuge der Aufwertung des gesamten Altstadtkerns, der auch die Neugestaltung vieler kleinerer Plätze umfasst, wurde die Plaça weitgehend von Dealern und Kleingangstern befreit, die Barcelonas neu erstrahlendes Schmuckstück bis in die 1990er Jahre hinein zu einem zuweilen etwas zwielichtigen Ort machten. Zurück auf den unteren Ramblas finden sich – neben der zentralen Markthalle, den Nobelhotels und den Touristenrestaurants – zwei geglückte Beispiele einer 1985 begonnenen Sanierung der historischen Substanz. Die Hausnummer Rambla 43 beherbergt auf dem Grundstück des Klosters de Sant Agello eine Wache der Stadtpolizei Guàrdia

Urbana. 200 bis 300 Meter weiter in Richtung Hafen findet sich unter der Hausnummer 7 das **Centro de Arte Santa Mónica (4)**, eine ehemalige Klosteranlage aus dem 17. Jahrhundert, die mit einem kubusartigen Neubau versehen und in ein Kunsthaus umgewandelt wurde. An der nahen Kolumbussäule wäre bis ins Jahr 1987 hinein der Rundgang beendet gewesen. Noch heute zeigen alte Ansichtskarten die Hafenanlagen, die die Wasserseite damals komplett versperrten. In einer vierjährigen Bauphase gelang es dem Architekten Manuel de Solà Morales ab 1983, mit der Promenade **Passeig de Colom (5, s. Abb. vorherige Seite)** und der neu angelegten **Moll de la Fusta (6, s. Abb. vorherige Seite)** vielfältige Funktionen zu verknüpfen. Solà Morales versenkte den Durchgangsverkehr in einen Tunnel und machte den Passeig de Colom zu einem von Palmen strukturierten Stadtbalkon, der einen freien Blick über die wasserseitige Parkanlage mit Blumenrabatten und aufgepflasterten Wällen gewährt. Stilisierte holländische Bügelbrücken ermöglichen den Zugang zur Uferzeile. Von hier aus ist ein ausgedehnter Spaziergang in Wassernähe bis zum Port Olímpic möglich. Für Verschnaufpausen bieten sich Dutzende von Straßencafés und wechselnde Ausstellungen in historischen Hafengebäuden wie beispielsweise dem Palacio de Marhas an. Vom Ufer aus schweift der Blick auf die stadtnahe **Moll de Barcelona (7)** mit dem International Business Center, entworfen vom Büro Pei Cobb Freed & Partners.

In einem fortlaufenden Prozess wurden in den Folgejahren sowohl die **Moll d'Espanya (8)** als auch das Hafenviertel Barceloneta konsequent mit dem Stadtraum verbunden. Helio Piñón und Albert Viaplana wiederum schufen die von Wellenbügeln gekrönte Fußgängerbrücke auf die Moll d'Espanya, die mit einem Großaquarium und dem

9

Maremagnum-Geschäftszentrum (9, s. Abb., auch Seite 329) für ständige Bewegung sorgt. Den programmatischen Endpunkt der Stadtumwandlung zwischen 1985 und 1992 bildet der **Port Olímpic (10)**, dessen Silhouette von zwei 44-stöckigen Türmen bestimmt wird. In dem 150 Hektar großen Uferviertel, ebenfalls ein aufgelassenes Industriequartier, wurden 50 Hektar Park- und Strandanlagen sowie 2000 Wohneinheiten errichtet. Unter Federführung des Generalplaners Oriol Bohigas entstanden zahlreiche Blocks, die sich in ihrer vielfältigen Architektursprache jeglichem Stildiktat widersetzen. Die weithin sichtbaren Doppeltürme der **Mapfre-Versicherung (11, s. Abb.)**, erbaut von Íñigo Ortiz und Enrique León, sowie das **Hotel Arts (12)** von Bruce Graham (SOM) mit seinem stählernen Fachwerkkorsett wurden zu emblematischen Ausrufezeichen einer atemberaubenden Umgestaltung. Auf der vorgelagerten Plaça de los Voluntarios, die sich wie eine Bastion in den **Port Olímpic** hineinschiebt, beeindruckt die Symbolskulptur einer gelungenen Metamorphose: **Der Goldene Fisch (13, s. Abb.)** von Frank O. Gehry, eine meterhohe transparente Arbeit aus Metallgitternetz, die einmal mehr das Wasser zum Thema der neu gewonnenen Stadträume macht. Die eigentliche Strandzone, die sich – ausgehend von Gehrys Fisch – über Kilometer bis zur olympischen Sporthalle für Judo und andere Kampfsportarten hinzieht, vermittelt Barcelona als schrillen, aber gleichzeitig auch volkstümlichen Badeort. Wer den Weg nicht scheut, wird mit dem Blick auf den zweistöckigen, glasverkleideten Gebäuderiegel des **Hospital del Mar (14)** von Manuel Brullet í Tenas und Albert de Pineda í Álvarez belohnt – einen Klinikkomplex mit Meerblick, der in seiner Leichtigkeit einen würdigen Abschluss der olympischen Bautenkette bildet.

ZEIT FÜR PLURALISMUS

DEKONSTRUKTIVISMUS
REIFE POSTMODERNE
ZWEITE MODERNE

Ein vielstimmiger Chor der Kritik richtete sich zum Ende der 1970er Jahre gegen die Öde und Monotonie der modernen Architektur. Politisch und sozial motivierte Hausbesetzer und Kraker machten vehement mobil gegen die Flächensanierung von Altbauvierteln. In der bildenden Kunst negierten die Neuen Wilden die Altvorderen. Die *Innenstadtfront*, ein Titel der Düsseldorfer Punkband Mittagspause, thematisierte weit über die Architektenzunft hinaus die Zukunft unserer Städte. In diesem Klima erinnerte man sich an Stilrebellen wie den US-Amerikaner Robert Venturi, der das Erbe von Bauhaus & Co. in seinen Schriften angekratzt hatte. »Learning from Las Vegas«, hieß Venturis Diktum bereits 1972. Architektur sei nichts weiter als ein »dekorierter Schuppen«, polemisierte er einige Jahre später. Ein »schräger« Pluralismus entstand, eine Postmoderne mit historischen Zitaten zwischen Ironie und Heimeligkeit. Zu den ersten plakativen Folgen zählten die bunten Stilkapriolen von Charles Moore an der Piazza d'Italia in New Orleans mit ihren neorömischen Portalen und Hans Holleins Kulissenarchitektur für die Zentrale des Österreichischen Verkehrsbüros in Wien. Auch im großen Format wurde mit der strengen Formensprache gebrochen. Philip Johnsons AT&T-Zentrale (1979–1984) an der Madison Avenue in

◄ STAATSGALERIE, STUTTGART. JAMES STIRLING (1984–2002)

New York beispielsweise, ein rosa schimmernder Wolkenkratzer mit Triumphbogenportal und einem gelochten Giebel, ging als »Chippendale-Kommode« in die Annalen ein. Öffentliche Bauten wie Hans Holleins Museum Abteiberg in Mönchengladbach

oder die Neue Staatsgalerie von James Stirling in Stuttgart machten diese Collagenarchitektur in großem Maßstab exemplarisch. Stirling zitierte Antike und Gotik ebenso wie den Klassizismus Karl Friedrich Schinkels und setzte mit seinem beschwingten Komplex einen deutlichen Akzent im Stuttgarter Zentrum. Zu äußerst beliebten Touristenzielen avancierten auch die Schöpfungen des Österreichers Friedensreich Hundertwasser – eines Einzelgängers, der nicht nur beim Hundertwasser-Haus in Wien (1983–1985) seine Vorstellungen von

Ökologie und gebauter Poesie mit Jugendstilanklängen versöhnte. Das Repertoire des forschen Zitierens brachte wenige Vorzeigebeispiele der »Hocharchitektur« hervor und erschöpfte sich recht bald. In der Gebrauchsarchitektur der Gewerbegebiete und Randbezirke dagegen fanden die Türme,

◄ AT&T BUILDING, NEW YORK. PHILIP JOHNSON (1979–1984) (HEUTE: SONY-BUILDING)

► LLOYD'S BUILDING, LONDON. RICHARD ROGERS (1978–1986)

▼ HUNDERTWASSER-HAUS, WIEN.
FRIEDENSREICH HUNDERTWASSER (1983–1985)

Säulen und Giebel über Jahre hinweg einen ausgiebigen Gebrauch und machten aus Möbelhäusern und Shopping Malls wahrhaft »dekorierte Kisten«. Zur gleichen Zeit erlebte die Wiederentdeckung der verdichteten Stadt einen weitaus längeren Nachhall. Kündete die erstmals seit Jahrzehnten von Josef Paul Kleihues 1977 wiederverwendete Blockrandbebauung im Berliner Sanierungsgebiet Wedding einen Zeitenwandel an, so thematisierte Paolo Portoghesi als Kurator der ersten Architektur-Biennale in Venedig 1980 unter dem Titel *La presenza del passato* die Gegenwärtigkeit der Vergangenheit durch seine »Strada novissima«. 20 Architekten, darunter Venturi, Hollein, Kleihues, Moore und Léon Krier, »bespielten« eine sieben Meter hohe Fassadenstrecke aus

Holz und Pappe mit Entwürfen, die ihr jeweiliges Architekturverständnis zum Ausdruck brachten. Hatten bisherige Großausstellungen der Nachkriegszeit die Fassade und den Straßenzug als überkommen verworfen, so wurde in Venedig mit Nachdruck auf traditionelle stadträumliche Qualitäten hingewiesen. Diese wurden zum eigentlichen Erbe der postmodernen Strömung. Denn sowohl auf der *Internationalen Bauausstellung (IBA)* in Westberlin, die in den 1980er Jahren die »kritische Rekonstruktion« der Gesamtstadt nach dem Mauerfall vorwegnahm, als auch im Rahmen der kleinteiligen Sanierungen in Barcelona, Sevilla oder Palermo bedeutete die Postmoderne eine Versöhnung der historischen Stadt mit der Jetztzeit. Dem gegenüber stehen – sozusagen als eine Meis-

terschaft der Möglichkeiten – die Solitäre der Hightech-Architektur, die neueste Materialien und Ingenieurtechniken in repräsentativen Großbauten ästhetisieren. Neben den Verkehrsentwürfen für Brücken, Flughäfen oder Bahnhöfe sind es vor allem Unternehmenszentralen und Kulturbauten, denen ein ultramodernes Gesicht verordnet wurde. Der Firmensitz der altehrwürdigen Schiffsversicherung Lloyds von Richard Rogers (1979–1986) etwa schockte inmitten seiner aus Werkstein erbauten Nachbarschaft in der Londoner City durch außen liegende Technik, Treppen und Tragstrukturen als eine stählerne Monumentalisierung des »Prinzips Centre Pompidou«. Mit Norman Fosters Hochhaus der Hongkong and Shanghai Banking Corporation konnte das neue Hongkong 1986 einen ersten

Höhepunkt feiern. Stahlfachwerk als Grundkonstruktion und freitragende Geschosse im Inneren vermitteln eine kathedralenhafte Wirkung und eine machtvolle Geste gegenüber der internationalen Finanzwirtschaft. Exzentriker wie die Franzosen Jean Nouvel und Dominique Perrault vollendeten die *Grand Projets* in Paris mit ihren gläsernen Entwürfen für das Institut du Monde Arabe und die 1996 vollendete Nationalbibliothek.

Noch einen Schritt weiter in der Suche nach einer zeitgenössischen Architektursprache ging der Dekonstruktivismus. Wo die Hightech-Architektur die aktuellsten Techniken zu einem stimmigen Gesamtentwurf verbindet, will der Dekonstruktivismus alle bisherigen Formen aufsplittern und wieder neu zusammensetzen. Brüche und Risse sollen dabei offen zu Tage treten. Stilwanderer Frank O. Gehry gelang der Durchbruch mit postmodernen Formkapriolen beim California Aerospace Museum in Los Angeles (1982–1984). Fünf Jahre später bereits löste er den Baukörper des Vitra Design Museums in Weil am Rhein in allseitige Dissonanzen auf. 1989 erhielt er den Pritzker-Preis und widmete sich fortan seinen »Tanzenden Häusern« und anderen spektakulären Baukörpern. Eine Ausstellung im New Yorker Museum of Modern Art mit dem Titel *Deconstructivist Architecture* zeigte 1988 Arbeiten von Daniel Libeskind, Rem Koolhaas, Peter Eisenmann, Zaha Hadid, Coop Himmelb(l)au und Bernard Tschumi – Protagonisten einer anfangs noch theoretischen Schule, die in den noch folgenden Jahrzehnten die rechten Winkel zum Tanzen bringen sollte.

◄ VITRA DESIGN MUSEUM, WEIL AM RHEIN. FRANK O. GEHRY (1988–1989)

▼ BANCO DEL GOTTARDO, LUGANO. MARIO BOTTA (1982–1987)

COOP HIMMELB(L)AU

Von der Utopie zum realisierten Projekt. Mehr als ein Jahrzehnt beschäftigt sich das 1968 gegründete Büro mit Manifesten – »Architektur ist jetzt« – und situationistischen Aktionen. Die Wiener Kooperative theoretisiert gegen die Postmoderne mit Slogans wie: »Alles, was gefällt, ist schlecht. Alles, was funktioniert, ist schlecht. Gut ist, was akzeptiert werden muss.«

Gründervater Wolf D. Prix (Foto, links) prägte die kämpferische Formel: »Architektur muss brennen«. Ein wild auskragender Dachausbau in der Wiener Falkestraße leitete ab 1983 die Phase des Bauens ein. Aus Himmelblau wurde HimmelBAU. Zu den radikalen Interieur Designs in ihrer Heimatstadt wie die Reiss-Bar und der Rote Engel kam 1986 das Studio Kon'yo Shen'te in Tokio. Die Teilnahme an der Ausstellung *Deconstructivist Architecture* im New Yorker Museum of Modern Art 1988 manifestierte die avantgardistische Position der Kooperative. In der Folge gab es auch den ersten großen Industrieauftrag, 1988/89 bauen sie die Spanplattenfabrik Funder in Kärnten. In den 1990er Jahren sorgten ihre skulpturalen Bauten in Stadtbildern für Furore. Das Stadtmuseum Groningen entstand in den Jahren 1993/94, der Ufa Kinopalast in Dresden 1993–1998. Gerade dieser Bau setzt sich sehr stark vom Innenstadt-Umfeld ab und wurde nicht zuletzt für seine anarchistische Zeichenkraft gelobt. Zu den Großprojekten im 21. Jahrhundert zählen die Münchner BMW Welt, das Musée des Confluences in Lyon und die Europäische Zentralbank in Frankfurt am Main.

ZAHA HADID

Der rechte Winkel ist ihre Sache nicht. Seit ihrem Studium in London gilt die 1950 in Bagdad geborene Politikertochter als Formensucherin fernab der etablierten Schulen. Ihre Bauten wurden als »Blitze aus Beton« beschrieben, als radikale futuristische Strukturen. »There are 360 degrees, so why stick to one«, postulierte sie einst.

In ihrer Abschlussarbeit – einem Hotel an der Londoner Hungerford Bridge – bezog sich Zaha Hadid auf den Suprematisten Kasimir Malewitsch. Nach Lehrjahren in Rem Koolhaas' Office for Metropolitan Architecture (OMA) eröffnete sie 1979 ihr erstes Büro in London. Doch galten ihre Ideen lange Zeit als »unbaubar«. 1986 etwa gewann sie den Wettbewerb für ein Bürogebäude am Berliner Kurfürstendamm 70. Wie ein Segel sollte sich die transparente Fassade wölben – ein kühner Entwurf, der jedoch ohne Bauauftrag blieb. Gleichwohl hielt Hadid in ihren theoretischen Schriften an ihrer Mission fest und gelangte als Teilnehmerin der New Yorker Dekonstruktivisten-Ausstellung 1988 zu internationalen Weihen. Eine hart erkämpfte Position, die Hadid mit der Realisierung des Feuerwehrhauses für das Vitra-Werk in Weil am Rhein 1993 praktisch untermauerte. Im gleichen Jahr wurde auch ein Wohnbau für die IBA in Berlin fertiggestellt, entworfen 1986. Mit ihrem Entwurf für die Sprungschanze auf dem Berg Isel schuf sie 2002 gar ein neues Wahrzeichen für Innsbruck. Gemessen in Bauten war dies bis dahin ein verhältnismäßig schmales Œuvre, das mit der Verleihung des Pritzker-Preises 2004 gewürdigt wurde.

EURALILLE

DIE STADT NEBEN DER STADT

Eine völlig neue Stadt neben der Stadt zu konzipieren, das klang nach einem Paradejob für den Niederländer Rem Koolhaas und sein 1975 in Rotterdam gegründetes Office for Metropolitan Architecture (OMA). Koolhaas hatte sich in den 1970er Jahren in diversen »Papierprojekten« mit Manhattan beschäftigt. Sein viel beachtetes Buch *Delirious New York* thematisierte das Chaos, die Widersprüchlichkeit und das Faszinierende der Hochhausmetropole. Nach seinen Arbeiten für das

Nederlands Dans Theater (NDT) in Den Haag und der Entwicklung des IJ-Plein in Amsterdam bedeutete der städtebauliche Euralille-Rahmenplan das erste Großprojekt für den wortmächtigen Exjournalisten.

Die nordfranzösische Stadt Lille sollte nach dem Willen ihres Bürgermeisters Pierre Mauroy zum hypermodernen Verkehrsknotenpunkt für den Hochgeschwindigkeitszug TGV/Eurostar ausgebaut werden – ein Quantensprung für das krisengeschüttelte Industriezentrum: Von Chemie, Textil und Kohle zum Backoffice von London, Brüssel und Paris. Für dieses Ziel stand zunächst ein

brachliegendes Gelände von 70 Hektar aus Armeebesitz zur Verfügung. Nach dem endgültigen Beschluss im Januar 1986 leitete Koolhaas bis zur feierlichen Eröffnung des Eurotunnels am 6. Mai 1994 ein Bauprogramm für das immer noch riesige Areal von 40 Hektar Fläche.

Ausgangspunkt für das Euralille-Quartier war der TGV-Bahnhof, den der Architekt Jean-Maire Duthilleul als schlanken Balkon mit Schwungdach und offener Glasflanke zur Stadt hin anlegte. Koolhaas ging es nicht um formalistische Bauideen, sondern vielmehr darum, die neu gewonnenen Fernverbindungen und Geschwindigkeiten sichtbar zu machen. Die historische Bebauung der Stadt mit der eher verschlafenen Place de Paris und der neugotischen Kathedrale spielten keine Rolle mehr angesichts der sprunghaft gewachsenen Dimensionen des »neuen Lille«. In diesem Kontext schuf Claude Vasconi einen 25-stöckigen Monolithen für ein World Trade Center, Christian de Portzamparc errichtete über den Gleisen den Büroturm für die Bank Crédit Lyonnais und Jean Nouvel positionierte an einer abgeschrägten Ebene fünf Büroblocks für ein riesiges Geschäftszentrum. Koolhaas selbst, der das Kongressgebäude und einen ovalen Konzertsaal beisteuerte, ordnete

diese Solitäre mit einer dynamischen Geste. Die Zukunft sollte für Lille spielen nach dem Motto »Es lebe die Überzeugungskraft der Großstruktur!« Dank der Investitionen verschiedener Unternehmen konnte der ambitionierte Rahmenplan ohne große Zeitverzögerung realisiert werden, und die Stadt wurde durch Euralille aus ihrem Dämmerzustand gerissen. Die gewünschte Entwicklung zu einem europäischen Geschäftszentrum aber brachte der von Koolhaas verordnete radikale Sprung in die Verkehrsmoderne bis heute allerdings nicht. Hier endet die Macht des Architekten. Was bleibt, ist eine gebaute Vision der späten 1980er Jahre.

◀ THE MAKING OF A NEW CITY CENTRE. SKIZZE. TEAM EURALILLE (O.J.)

▼ RENDEZ-VOUS WITH THE 21ST CENTURY. MODELL. TEAM EURALILLE (O.J)

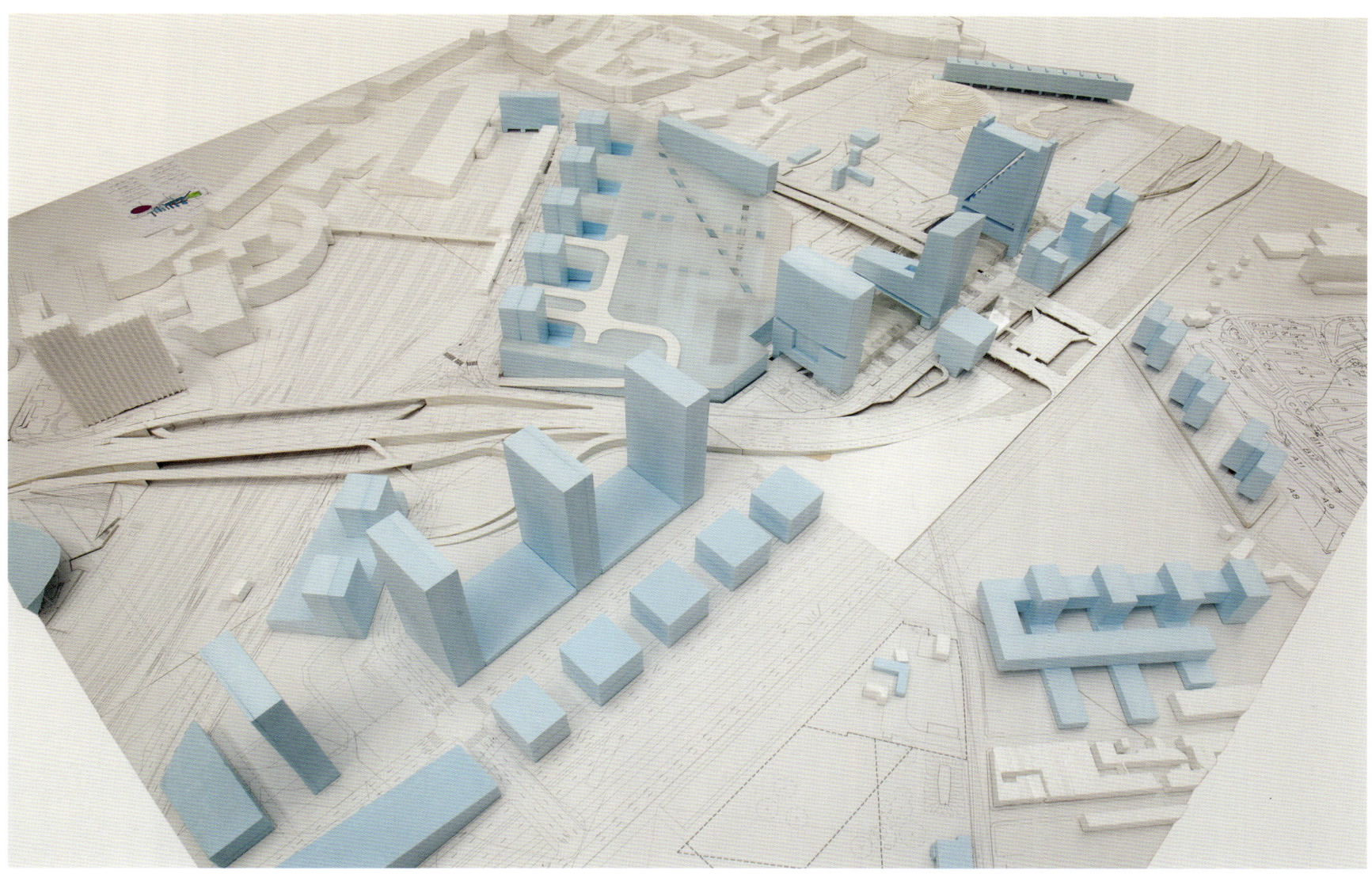

PARC DE LA VILLETTE

FORM FOLLOWS FICTION

In seinem Collagenwerk *Manhattan Transcripts*, veröffentlicht Ende der 1970er Jahre, rüttelte der 1944 in Lausanne geborene Architektensohn Bernard Tschumi an den Fundamenten eherner Leitsätze. Seine Fingerübungen für einen neuen Stil krönte er mit der plakativen These »form follows fiction« – ein Bauhaus der Imagination also.

1982/83 erhielt der Theoretiker seinen ersten großen Realisierungsauftrag: Im Rahmen der Grands Projets sollte auf dem Gelände eines ehemaligen Schlachthofes im 19. Arrondissement eine der größten Parkanlagen von Paris entstehen. Ein Park, der im Gegensatz zu den Vorbildern aus dem 18. und 19. Jahrhundert kein Hort der Ruhe und Kontemplation sein, sondern vielfältige Aktivitäten ermöglichen sollte.

Die Veranstaltungshalle Zenith, das 360-Grad-Kino La Géode, das damals weltgrößte Museum für Wissenschaft und Technik sowie die Cité de la musique – ein Zusammenschluss mehrerer Institutionen rund um die Musik – sollten auf dem weitläufigen Gelände untergebracht werden. Tschumi legte dafür ein umfangreiches Raumkonzept mit Zeichen- und Bedeutungs-

systemen an, das sich am Russischen Konstruktivismus orientierte. Auf dessen reformerische Ideale verzichtete diese »Architektur ohne Utopie« allerdings.

Stattdessen strukturierten 26 knallrote folies als geometrische Fixpunkte im Abstand von 120 Metern das weitläufige System der Ver-

bindungswege und Freiflächen. Diese gebauten »Verrücktheiten« beherbergen Themenpavillons, die technische Formen wie Stützen oder Stahlträger aufgreifen. Die geometrischen Gebilde brechen die Grundform des Quaders vielfältig auf und kontrastieren diese mit Kugeln, Wellen oder Zackenlinien. Entlang des Ourcq-Kanals legte

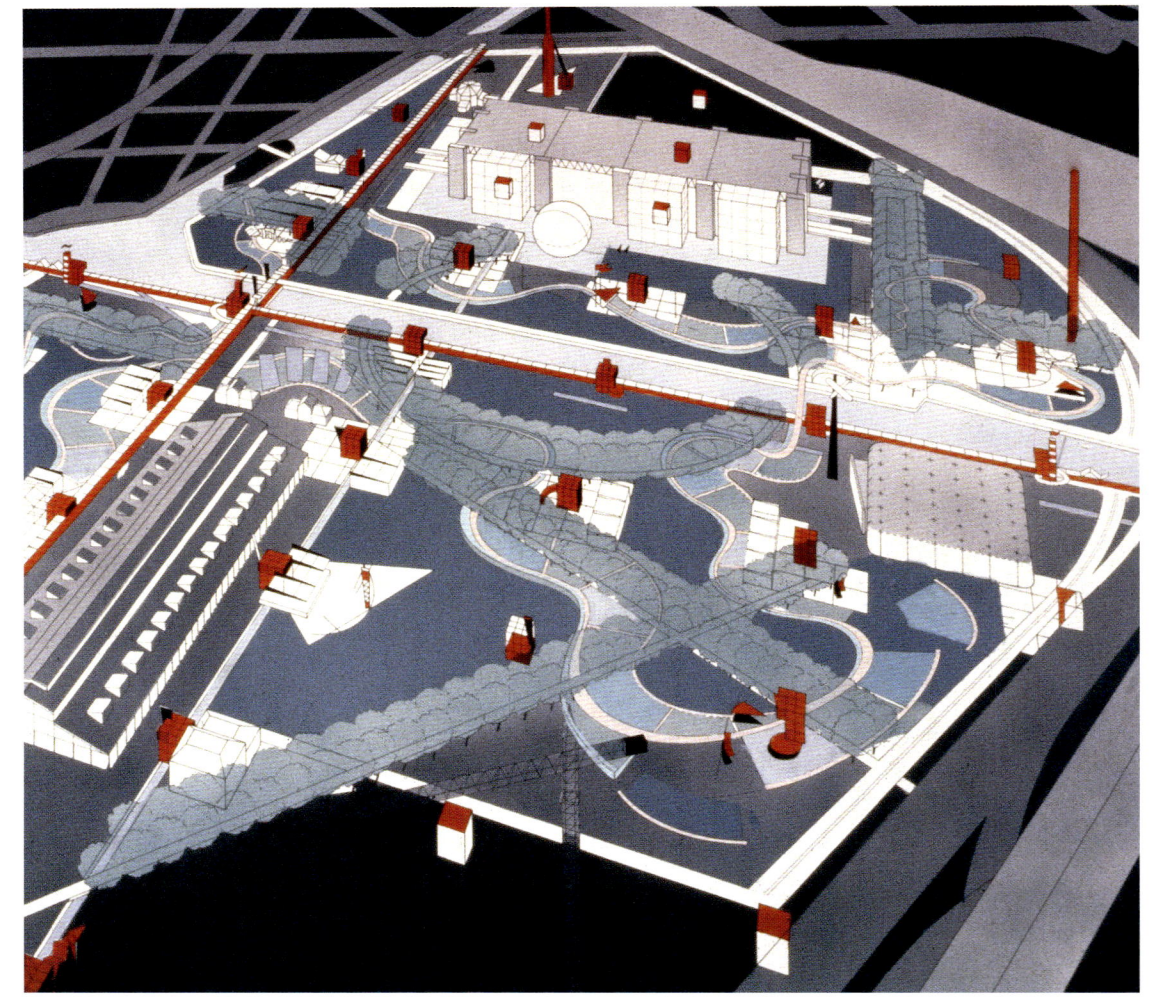

Tschumi aufgeständerte, durch Lichtbänder illuminierte Versorgungsleitungen mit Zitaten aus der Industriegeschichte an. Der Designer Philippe Starck möblierte diese Zeichenwelten mit blitzförmigen Stahlsesseln. So entstanden Blickachsen, in denen der Parc de la Villette an abstrakte Gemälde erinnert.

Die Integration der Großbauten in dieses Konzept gehörte zu den kreativen Kämpfen der sechsjährigen Realisierungsphase. Während das riesige Wissenschaftsmuseum eine bestehende Schlachthalle nutzen konnte, die Adrien Fainsilber in eine Hightechstruktur verwandelte, musste Christian de Portzamparcs mit seiner Cité de la

musique am südlichen Parkende auf Tschumis Vorgaben reagieren. Er ließ dem Park »Luft zum Atmen« indem er seinen wuchtigen Komplex mehrfach fragmentierte. Er schuf Durchbrüche und legte die Dachkonstruktion als eine lang gezogene Welle an.

▲ PARC DE LA VILLETTE. BLICK ÜBER DEN KANALISIERTEN
   FLUSS OURCQ. (1995)

◄ PARC DE LA VILLETTE. DIE DREI EBENEN DES PARKS.
   AUFRISSZEICHNUNG. BERNARD TSCHUMI (O.J.)

1980–1989 PLURALITÄT UND NEUER EKLEKTIZISMUS   343

JAMES STIRLING

Er ist ein Chamäleon der Stile, ein ständiger Wanderer zwischen den (Bau-)Welten, der sich immer wieder gegen die kühle Blutleere der Moderne richtet. »Nach meiner Auffassung«, so Stirling 1979, »sollten die Formen eines Gebäudes seinen Verwendungszweck oder die Lebensweise seiner Bewohner andeuten, wenn nicht sogar explizit ausdrücken.«

In den kargen britischen Nachkriegsjahren studierte James Stirling an der Universität von Liverpool und eröffnete 1956 sein erstes Büro in London. Er entwarf Hightech-Industriebauten wie die Olivetti Training School im britischen Haslemere (1969) und galt durch seinen Entwurf der Bibliothek der Geschichtlichen Fakultät der Universität Cambridge als Rationalist. Lagerdenken interessierte ihn dabei nicht. Ihm war es stets wichtig, die jeweilige Funktion der Gebäude durch individuelle Baukörper zu betonen. Mit seinen postmodernen Entwürfen erlebte er in den 1980er Jahren einen späten Erfolg. Wie bei der Erweiterung der Tate Gallery in London (1980–1985) trumpfte er beim Berliner Wissenschaftszentrum (1984–1987) und bei der Erweiterung der Stuttgarter Staatsgalerie (1977–1983) mit einer Polonaise der Formen und Farben auf. Ironisch und spielerisch schöpfte er dabei aus unterschiedlichsten Quellen. Der kurvige Stuttgarter Monumentalbau geriet nach seinen Vorstellungen zum »wesentlichen Bestandteil« der Stadt und avancierte damit zu einem Paradebeispiel des postmodernen Stils. Bis zu seinem Tod im Jahr 1992 pflegte James Stirling in seiner Architektur einen kraftvollen Duktus – so auch zuletzt bei der Werksanlage der Firma Braun in Melsungen (1986–1992).

MARIO BOTTA

Als Vordenker der Tessiner Schule, in der bis Anfang der 1980er Jahre die meisten seiner Entwürfe entstanden, steht Mario Botta für die konsequente Verwendung von Naturstein und eine streng geometrische Bauweise. »Ich sehe in meiner Architektur einen Ansatz gegen den Verlust von Identität. Eine Maßnahme gegen die Banalisierung und Kulturverflachung, die so typisch ist für den Kommerz unserer modernen Gesellschaft.«

Kuben, zylindrische Körper, längliche Scharten, die den Baukörper aufbrechen, und rechtwinklige Treppeneinschnitte gehören zum Repertoire von Mario Botta. Die frühen Einfamilienhäuser erinnern daher bisweilen an mittelalterliche Wehranlagen. Bei seinen Wohnhäusern in Viganello (1981) und der Casa Rotonda in Stabio (1981/82) bilden Rundtürme den Grundriss. Oftmals schotten Bottas Bauten sich gegen ihre unmittelbare Umgebung ab, so auch die Banca del Gottardo (1982–1988) in Lugano durch die wuchtigen Rondelle. Bottas später verwirklichte Großprojekte wie das San Francisco Museum of Modern Art (1989–1995) oder das Museum Tinguely in Basel (1993–1996) korrespondieren auf eigenwillige Weise mit der Stadtlandschaft. Ob aufgelockert oder streng geformt, Botta greift stets auf die bestechende Eleganz kunstvoll gemauerter Backsteinwände zurück, die er durch vertikale, waagerechte und gekantete Ausformungen immer neu in Szene setzt. Das jeweilige »Muster« erklärt sich dabei weder typologisch noch topografisch. Botta verweigert sich schlichtweg dem Versuch vieler Zeitgenossen, Innen- und Außenwelten in der Architektur aufzulösen.

IBA BERLIN

KRITISCHE REKONSTRUKTIONEN

Nicht nur das Neue, sondern auch das analytisch weiterentwickelte Alte gehört zum Fortschritt. Mit dieser Überzeugung leitete die *Internationale Bauausstellung (IBA)* von 1979 bis 1984 beziehungsweise 1987 in Berlin eine revolutionäre Wende in der Stadtplanung ein. Gegen die Thesen der 1933 verabschiedeten Charta von Athen gerichtet, be-

schritt man bereits mit der organisatorischen Aufsplittung in »IBA Neu« und »IBA Alt« ungewöhnliche Wege. »Ein Menschenalter lang wurde angesichts von Ballung, Umweltschädigung, Verkehrschaos und Massenkonsum die Lösung in der Funktionstrennung gesehen. Damit ging der Blick für Verflechtung und Pluralität verloren«, hieß es in der programmatischen Senatsvorlage von 1978. Das wachsende Unbehagen gegenüber Stadt und Architektur sollte – auch als Replik auf das im Rah-

men der *Interbau* von 1957 errichtete Südliche Hansaviertel – in zukunftsweisende Gegenentwürfe überführt werden. Nach einem längeren Vorlauf wurde 1979 schließlich das Motto »Die Innenstadt als Wohnort« ausgegeben. Das IBA-Budget von rund 85 Millionen Mark, das für den »Berichtzeitraum« bis 1984 ausgelegt war, fungierte als Anschubfinanzierung, die bis 1987 ein Bauvolumen von mehr als drei Milliarden Mark bewegte. Dabei ging es weniger um spektakuläre Einzelbauten von

▲ STADTVILLEN, TEGELER HAFEN. CHARLES MOORE, JOHN RUBLE, BUZZ YUDELL (1985–1988)

◄ SOZIALER WOHNUNGSBAU, BERLIN KREUZBERG. ZAHA HADID (1987)

Stararchitekten, als vielmehr um die Wechselwirkung des einzelnen Gebäudes in seinem städtischen Umfeld. Der Masterplan als methodisches Instrument – »Welche Stadt wollen wir?« – erfuhr hier eine entscheidende Revision, die später insbesondere in europäischen Metropolen zahlreiche Weiterentwicklungen fand.

Zur »IBA Neu« zählten der Stadtneubau in Tegel, am Prager Platz, im südlichen Tiergarten und in der südlichen Friedrichstadt. Unter Federführung von Josef Paul Kleihues beschäftigte sich der Traditionalist Rob Krier mit der berüchtigten Blockstruktur Berlins. Auch der damals noch weitgehend unbekannte Daniel Libeskind beteiligte sich an Symposien und Wettbewerben. Zum Gesamtbild gehörten ganz unterschiedliche Projekte:

Industriesolitäre wie die Phosphat-Eliminationsanlage (PEA) von Gustav Peichl am Tegeler See ebenso wie die Konzeption des aufgelockerten, innerstädtischen Wohnparks, der unter der Leitung von Hans Kollhoff und Arthur Ovaska entstand.

Die »IBA-Alt« wiederum wurde von dem Architekturprofessor Hardt-Walther Hämer geleitet, der sich bereits in den 1970er Jahren mit bewohnerfreundlichen Sanierungen in Charlottenburg engagiert hatte. In diesem Duktus entstand unter anderem die terrassenförmige Wohnbebauung mit ihren auskragenden Balkonen am Kreuzberger Fraenkleufer von Hinrich und Inken Baller (1982–1984), die als geglücktes Beispiel für eine betont menschliche Architektur in gewachsenen Strukturen galt. Hinzu kam die Erhaltung von Altbauten,

vornehmlich in Wohnvierteln aus dem 19. Jahrhundert wie der Luisenstadt und Kreuzberg. Insbesondere die Renaissance der »Kreuzberger Mischung« mit ihren Hinterhöfen und der engen Verflechtung von Produktion, Handel und Wohnen sollte den Kahlschlag der 1970er Jahre – etwa am Kottbusser Tor – beenden. Die »kritische Rekonstruktion der Stadt«, die auch zur Leitlinie des späteren Hauptstadtumbaus wurde, war ausgerufen. Damit geriet die IBA Berlin zur Initialzündung für den kreativen Wettstreit zwischen Tradition und Moderne.

PETER ZUMTHOR

Peter Zumthor agiert wählerisch und sorgfältig, schlussendlich gibt es nicht viele Bauten von ihm. Er setzt seine Arbeit immer in Bezug zum Ort, nimmt sich viel Zeit, legt selbst Hand an. Ihm ist an einem gedeihlichen Verhältnis zu seinem Bauherrn gelegen. Sein Credo lautet: »Es gibt für mich ein schönes Schweigen von Bauten, das ich verbinde mit Begriffen wie Gelassenheit, Selbstverständlichkeit, Dauer, Präsenz und Integrität, aber auch Wärme und Sinnlichkeit ...«

Peter Zumthor studierte von 1963 bis 1966 Innen-architektur an der Schule für Gestaltung in Basel, im Anschluss daran Architektur und Design am Pratt Institute in New York. Zunächst arbeitete er als Denkmalpfleger im Kanton Graubünden, um dann 1979 sein eigenes Büro in Haldenstein zu gründen. 1996 übernahm er einen Lehrauftrag als Professor an der Architekturakademie der Universi-tà della Svizzera italiana in Mendrisio. Zu seinem Werk der 1980er Jahre, das sich am besten mit dem Begriff »Alpine Architektur« überschreiben lässt, gehören eine Schule im schweizerischen Churwalden (1979–1983), Schutzbauten für römi-sche Funde in Haldenstein, Schweiz (1985/86), das Atelier Zumthor (1986) und die Kapelle Sogn Benedetg in Sumvitg, ebenfalls in der Schweiz,

(1987–1989). Im Grundriss nimmt die Kapelle die Form eines Auges auf, der hölzerne Turmbau wird nach oben hin durch ein umlaufendes Fensterband und ein Flachdach abgeschlossen. In der Folgezeit reüssierte Zumthor durch seine Thermalbäder im bündnerischen Vals und das als Kubus gestaltete Kunsthaus Bregenz, für das er den renommierten Mies van der Rohe Preis für Europäische Architek-tur erhielt. Peter Zumthor formuliert für sich den Anspruch, außergewöhnliche Räume mit sinnlicher Ausstrahlung zu schaffen. Keines seiner Gebäude gleicht einem anderen, da der Architekt sich immer an den örtlichen Gegebenheiten, der Geschichte, den Menschen und der Atmosphäre orientiert.

TADAO ANDO

»Beton ist der Baustoff des 20. Jahrhunderts.« Tadao Ando, ein ehemaliger Profiboxer mit Hang zu schnellen, einsamen Entscheidungen, beherrscht diesen Werkstoff wie kein anderer. Er hat sich zum Ziel gesetzt, Beton in all seinen ästhetischen Momenten auszuloten.

Bevor Tadao Ando 1969 sein Büro Tadao Ando Architect & Associates in Osaka gründete, unternahm er ausgedehnte Reisen durch Nordamerika, Afrika und Europa, auf denen er sich autodidaktisch bildete. 1987 begann er seine akademische Lehrtätigkeit in Yale, danach unterrichtete er ab 1988 an der Columbia University und ab 1990 in Harvard. Seine Architektur zeichnet sich durch schlichte Formen aus Sichtbeton aus, der innen und außen verarbeitet wird. Großflächig verglaste Innenhöfe öffnen die Gebäude zu ihrer Umgebung hin. Beim Row House in Sumiyoshi, Osaka, Japan, (1975/76) arbeitete Ando mit drei gleich großen Quadern. Nach außen hin abgeschirmt durch eine Betonfassade, öffnet sich innen eine lichte Struktur mit Vordergebäude, Hof und Rückgebäude. Im Zuge größerer Bauaufgaben erweiterte Ando auch die Palette der Materialien und setzte fortan oft Wasserbecken ein: Bei der Kapelle auf dem Wasser im japanischen Yufutsu (1985–1988) steht das Kreuz inmitten des Wassers, in der Kirche des Lichts in Ibaraki, Osaka, (1987–1989) wird es aus dem einfallenden Licht gebildet, das durch zwei sich kreuzende Wandschlitze fällt. Ando gilt als Meister des Minimalismus. Internationale Furore machte er in den 1990er Jahren vor allem mit spektakulären Museumsbauten. Klare Komposition und einfache geometrische Formen beherrschen seine Werke, die fernöstliche und westliche Traditionen in Einklang bringen.

KIDOSAKI-HAUS

DEZENTER BETON

In einer ruhigen Wohngegend von Tokio verband Tadao Ando Funktionalität und Harmonie zu einer perfekten Symbiose. Der Bauherr und Architekt Hirotaka Kidosaki wünschte ein freistehendes Dreiparteienhaus für sich und seine Familie, seine Eltern und Schwiegereltern, das gleichzeitig Privatleben und familiäres Miteinander erlaubte. Inspiriert von den Innenhöfen des traditionellen Stadthauses in Japan gliederte Ando die jeweiligen Wohnungen auf drei Geschossen um einen offenen Raum herum.

Die terrassenartigen Höfe gestaltete er mit den auf dem Grundstück vorgefundenen Pflanzen, die in einen spannenden Dialog mit der hellgrauen Betonfassade treten. Die unterschiedlichen, aber gleichwohl symmetrischen Fenster sind zudem so angelegt, dass sie keinerlei Einblicke in die Nachbarwohnung zulassen. Die heikle Aufgabe, für einen renommierten Kollegen ein Privathaus zu bauen, löste Ando ganz im Sinne seiner klaren und optimistischen Formensprache. Dabei lässt das Weiß der Innenwände, das von der Mutter des Auftraggebers gewünscht wurde, die Räume in hellem Glanz strahlen.

◄ INNENHOF. KIDOSAKI DREI-GENERATIONENHAUS, TOKIO.
TADAO ANDO (1984–1986)

▶ SÜDSEITE. INSTITUT DU MONDE ARABE, PARIS.
JEAN NOUVEL (1981–1987)

INSTITUT DU MONDE ARABE

HIGHTECH ORNAMENTIK

Nach einer mehrjährigen Konzeptionsphase war es soweit: Paris erhielt 1987 im Rahmen der von Präsident François Mitterand initiierten *Grands Projets* das Institut du Monde Arabe (IMA). Mit seiner Höhe von neun Stockwerken markiert der lang gestreckte Glaskomplex direkt am Ufer der Seine den Endpunkt des Boulevard Saint-Germain. Das Architektenteam um Jean Nouvel musste die vielfältigen Räumlichkeiten dieses Gemeinschaftsprojekts zwischen Frankreich und 20 arabischen Staaten unter einem Dach vereinen: Das Museum mit Leihgaben aus dem Louvre, dazu eine umfangreiche Bibliothek, einen Veranstaltungssaal, ein Dokumentationszentrum und ein Restaurant. Letzteres setzten die Architekten auf die Dachterrasse und schufen so eine direkte Blickachse zur Kirche Notre Dame. Den Höhepunkt der Fassadengestaltung bilden die innwandig liegenden Blenden, die wie Kameraobjektive funktionieren und sich je nach Lichteinfall öffnen oder schließen – eine Hightechversion orientalischer Ornamentfassaden. Architekt Nouvel legte großen Wert darauf, ein »absolut modernes« Gebäude zu schaffen, bei dem neueste Betonstrukturen, Glasfassaden und Aluminiumverkleidungen Verwendung fanden. Gleichzeitig werden durch die Abgeschlossenheit einzelner Räume sowie die filigrane Streuung des Lichtes Elemente der arabischen Architektur zitiert.

GRAFFITI

VOM ANGRIFF ZUR FOLKLORE

Sie waren knallbunte Kommentare der Suburbs auf eine marode Stadtlandschaft: Die vollflächigen Spraydosengemälde auf den Waggons der New Yorker U-Bahn, die ungezählten *tags*, hastig mit dicken Filzschreibern hingekritzelte Buchstabenkürzel. Wann immer ein »gebombter« Zug an den heruntergekommenen Mietskasernen der Bronx vorbeiratterte, sendete die Straßenkultur ein Zeichen: Wir sind auch noch da! Zwischen Vandalismus und Kunst wurde die Farbe gegen den Verfall eingesetzt. In der ersten Welle der Hip-Hop-Bewegung Ende der 1970er Jahre gehörten die Graffitiwriter neben den Rappern und DJs zu den Protagonisten einer Szene zwischen Breaks, Beats und Skizzenblocks. Plattencover und Filme wie *Wild Style* oder *Beatstreat* brachten diese spielerisch-künstlerische Ästhetik nach Europa. Hier war Graffiti lange Zeit eine Domäne des politischen Undergrounds. Häuserbesetzer und RAF-Sympathisanten verewigten sich zu Beginn der 1980er Jahre nicht nur auf Westberliner Häuserwänden: Das kreative Bemalen des »Antifaschistischen Schutzwalls« im Westen gehörte fast schon zur Mauerstadtfolklore. Durch die Musikkultur änderte sich im Laufe des Jahrzehnts auch der Stil in Europa. Ausgehend von den Nahverkehrssystemen in Paris, Zürich und im Ruhrgebiet wurden die Bahnschluchten der Ballungsgebiete zu Großgalerien einer explodierenden Jugendkultur. Bizarre Riesenlettern und comichafte Figuren verdrängten die anarchistischen

Parolen. In ihrer Omnipräsenz waren Graffiti zu Begleitern großstädtischer Architektur geworden: Als ungeliebter, meist illegaler Ausdruck von Vitalität jenseits der perfekten Entwürfe und polierten Oberflächen, als Zeichensysteme der Hinterhöfe und Betonunterführungen. Es gehört zur Ironie des Schicksals, dass sich das spätere Manhattan des Börsenbooms und der Politik der *Zero tolerance*, der »Nulltoleranz« gegenüber Regelverletzungen im öffentlichen Raum, fast vollständig der einstigen Graffitispuren entledigt hat. Silberglänzend rauschen die neuen U-Bahnzüge durch die touristengerecht rundumsanierte Stadt. Der Aufstand der Spraydosen gehört hier längst zur Geschichte.

KEITH HARING (LINKS IM BILD),
HARING AND LA II. AUSSTELLUNG IN FUN GALLERY,
NEW YORK 1983.

SPRAYER IN QUEENS, NEW YORK.

BARCELONAS PLÄTZE

URBANER FREIRAUM REINTERPRETIERT

Das Programm der Bauverwaltung von Barcelona war enorm. Rund 200 Parks, Plätze und Straßenzüge, darunter große Neuanlagen und kleinere, sensible Korrekturen, gehörten zum städtebaulichen Umgestaltungskonzept der 1980er Jahre. Mehr als 50 Skulpturen wurden darüber hinaus in den öffentlichen Raum platziert. Generalplaner Oriol Bohigas, der zwischen 1980 und 1984 den Masterplan für diese weitreichende Sanierung entwickelte, sprach seinerzeit von der Erzeugung »strategischer Metastasen«. Durch gezielte Eingriffe in den häufig verwahrlosten öffentlichen Raum sollte sich das gewachsene Umfeld evolutionär entwickeln. »Unsere Vorstellung von Urbanismus beruhte keineswegs auf dem utopischen Plan einer Stadt. Auch die Fortführung der monumentalen Einzelmaßnahmen des Franco-Regimes lag uns fern. Wir stürzten uns stattdessen auf ganz spezifische Projekte, bei denen es um reale Probleme bestimmter Viertel ging«, äußerte Bohigas 1987 in einer Zwischenbilanz. Ganz programmatisch war er seinerzeit mit seinem Büro in die Räume eines ehemaligen Bordells im Barri Gòtic gezogen – sozusagen als Vorposten der kommenden Altstadtsanierung.

Im eng besiedelten Garcia-Viertel wurden zwischen 1982 und 1985 fünf Plätze – Plaça del Sol, Plaça del Virreina, Plaça Trilla, Plaça del Diamant und Plaça del Raspall – als städtische Freiräume mit Aufenthalts- und Kommunikationsqualitäten neu gestaltet. Auf der Plaça del Sol verbannten die Architekten Jaume Bach Nuñez und Gabriel Mora Gramunt den Parkraum in eine Tiefgarage und vergrößerten so die Fläche. Auf diese Weise ersetzten Bäume nun die Parkplätze, und der Platz blieb bis auf den Anlieferverkehr frei von Autos. In weitaus größerem Maßstab verlief die »Intervention« bei der neu entstandenen Plaça dels Àngels. Teile des maroden Altstadtviertels Raval um den verwinkelten Gewerbehof Casa de Caritat wurden komplett abgerissen. Unter Federführung des amerikanischen Architekten Richard Meier entstand hier ab 1986 das weiß schimmernde Museu d'Art Contemporani de Barcelona (MACBA). Die Casa selbst wurde bis auf zwei historische Höfe niedergelegt und durch ein fünfstöckiges Gebäude mit dunkler Glasfassade ergänzt, das heute das multifunktionale städtische Kulturzentrum Centre de Cultura Contemporània de Barcelona (CCCB) beherbergt. Durch diese massiven Eingriffe entstanden um Museum und CCCB herum neue Platzanlagen und Querungen durch die vormals eng bebauten Blocks. Zahlreiche private Neubauten und Sanierungsmaßnahmen verwandelten das ehemalige Barri Xino – das »Chinatown« Barcelonas – in ein beliebtes innerstädtisches Viertel. Ein nahezu unvermeidlicher Nebeneffekt dieser behutsamen Stadtsanierung ergab sich in den Folgejahren mit einem Gentrifizierungsprozess. Der Anstieg

◄ DONA I OCELL. SKULPTUR VON JOAN MIRÓ (1982). PARC JOAN MIRÓ. ANTONI SOLANAS (1979-1983)

der Mieten und die Verdrängung des örtlichen Gewerbes veränderten die Sozialstruktur das Stadtteils. Wohl wissend um derartige Folgen bemühten sich die Stadtplaner zwar mit Mietbindungen und Sozialbauten um den Erhalt der gemischten Anwohnerschaft, doch eine finanzkräftige Klientel eroberte dennoch kontinuierlich die Viertel links und rechts der Ramblas.

Vor ganz anderen Aufgaben stand der Stadtumbau in Barcelona bei der großflächigen Neuanlage des neuen Fernbahnhofs Sants. Hier dominierten breite Straßen und ehemalige Industrieflächen ein städtisches Ödland, das neu gefasst werden sollte. Den Anfang machte zwischen 1981 und 1983 die Gestaltung der Plaça Paisos Catalans über der unterirdisch gelegenen Bahnsteiganlage. Pergolen, Wasserspiele und skulpturale Metallobjekte sollten dieser weiträumigen Anlage ein zeichenhaftes, spielerisches Element geben. Gleich nebenan prägte der weiträumige Vapor-Nou-Firmenkomplex die Gegend, der unter reger Anteilnahme der örtlichen Bevölkerung 1983 vom Architektenteam Luís Peña Ganchegui und Antón Pagola zum Parc de l'Espanya Industrial umgewandelt wurde. Als postmoderner Gegenpart zu dem organischen, mit Keramik-Ornamenten ausgestatteten Parc Güell von Antoni Gaudí verbindet der »Industriepark« Grün- und Wasserflächen mit Zitaten aus der Produktionswelt. Aufgereihte Leuchtturmsäulen schirmen die Anlage zu den Bahnanlagen hin ab. Zahlreiche Skulpturen regionaler Künstler führen die Tradition der katalanischen Parkarchitektur fort.

Eine ähnliche städtebauliche Aufgabe stellte sich unweit des Sants-Bahnhofs beim 1982 entstandenen Parc de Joan Miró, der das Areal des

früheren Schlachthofes nutzt. Auch hier wurde ein Industriequartier durch großzügige Freiflächen neu geordnet. Der südwestliche Teil der Anlage wird von Mirós 22 Meter hohen Skulptur *Dona i Ocell* (Frau und Vogel) dominiert, die ein Wasserreservoir überragt. Auch der hügelige Parque de la Creueta del Coll (1981–1987), den eine Skulptur von Roy Lichtenstein als »Gipfelkreuz« krönt, der Parque del Clot (1982–1986) und der Parque de la Pegaso (1982–1986) wurden nach der Umwandlung verschiedener Fabrikareale zu künstlerisch gestalteten grünen Lungen ihrer Stadtviertel.

Doch der Umbau Barcelonas bezog sich nicht nur auf die dicht besiedelte Altstadt und die weiträumigen Industriezonen in den näheren Stadt-

quartieren. Auch die oftmals im »Monumentalstil« angelegten Schlafstädte des Viertels Nou Barris sollten neue, demokratische Stadtqualitäten erhalten. Zahlreiche Vorstadtmagistralen, wie etwa die Via Júlia im Stadtteil Roquetes, wurden in Alleen umgewandelt. Schattendächer, Sitzgelegenheiten und gemauerte Platzanlagen sollten auf neu entstandenen Mittelstreifen einen einladenden Ort zum Verweilen schaffen. Ein gutes Dutzend dieser Straßenumbauten gehörten zwischen 1982 und 1986 zum Arsenal des dezentral angelegten Maßnahmenkatalogs, der sich als Ganzes gesehen zu einer rhythmischen Abfolge ganz unterschiedlicher Qualitäten zusammenfügte. Die Stadt wird zur urbanen Komposition.

▲ PARC DE L´ESPANYA INDUSTRIAL. LUIS PENA GANCHEGUI (1985)

◄ PASSEIG DE COLOM. BLICK AUF DAS COLUMBUS DENKMAL. (1878, 1992)

▼ PLAÇA DELS ANGELS. MUSEU D´ART CONTEMPORANI. RICHARD MEIER (1992–1995)

LAS VEGAS

HYPERREALITÄT
STADT ALS EVENT

Irgendwann Mitte der 1980er Jahre begann man auch in Las Vegas von Las Vegas zu lernen. Nicht, dass die Casinounternehmer das Manifest von Robert Venturi – *Learning from Las Vegas* – oder gar die Thesen der »Hyperrealität« des französischen Philosophen Jean Baudrillard verinnerlicht hätten. Die theoretischen Erkenntnisse, die von der künstlichen Stadt in der Mojave Wüste in die Welt der Architektur ausgingen, interessierten bestenfalls Feingeister wie Jim Murren, den späteren Präsidenten des US-amerikanischen Spielkasinokonzerns MGM Mirage, der in seiner Jugend Städtebau und Kunstgeschichte studiert hatte. Nein, es war der dramatische Wandel in der Besitzer- und Nutzerstruktur, welcher die aus den 1950er- und 1960er Jahren stammende Motelarchitektur mit grellen Neonfassaden – wie heute noch auf dem nördlichen Las Vegas Strip zu sehen – ablöste.

Nach den Glücksspielern, den Mafiosi und dem *Rat Pack* kamen Reisegruppen, Betriebswirtschaftler und die Chansonette Céline Dion. Das klassische Casino reichte nicht mehr aus, und Las Vegas entwickelte sich zunächst zur Kongress-, später zur Shoppingcity. In die Stadt drängende Entertainmentkonzerne ersetzten die Blackjackbuden auf dem Las Vegas Boulevard, kurz Strip genannt, durch immer wahnwitzigere Großprojekte. Die Errichtung des 3000-Zimmer-Hotels Mirage für 630 Millionen Dollar bildete zum Ende des Jahrzehnts den Startschuss für den einmaligen Stilmix einer turbogetriebenen Postmoderne. Waren das Mirage

▲ THE VENETIAN, CASINOHOTEL. (1999)

◀ THE STRIP. (2006)

und das benachbarte Treasure Island Großstrukturen mit angegliederten »Themenparks« – wahlweise Regenwald oder Piratenschlacht – sowie Fassaden, die den Eindruck von Grand Hotels vermitteln sollten, so ging das Venetian mit seinen 6000 Hotelbetten noch einen entscheidenden Schritt weiter. Statt sich mit Fantasyzauber aufzuhalten, errichtete man am Rande des Strip gleich den originalgetreuen Nachbau einer ganzen Stadt: Hier erstand Venedig mit Campanile, Canale Grande, Rialto-Brücke und sogar singenden Gondolieri. Der Aufwand, der bei der Errichtung der Kopfsteinpflasterwege, Marmorböden und Gemäldekopien betrieben wurde, übertraf die Budgets zur Revitalisierung echter Stadtquartiere bei Weitem. Die »unkritische Rekonstruktion« städtischer Räume hatte ihren ersten Höhepunkt erreicht. Seitdem sind in Las Vegas ein Eiffelturm, ein New York-Panorama und das 1,6 Milliarden teure Luxusressort Bellagio entstanden. Letzteres wartet mit ocker- und terracottafarbener Mittelmeerarchitektur auf, und seine üppige Was-

serfläche ist dem Comer See nachempfunden. Das nächste Kapitel des kontinuierlichen Umbaus der Stadt der Hyperrealität ist dem CityCenter gewidmet, bei dem sogenannte Celebrity architects mit großem Ernst eine moderne Metropole zitieren. Cesar Pelli, der Baumeister des Petrona Towers in Kuala Lumpur, übernahm die Gesamtplanung für das Gebäudeensemble des Konzerns MGM Mirage. Das Büro von Foster + Partners war ebenso an der Ausführung beteiligt wie Daniel Libeskind. Dabei entstand eine »city within a city«, in der großer Wert auf Ökologie und Nachhaltigkeit gelegt wird. Es wurden keine der sonst üblichen massiven Hotelwände mit Mottocharakter errichtet, sondern komplexe Baukörper für Designerhotels und Luxuswohnungen im Loftstil. Die Krönung dieser Schöpfung sind die Plätze und Alleen für Fußgänger. Las Vegas – eine Stadt als Durchlauferhitzer der Architektur.

HONGKONG
VOM FLUGPLATZ
ZUM GROSSFLUGHAFEN

Mit der 747 durch das Wohnzimmer. Dieser Eindruck beim Landeanflug entstand bis zur Schließung des Flugplatzes Kai Tak im Juli 1998. Hinter den Berghängen mussten die Piloten steil abtauchen, um ihre Route durch die Häuserschluchten des dicht bebauten Stadtteils Kowloon zu finden.

Starke Seitenwinde sorgten dafür, dass die einstige Hongkong-Passage nur von erfahrenen Teams geflogen wurde. Zudem setzte das Flugfeld auf einem dem Meer abgewonnenen Gelände der Start- und Landekapazität zu enge Grenzen.

1989 entschied man sich für die Insel Chek Lap Kok als neuen Standort. Zunächst musste jedoch Gelände gewonnen werden, bevor 1991 die Bauarbeiten beginnen konnten. Norman Foster entwarf einen Terminal in Form eines Riesenflugzeugs mit einer Länge von 1,27 Kilometern. Alles, was für den Bau gebraucht wurde, musste mit dem Boot angeliefert werden. 1998 landeten die ersten Maschinen auf dem neuen Großflughafen, bei besten Sichtmöglichkeiten über offenem Wasser. Dabei bietet der Standort genügend Fläche für zukünftige Ausbauten.

Nach dem Umzug auf den neuen Airport Chek Lap Kok entsteht in Kai Tak ein neuer Hafenstadtteil.

▶ KAI TAK, STADTVIERTEL HONGKONG.
VOR SCHLIESSUNG DES FLUGHAFENS KAI TAK 1998.

HONGKONG
CITY AUF DEM SONDERWEG
EXPLOSION UND DICHTE

Im Hintergrund schimmert mattgrün der 552 Meter hohe Stadtberg Victoria Peak. Davor ziehen die Star Ferries nach Kowloon ihre Bahnen durch das Hafenbecken, und im Zentrum inszeniert sich auf einem schmalen Landstreifen eine dauerhafte Choreografie von glitzernden Stelen – die geschwungene Hochhausfront von Hongkong Island, eine der spektakulärsten Skylines der Welt, ist ein Wunderwerk der städtebaulichen Verdichtung.

Wer dieses Feuerwerk aus Glas, Stahl und Lichteffekten verstehen möchte, beginnt am besten mit einem Besuch der **Hong Kong Planning & Infrastructure Exhibition Gallery (1, s. Abb.)** gleich neben der City Hall am zentralen Edinburgh Place. Die Ausstellung erläutert die Geschichte der Stadt anhand von Modellen und Plänen realisierter Gebäude ebenso wie nie vollendeter Projekte, von der Landnahme des »Duftenden Hafens« Hongkong durch britische Expeditionstruppen im ersten Opiumkrieg 1842 bis zur Rückgabe der Stadt durch den letzten Gouverneur Chris Patten am 1. Juli 1997. Auch Projekte der Gegenwart und hochfliegende Pläne für die Zukunft werden präsentiert. Stillstand ist kein Zustand für Hongkong.

Zwei wichtige Zäsuren haben den Höhenflug in die Jetztzeit entscheidend beflügelt: 1979 begann Parteiführer Deng Xiaoping mit der wirtschaftlichen Öffnung der Volksrepublik China. Die damit verbundene Errichtung der nahen Sonderwirtschaftszone Shenzhen, wo es genügend Fläche und vor allem ein endloses Heer billiger

Arbeitskräfte gab, ließ hunderte von Produktionsstätten abwandern. Das hoch entwickelte Hongkong wandelte sich daraufhin rasant zur Finanz-
und Handelsdrehscheibe. 1984 wurde im Hinblick
auf die 1997 auslaufenden Pachtverträge für das
Hinterland, die New Territories, die formelle Rückgabe der gesamten Kronkolonie Hongkong an
China beschlossen. Statt in eine Angststarre vor
dem Kommunismus zu verfallen, setzte das selbstbewusste Hongkong auf Dynamik.

Den Auftakt machte der zwischen 1979
und 1986 errichtete Stahlgitterturm der **Hongkong and Shanghai Banking Corporation (2,
s. Abb.)**, seinerzeit das teuerste Bürogebäude der
Welt. Norman Foster entwarf den 179 Meter hohen
»Roboterbau« für das britisch-asiatische Institut
nach dem Prinzip des Pariser Centre Pompidou
und verlegte Tragwerk und Versorgungsleitungen
nach außen. Im Inneren des Gebäudes entstand
auf diese Weise ein enormer Freiraum, in den die
Stockwerke wie freischwebend eingehängt werden
konnten. Die Schalterhalle in 50 Metern Höhe gibt
den Blick in die Kathedrale des Geldes frei. Es sagt
einiges über die Bauentwicklung, dass der HSBC-
Turm unter Hongkongs höchsten Häusern mittlerweile auf Platz 70 verdrängt worden ist. In den

1980er Jahren wirkte der Standort direkt neben der alten, fast zwergenhaft erscheinenden Zentrale der konkurrierenden Bank of China noch wie ein Ansporn. Immerhin hatte der Art-déco-Bau in der Zeit der Kulturrevolution den Rotchinesen aus Peking auch als politisches Domizil gedient. Die Reaktion der **Bank of China (3)** ließ nicht lange auf sich warten. Ein spitz aufragender, kristallartiger Neubau von Ieoh Ming Pei dokumentierte 1990 mit seinen 369 Metern Höhe das gewandelte Verhältnis der Volksrepublik zur Repräsentations-architektur des Geldes. Er überragte stolz das neue Hongkong der 1980er Jahre, zu dem auch das Bond Center, das heutige **Lippo Center (4, s. Abb.)**, des amerikanischen Architekten Paul Rudolph gehört: Ein 186 Meter hoher Doppelturm am Queensway, fertiggestellt 1988, der aufgrund seiner reliefartigen Ausbuchtungen schnell den volkstümlichen Namen »Koala Tree« erhielt – eine Firmenzentrale als Kletterbaum für Koalas.

Bestanden auf politischer Seite berechtigte Befürchtungen daran, dass es mit der Anglie-derung ans chinesische Kernland zu einer Ein-schränkung der demokratischen Ansätze im Sonderweg von Hongkong kommen würde, so vertraute die Wirtschaft auf den neuen Kurs Pekings. Das seit Ende der 1980er Jahre stetig erweiterte **Hong Kong Convention and Exhi-bition Centre (5)** auf einer aufgeschütteten Landzunge in der Hafenbucht war eine Reaktion auf die wachsende Bedeutung als Messemetro-pole. Die geschwungene Dachkonstruktion in Form eines fliegenden Vogels und die riesige Glas-fassade zum Hafen hin repräsentieren seitdem eine der erfolgreichsten Tagungsstätten Asiens. Diese

Aufwärtsentwicklung hat sich auch nach 1997 weiter fortgesetzt. Bereits bei der Ankunft auf dem **Hong Kong International Airport Chek Lap Kok (6)** von Norman Foster, für den man eigens eine Insel wie einen Flugzeugträger planierte, wird das Streben nach dem ganz großen Maßstab deutlich: Der Flughafen ist mit fast 48 Millionen Passagieren das wichtigste Drehkreuz Asiens.

Was die Ausstellung am Edinburgh Place im Modell zeigt, vermittelt der wuchtige **Peak Tower (7, s. Abb.)** von Terry Farell, dessen Bogendach wie eine riesige Reisschale auf 369 Metern Höhe über der Stadt thront, in Originalgröße. Der Blick von einem der dortigen Restaurants auf das gesamte Stadtpanorama zeigt ein verdichtetes Ensemble, das seit dem Aufbruch in den 1980er Jahren weniger mit neuen Einzelbauten als vielmehr in seiner Gesamterscheinung beeindruckt. Zum Millenniumstar am Hochhaushimmel von Hongkong avancierte der Amerikaner Cesar Pelli, der sowohl das 415 Meter hohe **International Finance Center Two (8, s. Abb. vorherige Seite)** mit seiner Spitze in Form eines Rasierapparats als auch das 283 Meter hohe **Cheung Kong Center (9)**, einen soliden Quader, entworfen hat. Flirts mit der Moderne für McKinsey & Company. Im Vergleich dazu wirkt der **Cosco Tower (10, s. Abb.)** vom chinesischen Büro Hsin Yieh Architects & Engineers Ltd. mit seinen prominenten horizontalen Lichtstreifen und der Pyramidenspitze fast schon wie eine Reminiszenz an die Postmoderne, für die man in Hongkong nun wirklich keine Zeit hatte.

1990–1999
EXPLOSION IM BAUEN

TEXT | JOHANNES WENDLAND

BERLIN
ZWEITER WIEDERAUFBAU
NEUE MITTE EUROPAS

Neues Leben zog in der Mauerstadt ein. In den Ostberliner Bezirken Mitte und Prenzlauer Berg wurden Mietskasernen, die abgerissen werden sollten, in Eigeninitiative wieder flott gemacht, wummernde Bässe verwandelten unterirdische Bunker und leere Fabrikhallen in Technoclubs, die Betonhäuschen der Grenzsoldaten hingegen verwaisten. Die Mauer war weg, und der Wildwuchs der Subkultur blühte.

Die Welt schaute gespannt auf die wiederauferstandene Mitte Europas und darauf, wie die »zwei Städte Berlin«, wie sie der Schriftsteller Uwe Johnson einmal nannte, zusammenwuchsen und sich schnell zur hippen Kulturmetropole entwickelten. Es entstand zeitweise der Eindruck, Berlin sei spannender als New York. Die entscheidende städteplanerische Frage war jedoch, wollten die Planer und Politiker die Stadt neu erfinden, wie es beispielsweise in Barcelona vor den Olympischen Spielen 1992 der Fall war? Westberlin hatte sich bereits in den 1980ern für den Stadtgrund- und -aufriss des 19. Jahrhunderts als Leitbild entschieden. Auch nach dem Mauerfall hielt man an diesem Plan fest, die europäische Stadt alter Schule rekonstruieren zu wollen.

London baute sich gerade zur Millennium City auf, in Berlin dagegen wurde es schon als Erfolg gefeiert, wenn auf dem Boulevard Unter den Linden Ende der 1990er das Leben brummte. War man nicht heilfroh, wieder eine Stadt werden zu können? Die architektonischen Ergebnisse konnten sich in ihrer Gesamtheit sehen lassen, strenge Bau- und Gestaltungsvorschriften mit konservativem Anstrich ebenso wie die wirtschaftlich schwache Struktur der neuen Hauptstadt verhinderten jedoch den Aufstieg zur Architekturmetropole. Man holte auch berühmte Baumeister in die Stadt, versuchte aber gleichzeitig, diese im Zaum zu halten. So entstanden im Großen und Ganzen weder atemberaubende Hochhäuser noch bauliche Experimente irgendwelcher Art. Ein Bau wie das **Jüdische Museum (1, s. Abb.)** (1992–1999) von Daniel Libeskind mit seinem verwinkelten Grundriss und seiner symbolhaltigen Gestalt fällt deutlich aus dem Rahmen. Kein Wunder, dass dieses Projekt während der Bauzeit häufig und heftig kritisiert wurde. Die Kritiker verstummten jedoch mit der triumphalen Eröffnung auf einen Schlag.

Will man eine Hauptstadt verstehen, schaut man sich ihre Repräsentationsbauten an. Wir machen uns auf die Suche und drehen eine große Runde um den Tiergarten, Start und Ziel ist am Brandenburger Tor. Wir folgen zunächst der Ebertstraße in südlicher Richtung und passieren das Mahnmal für die ermordeten Juden von Peter Eisenman und die Ministergärten mit Repräsentanzen der Bundesländer. Sieht man das Ergebnis, versteht man die damalige Aufregung nicht mehr. In den 1990er Jahren konnte man auf diesen jetzt so dicht bebauten Flächen noch über die matschigen, hügeligen Überreste des Mauerstreifens stolpern, im Boden lagen noch die Fundamente der NS-Machtzentralen, die sich genau an dieser Stelle befanden. Die Straße führt direkt auf den **Potsdamer Platz (2)**, der in drei Bauabschnitten von privaten Investoren bebaut wurde. Mit der Bezeichnung »Potsdamer Platz« wird heute im Grunde das gesamte Areal bis hinunter zum Kulturforum benannt – jene Brache, über die jahrzehntelang der märkische Sand fegte und die zu einem

Symbol der deutschen Teilung wurde. Der Berliner Senat hatte diese »Filetgrundstücke« bald nach der Wende an die von der Daimler AG angeführten Investoren veräußert und versucht, auf die Gestaltung im Sinne des seit der IBA 1987 geltenden Leitbilds der europäischen Stadt Einfluss zu nehmen. Der Druck der Investoren war jedoch zu groß, so dass jener Flickenteppich der postmodernen Architektur entstand, als der das Areal sich heute darstellt. Gelungene Bauten wie das **Sony Center (3, s. Abb.)** von Helmut Jahn, das in origineller Weise den Kaisersaal des ehemaligen Hotel Esplanade integrierte, der BahnTower, das Backstein-Hochhaus im New-York-Stil von Hans Kollhoff oder die bunte Fassadenfolge entlang dem Tilla-Durieux-Park grenzen direkt an misslungene Beispiele wie etwa die äußerst konservativen, zugigen Blöcke des **Beisheim Centers (4)**.

Entlang der Tiergartenstraße betreten wir das diplomatische Viertel Berlins. Als die Stadt wieder zur Hauptstadt ernannt wurde, reaktivierten die

Staaten aus aller Welt ihre Botschaften, was einen kreativen Schub für die mitunter spröde Berliner Architektur brachte. Wir passieren die neugebau-

ten Botschaften Österreichs von Architekt Hans Hollein und Indiens von Léon Wohlhage Wernik sowie die historischen Botschaften von Italien und Japan, deren Ursprung in der NS-Zeit sich trotz zeitgenössischer Beigaben noch immer leicht ablesen lässt. Auf den wohl bekanntesten Botschaftsneubau in Berlin stoßen wir an der Klingelhöferstraße – den Komplex der **Nordischen Botschaften (5)** (1997–1999), der von einem hohen Kupferband umschlossen ist. Es handelt sich um das weltweit erste Bauwerk, in dem mehrere Länder ihre diplomatischen Vertretungen zusammen geplant und realisiert haben. Hinter dem Kupferband gruppieren sich die fünf Einzelgebäude der Länder Dänemark, Schweden, Norwegen, Finnland und Island um einen offenen Hof. Zugänglich für die Öffentlichkeit ist das Felleshus, das als Gemeinschaftshaus für Ausstellungen und Veranstaltungen dient. Verantwortlich für den Gesamtentwurf waren die Architekten Tiina Parkkinen aus Finnland und Alfred Berger aus Österreich.

Wir wechseln vom diplomatischen Viertel in das Regierungsviertel und wandern quer durch den Tiergarten, die grüne Lunge der Stadt. Hinter der Siegessäule wartet das renovierte **Schloss Bellevue (6)**, der Sitz des Bundespräsidenten, neben dem der Neubau des **Bundespräsidialamtes (7)**

(1996–1998) durch den Park schimmert. Das elliptische Gebäude mit der polierten schwarzen Steinfassade wurde von Martin Gruber und Helmut Kleine-Kraneburg entworfen. Am Haus der Kulturen der Welt vorbei gehen wir direkt auf das **Kanzleramt (8, s. Abb.)** zu, den Ausgangspunkt des knapp ein Kilometer langen »Band des Bundes«, wie das Leitkonzept für die Regierungsneubauten nach der Konzeption heißt, die die Architekten Axel Schultes und Charlotte Frank im Jahr 1992 erstellten. Die schnurgerade Achse überspringt die Spree und verbindet das Kanzleramt mit dem **Paul-Löbe-Haus (9, s. Abb.)** (1997–2001) und dem **Marie-Elisabeth-Lüders-Haus (10, s. Abb.)** (1998–2003), die beide zum Deutschen Bundestag zählen. Wie eine Spange verknüpft diese Achse den ehemaligen West- und Ostteil der Stadt. Die Gebäude mit ihren Sichtbetonwänden, weiten Fensterflächen, Innenhöfen und ihrer horizontalen Ausrichtung bilden ein imposantes Ensemble, wobei das Kanzleramt, das ebenfalls

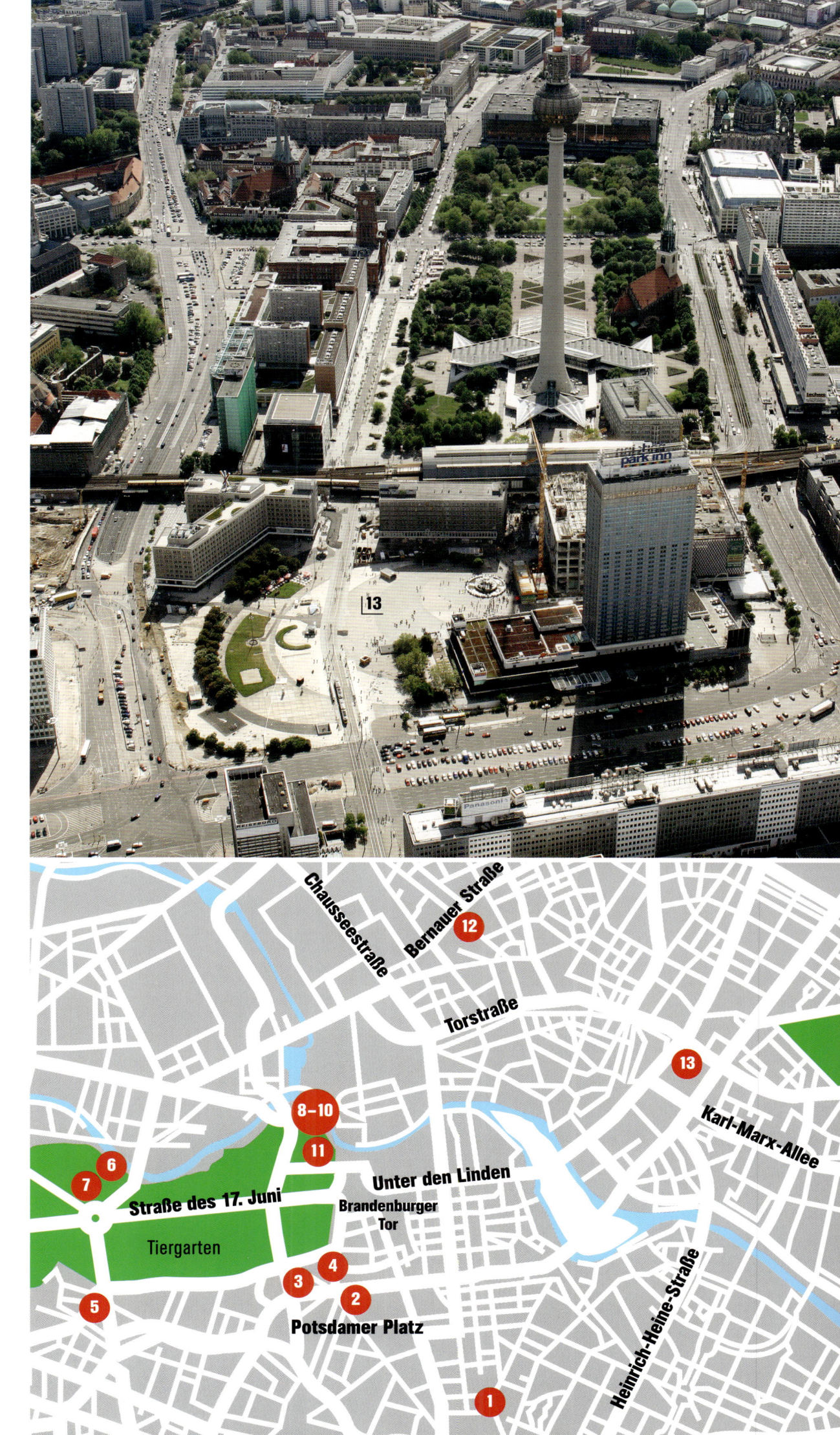

von Schultes und Frank entworfen wurde, in seinen Proportionen zu mächtig geraten ist. Dreh- und Angelpunkt bleibt aber der alte **Reichstag (11, s. Abb.)** mit der von Norman Foster entworfenen neuen Kuppel.

Entlang der neu gestalteten Uferlinie der Spree und durch die Wilhelmstraße kehren wir zurück an unseren Ausgangspunkt, dem Brandenburger Tor. Wem nach diesem Rundgang noch nicht die Füße schmerzen, dem bieten sich zwei Fortsetzungen an. Die eine führt entlang des früheren Mauerstreifens, dessen Verlauf vielerorts nur noch schwer zu rekonstruieren ist, am neuen Hauptbahnhof vorbei in nördlicher Richtung. Nach rund vier Kilometern Strecke gelangen Sie in die Bernauer Straße, wo neben einem der letzten Originalteilstücke der Mauer das **Dokumentationszentrum Berliner Mauer (12, s. Abb.)** die Geschichte der Teilung Berlins darstellt.

Der andere Vorschlag führt in Richtung des östlichen Stadtzentrums. Folgen Sie einfach den Linden bis zum Schlossplatz und dann weiter zum **Alexanderplatz (13, s. Abb.)**. Entlang dieser Magistrale werden Sie erkennen, wie sich immer wieder Neubauten aus der Zeit nach der Wende in die historische Textur der Stadt einfügen. Die Maßstäbe bleiben dabei zumeist gewahrt, das lässt sich auch auf dem Platz selbst ablesen, den zwei Bauten von Peter Behrens aus den frühen 1930er Jahren immer noch prägen.

Berlin ist wieder »eine« Stadt, die gelungenen politischen Bauten machen sie zur Hauptstadt. Und Berlin hat die Idee der europäischen Stadt umgesetzt, ohne Zweifel. Betont vorsichtig dem Neuen zugewandt, im Grunde konservativ und mitunter etwas zu zögerlich.

STILE

GLOBAL LOKAL

NEUE MODERNE
INTELLIGENTE BAUTEN
BILDWELTEN

Höher, schneller, weiter – nachdem die 1970er und 1980er Jahre die Grenzen des Wachstums ausgelotet hatten, wandelte sich in den 1990er Jahren das Denken und Handeln erneut spürbar. »Wachstum, Wachstum, Wachstum« hieß die Parole. Nur der Himmel schien Grenzen zu setzen.

Die Sowjetunion als eine der beiden Supermächte, die ein knappes halbes Jahrhundert lang die Welt unter sich aufgeteilt hatten, war kollabiert. Neue Akteure traten auf den Plan. Die aufstrebenden asiatischen Staaten Malaysia, Thailand, Singapur und Hongkong setzten zum großen Sprung an – bis ihnen eine Finanzkrise am Ende des Jahrzehnts schwer zu schaffen machte. China und Indien begannen, ihre wirtschaftliche Selbstisolierung zu lockern und legten die Grundlage für den späteren Aufstieg. Die Golfstaaten wurden reicher und reicher. Und auch in Lateinamerika ging es nach Jahrzehnten der Rückschläge und Diktaturen wieder aufwärts.

Die Dinge veränderten sich in immer höherem Tempo. Die Informations- und Kommunikationssysteme erlebten eine Revolution, als sich Internet und Mobilfunk rasant ausbreiteten. Die Arbeitswelt veränderte sich. In vielen Regionen, vor allem im ehemaligen Ostblock – aber nicht nur dort – erlebten die klassischen Industrien ein abruptes Ende.

Beschleunigt setzte sich auch die Urbanisierung fort, weltweit. Die Megacitys wuchsen und zählten inzwischen zehn, 15, einige sogar 20 Millionen Einwohner. Rem Koolhaas wurde zum Promotor der Globalisierung, der das neue Tempo und die Bewegung in der Architektur feierte. Weltweit tätige Architekten kannten nur noch im Ausnahmefall die Spezifika vor Ort und die kulturellen Besonderheiten. Koolhaas forderte 1993 die Architekten in seiner Diagnose »Globalisierung« auf, die anarchischen Potenziale dieser Entwicklung zu nutzen. Internationale Konzerne besiedelten und vereinheitlichten Lebensräume und Lebensstile, »Städte ohne Eigenschaften« waren das Ergebnis. Aus

Sicht der Städte hingegen zählte oft nur, an diesem Prozess zu partizipieren und weltweite Wettbewerber auszustechen, wenn es um die Ansiedelung von Unternehmen und Organisationen ging – der »Standortvorteil« wurde zu einem der beliebtesten Begriffe des Jahrzehnts. In den Zentren wuchsen daher die Prestigeobjekte in die Höhe. Angesichts immer höherer Quadratmeterpreise wurden in vielen Innenstädten bevorzugt Wolkenkratzer gebaut. Unternehmen, Banken und Immobilienentwickler, mitunter aber auch die Stadtverwaltungen, schufen sich damit zugleich ihre Denkmale. 1996 wurden die Petronas Towers in der malaysischen Metropole Kuala Lumpur als damals höchste

▲ BRITISH LIBRARY, LONDON. COLIN ST. JOHN WILSON (1962–1997)

▶ STADTHAUS, ULM. RICHARD MEIER (1991–1993)

Gebäude der Welt eröffnet. Beide Türme mit der markanten Brücke auf ungefähr halber Höhe messen 452 Meter und sind ein Werk des argentinischen Architekten César Pelli. Sie sind auf sternförmigen Grundrissen errichtet, ein Symbol, das auf den Islam verweist, die Hauptreligion in diesem multireligiösen Land. Wolkenkratzer mit rekordverdächtigen Ausmaßen entstanden in dieser Zeit auch in Schanghai (Jin Mao Tower von Adrian Smith (SOM), 420 Meter), Hongkong

(Bank of China von leoh Ming Pei, 367 Meter) oder Atlanta (Bank of America Plaza von Kevin Roche und John Dinkeloo, 312 Meter).

Auch Kultur wurde zu einem Standortfaktor, mit dem die Städte durch aufsehenerregende Bauten um Ansiedlungen und Aufmerksamkeit wetteiferten. Allerorten wurden neue Museen oder Museumsanbauten, riesige Konzerthallen und Musicalhäuser errichtet. Das von Frank Gehry entworfene Guggenheim-Museum in Bilbao machte

1997 vor, wie eine periphere Region mit spektakulärer »Disney«-Architektur weltweites Interesse auf sich ziehen kann. Selbst mit Bibliotheken wollte man sich schmücken. Während die französische Naticnalbibliothek (1990–1996) von Dominique Perrault mit ihren vier Türmen in Form von aufgeschlagenen Büchern trotz ihrer Schwächen zum *Grand Projet* des Staatspräsidenten François Mitterrand wurde, erhielt die British Library in der Nähe des Londoner Bahnhofs St. Pancras einen neuen Hauptsitz, entworfen von Colin St. John Wilson, der sich der Bildweltenarchitektur entgegenstemmte. Eröffnet wurde der ausgedehnte Backsteinbau mit seinen Referenzen an die viktorianische Architektur, an britische Universitätsarchitektur und die Bibliotheksentwürfe des finnischen Architekten Alvar Aalto im Jahr 1997, doch die Planungsgeschichte reichte Jahrzehnte zurück. Finanzprobleme, Regierungswechsel und wiederholte Planungsänderungen ließen das Projekt zur Hängepartie werden. 30 Jahre seines Architektenlebens widmete St. John Wilson hauptsächlich diesem Bau.

Eine Nummer kleiner, aber für die Identität und das Selbstverständnis der betreffenden Stadt fast noch bedeutender war die Bebauung des Münsterplatzes in Ulm mit dem Stadthaus (1991–1993) von Richard Meier. Das entschieden moderne Gebäude steht in unmittelbarer Nachbarschaft zum Ulmer Münster, der Kirche mit dem höchsten Turm der Welt. Über den Bau ist vor seiner Entstehung in der Stadt heftig gestritten

worden, dennoch wurde er auf dem überwiegend von Bürgerhäusern aus der Nachkriegszeit umstandenen, zuvor leeren Platz errichtet. Mit seiner Verschachtelung aus runden und kubischen Elementen, seinen streng geometrischen Fensterflächen und Glasdächern und seiner Betonkonstruktion bildet der weiß gestrichene Bau einen starken Kontrast zum spätgotischen Münster. Ein klares Manifest für die »weiße« Moderne, das Richard Meier dem postmodernen Eklektizismus der Formen und Farben entgegenhält. Das Stadthaus wird als vielfältiger Ausstellungs- und Veranstaltungsort genutzt und ist längst als Meisterwerk anerkannt.

Ein anderes Meisterwerk der 1990er Jahre liegt abseits der großen Routen im Schweizer Kanton Graubünden. In der Gemeinde Vals hat Peter Zumthor 1996 die Therme Vals errichtet, ein minimalistischer Bau mit einem ausschließlich geschichteten Verbundmauerwerk aus grüngrauem Quarzitgestein, das in einem Steinbruch in der Umgebung abgebaut wird. Die am Hang liegende Therme wächst mit ihren Innen- und Außenbereichen förmlich aus dem Berg heraus. Das Quarzitmaterial prägt auch die strengen Innenräume, in denen Zumthor ganz unterschiedliche Atmosphären erzeugt, indem er das Tageslicht mal durch schmale Fugen, mal durch Oberlichter aus blauem Glas und dann wieder durch große Fensterflächen einfallen lässt. Auch die verschiedenen Bäder und Dampfbäder sind in demselben Material gestaltet. Besucher können sich der meditativen Atmosphäre des Baus kaum entziehen. Mit dem Kunsthaus Bregenz (1997) und dem Schweizer Pavillon für die Weltausstellung EXPO 2000 in Hannover hat Zumthor weitere Proben seines außergewöhnlichen Raum- und Materialverständnisses gegeben. »Mensch – Natur – Technik« lautete das Motto der EXPO 2000 an der Schwelle zum neuen Jahrtausend. Diese Formel relativierte den blanken Fortschrittsglauben vergangener Jahrzehnte angesichts der limitierten Ressourcen der Natur. Ökologisches Denken hatte sich im ausgehenden 20. Jahrhundert auf breiter Front durchgesetzt. Einen Ausdruck dafür bildete etwa das Eden Project in der englischen Grafschaft Cornwall, ein botanischer Garten, der von 1995 bis 2001 in einer aufgelassenen Kaolingrube angelegt wurde. Clou des Gartens sind die beiden großen Gewächshäuser, die von Nicholas Grimshaw als

ineinander verschnittene geodätische Kuppeln errichtet wurden. Vorbild für diese Bauweise waren die Konstruktionen des genialen amerikanischen Architekten, Erfinders und Philosophen Richard Buckminster Fuller. Diese Gewächshäuser, in denen der subtropische und der mediterrane Lebensraum nachgebildet wurden, gelten als die größten der Welt. Die Dächer bestehen aus einem Geflecht aus Stahlrohren, in das leichte, lichtdurchlässige Kunststoffkissen eingesetzt sind. Die Konstruktion ragt bis zu 50 Meter in die Höhe. Von fern wirkt sie wie ein Raumschiff – eines, das wertvolle Zeugnisse der bedrohten Vielfalt an Lebensformen auf dieser Erde an Bord hat.

◄ THERMALBAD, VALS. PETER ZUMTHOR (1992–1996)

▼ EDEN PROJEKT, CORNWALL. NICHOLAS GRIMSHAW (1995–2001)

GUGGENHEIM BILBAO
STANDORTFAKTOR KULTUR

Mitten in der Innenstadt Bilbaos hockt die Skulptur *Puppy* von Jeff Koons vor einem der berühmtesten Museumsbauten des ausgehenden 20. Jahrhunderts: dem Guggenheim-Museum. Nach vier Jahren Bauzeit öffnete der dekonstruktivistische Bau, entworfen von Frank O. Gehry, 1997 seine Tore für Besucher aus der ganzen Welt. Rund um das Museum gruppierten sich weitere Architekturprojekte. Die nordspanische Industriestadt rüstete sich für das 21. Jahrhundert. Das ökonomische Zentrum des Baskenlandes stieß das Tor zur großen weiten Welt der Kunst und Architektur auf und setzte gleichzeitig ein Zeichen für die eigene Autonomie im Europa der Regionen.

Fortan spricht man in der Stadtentwicklung von dem Bilbao-Effekt, wenn heruntergekommene Stadtquartiere durch neue Kulturbauten eine wirtschaftlich-kulturelle Initialzündung einleiten. So konnte Gehry 2007 in einem Interview konstatieren: „Ich hätte das nie erwartet, doch das Gebäude hat Jobs geschaffen, es bringt Geld in die Region, weil Leute aus aller Welt anreisen, um es zu sehen. Und es hat dort wieder eine Art Selbstbewusstsein etabliert, das verloren gegangen war. Architektur kann also durchaus ein Katalysator sein. Sie löst nicht die Probleme der Armut und des Hungers, aber sie kann sie mildern."

◄ GUGGENHEIM MUSEUM, BILBAO. FRANK O. GEHRY (1991–97)

PLANWERK BERLIN

HISTORISCHE REKONSTRUKTION GEHT WEITER

Der Fall der Berliner Mauer war ein Jahrhundertereignis, das erst einmal verdaut werden musste. Die Stadtplaner jedenfalls tappten im Dunkeln, auch wenn 1991, nachdem der Deutsche Bundestag den Umzug von Bonn nach Berlin beschlossen hatte, klar wurde: Sie hatten von nun an die deutsche Hauptstadt zu gestalten. 1999 erfolgte dann der Umzug. Die Planung war zunächst auf Wachstum ausgerichtet, in Windeseile wurde Berlin zum Bauherrn. Mit den großen Entwicklungsgebieten wie der Wasserstadt Oberhavel in Spandau oder der Rummelsburger Bucht an

der Spree entstand qualitätsvoller Wohnraum, bevorzugt für zuströmende Neu-Berliner. Doch die kamen nicht – und Berlin blieb auf einem riesigen Schuldenberg sitzen.

Stattdessen begann in der Stadt und rasch auch im bis dahin weitgehend unberührten Umland eine ungebremste private Bautätigkeit. Die maroden Altbaugebiete im Berliner Osten wurden – zunächst mit kräftiger Unterstützung der öffentlichen Kassen – aufpoliert, viele Berliner verwirklichten nun den Traum vom Haus im Grünen, der jahrzehntelang keine Chance auf Realisierung gehabt hatte.

Doch allmählich dämmerte es den Stadtplanern, dass eine Ressource auf der Strecke zu bleiben drohte – die Innenstadt mit ihren häufig

noch kriegsbedingten Baulücken bot noch jede Menge potenzielle Bebauungsflächen. Auch dass durch übergroße Straßenräume viel Fläche verschwendet wurde, stieß ihnen sauer auf, nachdem das Leitbild der autogerechten Stadt nun endgültig verabschiedet wurde. So konnten Straßen durch neue Häuserzeilen wieder verengt und alte Stadtgrundrisse rekonstruiert werden. In langen Diskussionen, an denen etwa über das Berliner Stadtforum (1991–1996) auch die Öffentlichkeit beteiligt war, wurde über die Form und Ästhetik der

▲ MAUERSTREIFEN, BERLIN MITTE/KREUZBERG. FRÜHJAHR 1990.

▶ BEBAUUNGSDICHTE. SCHWÄRZPLÄNE BERLINER STADTGEBIET.
   ▪ STANDORT REICHSTAG

STÄDTEBAU

Berliner Bauaktivitäten debattiert, über Modernität und/oder architektonischen Konservatismus und gern und heftig über konkrete Standorte. Alte Ost-West-Gegensätze prägten viele Debatten wie etwa jene über die Zukunft des Schlossplatzes, auf dem die asbestverseuchte Ruine des Palasts der Republik langsam verfiel.

Am Ende des Jahrzehnts machte die Politik dann Nägel mit Köpfen. Der Bausenator Peter Strieder und sein umtriebiger wie umstrittener Senatsbaudirektor Hans Stimmann konzipierten mit dem »Planwerk Innenstadt« einen Masterplan für die weitere Entwicklung und Verdichtung der Innenstadt. Das Leitbild, auf das sie sich beriefen, war das der europäischen Stadt – Blockrandbebauung, Verdichtung, Rückbau der autogerechten Stadt, Rekonstruktion alter Straßenzüge und Quartiere. Dass dies an manchen Orten ein Frontalangriff auf den Städtebau der DDR war, wurde billigend in Kauf genommen. So sah die Planung etwa rund um den Fernsehturm am Alexanderplatz eine Bebauung der als Park genutzten Freiflächen vor. Besonders heftig umstritten war der Vorschlag, rund um den Alexanderplatz eine Hochhausbebauung zuzulassen, worauf die Berliner Stadtplanung bis dahin mit wenigen Ausnahmen verzichtet hatte. Doch auch in den 1950er bis 1970er Jahren entstandene Planungen in Westberlin wurden durch den neuen Masterplan in Frage gestellt, etwa die Bebauung des Breitscheidplatzes am Bahnhof Zoo. Auch hier sollten plötzlich punktuell Hochhäuser entstehen. Für Anhänger der städtebaulichen Moderne schien sich die künftige Berliner Republik angesichts der Kleinteiligkeit vieler Projekte städtebaulich als »Neu-Teutonia« anzukündigen. Und doch hatte die weitere Entwicklung der beiden Stadtteile Ost und West endlich eine Grundlage bekommen.

BERLIN UM 1940

BERLIN UM 1953

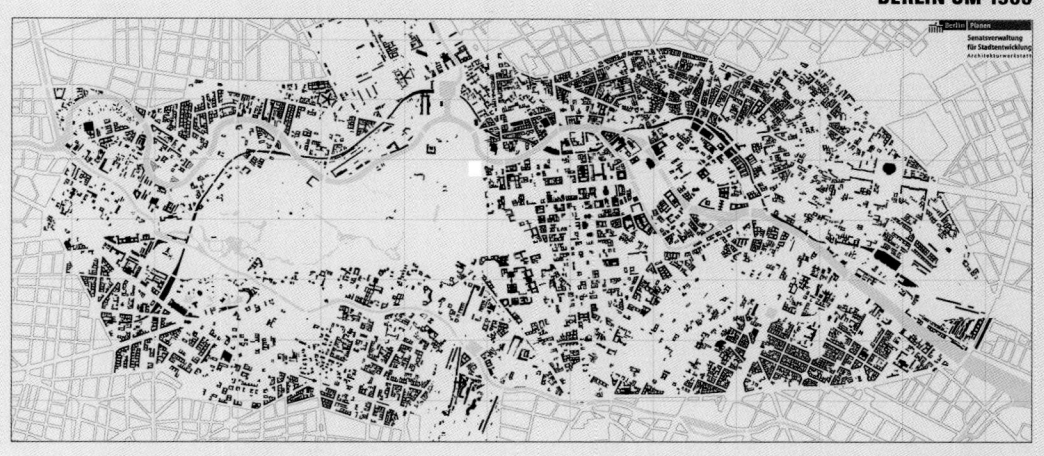

BERLIN UM 1989

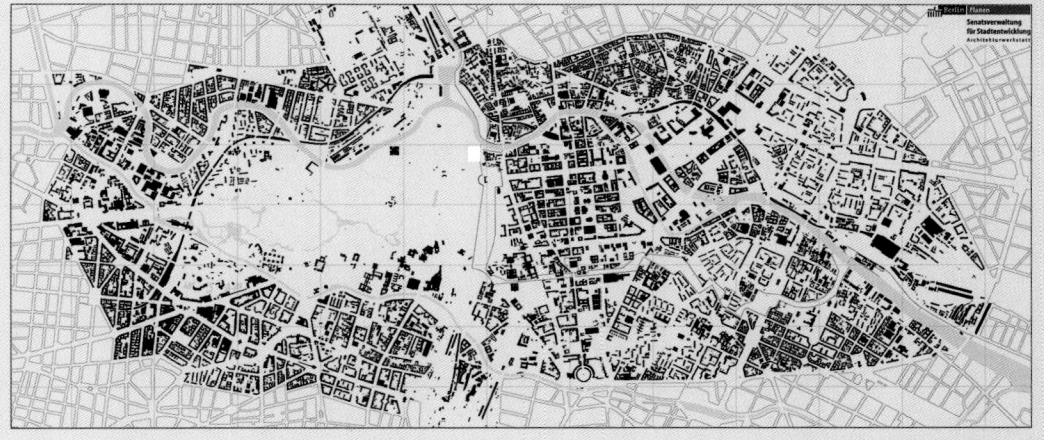

BERLIN UM 2001

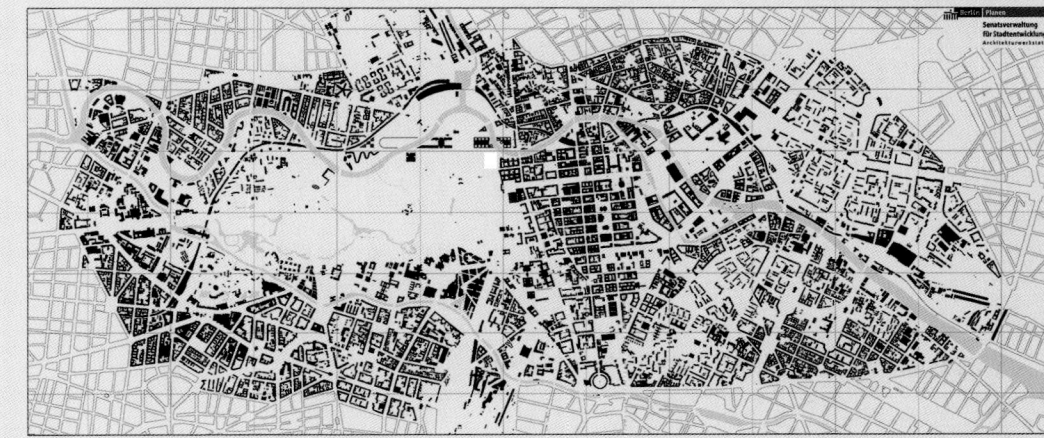

NORMAN FOSTER

»Als Architekt gestalten Sie mit einem Bewusstsein für die Vergangenheit für die Gegenwart sowie für eine Zukunft, die unweigerlich ungewiss ist.« Aus dieser Erkenntnis zog Norman Foster die Konsequenz, dass ökologisches Denken die wichtigste Aufgabe sei, vor der wir heute stehen.

Norman Foster, dessen Name inzwischen die Zusätze Lord und Baron trägt, ist der Prototyp des globalen Architektenunternehmers – international aktiv, weltweit mit Büros präsent, beteiligt an den wichtigsten Bauausschreibungen und Wettbewerben, vom neuen Flughafen in Hongkong bis zum Umbau des Reichstags in Berlin, vom Hauptsitz der Commerzbank in Frankfurt bis zur Hauptverwaltung der Hongkong and Shanghai Bank in Hongkong, von der Londoner Zentrale des Versicherungskonzerns Swiss Re (die »Gurke«) bis zum Umbau des Dresdner Hauptbahnhofs.

Doch was charakterisiert diese Architektur eigentlich, außer dass sie ungemein erfolgreich ist? Foster gilt als Hightech-Architekt, er warb früher als andere für ein »ökologisches« Bauen, also vor allem für Sparsamkeit beim Energie- und Wärmeverbrauch. Doch was zum Beispiel die Materialien angeht, so findet man bei Foster die gleiche Stahl-Glas-Betonbauweise, wie sie auch von anderen gepflegt wird. Einen Foster-Touch gibt es nicht in stilistischer, wohl aber in organisatorischer Hinsicht. Wo Foster bauen will, da gründet er Büros. Damit sichert er sich örtliche Kenntnisse, von denen seine Projekte profitieren. Seine Bauten fügen sich in die vorhandenen Strukturen, die sie allerdings häufig an Qualität und Ausdruckskraft überragen. Gleichzeitig prägen sie aber – wie etwa die Reichstagskuppel in Berlin oder das Swiss Re-Gebäude in London – auch als Solitäre das Stadtbild.

INTELLIGENTE ARCHITEKTUR

BERLINER REICHSTAG

Das Volk steigt seinen Volksvertretern aufs Dach – und das mitten in Berlin, jener Stadt, deren (Bau-)Geschichte nicht besonders reich gesegnet ist an Symbolen der Demokratie. Mit dem Umbau des Reichstagsgebäudes und der Errichtung einer begehbaren Kuppel (1995–1999) durch Norman Foster erhielt die neue Bundeshauptstadt ihr Wahrzeichen und ihren Mittelpunkt, funktional ebenso wie symbolisch. Das klotzige Gebäude, das von 1884 bis 1894 von Paul Wallot an den Rand des Tiergartens gesetzt und nach dem Reichstagsbrand und Kriegsschäden von Paul Baumgarten zwischen 1961 und 1973 wiederaufgebaut worden war, wurde von Foster in atemberaubender Weise neu definiert. Vielen Besuchern verschlägt es bis heute die Sprache, wenn sie die Warteschlange vor dem Eingang hinter sich gelassen haben und dann per Fahrstuhl auf die Dachterrasse gelangt sind.

Der Bau lässt in weiten Teilen noch die Spuren seiner wechselhaften Geschichte erkennen. Wände und Bögen, die deutlich von Kriegsschäden gezeichnet sind, prägen das Innere ebenso wie jene bei den Umbauten wieder zu Tage getre-

tenen Graffiti, die sowjetische Soldaten nach der Befreiung Berlins im Mai 1945 an diesem Symbolgebäude des niedergerungenen Feindes angebracht hatten. Während Foster den Nord- und Südflügel des Gebäudes weitgehend in historischer Form beließ, wurde der zentrale Teil mit den Einbauten von Baumgarten vollständig entkernt. Hier erhebt sich über die ganze Höhe des Gebäudes der lichte Plenarsaal, der jene Offenheit ausstrahlt, für die der wiedervereinigte Staat in der Mitte Europas künftig stehen sollte. Das Tageslicht strömt frei in den Saal durch jene viel diskutierte gläserne Kuppel, in der die Besucher über eine spiralförmige Rampe von der Dachterrasse des Gebäudes bis auf eine Plattform hinaufsteigen können. Die Kuppel ist der Höhepunkt des Gebäudes – und dabei doch deutlich schmächtiger und bescheidener als die ursprüngliche Reichstagskuppel aus wilhelminischen Zeiten.

Absolut auf der Höhe der Zeit war das Energiekonzept, das Foster mit seinem Umbau verwirklichte. Das Gebäude nutzt Solarwärme und Kraft-Wärme-Kopplung, die Böden dienen als Wärmespeicher und damit der Beheizung und Kühlung des Gebäudes. Und das in einem Bauwerk, das vor dem Umbau von vielen als heillos kontaminiert durch seine Geschichte angesehen wurde. Es hat schon seinen besonderen Charme, dass ein Brite kommen musste, um die deutsche Öffentlichkeit eines Besseren zu belehren.

▷ BLICK VON DER KUPPEL IN DEN PLENARSAAL. REICHSTAG.

◁ REICHSTAG UND DIE ABGEORDNETEN-HÄUSER: (LINKS OBEN) MARIE-ELISABETH-LÜDERS-HAUS, (RECHTS) JAKOB-KAISER-HAUS.

SPORTSTÄTTEN

VOM SPIEL ZUM EVENT

Die 1990er Jahre hatten ein Opfer zu verzeichnen, das vergleichsweise wenig beklagt wurde: das klassische Sportstadion mit der Laufbahn zwischen Zuschauerrängen und Spielfeld. Es wich nach und nach in vielen Ländern dem reinen Fußballstadion – es schlug die Stunde der Arenen. Anfang des 21. Jahrhunderts hatte jedes Provinzstadion einen Businessplan, der SkyDome (heute Rogers Center) in Toronto (1986–1989) und die Amsterdam Arena (1992–1996) waren jedoch die Vorreiter für neue Raumnutzungskonzepte, die sich durch fahrbare Stahlbetondächer und bewegliche Tribünen ergaben. Auf einmal war alles möglich: Konzerte unabhängig von Wettereinflüssen, Autorennen und nicht zu vergessen Business-Events über die VIP-Lounges im laufenden Fussballspielbetrieb hinaus.

Ästhetische Maßstäbe für diese neue Art des Sportstättenbaus setzte unter anderem die Fußballweltmeisterschaft 1998 in Frankreich. In Saint-Denis am Stadtrand von Paris wurde das neue Nationalstadion Stade de France errichtet, ein Stadion mit 80.000 überdachten Sitzplätzen. Die Architekten Michel Macary, Aymeric Zubléna, Michel Regembal und Claude Constantini brauchten auf keinerlei infrastrukturelle oder räumliche Begrenzungen Rücksicht zu nehmen – das Stadion wurde auf einem aufgelassenen Industriegebiet geplant und sollte dem strukturschwachen Viertel neue Impulse geben. Die hochgezogenen Zuschauerränge wirken imposant. Die Sicht ist von

allen Plätzen ausgezeichnet, das Dach ist stützen-
frei und die Ränge rücken dem Spielfeld so nahe
wie irgend möglich.

Auch in Deutschland nahm der Bau neuer
Arenen Fahrt auf, nachdem das Land 1998 zum
Gastgeber für die Fußballweltmeisterschaft 2006
bestimmt worden war. Die Entwicklung bedrohte
einige Ikonen des deutschen Sportstättenbaus,
darunter das Münchner Olympiastadion von 1972.
Nach langem Hin und Her wurde aber der Ausbau

des denkmalgeschützten Stadions mit seiner
legendären Dachkonstruktion von Frei Otto zugunsten eines völligen Neubaus zu den Akten
gelegt.

Das Berliner Olympiastadion hingegen
wurde nach Plänen des Büros von Gerkan, Marg
und Partner saniert und umgebaut sowie mit einem
Dach versehen. Dabei mussten auch die Belange
des Denkmalschutzes berücksichtigt werden.

◀ STADE DE FRANCE, PARIS. MICHEL MACARY ET AL. (1994–1998)

▼ OLYMPIASTADION BERLIN. GERKAN, MARG UND PARTNER.

JAQUES HERZOG

Für die beiden Schweizer Architekten Jacques Herzog und Pierre de Meuron waren die 1990er Jahre das Warmlaufen für die internationalen Großaufträge, die ihnen seither geradezu in den Schoß fallen. Das Renommeeprojekt dieser Zeit für die beiden Architekten, die nach ihrem Diplomabschluss an der ETH Zürich 1978 in Basel ihr gemeinsames Büro gründeten, war der Umbau der ehemaligen Bankside Power Station am Ufer der Themse in London als Standort für die Tate Modern (1995–1999). Mit der klaren Aufteilung des weitläufigen Innenraums gelang ihnen ein großer Wurf: hier die Aufeinanderschichtung der Galerien in einer klaren Geschossfolge, daneben der bis zum Dach offene frühere Turbinensaal, der seither großen Installationen und künstlerischen Interventionen Raum bietet und ein neugieriges Millionenpublikum fast magnetisch anzieht.

»Mich haben immer Formen fasziniert, die alle Festlegungen unterlaufen. Idealerweise lösen sie komplexe Assoziationen aus und sind nicht eindeutig lesbar.« Jacques Herzog charakterisiert die produktionsästhetische Dimension des Duos. Pierre de Meuron formuliert die Wirkung ihrer Arbeit nach außen: »Andy Warhol verwendete Pop-Bilder, um etwas völlig Neues zu sagen. Genau das ist es, was uns interessiert: bekannte Formen und Materialien auf eine neue Weise zu verwenden, damit sie wieder lebendig werden. Wir lieben es, die Klischees von der Architektur zu zerstören.«

Herzog & de Meuron verwenden die ganze Palette der Materialien von Backstein und Holz über Glas und Stahl bis zu Beton. Dabei prägt ein gewisser Minimalismus und Purismus ihre Bauweise. Pure Holzarchitektur wie beim Wohnhaus in der Baseler Hebelstraße (1988) steht neben eleganter, transparenter Glas-Stahl-Architektur wie bei der Universitätsbibliothek in Cottbus (1993–2005), eine flirrende Fassade aus Kupfer wie beim Stellwerk in Basel (1994–1998) verträgt sich im Werk des Duos problemlos mit dem Glas- und Betonbau der Bibliothek der Fachhochschule in Eberswalde (1997–1999), deren Glasfassaden mit Fotoarbeiten des Künstlers Thomas Ruff bedruckt wurden. Mit dem Pritzker-Preis – dem Nobelpreis für Architekten – starteten Herzog & de Meuron 2001 in das neue Jahrtausend.

PIERRE DE MEURON

RICHARD MEIER

Sein Markenzeichen ist die Farbe Weiß. Richard Meier, der als Architekturstudent Le Corbusier kennengelernt hat, setzt die Moderne konsequent fort. Strahlend weiße Fassaden, geometrische, häufig ineinander verschachtelte Formen und viel Glas prägen seine Entwürfe. Licht sei für ihn das Wichtigste, sagte Meier einmal, »sein liebstes und vielfältigstes Baumaterial«.

Ein Meier-Gebäude ist als solches stets erkennbar. Der New Yorker Architekt war in seiner Heimat jenseits des Atlantiks bereits eine feste Größe, als er mit der Erweiterung des Museums für Kunsthandwerk (1979–1985) in Frankfurt am Main seinen Einstand in Europa gab. Dafür verdoppelte er eine vorhandene neoklassizistische Villa ganz einfach in modernen Formen und verband die Teile mit einem Querbau. Den historischen Park integrierte er dabei äußerst rücksichtsvoll. Es folgten prestigeträchtige Aufträge für das Paul Getty Center in Los Angeles (1984–1997) und das Museum für zeitgenössische Kunst in Barcelona (1992–1995). Hierbei setzte er ebenso wie beim Stadthaus Ulm (1992–1994) auf den starken Gegensatz zu der Umgebung mit ihrer historischen Bebauung, was wiederholt Anlass für Kontroversen bot. Vergleichsweise technoid wirkte das Siemens Forum (1997–1999) in München, für das Meier eine Brache am Oskar-von-Miller-Ring mit einem großen Baukörper in Blockrandbebauung füllte. Das Gebäude, das das Firmenmuseum des Weltkonzerns aufnahm, konnte erst nach langen Verzögerungen errichtet werden. Die Planung reichte zurück ins Jahr 1983, und so wirkte dieser Bau bei seiner Fertigstellung bereits ein wenig hinter seiner Zeit zurückgeblieben.

BYXBEE PARK

MENETEKEL MÜLLHALDE

Müllhalden sind ein Menetekel des ausgehenden 20. Jahrhunderts. Der Müll wuchs der Menschheit über den Kopf – trotz aller Versuche, so viele Wertstoffe wie möglich wiederzuwerten, landeten noch immer gigantische Mengen auf Deponien.

In Kalifornien verwandelte der Landschaftsarchitekt George Hargreaves zusammen mit den Künstlern Peter Richards und Michael Oppenheimer die Mülldeponie der Stadt Palo Alto, direkt an der Bucht von San Francisco gelegen, in einen großen Landschaftspark. Es handelte sich um einen längeren Planungsprozess, der Ende der 1980er Jahre mit den ersten Ideen begann und erst weit im 21. Jahrhundert zu Ende gehen wird. In unmit-

telbarer Nachbarschaft zum Park wachsen immer noch neue Müllberge in den Himmel.

Die spröde Gestaltung des Parks mit seinen bewachsenen Hügeln, Wäldern aus Pfählen und länglichen Betonblöcken, die winkelförmig die Hügel hinauf angeordnet sind, überdeckt ein kompliziertes Geflecht aus Rohren und Kanalisationen, durch das die Gase und Flüssigkeiten abgeleitet werden, die aus dem langsam im Boden verrotten-

den Müll austreten. Die staatlichen Auflagen zur Sicherung der ehemaligen Deponie sind streng, rund zwei Drittel des Budgets für den Byxbee-Park mussten für die technische Konstruktion verwendet werden.

Wer den Park durchschreitet, kann auf den Hügeln immer wieder weite Ausblicke genießen. Es ist eine bizarre Mischung aus Natur- und Industrielandschaft, die sich dem Besucher hier bietet. Das

Meer ist ein integraler Bestandteil des ästhetischen Konzepts.

Benannt wurde der Park nach dem früheren Stadtingenieur von Palo Alto, John Byxbee, der bereits in den 1920er Jahren den Plan verfolgte, am Ufer der Bucht einen Park mit Bootshafen und Golfplätzen anzulegen. Dass nun dieses ungewöhnliche Stück *Land Art* daraus geworden ist, dürfte ihm gefallen haben. Schließlich ist ein Land-

▲ POLE FIELD. BYXBEE PARK. PALO ALTO BAY.

◀ ÜBERSICHT. BYXBEE PARK. PALO ALTO BAY.

strich wieder für die Öffentlichkeit zugänglich geworden, um den man lange Zeit einen großen Bogen gemacht hat. Auch wenn der Park kaum internationales Aufsehen erregt hat, so genießt er doch als einer der ersten seiner Art in den Fachkreisen der Landschaftsplanung Vorbildcharakter.

KANSAI AIRPORT

TRANSIT INSELN

In den 1990er Jahren nahm die Mobilität der Menschen weiter zu, nicht zuletzt in den bevölkerungsreichen Ländern Asiens. Neue Flughäfen wurden gebaut, um die Menschen rasch über Länder und Kontinente zu bewegen, aber auch, um wirtschaftliche Vorteile für den jeweiligen Standort zu erzielen. Nicht nur zwischen den Staaten, sondern auch innerhalb der einzelnen Länder wurde der Wettbewerb schärfer. Da es an Land häufig immer enger zuging und neue Flughäfen kaum noch ohne Widerstand der Bevölkerung aus dem Boden gestampft werden konnten, wurden eben im Meer künstliche Inseln aufgeschüttet. 1994 wurde auf einem solchen vier mal eineinhalb Kilometer großen Eiland vor der japanischen Insel Honshu nach sechsjähriger Bauzeit der internationale Flughafen Kansai eröffnet. Über eine Brücke ist er mit der Großstadt Osaka verbunden, die rund eine Autostunde entfernt liegt. Der Flughafen ist mit seinen beiden Start- und Landebahnen auf einen 24-Stunden-Betrieb ausgelegt. Osaka wollte aus dem Schatten der

Hauptstadt Tokio treten und Anschluß an die Welt-metropolen finden.

Für diesen neuen Airport errichtete Renzo Piano zusammen mit seinem japanischen Kollegen Noriaki Okabe den damals größten Terminal der Welt, einen 1700 Meter langen Schlauch aus Stahl und Glas mit einer gewölbten Fassade. Die Form des Gebäudes zitiert einen Flugzeugflügel, das Dach bedeckt eine Fläche von 90.000 Quadratme-tern. Für das Innere des Gebäudes haben sich die Ingenieure ein raffiniertes Belüftungssystem ausge-dacht: Am einen Ende wird Luft nach oben in die geschwungene Glasdecke der Halle geblasen, die dann über die gesamte Länge bis ans andere Ende zirkuliert, wo sie aufgesogen und nach drau-ßen befördert wird. So ist die Luft in der Halle immer in Bewegung, was auch riesige Mobiles belegen, die in der Halle aufgehängt sind. Dieses Klimasystem mag ein technisches Detail sein, doch es steht symbolisch auch für die Mobilität der Menschen, die den Flughafen als Transitraum benutzen.

▲ KANSAI AIRPORT, LUFTAUFNAHME .

◄ INTERNATIONAL TERMINAL.

DOMINIQUE PERRAULT

Geometrie, Symmetrie und Gleichmaß kennzeichnen die Projekte des 1953 geborenen französischen Architekten Dominique Perrault, was ihn vor allem in seinem Heimatland zum Star seiner Zunft werden ließ. Ein Baumeister, der eigentlich immer vor allem eines sein wollte: ein Künstler.

Die Schwimmhalle und das Velodrom im Berliner Stadtteil Prenzlauer Berg hat Perrault als geometrische Großplastiken parallel zum Verlauf der S-Bahn angelegt. Beide Blöcke sind tief in den Boden des früheren Güterbahnhofgeländes eingelassen, so dass ebenerdig gerade nur die Dächer sichtbar sind – freitragende Stahlkonstruktionen, die die Gebäude als perfekten Kreis (Velodrom) und Rechteck (Schwimmhalle) unübersehbar in der Stadtlandschaft platzieren. Im Inneren entsprechen beide Bauwerke allen Ansprüchen an moderne Wettkampfstätten, schließlich waren sie als schlagende Argumente bei der Berliner Olympiabewerbung für das Jahr 2000 gedacht. Dass diese schließlich in einer Blamage endete, lag am allerwenigsten an der Architektur.

In seinem Heimatland ist der Neubau der französischen Nationalbibliothek (1990–1996) im 13. Arrondissement von Paris sein Hauptwerk. Auf einer erhöhten, rechteckigen Fläche von 60.000 Quadratmetern platzierte Perrault an den Ecken vier L-förmige Türme, die wie aufgeschlagene Bücher wirken. In der Mitte des Gebäudes ist ein Atrium mit Garten eingelassen. Die Lesesäle und die weiteren für die Öffentlichkeit vorgesehenen Flächen sind in den dunklen, nur über das begrünte Atrium mit Tageslicht versorgten Bereichen angeordnet. Lange Rolltreppen führen in das Gebäude, das als *Grand Projet* des Präsidenten François Mitterrand gilt.

Ein Gebäude mit feinen Details, dessen Gesamtentwurf funktional als misslungen anzusehen ist. Die Bibliotheksbenutzer sitzen – nachdem sie über viele Treppen und lange Rolltreppenfahrten ins Innere des Gebäudes gelangt sind – im Dunkeln, während die Magazine mit den häufig empfindlichen Bücherbeständen in den lichtdurchfluteten Türmen untergebracht sind, die nun künstlich abgedunkelt werden müssen. Die Vegetation des Gartens wiederum leidet offensichtlich unter dem ungünstigen Mikroklima im Atrium. Was sich am PC und auf dem Reißbrett zur Idealform zusammenfügen mag, zerschellt mitunter rasch an den Banalitäten des Alltags. Dies stellte allerdings keinen Hinderungsgrund dafür dar, Perrault in der Zwischenzeit mit vielen der höchsten Architekturpreise der Welt auszuzeichnen.

▲ OLYMPISCHE SCHWIMMHALLE, BERLIN. (1992)

ROGERS ROBOTIK

DER DOM
UND DAS UFO

365 Meter Durchmesser, bis zu 50 Meter Höhe – der von Richard Rogers in den Londoner Docklands gebaute Millennium Dome (1999) geizt nicht mit Superlativen. Das Bauwerk, das zu den Feierlichkeiten der Jahrtausendwende errichtet wurde und wie eine riesige fliegende Untertasse mitten in der Londoner Innenstadt landete, umfasste eine große Erlebnisausstellung zu Themen wie Umweltschutz, Arbeitswelt und Weltreligionen. Seither wird der Bau als Veranstaltungshalle genutzt. Das flache Kunststoffdach ist an zwölf jeweils 100 Meter langen, gelben Stangen eingehängt – die Zahl zwölf soll dabei die zwölf Monate des Jahres oder die zwölf Stunden auf dem Ziffernblatt einer Uhr symbolisieren und so auf den Standort nahe des Nullmeridians in Greenwich verweisen.

2006 setzte er diese Form *en miniature* fort, als er auf dem Hotel-Turm Hesperia in Barcelona ein »UFO« landen ließ, das als Restaurant mit 55 Sitzplätzen genutzt wird. Für Rogers, der sich seit 1996 Baron nennen darf, war der Dome nur ein weiterer Höhepunkt in einer langen Reihe von international gefeierten Bauaufträgen – angefangen vom Centre Pompidou in Paris (1972–1977, zusammen mit Renzo Piano) über das technisch-verspielte Lloyd's Building in London (1978–1986) bis zum Gebäude des Europäischen Gerichtshofs in Straßburg (1992–1995), das die Waage der Justitia in einer für Rogers charakteristischen Hightech-Ästhetik symbolisiert. Rogers machte die

Funktionen des Gebäudes sichtbar, auf einer symbolischen ebenso wie einer praktischen Ebene. Damit führte er die Moderne in einer robusten Ästhetik weiter, ohne deren Prinzipien zu verraten.

△ HESPERIA TOWER, BARCELONA. RICHARD ROGERS (2006)

▷ MILLENNIUM DOME, LONDON. RICHARD ROGERS (1999)

ALVARO SIZA

1993 bis 1998 baute sich Alvaro Siza, der berühmteste Architekt Portugals, mit Blick auf den Douro in Porto sein neues Bürohaus. Es war ein Bekenntnis zur Moderne: ein mehrstöckiges, U-förmiges Gebäude mit Lochfassade und Flachdach, weiß verputzt. Seit den 1960er Jahren hatte Siza eine Reihe von Projekten, vor allem in seinem Heimatland umgesetzt und sich dabei stets als treuer Anhänger der Moderne gegeben. Immer suchten seine Entwürfe die Nähe zu ihrer landschaftlichen Umgebung, wirkten mitunter, als würden sie aus ihr hervorwachsen. Weltweit wahrgenommen wurden in den 1990er Jahren seine portugiesischen Pavillons für die Weltausstellungen 1998 in Lissabon und 2000 in Hannover.

Sein Büro nannte Rem Koolhaas das Office for Metropolitan Architecture (OMA). Vielfalt, Widersprüchlichkeit und Verdichtung war es, was Koolhaas anstrebte, vom Neubau für das Nederlands Dans Theater in Den Haag (1984–1987) mit seiner unübersichtlichen Formenvielfalt über die Kunsthalle Rotterdam (1992) bis zur Niederländischen Botschaft in Berlin (2000), in der sich die Ebenen auf komplexe Weise ineinander verschachteln und bei der das Prinzip »Stadt im Haus« realisiert wurde. Koolhaas, der seine Vorstellungen schon früh in dem Buch *Delirious New York* (1978) entwarf, plant mit seinen Gebäuden auch immer ein neues Stück lebendiger Großstadt mit.

REM KOOLHAAS

JEAN NOUVEL

Er sei immer auf der Suche nach dem fehlenden Puzzleteil – dem richtigen Gebäude am richtigen Ort, hat Jean Nouvel einmal gesagt und damit erklärt, warum man bei ihm keine ästhetische und stilistische Konstanz festmachen kann. Nouvel betrachtet jedes Projekt für sich und sucht nach der richtigen Form. So entwarf er die ornamentale Hightech-Fassade des Institut du Monde Arabe in Paris (1981–1987) und hebelte das Steinfassadenmonopol in der Berliner Friedrichstraße mit seinem gläsernen Kaufhaus Galeries Lafayette (1991–1995) aus. Er entkernte das historische Opernhaus von Lyon und setzte auf die historische Fassade einen neuen, tonnenförmigen Aufbau aus Glas und Stahl (1993) und ergänzte die Straßenfront des Pariser Boulevard Raspail um eine pure Glasfassade, hinter der sich ein historischer Garten und der Neubau der Fondation Cartier befinden (1994). Als junger Mann wollte Nouvel eigentlich Maler werden. Weil seine Eltern dies aber für zu unsicher hielten, wählte Nouvel die Architektur. So kompromissbereit hat er sich später als Architekt aber nie mehr gegeben.

Mitten in die historische Altstadt von Brügge, der Europäischen Kulturhauptstadt 2002, baute Toyo Ito einen offenen, begehbaren Pavillon, der über einem flachen Teich oberhalb der Ruinen der früheren Kathedrale der Stadt lag. Die Wände des funktionsfreien Pavillons bestanden aus einem Lochraster mit poppigen ovalen Flächen. Der Bau war eine postmoderne Zutat zur europäischen Stadt vor dem Hintergrund eines kulturtouristischen Großereignisses, die ursprünglich wieder demontiert werden sollte, per Bürgerwillen aber auf Dauer in Brügge verbleiben wird. Toyo Ito, in Korea geborener Japaner mit europäisch geprägtem Denken, entwirft Architektur für moderne Großstadtnomaden. Am PC erdachte Formengebirge wie die Serpentine Gallery in London (2002) oder die Glaskasten-Architektur der Mediathek im japa-

TOYO ITO

nischen Sendai (1998–2001) sind avancierte Entwürfe, die den Fortschritt als »ständige Erweiterung der Möglichkeiten unter Verringerung von Kosten und Aufwand« verstehen. So meint Ito immer vollendetere Resultate zu erreichen.

MEGACITIES

EXPLOSION DER STÄDTE

Die Megacitys expandierten in den 1990er Jahren ungebremst. Vor allem in Asien, Lateinamerika und Afrika zogen Millionen von Menschen vom Land in die Städte, in denen am Ende des Jahrzehnts zum ersten Mal in der Geschichte genauso viele Menschen lebten wie auf dem Land. Während für zahllose Landflüchtige das urbane Leben unter ärmlichsten Bedingungen am Stadtrand begann, wuchsen in den Innenstädten die klimatisierten Büro- und Geschäftshäuser in den Himmel. Die Mittelschicht erschaffte sich künstliche Welten, die Shopping Mall wurde zu einem Symbol der Globalisierung. Von Bombay bis Berlin, von Los Angeles bis Peking glich sich das Warenangebot ebenso an wie die Architektur.

Auf ihr Wachstum reagierten die Städte ganz unterschiedlich, je nach politischem Umfeld und wirtschaftlichen Möglichkeiten. In den meisten Städten fehlte jedoch jedes Mittel für eine regulierte, geplante Entwicklung. In den chinesischen Metropolen kam es zu einer Explosion der Bautätigkeiten, in Hongkong wuchsen 35- bis 70-stöckige Hochhäuser in billiger Bauweise dicht an dicht in die Höhe. Die räumliche Begrenzung der Stadt ließ zudem keine Alternative und trieb mit den Gebäuden auch die Immobilienpreise und Mieten in schwindelnde Höhen.

WOHNVIERTEL, SCHANGHAI. (2006)

WOHNUNGSBAUTEN. HONGKONG.

PARC ANDRÉ CITROËN

UMNUTZUNG VON BRACHEN

1970 schloss der französische Automobilbauer Citroën seine innerstädtischen Produktionsanlagen im Quartier Javel im 15. Arrondssement in Paris. André Citroën hatte im Jahr 1915 die erste Fabrik gegründet, seitdem waren hier Autos zusammen-

geschraubt worden. Das Gelände umfasste beeindruckende 22 Hektar, und zusammen mit weiteren sechs Hektar eines früheren Güterbahnhofs sowie drei Hektar altem Speicher bot sich der Stadt ein Quartier für eine Neubebauung im großen Stil. Es entstanden Wohn-, Büro- und Geschäftshäuser in großstädtischem Maßstab und entsprechender Dichte.

Abgeschlossen werden sollte der neue Stadtteil mit einem 14 Hektar großen Park, der sanft zum Ufer der Seine abfallen und das Quartier mit dem Flussufer verbinden sollte. Aus einem Wettbewerb waren 1985 die Architekten Patrick Berger, Jean-Paul Viguier und Jean-François Jodry sowie die Landschaftsarchitekten Gilles Clément und Alain Provost mit ihrem gemeinsamen Entwurf

als Sieger hervorgegangen. Die Ansprüche waren hoch: Der neue Park sollte laut Ausschreibung einen Meilenstein in der zeitgenössischen Gartenarchitektur setzen.

Als der Park 1992 eröffnet wurde, schienen diese Anforderungen eingelöst zu sein. Eine strenge Geometrie prägt weite Teile des Parks, architektonische Einsprengsel wie Brücken, Pavillons und Wasserspiele und nicht zuletzt die Beete mit vielfältigen Anpflanzungen schaffen eine Verbindung von traditioneller Gartenbaukunst und modernen Elementen.

Der Park ist in mehrere Themenbereiche untergliedert. Im Mittelpunkt erstreckt sich eine große, rechteckige, auf allen Seiten von Kanälen eingefasste Rasenfläche. Überquert werden können die Kanäle nur auf einer Seite. Im Süden dieses *Parc central* befinden sich zwei große Gewächshäuser, in denen ein Mittelmeerpark sowie ein Orangenhain angelegt sind.

Zwei schnurgerade Promenaden durchziehen den gesamten Park. Sie verbinden den »Garten der Bewegung« im Norden mit dem »weißen Garten« im Süden und kreuzen dabei den *Parc central*. Der »weiße Garten« heißt so, weil in ihm ausschließlich weiß blühende Pflanzen wachsen, entsprechendes gilt für den benachbarten »schwarzen Garten«, hier dominieren dunkle (Grün-)Töne. Als reizvoller Kontrast zu den künstlich gestalteten Parkabschnitten ist die Natur im »Garten der Bewegung« weitgehend sich selbst überlassen. Hier haben dann auch Löwenzahn und

Gänseblümchen ihren Ort. Weitere Teile des Parks sind der »Garten der Metamorphosen«, der sein Äußeres im Wandel der Jahreszeiten verändert, sowie die »seriellen Gärten«, die nach dem Prinzip der Duft- und Tastgärten angelegt sind und die fünf Sinne ansprechen. Ein Fesselballon bietet den Besuchern die Möglichkeit, bis auf 150 Meter Höhe aufzusteigen und den Park und die gesamte Metropole aus luftiger Höhe zu betrachten.

PARKS UND GÄRTEN

IBA EMSCHER PARK

STRUKTURWANDEL IM RUHRGEBIET

1989 bis 1999 war die offizielle Laufzeit der Internationalen Bauausstellung Emscher Park im nördlichen Ruhrgebiet. Diese Ideenschmiede für den Strukturwandel der ehemals hoch industrialisierten Stadtlandschaft wirkte aber weit über diesen Zeitraum hinaus. Mit einem Investitionsaufwand durch öffentliche Hand und Privatinvestoren, der sich auf rund 2,5 Milliarden Euro belief, gelang es der IBA tatsächlich, neue Perspektiven für einen ökologisch vertretbaren Umbau der früheren Industrieregion aufzuzeigen. Denkmäler der Kohle- und Stahlepoche wie die Zeche Zollverein in Essen oder der Gasometer in Oberhausen wurden zu Ausstellungs- und Veranstaltungsorten mit einem besonderen postindustriellen Reiz. Im Landschaftspark Duisburg-Nord haben die Landschaftsarchitekten Latz und Partner die industriegeschichtlichen Überreste eines früheren Hüttenwerks in eine zeitgemäße Parkgestaltung eingebettet. Quer durch das Revier führt die Route der Industriekultur zu den wichtigsten Zeugnissen der Architektur, Landschaftsgestaltung und Industriekultur des Ruhrgebiets. Doch auch erhaltenswerte Arbeitersiedlungen und stolze Unternehmervillen liegen auf dieser Strecke. Dass der Ansatz der IBA auch Impulse für die Privatwirtschaft gegeben hat, belegt etwa die Ansiedelung des größten europäischen Einkaufszentrums auf dem früheren Werksgelände von Thyssen – das CentrO in Oberhausen wurde 1996 eröffnet und bietet auf einer Fläche von 70.000 Quadratmetern nahezu 200 Geschäfte.

Ein wirklicher Wandel an der Ruhr ist durch die IBA allerdings nicht erreicht worden. Auch über diesen langen Zeitraum hinweg entstand nicht das Zusammengehörigkeitsgefühl, das notwendig gewesen wäre, um die Stadtregionen von Duisburg bis Dortmund zusammenwachsen zu lassen. Landschaftsplanerisch steht man vor einer neuen und aufgeräumten Struktur, aber in den übergeordneten Verbänden regiert weiterhin die Technokratie, Großindustrie und Konzerne wollen und können sich nicht in den Dienst der Region stellen, und das Allheilmittel Tourismus greift nur ansatzweise. Mit den angelegten Marinas, Gewerbeparks und Industriemuseen ist der Strukturwandel noch lange nicht durchgesetzt.

◁ SCHWIMMBAD. KOKEREI ZOLLVEREIN, ESSEN. DIRK PASCHKE, DANIEL MILOHNIC (2003)

▽ CENTRO. SHOPPING- UND FREIZEITZENTRUM, OBERHAUSEN. (1994–1996)

WERBETAFEL STADT

ANYTHING GOES

Dass die Großstadt mit ihren Gebäuden und Fassaden ideale Flächen für Reklame bietet, ist eine Erkenntnis, die weit zurück bis in die 1920er Jahre reicht. New York mit dem von Werbebotschaften dicht an dicht bespielten Times Square war hier ebenso ein Vorreiter wie Berlin, wo 1928 die von der Beleuchtungsindustrie geförderte Großinstallation *Berlin im Licht* die Möglichkeiten der Stadtreklame mit Hilfe von Licht auslotete.

In den 1990er Jahren hatte die Werbung den Stadtraum fest im Griff, die letzten noch werbefreien Ressourcen wurden erschlossen. Die auffälligste Innovation des Jahrzehnts war das Megaposter. Ganze Hausfassaden, häufig auf Baustellen, wurden zu überdimensionalen Werbeflächen. Sogar Kirchtürme wurden entsprechend verhängt, was mitunter heftige Diskussionen auslöste. Andernorts verwiesen Fassaden aus Kunststoff mit entsprechenden Werbebotschaften auf die Ausdehnungen von Gebäuden, die noch gar nicht existierten. Mit einer farbigen Fassadeninstallation wurde 1993–1994 das ehemalige Berliner Stadtschloss auf dem Schlossplatz in Originalgröße simuliert – auch eine Werbemaßnahme, denn das Imitat sollte für den Wiederaufbau des Schlosses anstelle des damals noch vorhandenen Palasts der Republik werben.

Derweil wurden die Leuchtreklamen an den Fassaden immer weiter verfeinert. LED, Laufschrif-

ten und Großbildschirme traten zu den klassischen Formen hinzu. Busse und Straßenbahnen wurden mit Folien voller Werbebotschaften beklebt, die zwar den Passagieren die Lust am Schauen nahmen, den Betreibern aber Geld in die Tasche spülten. Sogar die Fußböden von U-Bahnstationen dienten als Werbeflächen. Und auch die Stadtbewohner selbst wurden nach und nach zu wandelnden Litfaßsäulen, mit Bekleidung voller Logos und Werbesprüche, in der Hand die bedruckte Einkaufstasche und auf dem Rücken den Rucksack, der ebenfalls seine Botschaften trug.

Doch die sich ausbreitende Werbung weckte bei vielen Zeitgenossen auch Unmut. »Es gibt Lärmschutzgesetze und Luftschutzparagrafen, wo aber bleibt der Reklameschutz, wer bewahrt uns vor den immer monströseren Plakaten, vor der Allgegenwart der Poster und Leuchtschriften?«, fragte 1998 die Wochenzeitung *Die Zeit*. Aggressiver gingen die Adbusters vor, eine konsumkritische Kampagne, die 1989 in Kanada gegründet wurde und sich rasch in aller Welt ausbreitete. Die informell organisierten Aktivisten setzten sich zum Ziel, Werbetafeln in subversiver Weise zu verändern oder zu zerstören. So wurden bekannte Logos oder Slogans durch Änderung der Texte in ihr Gegenteil verwandelt und Megaposter und Werbeplakate in zumeist nächtlichen Aktionen überklebt oder zerstört. Hauptziel der Kritik war die zunehmende privatwirtschaftliche Penetration des öffentlichen Raums.

◀ TWO IFC (INTERNATIONAL FINANCE CENTRE) IN HONGKONG.

▶ TIMES SQUARE, NEW YORK.

LONDON
MILLENNIUM CITY
URBAN GLOBAL

London, die alte und neue Metropole Europas, swingt. Im Jahr 1851 pilgerten die Entscheider der Industrialisierung in das damalige Wirtschaftszentrum Europas. Hier lebten zudem so viele Menschen in einer Stadt wie nirgendwo sonst in Europa. 2.651.939 Einwohner ergab die Volkszählung. Kaum zu glauben, dass die Stadt zwischendurch auch mal Schwächeperioden erlebt haben soll. In den Jahrzehnten nach dem Zweiten Weltkrieg sank jedoch die Beliebtheit der grauen, versmogten City als Wohn- und Arbeitsort, die wirtschaftliche Bedeutung schrumpfte, die Hafenanlagen an der unteren Themse verfielen. Arbeitslosigkeit und Armut waren ernste Probleme, vor denen viele Menschen in die Satellitenstädte flohen. Das Blatt wendete sich in den 1980er Jahren, und die Früchte erntete die Stadt dann in den 1990er Jahren: London war urban wieder ganz vorne.

Auch hier gab es so etwas wie einen Bilbao-Effekt, nur dass hier nicht ein Museumsneubau für Furore sorgte, sondern die Revitalisierung eines Industriedenkmals. Die **Tate Modern (11, s. Abb.)** wurde innerhalb kürzester Zeit zu einer der weltweit besten Adressen unter den Ausstellungsräumen für moderne Kunst. In dem von Herzog de Meuron umgebauten Kraftwerk an der Themse im Stadtteil Southwark versammelt sich über das Jahr ein Millionenpublikum, um Werke der Klassischen Moderne und zeitgenössische Kunst zu besichtigen. Doch wie wir auf unserem Stadtrundgang sehen werden, setzten auch die neugeschaffenen Bauwerke immer wieder entscheidende Akzente im

10

MATISSE

PICASSO

SSO

AHTILA

Stadtbild. So wie die **Millennium Bridge (10, s. Abb. vorherge Seite)**, sie schließt die zum Leben erweckte Ausstellungshalle direkt an das historische Zentrum an. Die Fussgängerbrücke schlägt in einer gewagten Foster-Konstruktion den Bogen hinüber zu der St. Pauls Kathedrale. Der Name des »Weltbaumeisters«, Sir Norman Foster ist es auch, der uns auf unserem Stadtrundgang begleiten wird. Dem ehrgeizigen Briten ist es in dieser Dekade gelungen, den großen Ambitionen des *New Britain* von Tony Blair architektonisch Ausdruck zu verleihen. Foster hat dabei in der britischen Hauptstadt fast eine Monopolstellung für die Prestigeprojekte erlangt. Kein Wunder, dass ein englischer Journalist schon von der »Fosterification« Londons sprach. Und doch gibt es andere Baumeister neben ihm, wie wir auf unserer Route sehen werden.

Ein städtebaulicher Aspekt ist dabei besonders bemerkenswert: London entdeckte die Themse neu. So reihen sich heute links und rechts des Flusses beeindruckende Bauwerke aus der jüngeren Zeit. Ein Brennpunkt der Entwicklung waren die Docklands, das ehemalige Hafengelände, das sich von Limehouse und Rotherhithe im Westen über die Isle of Dogs bis nach Greenwich im Osten erstreckt. Mittendrin liegt die berühmte Canary Wharf auf der Isle of Dogs, wo heute nahezu 80.000 Menschen arbeiten und zum Teil auch leben. Wir beginnen unsere lange Wanderung durch das neue London der 1990er Jahre an der **U-Bahnstation Canary Wharf (1, s. Abb.)**, die 1999 eröffnet wurde, als die Docklands an die Jubilee Line der Londoner Untergrundbahn angeschlossen wurden. Die Station mit ihren kuppelförmigen Ausgängen stammt von Norman Foster.

Entlang der alten Hafenbecken ist seit Anfang der 1980er Jahre eine Stadt in der Stadt entstanden. Speicher und Schuppen wurden saniert oder abgerissen. Namhafte Banken haben sich hier niedergelassen, die früher an der Fleet Street konzentrierten Zeitungsverlage und Medienhäuser sind hierher gezogen, und große Einkaufszentren sorgen dafür, dass neben den Angestellten aus den Bürogebäuden auch viele Menschen zum Shopping in die Gegend kommen.

Das Wahrzeichen der Canary Wharf ist der 236 Meter hohe **One Canada Square (2)**, ein riesiger Obelisk mit einem pyramidenförmigen Abschluss, der aus der Feder von César Pelli stammt. Flankiert wird dieser Wolkenkratzer vom **Citigroup Centre (3)**, ebenfalls von César Pelli. Dazu gesellt sich Fosters glatter **HSBC Tower (4)** mit seinen abgerundeten Kanten, der ebenfalls die 200-Meter-Marke übertrifft. Allerdings befinden wir uns hier noch auf dem Niveau »banaler Investitionsarchitektur«, um mit den Worten von Kritikern zu sprechen.

Das ändert sich, sobald wir unsren Fußweg zur Tower Bridge dank U-Bahn oder Taxi um fünf Kilometer abzukürzen. Von der historischen Brücke aus blicken wir diesmal nicht auf den guten alten Tower, sondern auf die **New City Hall (5, s. Abb.)**, die am gegenüberliegenden Ufer aufragt. Dieser wirklich eigenwillige Baukörper von Foster erstreckt sich über elf Stockwerke und wölbt sich zur Themse hin wie das Visier eines Motorradhelms, während es sich auf der Rückseite von oben nach unten verjüngt. Die oberste Ebene des Rathauses ist öffentlich zugänglich und bietet fantastische Ausblicke, zu erreichen ist sie über eine spiralförmige Rampe, die an die Kuppelkonstruktion des Reichstags in Berlin erinnert.

So ein Gebäude nennt man wohl zu Recht ausgefallen.

Wir bleiben am Südufer der Themse und gehen durch früheres Hafengebiet zur **Hay's Galleria (6)**, einer von dem Londoner Büro Twigg Brown Architects zu einem schicken Shoppingcenter umgewandelten Werft aus der Mitte des 19. Jahrhunderts. Will man den Bestand revitalisieren, sollte man es so tun. Dank des respektvollen Umgangs mit der historischen Bausubstanz atmet das hohe Backsteingebäude viel historisches Flair.

Über die London Bridge machen wir einen Abstecher auf das linke Themseufer und halten uns ein wenig rechts, um mitten im Londoner Finanzdistrikt in der Lime Street und der St. Mary Axe auf eine seltene Dichte an beeindruckenden Bürogebäuden zu stoßen. Zunächst heißt es »Pipes out!« Richard Rogers' **Lloyd's Building (7, s. Abb.)** (1978–1986) ist die Bürohausvariante des Centre Pompidou mit seinen nach außen verlagerten Versorgungseinrichtungen und den witzigen blauen Kränen für die Fensterputzerkabinen. In unmittelbarer Nachbarschaft drängt sich schon wieder ein Foster, das dreifach abgetreppte, geschwungene

8

Willis Building (8, s. Abb.) (2004–2007). Und gleich noch einer, nicht zu übersehen ist die berühmte **»Gurke« (9, s. Abb.)**, der 180 Meter hohe Swiss Re Tower (2001–2004). Auf einem kreisförmigen Grundriss wächst der Umfang des Gebäudes bis zum 16. Stockwerk, um sich nach oben hin wieder zu verjüngen. Die runde Form hat Vorteile für das Mikroklima in der Umgebung des Gebäudes und verringert auch den Druck, den der Wind auf das Gebäude ausübt. Die Skyline Londons hatte ab diesem Zeitpunkt ein ganz eigenes Gesicht.

Vorbei am Kopfbahnhof Cannon Street und durch die Thames Street gehen wir westwärts, bis wir die Themse erneut überqueren – über die **Millennium Bridge (10)**, die von 1998 bis 2000 nach einem Entwurf von Norman Foster und dem Bildhauer Anthony Caro als Beitrag zu den Feierlichkeiten zur Jahrtausendwende errichtet wurde. Die an zwei Trägern im Fluss befestigte Hänge-brücke machte zwei Tage nach der Eröffnung Schlagzeilen – statt tosendem Beifall gab es Häme, da die Konstruktion bedrohliche Schwingungen aufwies. Nach zwei weiteren Jahren war es soweit, die Fußgängerbrücke wurde freigegeben und führt seitdem schnurgerade auf das nächste Ziel zu: die **Tate Modern (11)**, das von Herzog & de Meuron 1995 bis 1999 als Museum für moderne Kunst umgebaute Kraftwerksgebäude aus dem Jahr 1947. Beeindruckend öffnet sich die hohe Turbinenhalle des langen Gebäudes, die auf ganzer Höhe frei belassen wurde und in dem Künstler temporäre Installationen einrichten. Die Tate Modern war ein Signal gen Guggenheim und Centre Pompidou, umso erstaunlicher, dass die Verantwortlichen »Inselfremde« für die Durch-führung dieses nationalen Projekts erwählten.

Etwas weiter die Themse abwärts stoßen wir auf ein weiteres Beispiel erfolgreicher Wieder-belebung von historischer Bausubstanz. Nach der wechselvollen Nutzungsgeschichte als Kraftwerk und später als Fabrik für Fleischwaren wurde das lange Backsteingebäude des **Oxo Tower (12)** mit dem markanten Turm vom Büro Lifschutz Davidson als Wohn- und Geschäftsgebäude umgebaut.

Wir kommen an der Betonburg des Royal National Theatre vorbei und überqueren auf der Waterloo Bridge ein letztes Mal die Themse. Quer durch den Stadtteil Covent Garden gehen wir auf das Hauptgebäude des **British Museum (13, s. Abb.)** zu, dessen großer Innenhof 1999 bis 2001 von Norman Foster mit einem Glas-Stahl-Dach versehen wurde. Die raffinierte Konstruktion ver-bindet den runden Lesesaal im Inneren des Hofes mit dem weiten Rechteck des Museumsgebäudes und schafft einen faszinierenden Stadtraum, der

zwischen Innen- und Außenraum schillert. Um ein letztes Meisterwerk dieser Epoche vor und nach der Jahrtausendwende zu besichtigen, müssen wir noch einmal ein Taxi besteigen und »Wembley« sagen. Wir werden dann in den Nordwesten Londons kutschiert, wo Norman Foster nach dem Abriss des legendären Vorgängerbaus von 2003 bis 2007 mit dem **New Wembley Stadium (14)** das neue britische Nationalstadion errichtet hat, eine riesige Arena mit 90.000 überdachten Sitzplätzen. Äußerliches Kennzeichen des Baues ist ein 140 Meter aufragender Bogen, an dem Teile des Dachs aufgehängt sind. Das Dach ist verschiebbar und kann bei schlechter Witterung so geschlossen werden, dass zumindest die Zuschauer trocken bleiben. Über die untersten Ränge des Stadions kann eine temporäre Laufbahn angebracht werden, so ist es möglich, in dem Stadion auch Leichtathletikwettbewerbe auszutragen.

Die Planungen, das alte Wembley-Stadion durch ein neues zu ersetzen, reichen noch ins 20. Jahrhundert zurück. Mit dem New Wembley Stadium, in dem die Olympischen Sommerspiele 2012 eröffnet werden sollen, sind wir aber bereits weit im neuen Jahrtausend angekommen. Ob mit den Spielen die Entfremdung der Briten von ihrer Hauptstadt, die sich um die Jahrtausendwende einstellte, überbrückt werden kann, ist zweifelhaft. »London ist nicht mehr unsere Hauptstadt, sondern ein Land im Land«, schrieb die Wochenzeitung Observer zu Beginn des Millenniumsjahres. London ist heute vielmehr eine Megacity von immer noch globaler Bedeutung. Und das kann keine andere europäische Metropole mehr von sich behaupten. Erinnern wir uns, das war im 20. Jahrhundert einmal anders.

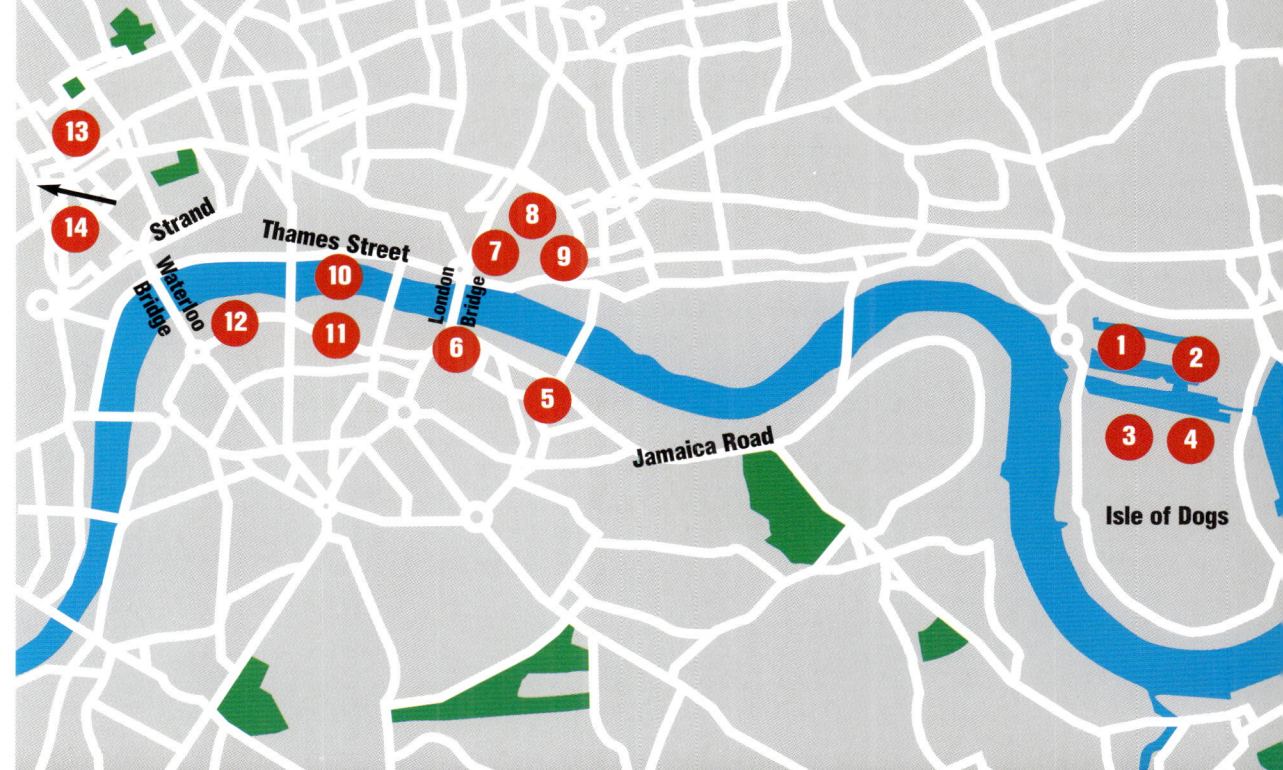

2000–2009

ROUTE DER METROPOLEN I DIE ZUKUNFT DER STÄDTE

Nach der Tour d'Horizon durch das Jahrhundert der Moderne stellt sich zu Beginn des 21. Jahrhunderts die Frage: Wie mag die Stadt der Zukunft aussehen? Welchen Herausforderungen müssen sich die großen Städte, die Metropolen, die Megalopolen stellen? Welche Ansätze zur Problemlösung gibt es bereits? Wie stellen sich die reifen Metropolen Amerikas und Europas den Herausforderungen? Welche Grundsteine werden in den Wachstumsmetropolen Lateinamerikas, Afrikas oder Asiens gelegt?

Ein kurzer Blick zurück mag schon einige Probleme erahnen lassen: Um 1900 lebten 10 Prozent der Weltbevölkerung in Städten. 100 Jahre später sind es bereits 50 Prozent, und die Kurve zeigt weiter steil nach oben. Mehr als eine Million Menschen ziehen weltweit jede Woche in Städte. Allein in Mumbai landen jeden Tag um die 1.500 Menschen – und das in einer Stadt, die auf einer Halbinsel liegt und von daher nicht in die Fläche wachsen sondern sich nur in die Höhe verdichten kann. Dharavi, der Slum in direkter Nachbarschaft zum Financial District Mumbais, beherbergte 2008 eine Million Menschen mit immer noch steigender Tendenz.

Die Megacities in den Schwellen- und Entwicklungsländern geraten zum Alptraum der Stadtentwicklung im 21. Jahrhundert. Hier beobachten wir den Teufelskreis von Armut, Hunger, Korruption, Wohnungsnot, mangelhaften Bildungs- und Arbeitsmöglichkeiten, desolater Infrastruktur,

Hygiene- und Gesundheitsbedingungen. Gelingt es nicht, probate Mittel einzusetzen, die die sozialen, ökologischen und ökonomischen Probleme lösen, wachsen soziale Unruhen, Gewalt, Kriminalität, Missachtung der Menschenrechte, Revolten und Bürgerkriege. Mit zunehmender Migration werden diese Probleme auch in die Industrieländer getragen.

Wenn immer mehr Menschen in die Städte streben, weil sie sich dort bessere Lebensumstände, Arbeit und ein Stück Wohlstand erhoffen, dann bestimmen die Wohnungs-, Arbeits- und Versorgungsfrage wesentlich die Zukunft der Städte. Wie lassen sich bei diesem Menschenandrang lebenswerte und zugleich erschwingliche Wohnungen bereitstellen und nicht nur Massenbehausungen, die oftmals zum Zeitpunkt ihrer Fertigstellung schon abrisswürdig sind? Wie lassen sich in den Städten, die ehemals ihre Sogkraft hatten, weil sie Arbeit boten, wieder würdige und auskömmliche Arbeitsformen organisieren? Wie lässt sich eine nachhaltig leistbare Infrastruktur in Städten mit kaum begreifbaren Dimensionen sicherstellen?

Über welche Herausforderungen sprechen wir noch? Nach dem 9. September 2001 regiert auch die Sicherheitsfrage alle Überlegungen zur Städteplanung. Bedroht sind vor allem die reifen, symbolträchtigen Metropolen in Europa und Nordamerika. Die Gefahr droht aber auch in vielfältiger Weise von Innen. Innerstädtischer Verödung mit sozialen Brennpunkten steht die Zersiedelung

der Landschaft im Umland gegenüber. Neu ist nur, dass auch die global verheerenden ökologischen Konsequenzen dieser Entwicklung deutlich herausgestellt werden. Die Planer in den Industrieländern kämpfen mit dem hier verbreiteten energieintensiven Lebensstil, mit den raumbeanspruchenden Siedlungsformen und mit den zunehmenden sozialen und räumlichen Ungleichheiten in den Städten, um den immer noch voranschreitenden Raubbau an natürlichen Ressourcen in den Griff zu bekommen und die Städte wieder ökologisch, sozial und wirtschaftlich auszubalancieren.

Während die Einen versuchen, in den Städten der Welt wieder ein Gleichgewicht der Belange anzustreben, ist für Andere die Stadt der Ort idealer Gewinnmaximierung durch Mega-Projekte. Manche Städte der Welt symbolisieren geradezu den Hype der Finanzwelt. So hält Dubai, Boomtown der Jahrtausendwende, den Setzkasten architektonischer Auswüchse im Zeitalter des überhitzten Kapitalismus bereit. In diesen Städten wird oftmals nicht mehr nachfragebedingt gebaut sondern rein spekulativ und aus Prestigegründen heraus. Welche Risiken solche Unternehmungen in sich bergen, lässt sich an den gigantischen Investitionsruinen weltweit ablesen. Verschärft wurde die Lage durch die Finanz- und Wirtschaftskrise ab 2008. So wurden allein 200 Hochhausprojekte weltweit erst einmal auf Eis gelegt, genauso waren viele weitere Unternehmungen zur Verbesserung der Infrastruktur der

Städte von dieser Krise betroffen. In dieser Zeit zeigt sich auch die Fragilität der Städte, ihre Anfälligkeit und Verwundbarkeit mehr als deutlich.

Vor diesem Hintergrund einiger globaler Betrachtungen starten wir zu einer Route durch einige Metropolen im ersten Jahrzehnt des 21. Jahrhundert, um diese an Beispielen erfahrbar zu machen und über sich hinaus weisende Entwicklungen im Städtebau aufzuspüren.

größtenteils von Norman Foster geplant wurden, so dass man schon von einer »Fosterification« der Stadt sprach. Der London Plan von 2004 schrieb diese Entwicklung der Verdichtung fort und legte aber gleichzeitig fest, dass die Stadt nicht auf Kosten bestehender Grün- und Freiflächen wachsen soll. Die generellen Leitlinien für ein »besseres London« sehen hohe Bauten vor allem an Verkehrsknotenpunkten. Zu diesem Zeitpunkt war die Stadt längst mittendrin im Hochhausboom.

hohe »Gurke« für die Schweizer Rückversicherung Swiss Re, 2006 von Sir Norman Foster erbaut, ist nur der Anfang einer Reihe von Hochhausprojekten. Außerdem hat die Ausrichtung der Olympischen Spiele 2012 der Gesamtentwicklung noch einmal eine besondere Dynamik gegeben.

Zudem hat durch die Zugangsbeschränkungen zur Londoner Innenstadt die Entwicklung von Elektrofahrzeugen einen in Europa beispiellosen Aufschwung erfahren. In der Tat müssen sich die Autofahrer mit erhöhten Kfz-Steuern, exorbitanten Parkgebühren sowie Bußgeldern herumschlagen. Seit 2003 kommen außerdem Gebühren in Form der Congestion Charge hinzu. Wer mit dem Wagen in die Stadt will, muss Eintritt zahlen. Nur verbrieft umweltfreundliche Autos fahren kostenfrei. London ist damit die wohl erste Großstadt, in der sich die wirtschaftliche Logik in Richtung nachhaltiger Verkehrskonzepte gravierend verändert hat.

LONDON.
KONTROLLIERTES WACHSTUM.

Begäbe man sich auf die Suche nach einer Blaupause für die europäische Metropole des 21. Jahrhunderts, steht London immer noch ganz vorne. New Labour verordnete der Hauptstadt in Vorbereitung auf das Millennium einen Masterplan, der ausgehend vom Stadtteil Southwark bisher randständige Viertel zum Zentrum der Entwicklung machte. Industriebrachen wurden umgenutzt und mit repräsentativen Neubauten konterkariert, die

In den östlich gelegenen Docklands, die die konservative Regierungschefin Margaret Thatcher in den 1980er Jahren als eine Art Sonderwirtschaftsgebiet ohne behördliche Beschränkungen freigab, ist um Großbritanniens derzeit höchsten Gebäudekomplex Canary Wharf ein Mini-Manhattan entstanden. Dieses Modell findet sich auch in anderen europäischen Metropolen, ein Hochhausdistrikt wie La Defense in Paris wurde einfach hinter die alte Stadtgrenze ausgelagert. In London hingegen ist eine neue Qualität zu beobachten, hier dringen nun Hochhäuser bis in den selbst verwalteten Finanzdistrikt, den ursprünglichen Kern der Stadt, vor. Die populäre, grünliche, 180 Meter

Im Zuge dieser Entwicklung sind Verkehrsknoten wie der Trafalgar Square fast vollständig vom Autoverkehr befreit worden. Foster transformierte bis 2003 den hektischen Verkehrsknotenpunkt zu einem verkehrsberuhigten Vorplatz der National Gallery. Dabei bediente er sich vor allem der Mittel der Platzgestaltung des 19. Jahrhunderts. Mit einer breiten, flachen Treppe und der so genannten Nordterrasse zur National Gallery schnitt Foster den Verkehr an dieser Stelle ab, integrierte die Denkmalssäule für Lord Nelson in den Platz und schuf damit eine total veränderte Eingangssituation des Museums. Die Achsbezüge des 1833 von William Wilkins erbauten, neoklassizistischen Galeriegebäudes wurden wiederhergestellt. In Zukunft nähert sich der Besucher dem Museum frontal und nicht mehr seitlich. Aus der vormaligen Verkehrsinsel ist nun ein von Menschen belebter urbaner Platz geworden.

PARIS.
GRAND MALHEUR ODER GRAND PARIS.

Spätestens 2005 traten die stadtplanerischen Probleme in Paris unübersehbar zu Tage. Soziale Unruhen in den meist von nordafrikanischen Migranten bewohnten Vororten brachen aus, und die Nachrichten aus der französischen Hauptstadt wurden von vier Motiven dominiert. Erstens: das brennende Auto. Zweitens: der Jugendliche mit dem Stein in der einen Hand. Drittens: der Polizist mit dem Schlagstock in der anderen Hand. Und viertens: Wohnmaschinen aus Beton, die sich in den rußigen Himmel schrauben.

Im Hintergrund der Nachrichtenbilder erkennt man die Versatzstücke der internationalen Nachkriegsmoderne: vorgehängte Balkone, schmucklose Lochfassaden, billige Fassadenapplikationen, düstere Eingänge, flache Dächer und ansatzlose Kuben. Es sind die orthogonal organisierten Punkthochhäuser, die die Tristesse der Vororte widerspiegeln und die Kulisse für die

Wut einer abgehängten Bevölkerung abgeben, die nach sozialer Beachtung schreit. Stellvertretend zeigen die Pariser Vorstädte das Dilemma der Integrationspolitik in vielen europäischen Großstädten, in denen das Problem lediglich „an den Rand" geschoben wurde.

Paris – im globalen Maßstab eine kleine Metropole – hat heute etwa 2,2 Millionen Einwohner innerhalb des *Périphérique*. Der urbanisierte Raum hat jedoch 11 Millionen Einwohner auf einer Fläche, die fast 20 Mal größer ist als die Innenstadt. Gegen Ende des ersten Jahrzehnts des 21. Jahrhunderts wurde dann die Idee für einen Masterplan Grand Paris ausgerufen, der die großen Verbindungen zwischen Innenstadt und Agglomeration herstellen soll. 2009 eröffnete Präsident Nicolas Sarkozy, der als Innenminister die Vorstädte noch »mit dem Kärcher« reinigen wollte, eine Ausstellung. Gezeigt wurden Entwürfe, wie Paris 2030 aussehen könnte. Doch Paris zaudert, denn vorerst geht es nur darum Ideen für die Hauptstadt im Zeitalter der Nachhaltigkeit zu sammeln.

Nicht zu verkennen ist der Wille, Paris, die Hauptstadt des 19. Jahrhunderts, nun zur europäischen Metropole des 21. Jahrhunderts zu entwickeln. Doch wie soll dieses Ziel erreicht werden, ohne die großen sozialen Probleme der Stadt zu lösen? Realisiert werden soll unter anderem eine Art Super-Metro, die auf 130 Kilometern ganz Paris umkreist. Der erweiterte Umgriff auf die Île-de-France überspringt jedoch die problematischen Bereiche der Banlieues und Vorstädte, eine programmatische Aussage fehlt in den meisten Projekten. Die Suche nach einer Balance der Entwicklung ist nur in Ansätzen zu erkennen. Soziales Zusammenwachsen ist ein Anspruch, der nicht konkret eingelöst wird – ein Programm „Soziale Stadt" gibt es in Frankreich nicht. Dennoch – hier wird eine Diskussion um die Zukunft der Städte

angestoßen, die über den Rahmen der bisherigen *Grands Projets* hinausgeht. Das öffentliche Denken in großen Dimensionen der Stadt erhält eine neue, wenn auch recht vage Qualität.

NEW YORK.
BIG GREEN APPLE.

Der Masterplan PlaNYC 2030 aus dem Jahr 2006 sieht 127 Maßnahmen vor, um New York zur »ersten umweltverträglichen Stadt des 21. Jahrhunderts« zu machen. Die Vorschläge reichen vom Umbau des Times Square in eine Fußgängerzone, über die Abschaffung der Mehrwertsteuer auf Hybridautos bis zur Kultivierung von Miesmuscheln in den Flüssen. Von einigen radikalen Projekten wie der City Maut oder dem autofreien Samstag hat man sich erst einmal wieder verabschiedet.

Schauen wir auf den Kern des Nachhaltigkeitsprogramms. Auch für New York sagen die Zukunftsszenarien einen erheblichen Einwohnerzuwachs voraus, für diese weitere Million New Yorker will der Plan finanzierbaren Wohnraum schaffen. Der Nahverkehr muss effizienter werden. Die Stadt soll außerdem wieder grüner werden, 200.000 Bäume sind gepflanzt worden, bis 2017 soll eine Million hinzukommen. Die veralteten Wasserleitungen bedürfen dringend einer Sanierung, genauso will man die Straßen sowie die U-Bahnen und Eisenbahnen in einen guten Allgemeinzustand versetzen – ein Novum in der Geschichte der Stadt, wie betont wird. Man hofft auf eine Reduzierung der Emission von Treibhausgasen um mehr als 30%, ebenfalls 2017 soll dieser Wert schon erreicht sein. Gleichzeitig will man kontaminierte Flächen revitalisieren und Wasserflächen regenerieren.

Unter den Vorzeichen dieses Plans ist das Hauptproblem New Yorks der maßlose Energieverbrauch der Wolkenkratzer. Grüne Hochhäuser wie der Hearst Tower, 2003-2006 unter der Regie von Sir Norman Foster aus dem Grundstock des Magazine Buildings erwachsen, sind ein mustergültiger Anfang mit einer vorbildlichen Energiebilanz. Aber was geschieht mit den Altlasten? Diese Frage stellte sich, wenn auch im Hinblick auf die Brownfields, die Brachflächen, das Projekt High Line Park. Entlang einer ausgedienten Hochbahnlinie, die noch aus den 1930er Jahren stammt, ist ein weltweit einmaliger Höhenpark angelegt worden. Hier eroberte sich Ende der 1990er Jahre das Grün urbane Brachflächen zurück, anfänglich gegen den Widerwillen der Stadtverwaltung. Heute gehört der High Line Park zu einem der Vorzeigeprojekte von PlaNYC 2030. Man wandelt auf Höhe der 14ten Straße durch einen lichten Birkenwald, später durch eine Stadtsavanne, blühende Zierobstbäume wechseln sich ab mit Wiesenkräutern. Hier und dort läuft man über Reste der alten Schienen, den Fußabdruck

eines modernen Dinosauriers. Moos, wilder Wein und Blumen sind mit Stahl, Beton und Industriekies gemischt. Eine allzu manierierte Bio-Choreographie hätte auch nicht in den industriellen Meatpacking District gepasst.

Die weitere Ausgestaltung des Parks folgt einem Businessplan. Vier Milliarden Dollar werden in den nächsten Jahren an der Hochbahn entlang investiert, neben einem neuen Gebäude des Whitney-Museums entstehen auch Wohn- und Bürotürme, die unter anderem von Jean Nouvel oder Renzo Piano geplant werden.

Es bewegt sich einiges in New York – auch in Sachen Verkehrsverständnis. Im Sommer

2009 sperrten Polizisten mit roten Kegeln und gelbem Plastikband den Broadway am Times Square ab, zwischen 42ster und 47ster Straße, für die Totalschließung des vielleicht hektischsten Orts der Welt. 500 Liegestühle standen auf der ehemaligen Mega-Kreuzung. Im New Yorker Straßenalltag, in dem es kaum Ruhezonen und Aussichtspunkte gibt, sind der High Line Park und der temporär errichtete Times Park neuartige Orte. Ein Lernprozess setzt ein, so viel lässt sich Ende des ersten Jahrzehnts im neuen Jahrtausend konstatieren.

New York ist weiterhin die Stadt, die niemals schläft. Das Neue ist, man darf sich zwischendurch mal setzen und ein wenig durchschnaufen. Dass die ehrgeizigen Ziele des PlaNYC nicht ohne behördlichen Druck durchzusetzen sind, weiß man aus der Erfahrung der »Zero Tolerance Policy« in 1990er Jahren noch ganz genau. So hat das New York City Council 2009 den *Climate Protection* Act verabschiedet, der dem Nachhaltigkeitsprojekt den juristischen Rückhalt geben soll. Das Gesetz legt diverse Meilensteine und Kontrollmechanismen fest, die die Stadt auf dem Weg zum Big Green Apple begleiten werden.

LAGOS.
DAS ENDLOSE CHAOS.

Lagos. Allein schon die Nennung der nigerianischen 15-Millionenstadt löst die Assoziationskette Chaos, Überbevölkerung, Kriminalität, schlechte Infrastruktur und Umweltverschmutzung aus. Gleichzeitig denkt man an gepanzerte Luxuslimousinen und Gated Communities, in denen sich die Reichen der Stadt einigeln. Dieser Gegensatz findet sich gleichwohl nicht nur hier, sondern genauso in Mexico City wie in Rio de Janeiro oder wie in Mumbai. All diese Städte explodieren demografisch und drohen sozial zu implodieren. Der Architekt Rem Koolhaas studierte jahrelang die nigerianische Megacity um festzustellen, dass solche Agglomerationen jedem grundlegenden Merkmal einer modernen Stadt widersprechen, aber dass sie in einem selbstorganisierendem Chaos funktionieren und überleben. Dieser Beitrag verschob zwar den Fokus der Stadtplanungsdiskussion, die sich nur zu gerne den stahlblitzenden Metropolen widmet. An der allgemeinen Ratlosigkeit hat sich nichts geändert, eine Lösung des Grundproblems ist noch lange nicht in Sicht.

Ganz im Gegenteil, die demografischen Prognosen für Lagos gehen davon aus, dass die Bevölkerung 2015 bereits eine Zahl von 24 Millionen erreicht haben wird. Schätzungsweise zwei Drittel der Bevölkerung leben unter der Armutsgrenze. Lagos besitzt lebhafte Märkte und eine pulsierende Musikszene. Doch die Jahrzehnte lange Untätigkeit der Regierung und das stetige Bevölkerungswachstum haben die Stadt zu einem Alptraum in Sachen Infrastruktur gemacht. Nur 30 Prozent der Familien haben fließendes Wasser. Mit Stromausfall muss man einmal täglich rechnen. Schlechte Straßen, schwelende Müllberge, Kriminalität und Korruption sind Dauerprobleme. Ein öffentliches Nahverkehrssystem gibt es noch immer nicht.

Ins Blickfeld rückt dabei auch die Tatsache, dass die Stadt in Zeiten des Klimawandels mit ihrer Lagunenrandlage noch stärker von Überschwemmungen bedroht sein wird. Dies ist eine der Kehrseiten der globalen Megacities überhaupt. Während bis weit in das 20. Jahrhundert Siedlungsplätze nach den natürlichen Gegebenheiten und nach wirtschaftlichen oder militärischen Prä-

missen gewählt wurden, sind alle diese Kriterien mittlerweile über Bord geworfen worden. Der Großteil der Wachstumsmetropolen liegt in hochwasser- und erdbebengefährdeten Regionen.

2002 berieten auf dem »Weltgipfel für nachhaltige Entwicklung« in Johannesburg 20.000 Delegierte. Die Sicherung der Lebensgrundlagen und der Ausgleich lokaler wie globaler Interessen in einer immer enger zusammenwachsenden Welt erfordert solche immense Anstrengungen. Zehn Jahre zuvor hatte man in Rio de Janeiro das Aktionsprogramm »Agenda 21« als Grundlage zahlreicher multilateraler Umweltabkommen entwickelt. Die Konferenz von Rio steht dafür, dass Umweltprobleme fortan nicht mehr isoliert betrachtet, sondern im Zusammenhang mit der Entwicklung von Ländern oder Regionen angegangen wurden. 10 Jahre später in Johannesburg fokussierte man sich auf das große Ganze, das weltweite Zusammenspiel der Komponenten Ökologie, Wirtschaft und Gesellschaft, die miteinander in Einklang gebracht werden müssen.

Johannesburg selbst ist auf dem Weg zur Megacity mit all den bekannten Problemen und auf der Suche nach ebensolchem Einklang. Lösungen hat die größte Stadt Südafrikas nicht. Mit nahezu acht Millionen Einwohnern als größte Metropolregion ist sie weiterhin Anziehungspunkt für Millionen Menschen auch außerhalb der Grenzen der Republik Südafrika. Die Verheißung auf Wohlstand und Entwicklung lockt die modernen Nomaden in die Metropolen. Ungeachtet dessen, dass Städte wie Lagos oder Johannesburg die Versprechen nicht in absehbarer Zeit und schon gar nicht für alle Ankömmlinge erfüllen können.

Die Stadtplanung der Zukunft wird sich daran messen lassen müssen, dass sie diese Entwicklungen nicht nur im Auge behält, sondern neue Strategien und Konzepte entwirft.

MASDAR CITY. DIE STADT OHNE EMISSIONEN.

Visionen hilft es, wenn sie einen unverbrauchten Platz erhalten, um sich auszubreiten. 30 Kilometer entfernt von Abu Dhabi bekam Sir Norman Foster eine Fläche, um eine Wüstenstadt nachhaltigen Zuschnitts zu bauen. Masdar City kennt keine Autos, kein Kohlendioxyd und keinen Müll. Hier entsteht eine ökotechnologische Musterstadt, die ungeachtet der unwirtlichen Umgebung von orientalischer Lebendigkeit beseelt werden soll.

Es geht hier um intelligenten Städtebau und den Einsatz von innovativer Technik, die sich frei jenseits von den Zwängen bestehender Strukturen entfalten kann. Wo ab 2006 nur ein Bauschild stand, wird bereits 10 Jahre später eine sich selbst versorgende Hightech-Stadt zu besichtigen sein. Konkret heißt das: Die Grundfläche von Masdar wird von einer Mauer umschlossen und gerade einmal sechs Quadratkilometer groß sein. Die traditionelle, arabische Stadtform mit ihren engen

Gassen und der kompakten Ansiedlung verhindert an sich schon Energieverschwendung und garantiert kurze Wege. Dazu treten der konsequente Einsatz regenerativer Energien, ein in sich geschlossener Müllkreislauf und ein ehrgeiziges Transportsystem mit Elektrofahrzeugen, die Bus und Auto mit Verbrennungsmotoren überflüssig machen sollen.

Ausgerechnet die Ölscheichs im Emirat Abu Dhabi denken um und setzen auf erneuerbare Energien. Abu Dhabi ist der sechsgrößte Ölexporteur der Welt. Benzin ist verglichen mit dem westlichen Preisniveau unvorstellbar billig. Die Autos sind entsprechend groß. Momentan liegt der Energieverbrauch hier zehn Mal über dem Weltdurchschnitt und der CO_2-Ausstoß 50% über dem der USA. Hier eine Öko-Stadt zu bauen, erscheint in den ökonomischen Regeln des 20. Jahrhunderts gedacht paradox.

Doch die Bauherren denken bei Masdar an die Zeit nach dem Öl. „Made in Abu Dhabi" soll zum Markenzeichen im globalen Klimaschutz werden. Windräder und riesige Solaranlagen prägen die Räume vor den Stadtmauern, dort, wo auch die letzten Autos parken müssen. In der Stadt selbst wird ein internationales Klientel leben: Forscher, Unternehmer, Dienstleister arbeiten gemeinsam am Projekt der nachhaltigen Stadt. Jede Klimaanlage und jegliche Wasserversorgung unterliegt strengen ökologischen Regeln. 200 Meter rund um jede Büro- oder Wohnanlage wird es Haltestellen für elektrische Kabinenbahnen geben, die den täglichen öffentlichen Transport garantieren. Diese mustergültige Infrastruktur gilt es mit Leben zu erfüllen. Das Prestigeprojekt lässt sich das Emirat 22 Milliarden Dollar kosten, und 2016 soll die Stadt bezugsfertig sein.

DHARAVI.
GOLDGRUBE SLUM.

Unser Stopp in Lagos, Nigeria, hat bereits auf das Problem aufmerksam gemacht. Rund eine Milliarde Menschen leben nach Uno-Statistiken weltweit in Slums – in den Elendsquartieren der Megacities. Einig sind sich alle Politiker und Planer darüber, dass sich in diesen informellen Siedlungen die Schattenseite des rasanten Urbanisierungsprozesses widerspiegelt. Während jedoch Lagos weiter vor sich hin zu wuchern scheint, stellt sich die Lage in Mumbai anders dar.

Dharavi ist der Hinterhof des Finanzdistriktes Bandra-Kurla in Mumbai. In direkter Nachbarschaft hat sich eines der größten Elendsquartiere Asiens entwickelt, das im Film »Slumdog Millionaire« mit einem Schlag weltweit bekannt wurde. Im richtigen Leben hausen hier über eine Million Menschen, eingeklemmt zwischen den beiden wichtigsten Eisenbahnstrecken, die jeden Tag die Pendler in das Zentrum bringen. Entlang der Schienen vegetieren die Ärmsten der Armen in Verschlägen aus Brettern und Plastikplanen. Dringt

man weiter vor, wechseln sich Hütten mit ein- bis zweistöckigen Häusern aus Backstein ab. An der Hauptstraße dann stößt man neben vielen einfachen Geschäften auf chromblitzende Limousinen vor gekachelten Juwelierläden. Auch in Mumbai haben Wohlhabende ihren Sinn für Schnäppchen entdeckt und dafür fahren diese dann auch in den Slum. 11 Juweliergeschäfte soll es geben, aber auch die Lederwaren aus den hiesigen Sweatshops sind begehrt. Die Schattenwirtschaft in Dharavi boomt. 15.000 Kleinbetriebe erwirtschaften Schätzungen zufolge weit mehr als eine Milliarde Dollar im Jahr.

Die Zahl mag beeindrucken. Wohlstand sieht aber definitiv anders aus, denn Verschläge sind die vorherrschende Wohnform, meist sind sie schutzlos der gleißenden Sonne ausgesetzt oder stehen so eng, dass kein Tageslicht mehr hineinfällt. Kinder spielen zwischen Abfallbergen und Riesenlachen von faulenden, stinkenden Abwässern, oft fernab von Schulen oder Kindergärten. Die Industrieabfälle der Kleinbetriebe tun ihr Übriges zur Kontaminierung des Areals. Auch sanitäre Anlagen sucht man vergeblich. Trinkwasser wird von Tanklastern angeliefert, wobei man munkelt, dass dieses Geschäft fest in der Hand der Mafia sei. Das alles funktioniert irgendwie seit Jahrzehnten und optimiert sich sogar auf seine informelle Art.

Läge der Baugrund, auf dem all das passiert, nicht in unmittelbarer Citynähe, bliebe höchstwahrscheinlich alles beim Alten. Nur hier in Dharavi steigt der Schätzpreis für den Quadratmeter von Jahr zu Jahr ins Unermessliche. Das fast zwei Quadratkilometer große Areal soll mindestens 7,5 Milliarden Euro wert sein. Im 20. Jahrhundert wären noch die Bulldozer angerückt und hätten den Slum plattgewalzt. Doch heute scheint die Einbindung der Bewohner angezeigt. 2004 verkündete der Immobilienentwickler Mukesh Mehta einen Masterplan, der im ersten Moment besticht: »Also einfach gesagt, man nutzt die Vertikale aus. Slumbebauungen sind naturgemäß meistens einstöckig. Man baut nun zehn, zwölf Stockwerke hohe Gebäude, das gibt genügend Platz für die Infrastruktur wie Straßen und sogar noch für Parks. Und auf dem verbleibenden Grund und Boden wird luxuriöser Wohnraum errichtet, den man verkauft. Und das kreiert genügend Profit, mit dem die Gratiswohnungen für die Slumbewohner finanziert werden können.« Diese Idee lässt sich sogar noch weiter spinnen: »Wenn ich genügend Unterstützung von der internationalen Gemeinschaft bekomme, können wir die Welt bis zum Jahr 2020 frei von Slums machen,« verkündete Mehta anfangs seine hehren Ziele mit dem Brustton der Überzeugung.

Die Bewohner standen dieser durchaus ambitionierten Sanierung ihres Slums von Anfang an sehr misstrauisch gegenüber. Das Dharavi Redevelopment Project will ihnen immer noch schöne Bilder von Einkaufspassagen, Grünanlagen, überdachten Fußgängerbrücken, Produktionsstätten auf dem neuesten Stand und siebenstöckigen Wohnblocks mit allem Komfort verkaufen. Für jede Familie, die nachwesen kann, dass sie seit 1995 in Dharavi wohnt, ist eine Wohnung mit 26 Quadratmetern vorgesehen. Die Produktionsstätten der informellen Wirtschaft im Slum, die zumeist in auch den Wohnhäusern der Kleinunternehmer liegen, sollen in Gewerbegebiete ausgelagert werden. Es soll ein kontrollierter Markt dort geschaffen werden, wo die Menschen gewohnt sind, nach den informellen Regeln des Schwarzmarkts zu handeln. Hier in Dharavi haben die Menschen genügend Selbstbewusstsein entwickelt, dass sie sich nicht einfach ihrer Existenzgrundlage berauben und in Wohntürmen verstecken lassen. Verschärfend trat hinzu, dass sich internationale Expertengruppen in

die Diskussion eingemischt haben und aufgezeigt haben, dass modifizierte Planungsmodelle den Bedürfnissen der Slumbewohner weit mehr entsprechen, allerdings immer unter der Prämisse, dass Investoren auf einen Teil der zu erwartenden Gewinne zu verzichten hätten.

Das Projekt war von Anfang mit diesem Grundkonflikt behaftet. Fünf Jahre haben alle Beteiligten verhandelt, 2009 kamen dann 88 internationale Bietergemeinschaften der Aufforderung nach ihre Gebote für den Baugrund abzugeben. Die Behörden setzten den Prozess aber zum wiederholten Male aus. Entscheidend für den Ausgang scheint nur eins zu sein: Es geht nicht darum, irgendeinen Slum irgendwo auf der Welt zu sanieren. Das nachhaltige Modell der Zukunft muss eines der sozialen Balance sein. Die bisherige Siedlungsstruktur muss in ihren Qualitäten für die jetzigen Bewohner erkannt werden, nur darauf lassen sich künftige Strukturen aufbauen.

LINGANG.
DIE GEORDNETE STADT.

Die von Gerkan, Marg und Partner geplante Satellitenstadt Lingang für 800.000 Einwohner auf 74 Quadratkilometern stellt Anfang des 21. Jahrhunderts das weltweit größte Stadtbauprojekt dar. Hier entsteht eine Stadt am Wasser und aus der Vogelperspektive erkennt man das Vorbild: die Idee der Gartenstadt scheint Pate gestanden zu haben bei der Entwicklung dieses Stadtplans, nur dass GMP den zentralen Park mit angrenzenden Kultureinrichtungen durch einen zentralen, kreisrunden See mit Badestrand und Seepromenade ersetzt haben. Die Architekten berufen sich auf die Stadt Alexandria als eines der sieben Weltwunder und ihre Heimatstadt Hamburg, beides Städte die ihre Lebensqualität aus der Nähe zum Wasser ziehen.

Befürworter feiern diesen Kunstgriff des maritimen Zentrums, das auf Inseln Kulturbauten und Freiluft-Freizeitangebote darbietet, als revolutionäre Idee, die Kritiker sehen darin eher das Zugeständnis an internationale Investoren und deren Wunschbild für Garten- und Tourismusstädte, wie sie beispielsweise am Persischen Golf Konvention sind, man denke nur an die Palmenstadt Jumerah in Dubai.

Der städtebaulichen Tradition des 20. Jahrhunderts gehorcht auch die in konzentrischen Kreisen vorgenommene Funktionstrennung. Auf die Promenade folgt ein ringförmiger Businessdistrikt mit hoher Verdichtung, abgelöst von einem Stadtpark mit solitär eingelagerten öffentlichen Bauten und schließlich eingefasst von blockartigen Wohnquartieren für jeweils 13.000 Menschen. Der Stadtring zwischen Seepromenade und Grüngürtel, der Businessdistrikt, verspricht zwar eine Mischnutzung von Büros, Geschäften, Einkaufspassagen, Fußgängerzonen und »Wohnen am Wasser«, wie sich hier jedoch »das Zentrum des städtischen Lebens« bilden soll, steht im Widerspruch zur planerischen Idee, die die Freizeit in den Mittelpunkt dieser Siedlung rückt. Auch der versprochenen Funktionsmischung des Businessdistriktes ist nicht ganz zu trauen, denn der Großteil der Wohneinheiten verlagert sich in die 14 Quartiere, die autarke Gemeinden mit einer vollausgebildeten Infrastruktur bilden sollen.

Die konzentrische Struktur wird von radialen Strahlen in Form von Straßen und Wegen nach dem Prinzip einer Windrose überlagert. Sie mag ästhetisch und planerisch in sich schlüssig sein. Die Struktur verpasst der Stadt ein enges Korsett, ohne ihr die Luft für zukünftige Entwicklung zu nehmen. Nur auf der Höhe der Diskussion um die „Soziale Stadt" befindet sich Lingang New City nicht. Das ist weniger ein Defizit der städtebaulichen Konzeption, es war aber wohl von den chinesischen Auftraggebern nicht gewollt, man bestellte lediglich ein Megaprojekt, das globalen Qualitäts- und Sicherheitsstandards entspricht und damit internationale Investoren in die Nähe

Schanghais lockt. Soziale Experimente sind eben die Sache der Chinesen nicht, hier zählt die wirtschaftliche Pragmatik.

Im Jahr 2006 wurde der erste Bauabschnitt der neuen Stadt für 80.000 Einwohner auf dem Gebiet des heutigen Festlandes abgeschlossen. Zweiter und dritter Bauabschnitt folgen bis zum Jahr 2020. Das hierfür benötigte Areal wird durch Aufschüttung dem Ozean abgerungen. Im Zuge dieser Landgewinnung entsteht auch der Lake Dishui – heute noch Teil des Ozeans – als Mittelpunkt der neuen Hafenstadt.

POTENZIALE STATT PROBLEME.
EIN JAHRZEHNT, EINE ROUTE, EIN FAZIT.

Die Neue Stadt Lingang noch vor Augen, wo wieder einmal westliche Architekten die Vorstellungen asiatischer Bauherren verwirklichen, fällt einem die chinesische Architektengruppe MAD und ihr Entwurf Super Star ein. Im Modell erhebt sich ein riesiger Sternkörper aus einer Stadt heraus. Hier wird eine überraschende wie zukunftsweisende Vision entwickelt als Lebensraum für 1,5 Millionen Menschen, die darin Energie- und CO_2-neutral leben können. Auch wenn die Realisierung eines solchen Projektes erst einmal unmöglich erscheint, zeigt der Entwurf doch, wie lebendig auch in China Stadtutopien sind. Deutlich wird hier, dass die Stadt der Zukunft auch immer ein Versprechen bereithält – in diesem Falle das der

Freiheit in einem sehr repressiv geführten Riesenland. Über weite Strecken des 20. Jahrhunderts richtete die Stadtplanung den Blick auf die Ballungsprobleme von Großstädten. Doch Anfang des 21. Jahrhunderts sind es eher die Ballungschancen, die in den Fokus rücken. Als wichtige Knoten im Netz globaler wirtschaftlicher Verflechtungen sind die Megacities und ihre Verflechtungsräume auf eine neue Weise in den Blick geraten, denn in einer globalisierten Welt sind sie Orte der Innovation, der Steuerung von Unternehmen und der Gateways zur Welt. Darüber hinaus sind die Städte aber auch besondere Orte voller Symbolik, Atmosphäre, urbaner Lebensformen und Raumqualitäten. Das macht sie interessant für unterschiedlichste Gruppen von Menschen. Dabei müssen wir unterscheiden zwischen den reifen Metropolen in Europa auf der einen Seite und den jungen Wachstumsmetropolen in Lateinamerika, Afrika und Asien auf der anderen Seite. Unsere globale Route hat diese Unterschiede deutlich gemacht. Megacity ist nicht gleich Megacity und Masterplan nicht gleich Masterplan.

Was Ende des ersten Jahrzehnts im neuen Jahrtausend wirklich erstaunt ist die Tatsache, dass die politische, wirtschaftliche und soziale Weltlage von Krisen bestimmt wird – und die planerischen Ideen weiterhin sprießen. Hier gibt es eine Parallele zum Beginn des 20. Jahrhunderts, insbesondere zu den 1920er Jahren, gerade Krisenzeiten regen in der Architektur und Stadtplanung zu großen Plänen an. Dabei kann man geteilter Meinung darüber sein, was einen großen Plan ausmacht. Auch dafür liefert die Route über den Globus unterschiedliche Belege. Ist es das Projektvolumen, die Größe des Projektareals oder ist es das Spektakuläre, die Komplexität des Projektes, sein Innovationsgehalt? Heutzutage assoziiert man mit großen Stadtentwicklungen immer

noch eher Dubai oder Schanghai als London oder New York.

Wie wir gesehen haben, gibt es Masterpläne wie in New York oder London, die mit ihrer Zielsetzung einer nachhaltigen Stadtentwicklungspolitik international herausragen. Gesichert wird ihre Umsetzung durch eine lange Laufzeit und durch Vereinbarungen und Gesetze. Hier zeigt sich, dass die Visionen für den Umbau der reifen Metropolen nicht dem freien Spiel der Kräfte überlassen werden dürfen. Bleibt man im Vagen wie in Paris wird sich der Erfolg nicht einstellen. Ganz im Gegenteil: die soziale Balance der Stadt wird vollständig aus dem Gleichgewicht geraten.

Der Umbau der reifen Metropolen hin zu Städten der Nachhaltigkeit erstreckt sich immer über mindestens zwei Jahrzehnte und er stellt sich immer nur als Summe vieler kleiner städtebaulicher Einheiten, nicht in einzelnen Bauwerken. Damit sind derartige Projekte auch im Prozess ihrer Umsetzung noch korrigierbar und anpassungsfähig, was auch der schnellen technologischen Entwicklung entspricht. Insgesamt stehen aber Solidität und Qualität und weniger Schnelligkeit und Spektakuläres im Vordergrund.

Immer wieder begegnen uns Architekten, für die Repräsentativität und Hightech nicht im Widerspruch zu nachhaltigem und ökologischem Bauen stehen – ein Trend der sich zunehmend durchsetzt. Neben Kultur- und Geschäftsbauten mit Renommee, die von internationalen Stararchitekten mit Mut zum Experiment und Spektakulären ausgeführt werden, trifft man in den meisten Metropolen auf eine Architektursprache, die sich bewusst auf die bewährten Muster des ausgehenden 19. und des beginnenden 20. Jahrhunderts bezieht. Das Projekt der Moderne lebt also in seinen Formen auch im 21. Jahrhundert weiter, – ob man sich beim Anblick der Wohn-

türme für die Slumbewohner Dharavis nun an Moshe Safdies Habitat-Siedlung der Weltausstellung in Montreal 1967 erinnert fühlt oder beim Blick auf das Lingang-Modell der Gedanke an Ebenezer Howards Gartenstadt aus dem Jahr 1898 aufblitzt.

Geradezu fassungslos steht die Wissenschaft vor Städten, die täglich um Tausende von Einwohnern wachsen wie zum Beispiel Lagos in Nigeria. Hier versagen die bewährten und gut austarierten Regelwerke. Es geht darum, die Vielfalt im Chaos zu erkennen, um sie dann zu organisieren. Dafür braucht es aber konzertierten politischen und wirtschaftlichen Willen einer Region oder Nation. Während dieser in Lagos fehlt, ist er in Dharavi sehr wohl anzutreffen. Wie in Mumbais größtem Slum muss bei derartigen Projekten erst einmal der tiefe Graben zwischen den jetzigen Bewohnern, den Politikern, Planern und Investoren überwunden werden. Hier bewahrheitet sich eine städtebauliche Erkenntnis, die sich andernorts bereits bewährt hat. Die Vielfalt von Nutzungen und Nutzern, von Gebäudetypologien und Eigentumsformen, von Lagen und räumlichen Atmosphären soll die Lebendigkeit der neuen Quartiere provozieren. Vor allem dürfen die Projekte nicht allein unter der Prämisse der Profitmaximierung stehen, man kehrt Anfang des 21. Jahrhunderts wieder zurück zu dem Gedanken der sozialen Balance.

Ist auch das ist immer noch die Moderne, sind es die Folgen der Moderne, die die Agenda dieses Jahrhunderts füllen? Darüber mag man spekulieren. Gewiss scheint aber, dass die Moderne zwar sehr wohl einen Anfang kennt, aber kein Ende und auch kein Danach. Vielmehr setzt sie sich immer wieder neu zusammen.

GLOSSAR

Agglomeration

bezeichnet die Kernstadt mit direkt angrenzendem suburbanen, dicht besiedelten Umfeld, das außerhalb der Stadtgrenzen liegt. Die Agglomeration setzt sich in der Regel aus ein bis mehreren Zentren und zahlreichen Umlandgemeinden zusammen, im deutschen »Speckgürtel«, im amerikanischen »Sprawl« genannt. So schließt die weltweit größte Agglomeration Tokio (33,4 Millionen Einwohner; Stand: 2007) die Städte Yokohama, Kawasaki und Saitama mit ein. **(s. Abb. 1)**

Akkulturation

steht für die Übernahme von Teilen aus einer fremden Kultur, beispielsweise die Übernahme moderner Baustile bei dem Bau von Moscheen wie in Islamabad (1979).

Art déco

schließt sich an den späten Jugendstil an. Diese Stilperiode der 1920er und 1930er Jahre betritt spätestens mit der Ausstellung der Exposition Internationale des Art Décoratifs et Industriels Modernes 1925 in Paris die internationale Bühne. Die architektonische Ikone des Art déco ist das Chrysler Building in New York von William van Alen (1928-1930). **(s. Abb. 2)**

Bauhaus

bezeichnet eine deutsche Werkschule, (1919–1933), aus der ein ganzheitlicher Stil des Bauens, das Neue Bauen, hervorging. Als staatliche Institution für Architektur und Design von Walter Gropius gegründet, mit dem Ziel Industrie und Kunst in Einklang zu bringen, u.a. durch Serienfertigung und industrielle Produktion von Fertigteilen. Das Bauhaus, 1933 von den Nationalsozialisten geschlossen, gilt bis heute als Geburtsstätte der Klassischen Moderne und Keimzelle des Internationalen Stils in der Architektur.

Brutalismus

entstand in den 1950er Jahren in Großbritannien als Stilbezeichnung für Bauten der Moderne, die durch Sichtbeton (frz. béton brut) geprägt wurden. Als beispielhaft gelten in Europa die Wohnsiedlung Ham bei London von James Stirling (1958), das Kloster La Tourette von Le Corbusier (1956–1960) und in Asien frühe Bauten von Kenzo Tange. **(s. Abb. 3)**

Charta von Athen

1933 wird das Manifest des funktionalen Städtebaus auf dem Congrès International d'Architecture Moderne in Athen verabschiedet. 100 Teilnehmer aus 20 Nationen reagierten damit auf das unkontrollierte Wachstum der Städte und die mangelhaften innerstädtischen Lebensbedingungen der Zeit. Gefordert wurde die strikte Trennung von Wohnen, Arbeit, Verkehr und Erholung in Einzelbereiche, die in einem »harmonischen Zusammenhang« zueinander stehen. Für mehr als fünfzig Jahre prägten die 95 Leitsätze der Charta wesentlich den modernen Städtebau, bis die Nachteile der Funktionstrennung ein Umdenken einleiteten.

Curtain Wall

bezeichnet eine Vorhangfassade, die erst durch die neue Stahlskelettbauweise möglich wurde. Diese Fassade hat keine tragende Funktion, sondern trägt nur ihr Eigengewicht und gab den Architekten seit den 1890er Jahren wesentliche gestalterische Freiheiten. Späteres Paradebeispiel sind die Lake Shore Drive Apartments in Chicago, erbaut von Mies van der Rohe (1948–1951). **(s. Abb. 4)**

Dekonstruktivismus

Baustil, der Ende der 1970er Jahre in Verlängerung der Philosophie Jacques Derridas entstand und die Kritik der Postmoderne an der Klassischen Moderne weiterführte. Die Ausstellung Deconstructivist Architecture versammelte 1988 die Arbeiten von Frank Gehry, Daniel Libeskind, Peter Eisenman, Rem Koolhaas, Zaha Hadid und Coop Himmelb(l)au im Museum of Modern Art, New York. Gemeinsam ist den ausgestellten Arbeiten die Auflösung der starren Geometrie der Moderne hin zu schiefen Formen in scheinbar ungeordneten Formationen. **(s. Abb. 5)**

Durchmischung

beschreibt die Vielfältigkeit der sozialen und funktionalen sowie infrastrukturellen Ausprägungen einer städtischen Struktur, wird aber auch für die Vielfalt von Gebäudeformen und deren Nutzung verwendet. Als Gegenentwurf reagiert die Durchmischung auf die strikte Funktionstrennung in der Stadtplanung und die damit oft einhergehende Ghetto-Bildung sozialer Schichten.

Eklektizismus

bezeichnet die in der zweiten Hälfte des 19. Jahrhunderts beliebte Kombination von Formen aus verschiedenen historischen Epochen an einem Bauwerk. Der Historismus hingegen fokussierte sich auf den Stil einer einzigen Epoche, beispielsweise die Gotik als Zeit des aufstrebenden Bürgertums für Rathäuser. Am Eklektizismus wurde das Fehlen dieser inhaltlichen Zuordnung kritisiert. Der Begriff gewann hundert Jahre später wieder an Bedeutung in der eklektizistischen Postmoderne. Als deren Hauptvertreter gilt James Stirling. Dessen Neue Staatsgalerie in Stuttgart (1979–1984) gilt als Meisterwerk der Postmoderne aufgrund der Vielzahl regionaler und überregionaler baugeschichtlicher Zitate. **(s. Abb. 6)**

Europäische Stadt

Leitbild des nachmodernen Städtebaus, der sich seit den 1970er Jahren mit Gegenentwürfen zur Funktionstrennung der Moderne beschäftigt. Dieses Leitbild beruht auf dem wertvollen Kulturgut der über Jahrhunderte gewachsenen Stadt, die durch kleinteilige Grundrisse und gemischte Nutzungen geprägt war. Meist bildete sich in diesen Strukturen ein städtisches Solidargefüge. Unter dem Einfluß der Moderne lösten sich diese Strukturen immer mehr auf, bis Stadtplaner die urbane Dichte als Qualität wiederentdeckten und das Leitbild der Europäischen Stadt formulierten.

Expressionismus

entwickelt sich in Verlängerung des Jugendstils in Deutschland, Italien, Frankreich und Russland. Er setzte auf gebrochene und kristalline Formen – die Vertikale betonend und in ausgeprägten spitzen Winkeln. Das Chile Haus in Hamburg von Friedrich Höger (1922/23) zählt ebenso wie der Einsteinturm in Potsdam von Erich Mendelsohn (1919–1921) zu den Paradebauten. **(s. Abb. 7)**

Funktionalimus

Stilrichtung des 20. Jahrhunderts, die den Baukörper und sein Erscheinungsbild allein von der Funktion ableitet. Die Form folgt der Funktion, formulierte der Gründervater des Funktionalismus, Louis H. Sullivan. Die Charta von Athen definierte die Funktionstrennung als Dogma des Funktionalismus. Späterhin mit wen g Trennschärfe und oft im abwertenden Sinn für die Klassische Moderne oder den Internationalen Stil benutzt. In der Nachkriegsmoderne dann mit Bauwirtschaftsfunktionalismus oder Zweckrationalismus zu übersetzen: Das Effizienzdenken wird übernommen, die Bauten selbst degenerieren oft zu Kisten und Kästen. Als Negativbeispiele dienen oft das Modell der Trabantenstadt und der Haustyp des Plattenbaus.

Funktionalität

beschreibt einerseits als Begriff die Effizienz der Konstruktion, das Zusammenspiel der Einzelteile des Gebäudes. Wobei sich die Moderne dadurch auszeichnet, dass u.a. das Tragwerk als ästhetischer Bestandteil des Bauwerkes auftreten kann. Andererseits bezieht er sich auf die Nutzung, welche sich in der Moderne idealerweise »am menschlichen Maßstab« messen lassen sollte. Dazu gehört auch die Optimierung von Arbeitsabläufen. In der Praxis überwog jedoch die Sparökonomie als Maßstab.

Futurismus

Ausgehend von Italien und insbesondere ausgelöst durch ein Manifest des Dichters F.T. Marinetti (1909) wurde diese Geisteshaltung durch Antonio Sant'Elia auf die Architektur übertragen. Der Futurismus pries die kriegerische Auseinandersetzung, verherrlichte die Innovationen der Industrialisierung und entwarf Skizzen von Bahnhöfen, Kraftwerken, Wolkenkratzern, hinterließ aber keine Bauten.

Grüne Architektur

Schlagwort, das bereits in den 1970er Jahren in Erscheinung tritt. Es bezeichnet sowohl Einzelbestandteile wie begrünte Fassaden und Dächer als auch nachhaltige Energiekonzepte, die bauliche Gesamtstrukturen nach ökologischen und energetischen Prinzipien gestalten. In vielen Industriestaaten haben sich unverzichtbare »grüne« Standards bis hin zur Zertifizierung entwickelt, daneben differenzieren sich internationale Bewertungssysteme für energieeffiziente Gebäude aus. **(s. Abb. 8)**

Hightech-Architektur

schöpft seit den 1970er Jahren aus den ästhetischen Möglichkeiten der industriellen Technologie. Stahl und Glas sind die bevorzugten Baustoffe, die Baukörper neigen zu überdimensionierten Formen und großen Spannweiten. Konstruktive Details und technische Elemente werden nicht hinter Vorhangfassaden versteckt, sondern als stilbildende eigene ästhetische Qualität ausgestellt. Eines der Hauptwerke ist das Centre Georges Pompidou in Paris von Renzo Piano und Richard Rogers (1977). **(s. Abb. 9)**

Historismus

Geschichtsauffassung und weit verbreitete Denkhaltung des 19. Jahrhunderts, die sich in der architektonischen Praxis in gezielten formalen Rückgriffen auf einen bestimmten Stil der Vergangenheit auswirkt. Die Hauptströmungen des Historismus in der Architektur sind die Neogotik vor 1830, die Neorenaissance ab 1840, die Neoromanik nach 1850 und dem Neobarock und dem Neoklassizismus ab 1870.

Inkunabel

bezeichnet ursprünglich Drucke aus der Frühzeit des Buchdrucks wie die Gutenberg-Bibel. Die Architekturgeschichtsschreibung etablierte den Begriff Inkunabel als Bezeichnung für einzigartige Meisterwerke der Baugeschichte.

Internationaler Stil

geht als Stilbezeichnung auf den Titel der von Philip Johnson kuratierten Ausstellung The International Style – Architecture since 1922 zurück, die 1932 im Museum of Modern Art, New York die Strömungen der europäischen Moderne von Mies van der Rohe bis Alvar Aalto präsentierte. Oft wird der Begriff synonym mit »Moderne« oder »Klassische Moderne« verwendet. Mag das für die seinerzeit im MOMA ausgestellten Werke zutreffen, so entwickelte sich in der Folge der Internationale Stil weltweit in den unterschiedlichen regionalen Strömungen.

Jugendstil

ist als Stilrichtung in vielen Ländern Europas und Nordamerika um 1900 anzutreffen, im englischen Sprachraum sprach man von »Modern Style«, im französischen von »Art Nouveau« und im spanischen von »Modernismo«. Die Einheit von Kunst und Leben war das erklärte Ziel von so unterschiedlichen Architekten wie Victor Horta, Henry van de Velde, Joseph Maria Olbrich oder Antoni Gaudí. Der Jugendstil gilt als international akzeptierte Antwort auf Historismus und Eklektizismus und als der Auftakt zur Klassischen Moderne in der Architektur. Brüssel war die »Hauptstadt« dieses europäischen Stils. **(s. Abb. 10)**

Konstruktivismus

betont als Stilrichtung der Vormoderne in Russland um 1914/15 die Beschaffenheit der Konstruktion eines Gebäudes als eigenen ästhetischen Wert und setzte auf eine geometrische Formensprache. Das wohl bekannteste konstruktivistische Beispiel, Wladimir Tatlins 1919/20 entstandener Entwurf für ein «Monument für die III. Internationale«, reduzierte den Baukörper auf die konstruktive Bauteile.

Kragung, auch Auskragung

bezeichnet allgemein das Vorspringen oder Vorkragen von Gebäudeteilen aus der Fassade. Mit der Verwendung von Stahlbeton und fortschreitender Ingenieurstechnik wurden nicht nur Erker und Balkone vorgebaut, sondern es werden auch weit vorspringende Dachkonstruktionen möglich. **(s. Abb. 11)**

Kritische Rekonstruktion

ein Begriff, der von Josef Paul Kleihues im Rahmen der Internationalen Bauausstellung in Berlin (1979 bis 1987) geprägt wurde. Als Leitbegriff lehnte er sich philosophisch an die Kritische Theorie an. Praktisch umgesetzt bot er Raum für alle aktuellen Strömungen der Architektur, der Postmoderne wie dem Dekonstruktivismus. Das Leitbild war die Europäische Stadt, in deren historisch überlieferten Grundrissen sich die neuen Stadtbilder mit Hilfe zeitgemäßer Stile rekonstruieren sollten.

Kubismus

ist eine abstrakte Kunstrichtung, die von Pablo Picasso und Georges Braque begründet wurde. Von der Malerei sprang der Funke der Abstraktion auf Design und Architektur über. Der Stil zeichnet sich durch die Verwendung reduzierter stereometrischer Formen aus. Insbesondere in Prag entwickelte sich um Josef Chochol eine kubistische Schule. Zu den hervorragendsten Gebäuden gehört das Haus zur Schwarzen Muttergottes, 1911/12 von Josef Gočár erbaut. **(s. Abb. 12)**

Metabolismus

Auf der Internationalen Design Konferenz in Tokio 1960 formulierte eine Gruppe junger japanischer Architekten und Stadtplaner diesen Begriff. Diese Protestbewegung entwarf futuristische Stadtmodelle, die sich durch flexible wachstumsfähige Strukturen auszeichnen. Wie auch Archigram oder Team 10 in der westlichen Welt reagierten die Metabolisten auf die Entwicklungsdynamik der Städte in den Industriestaaten mit urbanen Großkonzepten, realisiert wurden jedoch nur einige wenige Einzelgebäude wie beispielsweise der Nagakin Capsule Tower von Kisho Kurokawa (1970–1972). **(s. Abb. 13)**

Mega-City

bezeichnet die größte Form urbaner Agglomeration mit nur einem Zentrum, nach Definition der UN ab einer Schwelle von 10 Millionen Einwohnern. Als weitere Kriterien gelten die Bevölkerungsdichte von 2.000 Einwohner/km^2 aufwärts und die oft unkontrollierte Flächenausdehnung ins Umland.

Megalopole

Begriff mit wenig Tiefenschärfe, im Sprachgebrauch angesiedelt zwischen Metropole und Mega-City. Oft zur Beschreibung von Städten vorwiegend mit extremer Flächenausdehnung in Schwellen- und Entwicklungsländern verwendet.

Metropole

der Begriff stammt aus dem Griechischen und bezeichnete in der Antike Siedlungen, die selbst Kolonien gründeten. Heute gibt es keine eindeutige Definition des Begriffes mehr, in der Regel steht Metropole für städtische Zentren mit politischer, wirtschaftlicher und kultureller Bedeutung in der Größenordnung von 1 bis 10 Millionen Einwohnern.

Nachhaltigkeit

zielt zuallererst auf die Energieeffizienz eines Gebäudes oder Quartiers. Bei der Einsparung von Energie geht es, eine gewisse Lebensdauer vorausgesetzt, weniger um den einmaligen Aufwand beim Bauen, als um das Verhalten des Gebäudes in der Zeit und um die zuvor gesetzten Bedingungen dafür, also um das Verhältnis zwischen Klimakonzept und Gebäudebetrieb. Nachhaltigkeit im Städtebau schließt auch immer soziale Faktoren mit ein: Thematisiert werden die Leistungen der baulichen Veränderungen im Bereich der Armutsbekämpfung, der Partizipation der Bewohner und der weiteren Entwicklung eines Stadtteils.

Neoklassizismus

ist die letzte stilistisch ausgeformte Ausprägung des Historismus ab 1870. Der Stil gewinnt um 1900 in seinem Rückgriff auf den Klassizismus und seiner Formenstrenge an Bedeutung. Er ist der Gegenpol zur Unentschiedenheit des Eklektizismus und zum Dekorationswillen des Jugendstils. Vor dem Ersten Weltkrieg dominierte er in seiner rationalen Form die Architektur der späteren Vertreter des Neuen Bauens, in der Zwischenkriegszeit diente er dem deutschen und italienischen Faschismus in seiner monumentalen Form der übersteigerten Machtdemonstration, u.a. abzulesen an den Plänen und Modellen Albert Speers zum Umbau Berlins zu Germania (1938/39). **(s. Abb. 14)**

New Urbanism

In der anglo-amerikanischen Diskussion werden in Verlängerung des Leitbildes der Europäische Stadt ähnliche Modelle unter dem Schlagwort »New Urbanism« diskutiert, oft auch unter dem Begriff »traditionelles Stadtdesign« gefasst. Der außereuropäischen Diskussion fehlt der historische Hintergrund, die Europäische Stadt, und die Stilformen entwickeln sich eklektizistisch. Ab dem Ende des 20. Jahrhunderts begegnet man in Kalifornien, Mitteleuropa oder Südchina Siedlungen, die sozial und funktional durchmischt historische Stadtbilder europäischer Herkunft imitieren.

Peripherie s. Zentrum-Peripherie-Modell

Postmoderne

Philosophischer Denkansatz und Geisteshaltung in Kunst und Literatur, Mitte der 1970er Jahre entwickelt sich in der Architektur ein eigenständiger Stil, der sich im Verlauf der 1980er Jahre jedoch nicht etablieren konnte. Der Stil versuchte das funktionalistische Prinzip durch modifizierte Stil- und Formelemente historischer Bauperioden aufzuwerten, auch mit dem Anspruch die »elitäre« Moderne populärer zu gestalten. Oft genanntes Beispiel ist das AT&T Building, New York von Philip Johnson (1979–1984). **(s. Abb. 15)**

Rationalismus

Als Stilströmung der Sachlichkeit gegenüber der schwärmerischen Opulenz des Historismus und der Dominanz des Dekorativen im Jugendstil eine der Vorstufen auf der Entwicklung hin zur Moderne. Um 1900 begründen folgende Architekten konstruktivistische Schulen: Louis Sullivan in Chicago, Adolf Loos in Wien und Peter Behrens in Berlin. Neben der Versachlichung der Innen- wie Außengestaltung, – von hier aus ergibt sich der Brückenschlag zum Konstruktivismus –, gewinnt das Nützlichkeitsprinzip immer mehr Gewicht im Rationalismus und bereitet damit dem Funktionalismus der Moderne den Weg. Oft genanntes deutsches Referenzwerk: AEG-Turbinenhalle, Berlin von Peter Behrens (1908/09).

Regionalismus

Im Zuge der Globalisierung in der späten zweiten Hälfte des 20. Jahrhunderts sucht die Architektur verstärkt nach regionaler Identität. Dies führt in der Architektur zu einem neuen Regionalismus, der die landestypischen Eigenheiten mit der formalen Strenge der modernen Architektur verbindet. Beispiele sind Tadao Ando (Japan) oder Ricardo Legorreta (Mexico) – so sehr sie sich in ihren philosophischen und geografischen Wurzeln unterscheiden, gemeinsam ist ihrem Werk die Verbundenheit mit dem Ort. **(s. Abb. 16)**

Skelettbauweise

Im Gegensatz zum traditionellen Mauerwerksbau wird das Tragwerk aus einem Gerüst aus Holz, Eisen oder Stahl gebildet. Die Fassade wird wie eine Haut über das Skelett gelegt und hat selber keine tragende Funktion, ebenso wenig die Wände, so dass eine flexible Raumeinteilung und die Überspannung großer Flächen möglich werden. Mit der Verwendung von Stahlträgern und Stahlbeton beginnt in den USA die Ära der Hochbauten in industrieller Fertigungsweise Ende des 19. Jahrhunderts.

Stijl, de

Nach der 1917–1931 herausgegebenen gleichnamigen Zeitschrift für Kunsttheorie benannte niederländische Künstler- und Architektengruppe. Zu den Gründern zählten Piet Mondrian, Theo van Doesburg, J.P. Oud und Gerrit Rietveld, die einen speziellen Kubismus vertraten. Die Architekten liessen sich von der abstrakten Geometrie Mondrians inspirieren wie an Rietvelds Hauptwerk dem Haus Schröder in Utrecht (1924/25) zu besichtigen ist. Die Gruppe wurde stark vom osteuropäischen Konstruktivismus und dem Bauhaus beeinflusst. **(s. Abb. 17)**

Strukturalismus

Mitte des 20. Jahrhunderts hielt der Strukturalismus, bestimmt durch seine wesentliche Doppelkategorie von Primär- und Sekundärstruktur (langue und parole), in der die Sekundärelemente durch das Regelwerk der Primärstruktur zueinander in Beziehung gesetzt werden, Einzug in Architektur und Städtebau. Ursprünglich in Holland von Aldo van Eyck und im Umkreis der Architektengruppe Team 10 entwickelt, verbreitete sich der Strukturalismus rasch weltweit. Die utopischen Bewegungen der 1960er Jahre lassen sich meist als strukturalistisch bezeichnen. Der architektonische Anspruch war, humanere Umweltstrukturen für die Massengesellschaft zu entwickeln, die wenigen realisierten Beispiele wie Moshe Safdies Habitat 67 in Montreal oder Kenzo Tanges Yamanashi Kulturzentrum in Kofu (1967) sahen Kritiker vom Makel der Serialität und der Monotonie behaftet. Ende der 1970er Jahre büßte der Strukturalismus seine Attraktivität als Leitideologie in der Architektur ein. **(s. Abb. 18)**

Temporäre Architektur

In der Messearchitektur seit der Weltausstellung in Paris 1867 bekannt, seitdem wurden nur für die Zeit der Ausstellung Länderpavillons errichtet. Seit den 1960er Jahren für Großveranstaltungen wie Musikfestivals gebräuchlich in der Form von Zeltstädten.

Transitarchitektur

Nach dem Mauerfall 1989 in Mitteleuropa und dem Ende des Kalten Krieges setzte eine Massenmobilisierung ein, die weltweit neue Bauaufgaben für Architekten schaffte: Bahnhofs- und Flughafenprojekte mit eigenen Einkaufszonen und Hotels entstehen. Sie zeichnen sich durch eine Ortlosigkeit aus, die sich aus der vorherrschenden Hightech-Architektur ergibt – am Gebäude selbst erkennt der Reisende nicht mehr, wo er sich gerade befindet. Es entwickelt sich ein internationaler Stil der Transitarchitektur. Wie beispielsweise der Flughafen Kansai in der Bucht von Osaka, entworfen und realisiert von Renzo Piano (1988–1994). **(s. Abb. 19)**

Umnutzung

In der postindustriellen Epoche Ende des 20. Jahrhunderts wurden in Städten der Industrienationen ehemals industriell genutzte Flächen und Gebäude freigesetzt, die nach Sanierung neuen Nutzungen zugeführt wurden. Bekanntestes Beispiel für Umnutzung ist das ehemalige Kraftwerk in London: Modern Tate Gallery. Herzog de Meuron (2001). **(s. Abb. 20)**

Verdichtung

Dieser Begriff, der die bauliche Dichte einer Straße/eines Quartiers/einer Stadt beschreibt, kam mit der Wiederentdeckung der Europäischen Stadt in den 1980er Jahren auf und bezeichnet den Versuch der Wiederbelebung der Innenstädte durch dichtere Bebauung, um eine höhere soziale Dichte und eine Nutzungsmischung zu erwirken.

Zentrum-Peripherie-Modell

Zur Analyse von Abhängigkeitsbeziehungen angewandtes Modell, das von den unterschiedlichsten Disziplinen von den Politikwissenschaften bis hin zum Städtebau angewandt wird. Die Grundannahme ist dabei immer, dass das Zentrum, also die Mitte, die Peripherie, die direkte Umgebung, politisch, wirtschaflich und kulturell dominiert.

REGISTER

BAUTEN UND PLÄNE IN ABBILDUNGEN

PERSONENREGISTER

BILDQUELLEN

Soweit nicht anders angegeben, erfolgte die Recherche und Lieferung aller Abbildungen und Illustrationen über pa picture alliance. In Ausnahmefällen haben Fotografen im Auftrag von pa picture alliance auch für diesen Band fotografiert.

Folgende Motive wurden zusätzlich über pa picture alliance geliefert:
S. 19 oben: Courtesy of the Western Pennsylvania Conservancy; S. 37: SZ Photo / Rue des Archives; S. 96, 116-119: Riechelle van der Valk (bis auf S. 117 unten: Rijksmuseum); S. 123-125: Ran Erde; S. 170 + 171: Architekturmuseum TU Berlin, Inv. Nr. F2109 und F2474; S. 180: Courtesy of the Western Pennsylvania Conservancy; S. 273: Gianantonia Battistella©CISA-A. Palladio; S. 288: Mike Bowers; S. 289 oben: Mike Bowers; 290 links: Mike Bowers; S. 291 oben: Mike Bowers; S. 325 oben + mitte: J. Paul Getty Trust. Used with permission. Julius Shulman Photography Archive Research Library at the Getty Research Institute; S. 350: ©Shinkenchiku-sha; S. 390: John Gollings; S. 391: Hargreaves Associates;

Weitere Fotografien und Illustrationen stammen aus folgenden Bildquellen:
S. 25: US Federal Government; S.44: Port Sunlight/Unilever/Lever Brothers; S. 75: Universidad Central, Bogotá; S. 78: Sir Ebenezer Howard: Diagrams from "Garden Cities of To-morrow" 1902, Abb. No. 3.; S. 79: Stadsarchief Amsterdam; S. 83 links unten: Blauer Garten, Gelber Garten, Roter Garten. Joseph M. Olbrich. Postkarten, 1905; S. 104: Bildarchiv Foto Marburg; S. 105: Rheinisches Bildarchiv, Köln. S. 107: Privatsammlung/Archives Charmet/Bridgeman Berlin; S. 182 + 183: The Frank Lloyd Wright Foundation, AZ/Art Resource, NY/Scala, Florenz; S. 203: © Bundesarchiv, Bild 146III-373; Foto von 1939, Nachlass Albert Speer; S. 208, 426: Courtesy of Prof. Dr.-Ing. h.c. Werner Durth, Fachbereich Architektur, TU Darmstadt; S. 284: The Ron Herron Archive/ Simon & Andrew Herron; S. 312: Südwestdeutsches Archiv, für Architektur und Ingenieurbau (saai), Archiv Behnisch & Partner; S. 338: Elfie Semotan; S. 340 + 341: NAI, Rotterdam; S. 342: Bernard Tschumi Architects; S. 381: Senatsverwaltung für Stadtentwicklung Berlin, Abt. Städtebau und Projekte; S. 421: Heiner Leiska

Künstler- und Architektenrechte:
© VG Bild-Kunst, Bonn 2009 für die Werke von:
Walter Gropius, S. 99, 135, 141; Victor Horta, S. 12, 60, 62, 63; Rem Koolhaas, S. 28, 340, 341; Erich Mercker, S. 207; Ludwig Mies van der Rohe, S. 139, 214; Gerrit Rietveld, S. 146, 147; Henry van de Velde, S. 71, 72; Frank Lloyd Wright, S. 19, 42, 43, 179, 180, 182, 183

© FLC/VG Bild-Kunst, Bonn 2009 für die Werke von Le Corbusier, S. 14, 17, 252

Courtesy of Tadao Ando Architect & Associates, S. 349, 350; © asbl Atomium/SABAM Belgium 2009, S. 56, 226; Courtesy of Archiv Behnisch & Partner, S. 312; Courtesy of Hendrik P. Berlage | Stadsarchief Amsterdam, S. 79; © Bundesarchiv, Bild 146III-373; Foto von 1939, Nachlass Albert Speer, S. 203; Courtesy of Prof. Dr.-Ing. h.c. Werner Durth, Fachbereich Architektur, TU Darmstadt, S. 208; Courtesy of Foster + Partners, S. 366, 383, 384, 385, 410, 411, 412, 413, 414, 419; Courtesy of Architekten von Gerkan, Marg und Partner, S. 421; J. Paul Getty Trust. Used with permission. Julius Shulman Photography Archive Research Library at the Getty Research Institute, S. 325; Courtesy of Hentrich-Petschnigg & Partner, S. 241; Courtesy of the Ron Herron Archive/Simon & Andrew Herron S. 284; Hermann Mattern/Architekturmuseum TU Berlin, S. 170, 171; Courtesy of Richard Meier & Partners Architects LLP, S. 157; Courtesy of Renzo Piano Building Workshop, Architects, S. 307; Courtesy of Project Renzo Piano Building Workshop, architects in association with Nikken Sekkei Ltd., Aéroports de Paris, Japan Airport Consultants Inc., S. 393, 427; Courtesy of Rogers Stirk Harbour & Partners, S. 307; Courtesy of Bernard Tschumi Architects, S. 342; Courtesy of Jörn Utzon/Jan Utzon S. 286, 287

AUFMACHER
Bildunterschriften

Vorwort. Seite 8: Lever Building, New York. Skidmore, Owings, Merrill (1948–1952)

Einleitung. Seite 10: Bauhaus, Dessau. Walter Gropius (1925/26)

Kapitel 1. Seite. 30: Crystal Palace, London. Joseph Paxton (1851)

Kapitel 2. Seite 58: »Friederike Maria Beer in einem Hauskleid der Wiener Werkstätte aus dem Wiener Werkstätte-Stoff „Stichblatt" von Ugo Zovetti in einer von Josef Hoffmarn eingerichteten Wohnung.« Wien um 1913

Kapitel 3. Seite 90: Franz Kafka, Prag um 1920

Kapitel 4. Seite. 120: Boulevard Rothschild, Tel Aviv. Undatierte Aufnahme

Kapitel 5. Seite 154: Modell der Erweiterungsbauten der Pinakothek, München. Adolf Hitler, Josef Goebbels und Robert Ley bei der Eröffnung der 2. Deutschen Architektur- und Kunsthandwerksausstellung am 10. Dezember 1938

Kapitel 6. Seite 188: Westwall, Cap Ferret (Frankreich). Organisation Todt (1942)

Kapitel 7. Seite 220: Unité de Habitation, Marseille. Le Corbusier (1947–1952).

Kapitel 8. Seite 260: Feierlichkeiten auf dem Platz der Revolution am 10.10.1983 in der kubanischen Hauptstadt Havanna

Kapitel 9. Seite 292: Avenue de la Grande Armée, Paris. Im Hintergrund La Défense.

Kapitel 10. Seite 326: Woody Allen und Mia Farrow. NEW YORKER GESCHICHTEN – Originaltitel: NEW YORK STORIES. 1989

Kapitel 11. Seite 366: Millennium Bridge, London. Norman Fcster (1998-2002);

Ausblick. Seite 414: Hearst Tower, New York. Norman Foster (2006).

DANKSAGUNG

Für die Möglichkeit, die Geschichte des 20. Jahrhunderts aus der Perspektive der Architektur und des Städtebaus in der vorliegenden opulenten Buchform auszuführen, möchten wir uns beim h.f.ullmann Verlag in Königswinter bedanken, allen voran Manfred Abrahamsberg, der spontan von dem Konzept Kunibert Wachtens begeistert war. Daneben war Dania D'Eramo dem Buch mit ihrem Esprit und ihrer Kreativität mehr als eine umsichtige Projektleiterin. Frederik Kugler übernahm den Stab von ihr und führte das Projekt in den letzten Wochen zu einem guten Ende.

Um Christine Kämmerer herum, freie Kunst- und Bauhistorikerin, konzentrierten sich die Redaktionsarbeiten. Sie war immer ansprechbar, behielt den Blick für das große Ganze und hielt auch die schwierigen Deadlines. Darüber hinaus schrieb sie gemeinsam mit den Herausgebern die Einleitung und verantwortet das erste Kapitel.

Die Fotografien stammen zum großen Teil aus den Archiven der dpa Picture Alliance. Wenn Themen fehlten, wurden diese extra für diesen Band fotografiert, was durch das weltweite Netzwerk der Agentur möglich wurde. Direkt geholfen haben immer Tanja Göbl und Christoph Grill, im Hintergrund agierten konstruktiv Anja Depenbusch und Edith Stier-Thompson.

Auch ohne die Mithilfe des Instituts für Städtebau und Landesplanung an der RWTH Aachen, insbesondere die anfängliche Mitarbeit von Dr. Monika Nadrowska und die laufende konstruktiv kritische Begleitung der Produktion durch Michael Kloos, wäre es nicht gegangen. Last, but not least ist Annette Feldmann zu nennen, die von Aachen aus unermüdlich die Kommunikation zwischen den Herausgebern herstellte.

Die Produktion des Buches erledigte neubauer kommunikation mit einem Stab freier Mitarbeiter und Autoren. Alle haben um das beste Ergebnis gekämpft und vor allem auch die lange Strecke durchgehalten. Besonderer Dank gilt dann doch Jürgen „Jül" Latzke, der sich bis zum Ende durch den schier unendlichen Tunnel von Grafik- und Satzarbeiten gearbeitet hat. Nicht direkt beteiligt war Oliver Hessmann, aber er steht Hendrik Neubauer immer mit Rat und Tat zur Seite, wenn es gefragt ist.

Die Arbeit an diesem Buch war wie eine ausgedehnte, gemeinsame Reise durch die Metropolen der Welt. Unser Dank gilt dem großen Kreis aller Beteiligten, die als Streckenposten und Wegbegleiter diese Tour bereichert haben.

Hendrik Neubauer, Kunibert Wachten

HERAUSGEBER | AUTOREN

Tobias Aufmkolk ist Geograph mit dem Schwerpunkt Stadtgeographie und arbeitet als freier Journalist für Funk und Fernsehen.

Christine Kämmerer ist Kunst- und Bauhistorikerin. Sie arbeitet als freie Autorin und Sachverständige für Architektur- und Städtebautheorie des 20. Jahrhunderts. Nach Forschungsprojekten an der RWTH Aachen, der BU Wuppertal der msa Münster School of architecture ist sie am Museum für Architektur und Ingenieurkunst NRW tätig.

Olaf Mextorf ist Kunsthistoriker und arbeitete von 1994-2005 als wissenschaftlicher Angestellter. Seit 2006 ist er als freier Kunsthistoriker und Kunstvermittler tätig u.a. für das Arp Museum Bahnhof Rolandseck, die Kunst- und Ausstellungshalle der Bundesrepublik Deutschland und das Museum Folkwang.

Hendrik Neubauer (1960) ist Historiker und Publizist. Seit Mitte der 1990er Jahre arbeitet er als Herausgeber und Autor von Publikationen zur Kulturgeschichte des 20. Jahrhunderts. Er hat zur Geschichte der deutschen Zwischenkriegszeit mit „Die Weimarer Zeit" (2000) einen kulturgeschichtlichen Sammelband vorgelegt, der u.a. die Ursprünge der klassischen Moderne zum Thema hat. Bei h.f. ullmann sind von ihm erschienen: „Curious Moments. Archive of the Century" (2006) und „The Survivors. Vom Ureinwohner zum Weltbürger. Überleben im 21. Jahrhundert" (2008).

Ralf Niemczyk ist Journalist und schreibt über Musik, Popkultur, Sport und Stadtplanung. Bis 1995 war er Redakteur und Mitherausgeber des Musik- und Popkulturmagazins SPEX. Er arbeitet als freier Journalist, Übersetzer und Buchautor.

Kunibert Wachten (1952) ist Architekt und Stadtplaner. Seit 1999 hat er den Lehrstuhl für Städtebau und Landesplanung an der RWTH Aachen inne. Zuvor war er von 1994 bis 1999 Professor für Städtebau und Raumplanung an der Technischen Universität Wien. Er wurde einer breiteren Öffentlichkeit vor allem durch seine Gutachten im Auftrag der UNESCO zur Gefährdung von deutschen Weltkulturerbestätten in Köln und Dresden bekannt. Als Herausgeber war er bei diesem Band „Architektur und Städtebau. Das 20. Jahrhundert" vor allem für das Konzept und die wissenschaftliche Betreuung verantwortlich.

Johannes Wendland studierte Kunstgeschichte, Germanistik und Skandinavistik und arbeitet seit 2002 als freier Journalist und Übersetzer in Berlin.